수염과 남자에 관하여

수염과 남자에 관하여
―남자 얼굴 위에서 펼쳐진 투쟁의 역사 (서양 편)

지은이 | 크리스토퍼 올드스톤-모어
옮긴이 | 마도경
펴낸이 | 박동성
내지 편집 | 박지선
표지 디자인 | 곽유미

펴낸 곳 | **사일런스북** / 16311 / 경기도 수원시 장안구 송정로 76번길 36
전화 | 070-4823-8399
팩스 | 031-248-8399
홈페이지 | www.silencebook.co.kr
출판등록 | 제2016-000084호 (2016.12.16)

2019년 6월 24일 초판 1쇄 발행
ISBN | 979-11-89437-10-7 03900
가격 | 18,000원

크리스토퍼 올드스톤-모어 지음

마도경 옮김

수염과
남자에
관하여

남자 얼굴 위에서 펼쳐진
투쟁의 역사 (서양 편)

 사일런스북

목차

남성 스타일의 역사

요즘 전 세계에서 뜨고 있는 유행이 하나 있다. 턱수염 기르기이다. 거대한 소비재 제조업체인 프록터 앤 갬블P&G사도 이런 추세를 발견하고, 2014년 초에 '이 같은 수염의 증가' 때문에 질레트가 만든 면도기와 남성용 그루밍 액세서리에 대한 수요가 감소했다고 보고했다. 어느 학자는 《아틀랜틱》지에 기고한 칼럼에서 2013년을 "남성 수염에 있어서 기념비적인 해"[1]라고 선언했다. 〈덕 다이너스티〉[1]에 나오는 촌스러운 선지자들[2]과 털보 선수가 유난히 많은 보스턴 레드삭스[3]팀이 신문에 대서특필된다. 이것은 예전에 모벰버Movember[4] 운동의 참여율 증가, 아미시[5] 신도들의 수염을 강제로 깎고 도망가는 악당들의 범죄 행각[6], BBC 방송 진행자의 얼굴에 난 털을 둘러싸고 벌어진 쓸데없는 소동[7], 미 육군에서

<hr>

1) 미국 루이지애나 시골에서 오리 사냥용품 회사를 운영하는 백인 남성과 그 가족들이 주인공인 리얼리티 쇼
2) 주인공인 필 로버트슨은 모세 같은 턱수염 때문에 종종 현대판 선지자라는 별명으로 불린다.
3) 메이저리그 야구팀. 2012년 무렵부터 선수단에 턱수염을 기르는 유행이 퍼져, 지금은 3분의 1가량의 선수들이 턱수염을 기르고 있다.
4) 콧수염Mustache과 11월November의 합성어. 남성 건강에 대한 인식을 높이기 위한 자선 캠페인으로서, 여기에 참여하는 남자들은 11월 한 달 동안 수염을 기르고 기부 활동을 해야 한다.
5) 현대의 기술 문명을 거부하고 소박한 농경 생활을 하는 미국의 한 종교 집단. 여자들은 평생 머리를 기르고, 남자들은 수염을 자르지 않는다.
6) 2011년 가을, 클리블랜드 인근에 있는 아미시 공동체에 괴한들이 무단 침입하여 주민의 수염을 강제로 깎고 달아난 일련의 사건
7) BBC〈뉴스나잇〉의 진행자인 제러미 팩스먼은 2013년 8월부터 5개월 동안 턱수염을 기른 채 방송을

복무 중인 시크교[1] 신자들이 턱수염을 금지한 복무 규칙을 개정하려는 움직임, 그리고 프랑스와 터키에서 일고 있는 콧수염의 부활 같은 뉴스가 당시에 화제가 된 것과 비슷하다.

이런 현상은 새 시대의 개막을 알리는 징조인가, 아니면 사소한 해프닝인가? 시간이 지나야만 알 수 있다. 그러나 한 가지 사실은 분명하다. 수염의 변화는 절대로 단순한 패션의 문제가 아니라는 점이다. 턱수염과 콧수염으로 표출하는 개인적 메시지 혹은 정치적 메시지는 너무 강력하여 "자유의 땅인 미국에서조차" 관계官界와 재계에서 모두 규제 대상이 되고 있다. 연방 대법원이 1976년 내린 이른바 '켈리 대 존슨' 판결에 의하면 엄밀히 말해 미국인들에게는 턱수염이나 콧수염을 기를 법적 권리가 없다. 미국 기업주들은 이 판결을 근거로, 종업원들에게 수염에 관련된 기준을 명시·강제할 수 있는 권리를 인정받았다. 이런 개인적 자유에 대한 침해 행위만 보더라도 수염 기르기에는 '멋의 추구'를 능가하는, 뭔가 중요한 문제가 얽혀 있을지 모른다는 생각이 든다. 사실 턱수염의 역사에서는 패션에서와 같은 주기적인 변화는 전혀 찾아볼 수 없다. 오히려, 속도는 느리지만 매우 규모가 큰 변화가 나타나는데, 그것은 이상적인 남성미를 규정하고 그것을 수시로 바꾸는 보다 근본적인 사회적 힘에 의해 촉진된다. 이상적인 남성미의 기준이 바뀔 때마다 수염 스타일도 그것에 맞춰 변한다. 남성들의 인생사는 글자 그대로 얼굴에 그대로 그려진다.

젠더性학의 권위자인 주디스 버틀러는 "사람의 말, 행동, 육체는 단순한 자아의 표현이 아니라, 자신을 남성 또는 여성으로 만들어가는 방식

진행하여 논란을 일으켰다.
1) 15세기 후부터 18세기 초에 걸쳐 인도의 펀자브 지방에서 발전한 종교

이다"라고 주장했다. 다시 말해서 우리의 정체성은 우리가 어떻게 행동하고 어떻게 말하느냐에 따라 만들어지고, 또 수정된다.[2] 이런 의미에서 얼굴에 난 수염을 깎거나, 반대로 기르는 행위는 단순히 남성성을 표현하기 위한 수단이 아니라, 진정한 남자가 **되기** 위한 중요한 수단이었다. 사회는 수염 기르기를 규제함으로써 사회가 용인하는 남성성을 남자들에게 강요해왔다. 여기에서 우리는 수염의 역사를 움직이는 첫 번째 원리, 즉 **얼굴은 남성성 변화를 나타내는 지표이다**라는 원리를 발견한다. 종교, 국민성, 또 각 분야에서 일어나는 운동들은 그 사회에 특정한 가치관과 규범을 형성한다. 그리고 그 과정에서 그 사회가 추구하는 이상을 전 세계 앞에서 선언하는 도구로서 수염을 비롯한 여러 육체적 상징들을 활용한다. 여러 남성성 이론을 둘러싼 논쟁이 벌어질 때, 우리는 그 사람의 수염 손질법을 알면 그가 어떤 스타일의 수염에 충성을 바치고 있는지 알 수 있다.

　수염이 개인 취향의 문제라는 관점은 그 반대의 견해를 입증하는 증거들이 넘쳐나는데도 여전히 널리 퍼져있다. 예를 들어 요즘에도 미국에서 턱수염을 기르면 군대에서 쫓겨나고, 직장에서 해고되고, 복싱 시합에서 실격 처리되며, 정치 토론회에서도 배제된다. 심지어 테러리스트로 낙인찍힐 수 있다. 이런 현실은 턱수염 역사를 움직이는 두 번째 원칙, **수염은 정치적 의미를 지닌다**라는 원칙과 일맥상통한다. 참된 남성성이라는 개념은 당대의 사회 및 정치적 권위와 밀접한 관계가 있으며, 어떤 남성미의 상징이라도 정치적 및 도덕적 의미를 띨 수밖에 없다. 이것은 수염이 왜 다른 사람들을 분노케 하는지, 그리고 왜 사회적 통제의 대상이 되는지를 설명해준다.

수염을 둘러싼 또 하나의 오해는 수염 깎기와 기르기는 개인적 편의의 문제이며, 지난 1세기 동안 매끈한 턱이 세상을 지배했던 현상을 면도칼 제조 기술의 발달로 설명할 수 있다는 주장이다. 이런 견해는 진실과 상당히 동떨어져 있다. 면도의 역사는 문명 자체의 역사만큼 오래되었으며, 옛날에는 면도기 같은 문명의 이기가 없었지만, 그것 때문에 옛 사회가 면도 행위의 상징적인 힘을 이용하는 데에 지장을 받지는 않았다. 여기에서 우리는 수염의 역사를 움직이는 세 번째 원칙, 즉 **수염의 언어는 면도한 부위와 면도하지 않은 부위의 대조적 효과에 좌우된다**는 원칙에 도달하게 된다. 그동안 서구사회는 이 기본적인 차이와 그것의 다양한 변종들을 활용하여 수염이 나타내는 인간의 성격들과 사회적 충성에 관한 시각적 용어들을 축적해왔다.

역사는 현재 불고 있는 턱수염의 유행을 새로운 시대의 개막으로 선언하는 데 있어 신중을 기해야 한다고 가르친다. 많은 스타 운동선수들과 외향적인 할리우드 배우들의 일탈에도 불구하고, 매끈한 얼굴은 여전히 절대적인 사회 규범이다. 턱수염 클럽이 그것을 증명하고 있다. 이것들은 턱수염이나 콧수염을 기르는 것이 도전해볼 만한 흥미로운 모험이라고 내세우며 번성하고 있기 때문이다. 사실, 역사에서 수염 관련 규범이 크게 변한 경우는 거의 없다. 또 실제로 그런 변화가 일어났다면 그것은 중대한 역사적 전환이 발생했다는 징표이다. 따라서 우리는 **남자 얼굴을 형성하는 요소들을 파악하려면 장기적 안목이 필요하다**는 턱수염 역사의 네 번째 원리를 마음에 새겨두어야 한다. 한 시대와 장소를 집중적으로 연구하는 역사학자들은 수 세기에 걸쳐 형성되는 역사의 큰 그림을 놓치기 쉽다. 턱수염의 역사는 모자이크와 같다. 뒤로 물러서서 볼수록 이미지가 더 명확하게 보인다.

이 모든 원리는 서구 문명의 방향과 남성 존엄성을 나타내는 얼굴의 기준을 바꾼, 알렉산더 대왕의 사례에서도 확인할 수 있다. 알렉산더는 이집트와 페르시아를 정복함으로써 자신과 그리스어를 구사하는 스승들 모두를 세상에 널리 알렸다. 하지만 그는 고대 그리스 전통에서 남자답지 못한 이미지로 폄하된 외모를 선택했다. 초상화, 조각상, 동전들 모두 그를 젊고 매끈하게 면도한 모습으로 묘사하고 있다. 왜 그랬을까? 더 나아가 고매한 그리스 로마의 남자들마저도 그 후 400년 동안 왜 그렇게 그를 열심히 모방하고자 했을까? 정답은 그가 자신을 거의 신적인 존재로 인식했으며, 그 배역에 어울리는 얼굴 모습을 갖추고 싶어 했다는 것이다. 당대의 예술가들이 아킬레스와 헤라클레스 같은 신화 속 영웅들을 젊고 수염이 없는 모습으로 묘사했기 때문에 그는 스스로 면도를 했으며, 추종자들에게도 그렇게 하라고 권했다. 그는 설득력 있는 인물이었다. 고대의 권력층은 물론, 더 큰 권력을 갈망하는 낮은 계급의 남자들은 자신들의 영웅적인 면을 부각하기 위해 알렉산더의 스타일을 모방했다. 이것은 일시적인 유행이나 패션 동향이 아니라, '상징'의 강력한 위력이라고 봐야 할 것이다. 고대의 이발사들이 수 세기 동안 호황을 누린 뒤에야 남성적 영예에 대한 대안적 철학이 생겨나면서, 급기야 면도한 얼굴을 이상형으로 보던 강력한 개념을 무너뜨린다.

이 책의 각 장에는 메소포타미아와 이집트 문명에서 고대 도시들이 출현한 시대, 매끈한 피부를 선호하는 이른바 "메트로섹슈얼족"의 탄생에 이르기까지, 턱수염의 역사에서 뚜렷한 족적을 남긴 시대들이 순차적으로 소개되어 있다. 알렉산더 대왕이 선례를 세운 뒤 23세기가 지나는 동안, 면도한 얼굴은 남자의 얼굴 스타일에서 기본 모드로 정착되었고, 그러는 동안 네 차례의 대규모 턱수염 부흥 운동이 일어났을 뿐이다. 로마의 하드리아누스 황제가 시작한 첫 번째 부흥 운동은 100년 정도 지속하였다. 두 번째 부흥기는 중세 전기前期에 왕, 귀족, 기사들이 갑옷 차림에서 부족한 점을 무성한 턱수염으로 채워 패션을 완성했을 때였다. 그러나 이 운동은 미완의 상태로 끝났다. 성직자들은 교회가 교회법에 따라 적극적으로 면도를 강요했던 11세기 이후, 수염을 깎았다. 이것은 종교적 권위와 정치적 권력의 소유권을 주장하며, 교회 특유의 남성성 브랜드를 규정하려는 교단의 의도적 노력의 일환이었다. 그러나 이런 수염의 이원론二元論은 14세기 말, 평신도들이 성직자들처럼 면도하는 스타일을 취하기 시작하면서 점차 소멸하였다. 르네상스 시대에 세 번째 부흥 운동이 일어났는데, 이것은 중세 교회의 가치관과 스타일에 대한 반발 때문에 촉발한 측면이 크다. 턱수염의 네 번째이자 마지막 성장기는 비교적 짧아서, 19세기 후반이 여기에 해당한다. 이 말 많고 자의식이 강한 시대에 남자들은 근대 세계에 맞는 새로운 남성성을 만들겠다는 열망을 숨기지 않았다.

한편 현대의 패션 사조를 평가하려면, 그것을 이처럼 긴 역사의 배경에 비춰보면서, 몸단장에 영향을 끼치는 여러 사회적 요소들을 고려해야 한다. 회사의 회의실 탁자, 각국의 국회의사당, 군부대의 식당 등을 훑어봐도 아직 턱수염 부흥 운동이 일어날 기미가 없다는 것을 알 수 있다. 군인들, 기업의 간부들, 국회의원들의 수염이 사회적으로 바람직하게 여겨지거나 적어도 용인된다면, 비로소 남성성의 역사에서 새 장이 시작되었다고 말할 수 있을 터이다.

지면과 자료의 제약 때문에 턱수염 역사에 대한 이 최초의 탐구는 주로 서유럽과 북미의 지배 계층에 초점을 맞출 수밖에 없었다. 그들은 자신의 몸을 본인의 생각대로 적절하게 꾸밀 시간과 자원이 있었으며, 그들의 선택은 사회적 규범이 되었다. 권력의 핵심에서 떨어져 있는 남자들은 이 지배 계층이 확립해 놓은 스타일을 무시할 수 없었으며, 따라서 최선을 다해 그것을 받아들이든지 아니면 반항적 자세로 외톨이가 되든지, 둘 중 하나를 선택해야 했다. 그렇더라도 다른 지역, 소수 집단, 그리고 피지배계층 남자들의 털 이야기를 쓰는 것은 후세대 학자들이 감당해야 할 중요한 과제로 남아 있다.

우리의 시간 여행은 아득한 과거인 선사시대부터 시작되었다. 어떤 사람들은 자연선택의 원리가 턱수염의 의미를 결정했고, 지금도 결정하고 있다고 주장할 것이다. 진화 생물학자들과 심리학자들은 인간의 턱수염이라는 개념을 염두에 두고, 자연의 수수께끼를 풀기 위해 열심히 노력해왔다.

1

왜 남자들에게 턱수염이 있을까?

문명은 지금 자연과 전쟁 중이다. 다른 것은 몰라도 얼굴에 난 털, 즉 수염에 관한 한 이 말은 진리이다. 하지만 이 전쟁이 수백 년째 계속되고 있고, 여기에 매년 수십억 달러의 돈이 투입되는데도, 잠시 숨을 고르며 도대체 이 전쟁이 왜 시작되었는지 진지하게 생각하려는 사람은 거의 없다. 자연은 왜 남자들에게, 그리고 일부 여자들에게 턱수염을 주었을까? 어쩌다가 뺨과 턱에 한 줌의 털이 남아 우리들은 매일 사회 규범에 맞춰 그것을 껍질 벗기듯 벗겨내야만 하는 걸까? 턱수염의 의미를 찾으려면 이런 기본적인 질문의 답부터 구해야 맞을 것이다. 그리고 이런 연구를 하려면 우선 진화사 속 먼 과거로 거슬러 올라가 성찰해야 한다.

턱수염이, 지금보다 몸에 털이 훨씬 많았던 우리 조상들이 남긴 유물이거나, 우리가 벌거벗은 원숭이, 즉 인간으로 진화하는 과정에서 생긴 알 수 없는 이유로 그 특성이 아직 없어지지 않은 것일 뿐이라는 주장이 있다. 하지만 동물 세계에서 인간과 가장 가까운 친척으로 여겨지는 보노보 원숭이의 경우, 정확히 인간의 턱수염이 자라는 위치인 입 언저리에는 전혀 털이 없다. 오히려 우리 인류는 진화 과정을 거치면서 다른 신체 부위에 났던 털은 대부분 잃고, 턱수염이라는 없던 것이 **새롭게 생긴**

1.1   수컷 보노보.

것을 알 수 있다. 유인원 조상들의 경우 얼굴에 털이 있긴 했지만, 그래도 턱수염에 관한 의문은 사라지지 않는다. 왜 여자 조상들의 얼굴에 있던 수염은 없어졌는데, 남자들 얼굴에는 계속 남아 있는 걸까? 오늘날 턱과 윗입술 언저리에 나는 수염은 사실상 수컷 인간만의 독특한 특징이라 할 수 있다.

또 턱수염은 대머리 현상을 제외하면, 남성의 진화사에서 나타난 마지막 성적 특징이라는 점에서도 아주 독특하다. 생물학자들은 턱수염과 대머리 현상 모두 테스토스테론 같은 안드로겐(남성 호르몬) 때문에 촉진

되며, 턱수염이 자라는 속도는 자연 발생적 호르몬 분비 주기에 따라 다르다는 사실을 밝혀냈다. 실제로 한 과학자는 1970년 《네이처》지에 보낸 기고문에서 스스로 측정한 (그는 자기 전기면도기에서 깎인 털을 꺼내 무게를 쟀다) 결과, 먼 곳에 있는 애인을 만나기 위해 긴 여행을 떠나기 전날에는 턱수염이 더 빨리 자랐다고 밝혀놓았다. 곧 연인과 만난다는 생각만으로도 본인의 안드로겐 수치가 치솟았고, 그것이 턱수염의 성장 속도를 더 빠르게 했을 것이라 그는 추측했다.[1] 그 후 다른 연구에 의해서도, 안드로겐의 생성은 하루 주기로 달라지고 동시에 5일 내지는 6일 주기로도 달라진다, 또 그것의 변화는 수염의 속도에 그대로 반영된다는 사실이 밝혀졌다. 캘리포니아에서 활동하는 한 과학자는 1986년, 질병과 시차증[1)]이 바로 이런 호르몬 리듬을 교란해 자기 턱수염의 성장 속도에 영향을 끼쳤다고 보고했다.[2] 최근의 생물학자들은 안드로겐이 얼굴과 두피의 모낭(털주머니)으로 전달되는 내분비 경로를 지도화하는 데 성공했다. 남성호르몬이 턱수염의 성장 속도 및 탈모 메커니즘의 일부라는 점은 분명하다. 하지만 안드로겐이 왜 이런 현상을 일으키는지는 설명하지 못한다.

턱수염의 진화

진화론의 원조인 찰스 다윈을 필두로, 진화론자들은 턱수염의 기원을 연구했다. 다윈은 《인간의 유래와 성 선택》(1871년)이라는 책에서 인간의 진화 과정에 있어 자연 선택과 더불어 중요하게 작용하는 '성 선택' 현상

---

1) 비행기를 이용한 장거리 여행 시 시차로 인한 피로감

을 자세히 설명했다. 자연 선택은 자연이 생존과 번식 가능성을 높이는 특성을 보유한 개체들을 선호함으로써 종 전체를 변화시킨다는 이론이다. 그런데 번식 문제에 조금 더 들어가면, 한 종 내에서도 개체들이 자신의 성적 파트너를 쟁취하기 위해 서로 경쟁하기 때문에 또 다른 차원의 자연 선택이 이루어진다는 것이다. 다윈은 동물들이 이런 경쟁에서 이기려는 목적 때문에 사슴의 뿔이나 코끼리의 엄니처럼 성적 라이벌을 제압하기 위한 무기라든지, 아니면 장식물의 기능을 발휘할 수 있는 특징, 즉 화려한 색깔의 머리털과 깃털처럼 잠재적 짝짓기 대상을 유혹하는 데 유용한 2차 성징들을 많이 발달시켰다고 보았다. 남보다 더 매력적인 장식물이나 더 강력한 무기를 보유한 개체들은 활발하게 번식하여 자신의 특질을 널리 퍼뜨리는 데 성공했을 것이다. 다윈은 인간의 수염을 이 같은 장식물의 범주에 포함시켰으며, 여성의 마음을 끌어들이는 힘이 이것에 있었을 것으로 추정했다.[3] 수천 년에 걸친 진화 과정에서 턱수염을 기른 남자들은 턱이 매끈한 경쟁자들보다 생식生殖 면에서 단연 우위에 섰을 것이며, 그 결과 인간의 턱수염이 현재의 형태로 진화되었을 것이라고 이 이론은 설명한다. 요컨대 현재 남자들에게 수염이 있는 것은 순전히 선사시대의 여자 조상들이 남자들의 턱수염을 좋아했기 때문이라는 결론이 나온다.

하지만 다윈은 이 이론에서 한 가지 맹점을 발견했다. 당대의 인류학자들은 남성의 턱수염이 풍성한 정도의 개인적 편차는 매우 컸다고 보고했다. 예컨대 아메리카 인디언들은 거의 턱수염을 기르지 못했던 것으로 알려져 있다. 다윈은 특정 지역에 살았던 일부 여자 조상들은 틀림없이 남자의 턱수염을 좋아하지 않았을 것이며, 바로 이런 편견 때문에 지속적인 선택 과정을 통해 그 지역에서 턱수염이 도태되었을 것으로 추측했다. 다시 말해, 턱수염은 실제로 그것을 매력적인 장식물로 간주하는 사람들 사이에서만 장식물의 역할을 했다는 뜻이다. 다윈은 이 어려운 문제를 풀기 위해 이른바 '획득 형질의 유전'이라는 또 다른 진화 이론을 제시했다. 다윈이 나오기 전, 장 바티스트 라마르크는 동물 종들은 새로 획득한 형질을 자손들에게 물려줌으로써 긴 세월에 걸쳐 진화한다고 주장했다. 예컨대, 만약 어떤 기린이 평생 나무 꼭대기에 있는 먹이에 도달하기 위해 자기 목을 열심히 늘였다면 그 기린의 자손은 전 세대보다 더 긴 목을 지닌 채 태어날 것이다. 많은 학자, 교사나 교수들은 이런 후천적 형질의 유전을 다윈 이론에 배치되는 개념이라고 일축할지 몰라도, 다윈 자신은 《인간의 유래와 성 선택》에서 이 원리를 반복적으로 제시했으며, 턱수염을 다룬 부분에서도 또다시 이 원리를 연관시켰다. 다윈은 얼굴에 자라나는 마음에 안 드는 털을 망설임 없이 뽑아버리는 사람들에 대한 인류학적 관찰 결과와 동물의 몸에 외과 수술로 어떤 변화를 인위적으로 가해도 그것은 다음 세대로 유전되지 않는다는 (매우 애매한) 실험 결과를 언급한 뒤, 그래도 "장기간에 걸친 털 제거 습관이 유전적 결과를 가져왔을지도 모른다는 이론 역시 가능하다"고 결론지었다.[4] 다른 말로 하면, 얼굴에 난 털을 깎거나 뽑아버리는 남자들이 사내아이를 낳으면, 그 애는 어른이 된 뒤 털이 남보다 적게 난다는 뜻이다. 따라서 성 선택 원리가 인류의 진화를 촉발했지만, 이 후천적 형질의 유전 메커니즘이 어떤 남성 집단은 엄청나게 무성한 턱수염을 기르고, 또 어떤 집단은 거의 수염을 기르지 않는 결과를 초래하는 식으로 진화 과정을 가져왔을 것이라는 말이다. 이런 분석은 턱수염의 진화 과정에서

1.2 찰스 다윈.

행사된 여성의 영향력을 매우 크게 평가한 것이다. 여성들은 자기들 취향에 따라 턱수염이 많거나 적은 사람을 골랐으며, 남자들은 여성의 그런 기호에 영합하느라 얼굴에 난 털을 뽑았고 그것이 다시 영구적인 생리적 변화를 가져왔다는 이야기이기 때문이다.

하지만 다윈은 턱수염의 진화를 생존이 아닌 기호의 문제로 변질시킴으로써 진정한 의미의 진화론, 다시 말해 자연 선택의 과정에 입각한 답을 제시하지는 못했다. 오히려 그가 구사한 전략은 문제를 해소한 것이 아니라 더 많은 의문점을 가져왔다. 그렇다면 턱수염이 어떤 사람에게는 강력한 매력을 발산하는 장식물이고, 또 어떤 사람에게는 혐오의 대상이 된 이유는 무엇일까? 이것이 단지 기호의 문제라고 해도, 그런 거부감의 정도가 선사시대 일부 여인들이 짝을 지을 때 후보에서부터 거부할 정도로 컸던 이유는 무엇이었을까? 이것은 과연 외모에 관한 허영심에 불과한 것일까? 다윈 이후에 등장한 진화 생물학자들도 이런 어려운 문제들을 해결하기 위해 연구했지만 쉽지 않았다.

지금 우리가 알고 있듯이, 이론가들은 이 턱수염의 수수께끼에 대한 답으로 세 가지의 기본적인 해결책을 제시했다. 그중 가장 간단하면서 다윈 자신이 진지하게 생각했다가 배격한 해결책은 턱수염에는 어떤 목적도 개입되어 있지 않다는 이론이다. 세상 모든 일이 그렇듯이, 진화사에도 우연한 사건들이 일어난다. 자연 선택의 과정, 예컨대 피부를 더욱 탄력 있게 하는 방향으로 자연 선택이 이루어졌을 때 선호도가 높았던 유전자 때문에 어떤 부수적 2차 효과, 즉 그 자체는 중요하지 않은 별개의 효과를 지니게 되었을지도 모른다. 예를 들어 피부에 특정 색깔을 부여하는 식의 효과를 지니게 되었을지도 모른다. 이런 가정까지 들먹거려

야만 하는 것은 우리의 수염에서 이렇다 할 생존가生存價[1]를 찾아내는 일이 너무 힘들기 때문이다. 하지만 대부분의 과학자는 이쯤에서 논의를 마무리하려 들지 않았다. 무엇보다, '중요성이 떨어진다(혹은 생존가가 없다)'라는 개념은 증명할 수 없는 추정이기 때문이다. 적어도 우리가 인간 게놈genome[2] 전체의 모든 기능을 알아낼 때까지는 턱수염이 진화 과정에서 순전히 우연한 결과의 산물이라고 장담해서는 안 된다. 어쨌든 과학자들은 직업상 어떤 현상에 대해서든 그 원인을 규명해야 한다. 그리고 인간이 턱수염을 기르게 된 데에는 불분명하지만, 분명히 이유가 있을 것이라고 가정하는 편이 훨씬 재미있다.

두 번째 해답은 턱수염이 선사시대 여인들을 마음을 사로잡았고, 따라서 아마도 현대 여성들도 매혹시킬 수 있는 장식물이라는 다윈의 사상에 기초를 두고 있다. 이 사상을 신봉하는 학자들은 '기호'라는 다소 모호한 개념에 의존한 다윈의 가설을 좀 더 체계적인 설명방법으로 대체하고자 노력했다. 즉 여성의 기호 내지는 선호라는 개념에 대해 심리학적, 생물학적 설명을 원했던 것이다. 세 번째 이론은 이와는 정반대의 접근법으로서, 털은 수컷 경쟁자에게 겁을 주고 우위를 확보하는 데 유용한 위협 도구라고 주장한다. 그리고 여성은 흔히 말하는 것처럼 턱수염의 매력에 끌린 것이 아니라, 무성하게 턱수염을 기른 남자들이 다른 남자들을 누르고 획득한 '사회적 지배력'에 매혹되었다는 것이다.

이제 과학자들에게 남겨진 과제는 이렇게 서로 상충하는 이론들을 검증할 방법을 찾는 것이다. 턱수염이 머나먼 과거에 여성을 유혹하기 위한 미끼로 기능을 더 많이 발휘한 것인지, 아니면 다른 남자에게 위협을 가

1) 생체의 특질이 생존·번식에 기여하는 유용성
2) 세포나 생명체의 유전자 총체

하는 무기로서의 기능을 더 많이 발휘한 것인지 어떻게 알 수 있을까? 인간의 턱수염과 유사하면서 성과 관련된 동물의 장식물들, 예컨대 깃털, 러프[1], 사슴 등의 가지 뿔 따위를 관찰하는 것도 하나의 방법이 될 수 있겠다. 또 다른 방법으로는 턱수염이 무성한 얼굴에 대한 남녀의 반응을 각각 테스트하여 수천 년 전 우리 조상들의 마음을 움직였던 그 원초적 자극제가 현대에도 여전히 공감을 불러일으키는지 알아보는 것이다.

턱수염, 남자의 장식물인가?

다윈이 주창한 '장식물론'은 수년 후 과학계에서 큰 지지를 얻게 된다. 이 이론의 신봉자 중 한 명이 진화 심리학자인 낸시 에트코프인데, 그녀는 잘생긴 짝을 추구하는 현상은 "인간의 삶에서 보편적으로 발견되는 부분"이며, "쾌락을 쉽게 얻고 남의 관심을 끌고, 우리 유전자의 존속을 보장하는 행위"라고 주장한다.[5] 에트코프를 비롯하여 주로 인간의 육체적 매력을 연구하는 학자들은 남자들이 여성의 특정한 육체적 특성에 매력을 느낀다는 것을 입증하는 풍부한 증거들을 찾아냈다. 예를 들어, 금발 여인에 대한 남성들의 유별난 편애는 그동안 많이 이루어진 심리학적 실험에 의해 사실임이 입증되었다. 높은 허리/엉덩이 둘레 비[2]뿐 아니라, 튀어나온 광대뼈와 큰 눈을 선호하는 현상도 마찬가지이다. 반면에 여자들의 경우, 남자를 판단하는 기준을 육체적 자질에 두는 경향이 약한 것 같으며 남자의 키가 커야 한다는 (그렇다고 너무 커도 안 된

---

1) 새·동물의 목 주위에 목도리같이 달린 깃이나 털
2) 허리둘레를 엉덩이둘레로 나누어 구하며, 남자 0.95 이상, 여자 0.85 이상일 때 복부 비만으로 진단한다.

다) 점을 제외하고는, 이상형의 용모에 대해 남자들만큼 일치된 의견을 보여주지 못한다. 진화론자들은 짝짓기와 관련하여 여성이 남성보다 덜 피상적인 태도를 지니는 현상을 여성 번식의 진화적 논리를 들어 설명한다. 여성이 남성에 비해 출산 능력이 제한적이고, 육아에 상당히 큰 부담을 지고 있다는 점을 고려하면, 그냥 잘생기기만 한 남자보다는 가정에 도움이 되고, 의지할 수 있는 남자를 찾는 것이 본인들의 이익에 부합한다는 것이다. 그렇다고 해서 용모가 중요하지 않다는 말은 아니다. 여자들도 분명히 남성의 용모를 따지며, 그중에는 육체적 매력을 극단적으로 중시하는 여자들도 있다는 사실은 많은 연구를 통해 입증되었다. 또 연구를 통해 여자들은 남성의 육체적 매력을 고려할 때 주로 얼굴에 초점을 맞춘다는 사실도 밝혀졌다. 이 모든 정보에 비추어 볼 때, 남자들이 기르는 턱수염의 '질'에 여성들이 큰 가치를 부여하는 데에는 그럴만한 이유가 있다는 것을 알 수 있다.

여자들은 남자의 얼굴을 볼 때 무의식적으로 잠재적 배우자로서의 유전적인 부분을 따질 것이다. 학자들은 동물행동학의 여러 연구 결과를 통해서 이를 입증하고 있다. 예를 들어 수컷 공작 같은 일부 조류들은 화려한 색깔과 큰 꼬리를 발달시켰는데, 이렇게 발달시킨 것은 짝짓기의 상대가 그것을 좋아하기 때문이다. 꼬리가 가장 큰 수컷 공작은 번식도 가장 많이 할 것이며, 그 꼬리는 수많은 세대를 거치면서 더욱 길어졌을 것이다. 수컷들은 왜 그렇게 크기와 색깔에 신경을 쓰는 것일까? 또 이렇게 몸을 과시하는 것에는 어떤 큰 의미가 있는 것일까? 아니면, 이것은 글자 그대로 암컷 '새대가리들'을 헷갈리게 만들려는 쇼에 불과한가? 1975년 진화 생물학자인 아모츠 자하비는 긴 깃털 같은 장식물은 실제로 속임수가 아니라, 자신이 남보다 우수한 유전자를 보유했음을 알리는 정직한 광고와 같은 것으로 봐야 한다고 주장했다. 자하비가 제시한 이른바 "핸디캡 원리"[1]에 따르면, 특대 사이즈의 깃털이나 수사슴의 커다란 뿔은 에너지와 영양의 측면에서 볼 때, 자신이 육체적으로 큰 손해를 감수한 대가인 것이다. 따라서 그 동물은 화려한 자태를 보여줌과 동시에 자기가 건강하다, 따라서 짝짓기 대상으로 적합하다는 사실을 암컷에게 알리려고 하는 광고와 같은 셈이다.[6] 1980년대에 들어와 일부 학자들은 섹스와 관련된 이런 과시 행위에 또 다른 목적, 즉 자신이 질병에 대해 강한 저항력을 지니고 있음을 보여주는 목적이 개입되어 있으리라 추정했다. 질병의 발생은 깃털, 러프, 가지 뿔 등의 질과 크기를 감소시킬 수 있기 때문에, 몸매를 드러내 보이려는 행위는 수컷 자신이 건강하다는 사실을 시사한다. 따라서 수컷들이 화려한 외모를 자랑한다는 것은 자신이 우수한 면역 체계를 갖고 있다는 것뿐 아니라 먹잇감 확보 경쟁에서도 월등함을 과시하는 행위인 것이다. 아마 인간의 턱수염도 마찬가지일 것이다. 선사시대의 여성들은 남자들의 얼굴을 보고 건강한 남자를 알아보았을 것 같다.

이 "우수한 유전자"라는 개념은 1990년대에 이루어진 호르몬 연구 결과에 힘입어 더욱 강화되었다. 이 시기에 생물학자들은 이른바 "면역력" 이론을 발전시켰다. 이 가설에 따르면, 훌륭한 육체적 특징은 양호한 건강 상태를 나타낼 뿐 아니라, 질병에 대한 강한 면역력을 과시하는 직접적인 증거이다. 그런 과시에는 많은 양의 안드로겐이 필수적이고, 이로

---

1) 큰 꼬리는 거추장스러워서 도망치기가 힘들고 눈에 잘 띄기 때문에 포식자에게 들킬 가능성을 높임에도 불구하고, 그것을 자랑함으로써 역으로 자신이 그런 핸디캡을 극복하고 생존할 만큼 강하다는 것을 보여주는 증거로 활용한다는 이론

인해 면역 체계의 작동이 억제되므로 실제로 질병에 걸릴 가능성이 높아진다. 테스토스테론은 정자의 (우리 몸은 이것을 이질적 세포로 간주하고 대응한다) 생존 능력을 확보하기 위해 면역 체계의 작동을 억제한다. 따라서 큰 2차 성징을 (즉, 많은 양의 테스토스테론) 지닌 건강한 수컷은 작은 면역력으로도 질병을 퇴치할 수 있는 본인의 능력을 과시하는 셈이 되므로 유전적 측면에서 훨씬 위대하게 보인다.[7] 동물 세계에서 큰 꼬리 등을 자랑하는 건강한 수컷은 실제로는 암컷을 향해 "이봐, 지금 우리는 유전자를 퍼뜨리는 전쟁을 하고 있는데, 내가 한 손을 등에 묶어 놓고도 얼마나 잘 싸우는지 보란 말이야!"라고 말하는 것과 같다. 인간의 턱수염은 동물의 꼬리털이나 가지 뿔에 비유될 수 있을 것이다. 이것은 또 테스토스테론을 동원한 남성성의 과시이자, 유전적 능력을 자랑하는 광고판인 셈이다. 그렇다면 여성들은 이것을 알아볼 수 있을까? 과연 이런 남성미에 현혹되기는 할까? 이것이 바로 그동안 많은 심리학자가 풀어내려고 했던 문제이다.

지난 50년 동안, 학자들은 사람들이 성 파트너, 배우자, 회사 직원 또는 선출직 정치인을 선택하는 데 동원하는 각종 고정관념과 편견의 진위를 검증하기 위해, 수십 차례 실험을 실시했다. 그 과정을 거치며 다양한 남성 얼굴에 대한 사람들의 인상과 반응을 기록하였다. 모든 실험 결과는 "장식물론"을 뒷받침했다. 남녀를 불문하고, 모든 실험에서 턱수염이 어떤 남자에 대한 최초의 인식을 형성하는 데에 큰 영향을 준다는, 거의 일치된 결과가 나왔다. 남자가 턱수염을 기르면 거의 예외 없이 더 나이 들어 보이고 더 남성다워 보인다. 하지만 이것이 남자를 매력적으로 만든다고 말할 수도 있을까? 이 문제에 관한 한, 실험 참가자들과 질문을 제시한 방식 등에 따라 서로 상충하는 실험 결과들이 나왔다. 어떤 연구에서는 턱수염이 매우 매력적이라는 결론이 나왔지만, 다른 연구에서는 전혀 그렇지 않다는 결론이 나온 것이다.

1969년 시카고 대학에서 실시한 연구에서는 남녀 모두 턱수염을 기른 남자를, 수염을 매끄럽게 깎은 남자보다 매력적으로 여긴다는 사실이 밝혀졌다.[8] 하지만 불과 몇 년 뒤, 중서부에 위치한 두 대학의 학생들은 사진으로 본, 턱수염을 기른 남자들이 민낯의 남자들보다 다정하지 못하고, 선하지 않고, 못생겼다고 평가했다.[9] 얼마 후, 테네시주와 캘리포니아주에 사는 대학생들은 성숙도, 진실성, 관대함, 용모의 측면에서 턱수염을 기른 남자에게 더 높은 점수를 부여함으로써, 시카고 대학의 연구 결과가 옳았음을 재확인해 주었다.[10] 이같이 연구 결과들이 상충하였기 때문에 와이오밍 대학의 연구원들은 여대생들을 모아놓고 수염을 기르는 남자를 선호하는지에 대한 여부를 직설적으로 묻는 설문조사를 했다. 설문을 마친 482명의 학생 중 17%만이 턱수염 기른 남자를 선호한다고 응답, 많은 학생이 턱수염을 기르는 것에 대해 선호하지 않음을 드러냈다. 예외적으로 약 42%의 응답자는 콧수염을 좋아한다고 응답했다.[11]

1970년대 말까지 이루어진 연구들을 놓고 집계해보면, 턱수염의 적합성에 찬성이 두 건, 그리고 반대가 세 건이었다. 이런 상충하는 결과는 이 문제를 둘러싼 상당한 의견의 불일치만 드러낸 채, 그 후 20년 동안 이어져 왔다. 예를 들어 1978년, 캐나다 학생들이 참여한 실험에서는 턱수염을 기른 얼굴이 호감도를 제외하고 자신감, 지능, 행복 면에서 더 높은 점수를 얻는 결과가 나왔다.[12] 1984년에 학자들은 또다시 젊은 남성과 여성들이 턱수염을 기른 얼굴에 더 높은 호감을 나타냈고 육체적 매력을 느꼈다는 실험 결과를 보고했다.[13] 1990년에 실시한 실험에서는, 여러 회사에서 인사부장으로 재직 중인 평균 연령 31세, 228명의 피험자를 모아 놓고 동등한 자격요건을 지닌 6명의 남성 취업 지원자들의 사진을 보여주며 평가를 부탁했다. 이 실험에서는 사람들이 턱수염을 기른 남자를 더 매력적이고, 더 차분하고, 더 유능할 것이라고 여긴다는 결론이 나왔다.[14] 이런 결론은 대학교 학부생들에게 이력서와 사진을 근거로 가상의 구직자들을 평가해달라고 요청해 2003년에 발표된 나중의 실험 결과와는 배치하는 것이었다. 이 실험에서는 턱수염을 기른 후보자들이 미미하게나마 덜 매력적으로 여겨지는 등, 턱수염을 기른 남자들에 대한 사람들의 거부감이 드러났다.[15] 1996년 여성의 인식도를 조사하여 발표한 켄터키 대학의 연구에서는 턱수염에 대한 훨씬 더 부정적인 인식이 드러났다. 응답자들은 턱수염 기른 남자들을 더 나이 들고, 더 공격적이며, 사회성 면에서 덜 성숙하고 덜 매력적인 인물로 평가했다.[16] 21세기의 전반 50년에 이루어진 연구를 집계해보면, 턱수염이 매력적이라는 결론이 나온 연구가 8건이고, 비호감으로 본 연구 결과도 8건이었다. 나머지 2건의 연구에서는 엇갈린 평가가 나왔다. 장식물론을 뒷받침하는 결정적인 증거를 찾고 싶어 하는 사람들은 좌절을 맛봤다고 말해도 무방할 것이다. 이처럼 일관되지 않는 실험 결과는 연구에 동원된 방법론과 실험 조건들이 다른 탓도 있지만, '선천성에 대한 후천성'의 승리라는 개념이 반영되었을 수도 있다. 다시 말해 우리의 문화적 선호 성향이 턱수염의 진화를 촉진한 원시적 본능의 잔해를 압도했을지도 모른다는 말이다. 아니면 간단히 말해 장식물론은 오류이며, 턱수염은 사회적 무기로서 진화했을지도 모른다는 점이다.

턱수염, 남자의 무기인가?

장식물론을 뒷받침하는 결정적 증거 부족은 턱수염의 무기설이라는 경쟁 이론이 등장하는 길을 터주었다. 하지만 남자들이 서로 싸우는 데 턱수염이 무슨 도움이 된다는 말인가? 사회 생물학자인 R. 데일 거스리는 '위협'이라는 개념으로 이것을 설명했다. 동물의 세계에는 "점, 얼룩, 줄무늬, 갈기, 목도리 털, 군턱[1], 잘 다듬은 꼬리, 볏, 깃털, 화려한 조합의 색깔, 육수肉垂[2], 부풀릴 수 있는 볼 주머니, 수탉 등의 볏, 목젖 부위, 털 다발, 염소 등의 수염 등", 수컷들이 장식물로 쓸 수 있는 과시 수단이 많고, 이것을 이용하여 무리 내에서 성적 우위를 확립하려는 수컷 사이에 경쟁이 만연해 있다.[17] 거스리의 설명에 따르면, 선명한 깃털을 이용한 공작의 웅장한 자기 과시 행위에는 암컷의 환심을 사는 것보다 경쟁 수컷들을 위압하려는 기능이 더 많다. 즉 녀석들이 보내는 메시지는 "나를 선택하세요!"가 아니라 "꺼져, 내 힘이 더 세니까!"라는 것이다. 유인원들 사이에서는 이빨 드러내기와 입 오물거리기가 사회적 신호로서 중요한 역할을 한다. 턱과 이는 대부분의 동물 세계에서 중요한 무기이며, 영장류 동물의 경우 수컷들이 사용하는 장식물은 대부분 입과 턱에 관련된 것 같다. 여기에는 턱의 윤곽을 뚜렷하게 하는 얼굴 아랫부분과 목덜미 털의 대조적인 색깔도 포함되어 있다. 인간의 태곳적 조상들도 이와 비슷했을 것이다. 원시 사회에도 불량배들이 있었을 테고, 그들은 무서운 소리로 으르렁거려 동시대 사람들을 위협했을 것이다. 여기에다 턱을 앞으로 내밀어 위협 효과를 증대시켰을지도 모른다. 거스리는 동서고

---

1) 목 밑의 살
2) 칠면조·닭 따위의 목 부분에 늘어져 있는 붉은 피부

금을 통해 각진 턱이나 이를 악문 표정을 힘이나 공격성의 상징으로 언급하는 경우가 아주 많다는 점을 지적한다. 이와는 반대로 처진 턱은 "나약해" 보이며, 사람들은 턱을 오므리는 행위를 두려움이나 후퇴의 신호로 봤을 것이다. 턱에 털이 무성하게 자라도 이와 똑같은 효과가 있었을 것이다. 수염이 무성하면 입과 얼굴이 더 커 보이고, 따라서 더 위협적으로 보였을 수 있다.

턱수염이 위협의 상징이라는 거스리의 이론이 맞을 수도 있겠지만, 동물의 세계에서는 인간의 턱수염에 비견할 정확한 대상물이 없다. 유인원들이 이를 드러낼 때 그들의 메시지를 전달하는 것은 턱이 아니라 치아다. 공격적인 이빨에 비해 턱은 덜 인상적일 수밖에 없다. 더구나 턱수염은 입을 크게 보이게 하기는커녕 더 작게 만들기 때문에 의도와는 반대의 효과를 낼 수 있다. 이런 점에서 무기론도 장식물론처럼 별도의 검증이 필요하다. 만약 턱수염을 기르는 목적이 여성에게 좋은 인상을 주는 것이 아니라 같은 남성을 위협하는 것이라면 우리는 관련 심리 테스트에서 여성 피실험자들에게서는 무관심을, 남성에게서는 두려움을 관찰할 수 있을 것이라 예상할 수 있을 터이다. 무기론 지지자들은 심리 실험에 참여한 피험자들이 실제로 턱수염을 기른 남자들을 보며 더 "남성적"이고 더 "우월"하다고 평가했다는 사실에서 이론적 위안을 얻는다. 턱수염을 매력의 상징으로 보았던 1969년도 시카고 대학의 연구에서 학자들은 턱수염이 여성보다는 남성에게 더 큰 인상을 준다는 사실을 증명했다.[18] 학자들은 한 집단의 학생들에게 나이 들어 보이고 콧수염을 기른 남자가, 젊고 깨끗하게 면도한 남자와 함께 있는 사진을 보여주며 이 둘의 관계를 설명해보라고 요청했다. 대부분의 남학생은 여학생들과는 달리, 나이 먹은 사람이 손위이며 권위 있는 인물이라는 식으로 답했다. 이와는 별개로 남녀 학생 혼성 집단에게도 비슷한 그림을 보여줬다. 이번에는 젊은 남자가 수염을 깎은 것이 아니라 턱수염을 기른 그림이었다. 여학생들의 반응은 변하지 않았다. 하지만 남학생들은 두 사람의 관계를, 뭔가를 상의하고 있는 동급의 인물로 묘사하는 경향이 있었다. 턱수염으로 인해 그림 속 젊은 남자의 사회적 위상이 높아진 것이다. 턱수염이 그를 더 위협적인 인물로 보이게 했다기보다는, 더 나이 들어 보이게 한 것이다. 그렇다고 하더라도 그 후 수십 년에 걸쳐 수행된 많은 후속 연구들을 통해 턱수염을 기른 남자는 남녀 모두에게 더 힘이 세고, 사납고, 공격적으로 보인다는 사실이 확인되었다.[19] 턱수염을 기른 남자를 덜 매력적이라고 평가한 켄터키 대학생들은, 똑같은 남자들을 보고 수염을 안 기른 사람보다 더 나이 들고 더 공격적으로 보인다고 판단했다. 특히 눈여겨볼 만한 사실은 이 연구에서 여자들보다 남자들이 얼굴에 턱수염이 무성한 사람을 보고 공격성의 정도를 더 높이 부여한다는 점이었다.[20]

턱수염이 일종의 위협의 상징이라는 개념은 비교적 최근, 2012년에 뉴질랜드 사람들과 사모아섬의 원주민들을 대상으로 남성 이미지에 대한 반응을 조사한 연구를 통해 다시 한번 확인되었다. 남녀 모두에게 더 나이 들어 보이고, 더 공격적으로 보이고, 더 상류층 인물로 보였던 똑같은 남자들이 턱수염을 기르면 덜 매력적인 인물로 평가된 것이다. 연구원들은 또 분노로 가득 차 얼굴이 일그러진 남자들의 사진을 보여주었는데, 두 나라 사람들 모두 턱수염 기른 채 얼굴을 찡그리고 있는 남자들을 보며 몹시 위협적인 인물로 판단했다. 이 보고서를 작성한 연구자들은 이 조사 결과가 턱수염이 실제로 같은 남성 경쟁자들을 쫓아내기 위한 위협 무기로 쓰인다는 추론을 입증한다고 주장했다.[21]

이런 연구 결과는 무기론의 정당성을 뒷받침하지만 피험자들이 턱수염을 기른 남자들을 더 공격적으로 본 이유는 명확하지 않다. 일부 실험에서 드러난 공격성과 반사회적 행동의 연관성은 턱을 크게 보이게 하는 턱수염의 효과보다는 턱수염에 포함된 문화적 의미가 가져온 결과일지도 모른다. 요컨대 최근 수십 년 동안 턱수염은 공격하여 물어뜯는 행동으로 쓰이기보다는 정치적으로 불복종하거나 반사회적 행동의 상징으로 뚜렷하게 각인되어 있다. 이 무시무시한 연관성은 흔히 말하는 육체적 우위가 아니라, 마약 문화[1])나 급진주의와 관계가 있을지도 모른다. 무기론이 주장하는 것은 공격성과 턱수염의 연관성이 문화적 편견이 아니라 위협의 상징으로 원시시대부터 지금까지 이어지고 있다는 점이다.

최근의 연구 중에는 장식물론의 정당성을 새로이 뒷받침하는 것도 있다. 구체적으로 말하면, 여자들은 깎다가 만 듯한 남자들의 수염을 좋아한다는 사실이 밝혀진 것이다. 이런 사실은 1990년에 마이클 커닝엄이 이끈 심리학자 집단이 우연히 발견한 연구 결과로서 처음 학계에 보고되었다. 그때 학자들은 남성 얼굴의 매력도를 결정하는 정확한 요소들을 연구하고 있었다. 이 연구팀은 26가지의 변수를 규명했는데, 이 중에는 머리카락과 옷이라는 변수 외에 눈, 코, 입의 가로/세로 폭을 비롯하여 총 18개에 달하는 우리 신체의 입체적 측정 목록이 포함되어 있다. 당시 실험에 참여한 조지아주, 일리노이주, 켄터키주의 여대생들은 수많은 남성의 얼굴 사진을 놓고 매력도를 평가했다.[22] 여기에서도 남성이 여성의

---

1) 1960년대 젊은이들의 환각제 상용이 낳은 독특한 하층 문화

얼굴을 평가할 때처럼 남성의 큰 눈이 매력을 나타내는 가장 좋은 지표라는 사실이 밝혀졌다. 남성 얼굴의 경우, 돌출된 턱과 광대뼈 역시 훌륭한 외모와 크게 관련되어 있었다. 이 연구 결과를 보고한 논문의 저자들은 이것을 자신들이 주장하는 "복합적 신체 건강" 가설을 입증하는 증거로 간주했다. 이 이론은 여성들은 큰 눈 같은 "신생아新生兒적" (즉, 아기 같은) 특징과 강한 턱처럼 "성숙한" 남성적인 특징에 동시에 매력을 느낀다고 주장한다. 하지만 콧수염과 턱수염은 "복합적 신체 건강"을 구성하는 요소인 것 같지는 않다. 이 두 가지는 이번에도 매력도 항목에서 낮은 점수를 받았기 때문이다. 학자들은 턱수염이 여자들이 좋아하는 "신생아적" 특성을 너무 많이 훼손하기 때문일 것으로 추측했다.

여성이 남자의 턱수염을 매력적으로 여기지 않는다는 사실이 새롭지는 않지만, 학자들은 실험을 되풀이하는 과정에서 매력과 단정치 못한 용모 사이의 연관성을 우연히 발견했다. 연구를 주관한 사람들은 실험용 표본에서 콧수염이나 턱수염을 기른 얼굴들을 일부러 배제했지만, 그럼에도 불구하고 사진 속 얼굴 중에는 더 깨끗하게 면도한 사람도 있었고 그렇지 않은 사람들도 있었다. 여성들은 (면도는 했지만) 턱수염이 약간 남아 있는 얼굴에 대하여 놀랄 만큼 높은 선호도를 보여주었다. 학자들은 이에 대해 진짜 턱수염은 얼굴에서 여성들이 좋아하는 신생아적 특성을 지워버리지만, 턱수염을 기를 수 있다는 **잠재적 능력**은 여성이 호의적으로 여기는 "성숙함"이라는 특징으로 받아들이는 것 같다고 해석했다. 요컨대 깎다 만 듯한 짧은 수염을 선호하는 현상은 여성들이 힘들여 찾아낸 일종의 타협책이다. 즉, 남성미가 좋긴 하지만 과한 것은 싫다는 뜻이다. 이런 실험 결과는 사실 뜻밖의 소득이었다. 짧은 그루터기 수염은 사람들이 아무도 찾지 않을 때 스스로 존재 가치를 드러내는 요소였던 것이다.

처음에 학자들은 이 연구 결과를 대수롭지 않게 생각했지만 이 연구는 훗날 여성의 관점에서 본 턱수염의 장단점을 잘 보여주는 연구로 평가받게 되었다. 여성이 **진짜** 턱수염이 아니라 **잠재적인** 턱수염의 가치를 높이 평가한다는 사실은 수염 연구에서 매우 이질적인 결과들이 나왔던 이유를 잘 설명해준다. 여성들은 한 마디로 둘 다를 원하는 것이다. 여성 피험자들이 선호하는 과도하지 않은 남성미의 균형점은 사는 환경에 따라, 또 여성 피험자 개인마다 다르며, 턱수염에 대한 평가 역시 다르게 나타난다. 이런 결과는 진화 심리학자인 낸시 에트코프의 주장을 뒷받침해 준다. 그녀는 남성의 매력을 섬세한 균형 잡기 행동으로 묘사한 바 있다. 여성들은 힘과 지배력의 외적 표현, 즉 턱수염으로 강조되는 뺨과 턱의 강인한 모습에 분명히 매력을 느끼지만 여성들이 남성들로부터 바라는 또 다른 측면의 자질들이 있다는 것이다. 예컨대 배우자로서 얼마나 믿을 만한가, 혹은 아이들에게 본인이 지닌 능력을 투입할 용의가 있는가와 같은 내적 자질들이 균형을 이룰 때에 여성은 남성의 지배적이고 강인해 보이는 외모에 더 큰 매력을 느낀다는 것이다.[23] 따라서 여성들은 남성미가 지나치게 강하게 드러난 얼굴들을 덜 매력적으로 평가한다. 그런 얼굴에는 여자들이 원하는 선량함과 사교성이 충분히 보이지 않기 때문이다.

독일 남성들을 대상으로 한 2003년도의 설문조사와 영국 여성들을 대상으로 실시한 2008년의 설문조사에서도 이 잔털 효과를 확인해주는 결과가 나왔다.[24] 두 번째 조사에 참여한 피험자들은 영국 노섬브리아 대학 학부 여학생들이었는데, 조사관들은 그들에게 컴퓨터 프로그램으로 남성의 얼굴을 수염이 전혀 없는 얼굴, 약간 잔 수염이 남아 있는 얼굴, 잔 수염이 무성한 얼굴, 약간 턱수염을 기른 얼굴, 턱수염이 수북한 얼굴 등으로 각각 변형시켜 보여주고 평가를 부탁했다. 여자들은 약간 잔 수염이 남아 있는 얼굴을 가장 매력적인 얼굴로 꼽았으며, 이어 잔 수염이 무성한 얼굴, 약간 턱수염을 기른 얼굴, 깨끗하게 면도한 얼굴, 턱수염이 수북한 얼굴을 자신들이 매력을 느끼는 순서대로 나열했다. 실험 결과, 턱수염이 무성한 얼굴보다 매끈한 얼굴에 대한 폭넓은 선호도가 드러난 가운데, 여성들이 가장 미약하게 남성적 특성을 드러낸 남성과 가장 강력한 특성을 드러내는 남성 사이에서의 균형을 가장 바람직하게 본다는 것이 분명해졌다. 결론적으로 여성들은 턱수염이 전혀 없는 얼굴과 있는 얼굴 중 하나를 선택하는 것을 달가워하지 않는 것 같다. 이 결론은 오스트레일리아 여성들이 잔 수염이 무성한 얼굴을, (약 열하루 정도 기른) 턱수염을 완벽하게 길렀거나 깨끗하게 면도한 얼굴보다 더 매력적이라고 평가한 2013년의 실험에 의해 다시 한번 확인되었다.[25] 우리는 이 실험이 턱수염 관련 연구에 똑같이 반복되던 일관성 없는 결과들에 종지부를 찍어주기를 바란다. 하지만 이 잔 수염 이론 역시 초창기 연구자들을 괴롭혔던 난관들, 즉 문화적 편견의 오염이라는 장애를 비껴가지 못한다. 참으로 우연히, 잔 수염은 21세기 초에 크게 유행했다. 다시 말해, 잔 수염은 여대생들이 그런 식으로 설문에 응답하지 않을 수 없게 한 진화상의 현상이라기보다는 단순히 당대의 패션 경향의 하나라고 할 수 있겠다.

장장 50년에 걸쳐 이루어진 심리학적 연구는 숱한 반전을 거듭한 끝에 드디어 다음과 같은 모호한 결론에 도달했다. 즉 턱수염은 매력이 있기도 하고 없기도 하다. 정확한 이유는 모르겠지만, 턱수염은 어느 정도 남에게 위협을 준다. 턱수염의 기원을 밝히려는 우리의 탐구에 가장 큰 장애가 되는 것은 켜켜이 쌓인 오랜 세월이다. 수만 년 전 우리 인류가 처해 있었던 생활환경을 똑같이 재생하여 선사시대의 남녀 인간들이 그 환경 속에서 나타냈던 미적 선호 현상을 파악할 길이 없기 때문이다. 아마도 결국에는 인간 게놈에 대한 철저한 분석을 통해 이 비밀을 밝혀낼 날이 올 것이지만, 그때까지는 턱수염의 의미를 해석하는 데 있어 학문적인 한계를 받아들이는 수밖에 없을 것이다. 그렇다고 절망할 필요는 없다. 최종 분석을 해보면, 남자들이 지금처럼 턱수염을 기르고, 손질하고, 깎는 이유를 밝히는 데에 있어 생물학적 요소는 가장 중요성이 떨어지는 요소일지도 모른다. 우리 인간에게는 자연이 부여한 한계를 무시하고, 자기 몸에 아무런 진화상의 의도 없이, 새로운 목적과 해석을 부여하는 버릇이 있다. 우리의 몸은 생물학적 원리뿐 아니라 문화적 영향에도 자유롭지 못하다. 그리고 이런 원칙은 비교적 쉽게 건드리고 모양을 바꿀 수 있는 털에 특히 잘 적용이 된다.

만약 궁극적으로 진화가 아니라 문명이 털의 의미를 결정한다는 결론이 나면, 턱수염에 대한 사회학적 이론도 성립될 수 있을 것이다. 실제로 많은 학자가 이론화를 시도했다. 어떤 학자들은 프로이트 학설에 입각한 접근법을 취하여, 헤어스타일과 수염의 유행은 사람들이 리비도libido를 표출하거나 억압하는 정도에 따라 힘을 받기도 하고 잃기도 했다고 주장했다. 그런가 하면, 사회적, 그리고 성적인 구별을 공고히 하려는 수단으로 머리와 턱수염이 활용되었다는 이론을 내세운 학자들도 있다. 이런 사상들은 사회적 소통에 있어서 털의 쓰임새를 전부는 아니더라도 상당 부분 밝혀냈다. 최근 프랑스의 인류학자 크리스티앙 브롬버거는 머리카락이 가진 사회적 의미를 규명하는 데 사회학자들이 실패했음을 인정했다.[26] 중동 인류학의 전문가인 브롬버거 교수는 무슬림과 기독교인들이 10세기부터 현재에 이르기까지 수염을 통하여 어떻게 달라져왔는가에 주목하였다. 라틴계 기독교인들과 그리스 기독교인들의 수염이 서로 다른 것도 비슷한 예이다. 하지만 브롬버거는 이것이 전부가 아니라는 것을 알았다. 머리와 수염은 또 남성과 여성을 정의하고, 체제 순응자와 반항하는 자들을 구별하는 데에도 도움이 되며, 세련된 문명과 원시적인 자연주의의 차이를 반영하기도 한다. 그가 이 모든 복잡한 현상을 연구한 끝에 깨달은 것은 이 연구가 쉽게 완성되지 못할 방대한 연구라는 사실이었다. 그는 인공적 머리/자연적인 머리, 긴 머리/짧은 머리, 숱이 많은 머리/숱이 적은 머리, 밝은색의 머리/검은 머리, 생머리/곱슬머리같이, 헤어스타일에 관련된 대조적인 특성들과 사람들이 그런 헤어스타일을 통해 나타내려 한 사회적 반감을 규명하기 위해 '모발학'이라는 학문이 창설되어야 한다고 주장했다. 그런 모발학 사전이 있다면 다양하고 광범위하게 표출되는 명시적, 혹은 암묵적인 사회적 메시지들을 해석하는 데 도움이 될 것이다.

모발학적 이론을 정립한다는 꿈은 즐거운 꿈이긴 하지만 쉽게 달성되지는 않을 것이다. 설사 특정 사회에 퍼져 있는 친밀감과 반감의 세밀한 양식을 밝혀낸다고 해도, 그것은 기껏해야 사회적 규범에 대한 일종의 스냅 사진을 제공하는 데 그칠 것이다. 그 사진에는 인간 역사에 나타나는 주기적 변화 중 한 시점의 모습은 담겨 있을지 몰라도, 변화의 양상

자체를 담고 있다고 보긴 어려울 것이다. 사실 수염의 의미는 정체停滯 상태일 때보다 변화 과정에서 가장 뚜렷이 나타난다. 사건의 줄거리를 이해하는 데에는 영화를 처음부터 끝까지 보는 것이 유일한 방법이다. 수염의 역사도 마찬가지이다. 턱수염, 면도와 남성성의 역사에서 드러나는 반전과 우여곡절을 추적하면 과거와 현재의 양상을 모두 다 더 쉽게 이해할 수 있으며, 의식적이든 무의식적이든 우리가 '얼굴의 털'을 통해 외부에 보내는 메시지를 해석할 수 있게 될 것이다.

2

태초에

면도의 역사는 문명의 역사만큼 오래되었다. 서구 문명의 창시자라고 할 수 있는 수메르 사람들과 이집트인들은 구리와 청동으로 만든 면도 칼로 얼굴에 난 털을 손질했다. 고대인들이 면도를 하게 된 이유는 많지만, 가장 중요한 것은 두 부류의 남자들, 즉 턱수염을 기른 귀족(영주)들과 매끈하게 면도한 성직자들을 구별하기 위해서였다.[1] 두 부류 모두 권위와 권력을 갖고 있었다. 귀족들은 땅을 정복하고 지배한 반면, 성직자들은 신의 은총을 손에 넣었다. 귀족들은 자신의 몸에 자연스럽게 난 털을 남성적 힘의 상징으로 여겼으며, 자랑스러워했다. 반면에 성직자들은 언제라도 '신성한 신의 세계' 속에 들어갈 수 있도록, 불순하고 거만한 느낌을 주는 몸의 털을 제거하는 데 공을 들였다. 수메르와 이집트의 지배층은 이 두 형태의 남성적 힘을 모두 확보하지 않고서는 세상 지배를 꿈꾸지 못한다고 생각했다.

슬기 왕, 신을 기쁘게 하다

서구 문명은 메소포타미아 지역의 남부, 즉 티그리스강과 유프라테스강 사이에 수립된 수메르 왕조로부터 시작되었다. 이 지역은 오늘날 이라크의 영토에 해당한다. 수메르인들은 그곳에 거대한 도시와 사원들을 세웠고, 땅을 파 관개용 수로를 만들었고, 길을 닦았다. 그들은 또 직업적 사제 계급을 만들었고, 문자를 발명했고, 법전을 만들었으며, 군대와 정부를 조직했다. 우리는 지금도 그 시대 사람들이 처음 경작하고 사육했던 동·식물들, 즉 밀, 귀리, 소, 양, 염소, 닭을 식량으로 이용하고 있다. 또 우리는 지금도 하루를 24시간으로, 1주일을 7일로, 1년을 12달로 나누는 등, 그들이 가르쳐준 대로 시공간을 계량한다. 위대한 수메르 왕 중 한 명이 바로 당대에 이미 전설적 인물로 칭송받았고, 메소포타미아 남성상의 귀감으로 꼽히는 슐기Shulgi 왕(기원전 약 2094-2047)이다. 슐기 왕의 삶, 그리고 그가 신하들에게 군림했던 방식을 살펴보면 인류 문명의 여명기에 수염이 얼마나 중요했는지를 알 수 있다.

(그림 2.1)에 나온 두 형상은 모두 슐기 왕을 묘사한 것이다.[2] 그는 처음에는 면도하고 가슴을 드러낸 채 사원의 제사 의식에 쓰는 흙 바구니를 짊어진 모습을 보여준다. 두 번째 형상은 그가 정복군의 전사로서 적을 발로 짓밟는 모습이 희미하게 새겨진 바위 조각이다. 그는 긴 수염을 기르고 있고, 도끼와 활을 들고 있는데, 이 모든 것이 힘과 명령의 상징이다. 둘 중 어느 것이 이 위대한 왕의 진짜 모습일까? 둘 다일 수도 있고, 둘 다 아닐 수도 있다. 이 형상들은 왕의 권력에 얽힌 여러 측면을 양식화한 표현 방식이라 할 수 있다. 수염이 있고 없고는 우두머리 성직자로서 해야 할 역할에 충실한 슐기와 정복자 및 통치자가 지녀야 할 능력을 과시하는 슐기의 차이를 뚜렷하게 나타내는 지표이다. 수메르 왕은 귀족이면서 동시에 신민의 보호자였으므로 이 두 형태의 남성적 힘을 모두

장악할 필요가 있었다.

그를 찬양하는 성가는 자작곡 한 곡을 포함하여 수십 곡에 달한다. 그 노래들을 들어보면 슐기는 모든 부문에서 단연 최고였다. 그는 신의 자식이었고, 그를 낳은 신들은 심신 양면에서 생명을 가진 모든 인간을 초월하는 존재이다. 그는 또 걸음이 빠르고 무기를 능숙하게 다루는 전사였다. 또 글자, 숫자, 성스러운 징후를 다루는 능력 면에서 그 누구도 따라올 수 없는 유능한 필경사[1]이자, 예언가였다.[3] 그는 진정한 수메르 방식으로 이런 놀라운 재능을 발휘하여 더 높은 곳에 계신 신들을 섬기었다. 그의 왕권이 존립할 수 있는 기반이 바로 그 신들이었기 때문이다. 다시 말해, 그는 최고의 왕이 되기 위해 본인부터 최고의 숭배자가 되어야 했다. 그는 자신의 업적을 찬양하기 위해 직접 작곡한 성가에서 자신이 권좌에 오른 지 7년째 되는 해에 이룩한 놀라운 업적 하나를 자랑하고 있다.

슐기 자신의 설명에 따르면, 그는 에스헤쉬라는 종교 축제일에 니푸르[2]에 있었다. 니푸르는 엔릴Enlil과 안An에게 봉헌된 사원들의 본거지이다. 둘은 수메르 신화에 나오는 주요 신으로서 각각 폭풍의 신과 하늘의 신으로 여겨졌다. 그는 이 성스러운 도시에서 자신이 지배하는 왕국의 수도인 우르Ur까지, 혼자 수백km를 뛰어갔으며, 그것도 겨우 2시간 만에 그 먼 거리를 달려갔다고 한다. 슐기는 목욕과 짧은 휴식을 끝내고 나서 달의 신, 즉 난나Nanna를 위해 얼마 전에 자신이 만든 거대한 계단들로 이루어진 사원에서 신에게 제물을 바치는 의식을 거행했다. 이 정력적인 왕은 우르에서 성스러운 축일의 의식을 마치자마자, 니푸르까지 수백km

1) 인쇄술이 발명되기 전에 사본을 베껴 쓰던 사람
2) 이라크 동남부에 위치한 수메르 및 바빌론 왕국의 고대 도시

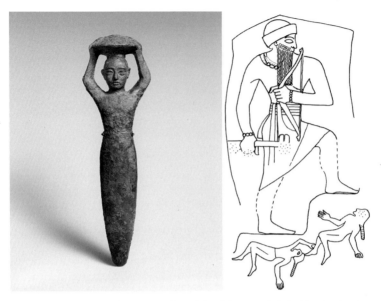

2.1 (왼쪽) 슐기 왕. 신전 봉헌식을 묘사한 조각상. 기원전 21세기. (오른쪽) 슐기 왕. 이라크 다르반드-이-고르에서 발견된 암각화, 기원전 21세기.

에 이르는 길을 돌아가 엔릴과 안 신에게 제물을 바치고 공양하는 의식을 치렀다. 이렇게 그는 두 도시를 한 날에 오가며 두 건의 제사를 집전하는 기적을 행했다. 슐기 왕은 이 정도의 위업으로도 모자랐는지, 자기가 마치 폭풍처럼 이 왕복 여행을 수행했다고 자랑했다. "행복감으로 부푼 가슴을 안고, 나는 마치 그 누구에게도 의지하지 않고 혼자 여행하는 새끼 당나귀처럼 계속 달려갔노라…"[4] 경건한 신앙심만큼은 단연코 일인자라 할 만했다.

슐기에게는 신을 섬기는 일이 본업이었고, 면도한 사제로 묘사된 그의 조각상은 제왕적 카리스마를 상징하고 있다. 하지만 그에게는 다른 임무들도 있었다. 그는 입법 책임자였으며, 최고 재판관이었고, 군대의 최고 사령관이었다. 이런 역할들을 수행할 때에는 풍성한 턱수염에 덮인 얼굴을 보여주었다. 슐기는 두 얼굴의 사나이였으나, 그것은 그가 위선자여서가 아니라 왕권에서 나오는 위풍당당한 기품을 총동원하여 자기 부하들을 다스리고자 했기 때문이었다. 아마 신전에서 거행하는 봉헌식같이 중요한 종교의식에 참석할 때에는 성직자처럼 면도하고, 그럴 때를 제외하고는 턱수염을 길게 길렀을 가능성이 크다. 반면에 암벽 조각상에 묘사된 슐기의 턱수염은 다른 메소포타미아 왕들의 그림처럼 과장되어 있고 자연스럽지 못한데, 이것으로 우리는 이 수염이 남에게 과시하기 위한 분장임을 알 수 있다. 하지만 분명한 것은 슐기가 상황에 맞춰 어떤 때에는 민낯을, 어떤 때에는 턱수염이 무성한 얼굴을 보이고 싶어 했다는 점이다.

슐기가 성직자의 모습으로 나타난 것은 아주 오래된 전통을 따른 것이다. 수메르의 성직자들은 선사시대부터 머리와 얼굴에 난 털을 모두 제거했으며, 신들을 모신 장소에 들어갈 때는 옷을 모두 벗는 경우도 많았다. 여러 문헌 정보들에 따르면, 수천 년에 달하는 근동의 역사를 통틀어 성직자들, 예언자들, 성서 필경사들, 그리고 의사들은 직업적 소명감을 나타내는 징표로써 언제나 머리와 수염을 밀었다.[5] 슐기 이후의 시대에 관한 기록들을 보면, 예언자들(바루baru)이 "이발사가 그의 얼굴에 작품을 만들었노라"[6]는 유명한 말과 함께 시작되는 긴 훈련을 거친 뒤 성직을 수행하는 이야기가 많이 나온다. 고대 히브리 사람들도 이런 전통을 따랐다.[7] 민수기[1])를 보면, 히브리인들의 신인 여호와는 아론[2])에게 이

---

1) 모세의 다섯 책이라고 일컬어지는 오경의 네 번째 책
2) 모세의 형. 유대 최초의 제사장

스라엘 왕국의 사제들, 즉 레위인들Levites[1]에 관한 다음과 같은 가르침을 준다.

> 레위 사람들을 모든 다른 히브리인들과는 달리 대접하고, 그들의 몸을 의식에 따라 정갈하게 하라. 네가 그들을 정갈하게 하기 위해 할 일은 이것이다. 그들의 몸에 정화수를 뿌려라. 그런 다음, 그들이 온몸에 난 털을 깎게 하고, 옷을 깨끗이 빨아 입도록 하라. 그러면 정갈한 몸이 되느니라.[8]

레위인들은 일상적으로는 몸의 털을 깎지 않았다. 제사 전에 몸의 털을 제거하는 의식이 있었다는 사실 자체만 봐도 고대 근동 지방에서 몸의 털을 깎는 행위가 제사 의식을 준비하는 데 매우 중요한 절차였음을 잘 보여준다.

그런 현상이 계속된 데에는 몇 가지 이유가 있다. 현재의 많은 문화권 사람들처럼, 고대인들도 털을 신체를 구성하는 필수적인 요소로 여겼다. 따라서 털을 자르는 행위는 자기 부정, 치욕, 또는 희생의 표시였다. 고대 세계에서 가장 일반적으로 행해졌던 삭발 의식은 죽은 자를 애도하는 자리에서 이루어졌다. 이런 의식에서 머리나 턱수염을 자르는 행위는 옷을 찢고 자기 살을 칼로 베는 행위와 함께, 고통과 애도의 마음을 나타냈다. 고대 이집트의 고분 벽화에서는 시대를 막론하고, 남녀 모두 애도의 표시로 머리와 옷을 뜯거나 찢는 모습이 그려져 있다.[9] 이집트인들이 믿는 사후의 신들은 또 전형적인 애도의 제스처로 자신들의 꼬불꼬불한

---

1) 유대 신전에서 제사장을 보좌한 자

머릿단을 움켜쥐고 있는 모습으로 자주 묘사되었다.[10] 히브리 성서, 즉 구약의 독자들은 사람들이 애도의 장면에서 털을 밀어버리는 모습에 익숙할 것이다. 이것을 생생하게 보여주는 사례는 사원에 공물을 바치고 예루살렘에 오던 조문객들을 예언자 예레미야가 묘사한 부분이다. "그들은 턱수염을 깎았다. 그들의 옷은 찢어졌으며, 몸에는 깊은 상처가 나 있었다."[11]

하지만 제사장들이 털을 깎는 가장 큰 목적은 애도나 고행의 모습을 보여주기 위한 것이 아니라 '제 몸의 정화淨化'였다. 신을 위해 기도하는 성직자들은 타락한 인간성을 상징하는 머리카락을 몸에서 씻어버리면 오만, 기형, 그리고 오염에서 벗어날 수 있었다. 이것은 신이 허락한 형태의 예절이었으며, 적어도 수메르의 도시에서 초창기부터 왕들과 귀족들이 사회적 규범으로 면도를 했다는 사실은 놀라운 일이 아니다. 사실 초창기에 수메르 도시들을 통치한 지배자들은 지도자급 제사장들이었으나, 그들은 몇백 년도 지나지 않아 이런 권능에 군 총사령관의 역할까지 겸하게 된다. 한동안 사원은 왕의 주거지였으며, 제사장이라는 신분은 이런 도시국가에서 행정가의 역할을 의미했다. 하지만 국가가 팽창하고, 전쟁과 국방이 도시국가의 책무 중에서 차지하는 비중이 커지자, 왕들은 궁전을 지었고, 제사장으로서 겸하던 행정의 권한을 정치 및 군사적 기능까지를 포함하는 강력한 행정권으로 확대했다. 그래도 정권의 일차적인 정당성은 여전히 신들을 섬기고 신의 총애를 얻는 것에 뿌리를 두고 있었다.[12] 면도한 얼굴이 지닌 규범적인 지위는 슐기 왕의 시대보다 약 600년 앞서 제작된 것으로 추정되는 장식물 상자, 이른바 '우르의 깃발[1]에 명확하게 묘사되어 있다. 이 상자에는 수메르의 왕들, 귀족들, 그리고 병사들이 완전한 민머리에 턱수염을 밀어버린 모습으로 그려져 있다. 지금까지 발굴된 최초의 조각상으로서 제사용 공물 바구니를 머리에 이고 있는 민낯의 왕을 묘사한 작품도 우르의 깃발과 비슷한 시기에 제작된 것으로 추정되는데, 이것은 면도의 관습에 종교의식으로서의 의미가 크게 작용했다는 사실을 보여준다.

우르의 깃발에는 전시戰時의 왕은 물론, 평상시의 왕의 모습도 묘사되어 있다. 초창기의 왕들은 당연히 전사들이었으나 수메르의 통치자들은 여전히 사원 건축이나 제물 공여 의식 같은 성직자로서의 직분도 강조하고 싶어 했다.[13] 그러나 슐기 시대보다 약 200년 남짓 앞서 새로운 부류의 통치자, 즉 무시무시한 아카드Akkad 왕조의 사르곤[2]이 역사의 무대에 요란하게 등장했는데, 그에 관한 비문은 오로지 전쟁과 정복에 관한 내용뿐이다. 그는 수메르의 많은 도시를 잔혹한 군대로 짓밟았고, 그 땅을 메소포타미아 전역에 걸친 대제국의 일부로 편입시켰다. 사르곤 왕은 수메르 출신이 아니었으며, 구태여 사제 겸 왕 행세를 할 필요가 없는 외국의 정복자였다. 그는 반대로, 상위 신인 엔릴에 의해 세계 정복의 임무를 부여받은 카리스마가 넘치고, 턱수염이 무성한 영웅의 모습으로 나타났다.[14] 그의 손주인 나람신Naram-Sin은 위대한 신들을 섬기는 신하로서가 아니라 신보다 급이 약간 낮은 협력자로서 세상을 통치하는 신을 자처함으로써 이 영웅적인 왕위의 지위를 한 단계 업그레이드시켰다. 누구나 짐작할 수 있겠지만, 사르곤과 나람신 왕을 추종하는 선전꾼들은

---

1) 지금의 이라크 바그다드 부근인 고대 도시 우르에서 발굴된 유물
2) '사르곤 대왕'이라고도 불리는 인물로, 기원전 24~23세기경에 수메르 도시국가를 정복하였다.

이 두 왕을 화려한 위엄으로 치장했는데, 그 전형적인 예가 니네베[1]에서 발견되었다. 나람신을 묘사한 작품일 가능성이 매우 큰 청동 두상이다.[15] 무시무시한 전사의 턱수염이 메소포타미아 지역에서 화려하게 부활한 것이다.

나람신 왕이 이집트의 파라오들처럼 스스로 왕을 자처했을 때 전통을 중시하는 수메르인들은 분노했다.[16] 그가 죽은 뒤, 수메르인들은 나람신이 수메르의 성스러운 도시인 니푸르를 약탈했고, 최고 신 엔릴을 모신 사원을 훼손했으며, 엔릴 신의 노여움을 사 결국 나람신의 제국은 엔릴이 풀어 놓은 이방인들의 군대에 의해 초토화되어 버렸다는 이야기를 퍼뜨렸다. 이 미신은 역사 속의 실제 사건이었기보다는, 정복자 아카드의 지독한 자만심에 거부감을 가진 사람들의 분노를 반영하는 것 같다. 이때부터 계속, 수염을 기른 왕들과 정결한 사제들 사이의 긴장은 늘 되풀이되는 주제가 되었다. 나람신의 시대가 지나고 한참 뒤인 기원전 8세기의 바빌론 시대에 성직자들이 작성한 한 문헌을 보면, 나부-수마-이수쿤[2] 왕을 맹렬히 비난하고 있다. 이 나라의 사원과 종교의식을 모독했다는 이유다. 성직자들은 무엇보다 나부 왕이 신성한 성소의 내실에 면도도 안 하고, 금지된 물품을 소지한 채 출입하는, 용서할 수 없는 신성 모독 죄를 지었다고 비난했다.[17] 아카드 왕조가 몰락하고 수메르인의 왕권이 복원된 이후, 슐기 왕 같은 통치자들은 면도칼을 훌륭하게 이용하여 사원, 사제의 신분, 그리고 옛 관습에 대한 존경심을 표시하였다. 그러나 신新 수메르 왕조의 왕들은 사르곤과 나람신이 누린 '수염을 기른 신성한 폐下'의 황홀한 기분을 완전히 포기하고 싶지 않았다. 그리고 그

1) 고대 아시리아 왕국의 수도
2) 기원전 8세기경 바빌론을 통치했던 왕

2.2 1931년 니네베에서 발견된 기원전 23세기 아카디안 지배자, 사르곤 혹은 나람신의 청동 두상.

것은 왕권을 신장하는 데 매우 효율적인 수단임이 이미 입증되었다. 그 결과, 슐기 왕 같은 후대의 수메르 왕들은 이런 일거양득의 방법을 계속 쓰기로 다짐했다.

슐기 왕의 재위 기간에서 중간쯤 되었을 때 그의 제국은 군사적 위협에 시달렸다. 이 시기에 그는 스스로 신이라 선언했는데, 나람신 이후 신을 자처한 왕은 그가 처음이었다. 이 시기는 그가 사제 겸 왕이 아니라 전사 겸 신의 역할을 해야 할 때였다. 공식적인 찬가들은 이제 슐기 왕의 강한 무력, 위풍당당한 자태, 그리고 웅장한 나무나 고상한 사자를 닮은 그의 모습을 찬양했다. 사람들은 성스러운 가슴까지 덮여 있고, 청금석 같이 선명한 그의 턱수염을 바라만 봐도 경탄을 금할 수 없다고 말했다.[18] 이 묘사는 마치 오래전에 잃어버린 어떤 조각상에 대한 묘사처럼

2.3 우르남무의 즉위식을 묘사한 인장도印章圖, 기원전 21세기.

들린다. 어쩌면 정말 그랬는지도 모르겠다. 청금석은 청색의 귀한 돌로
서 전통적으로 신의 형상을 장식하는 데 쓰였다. 슐기 왕은 신같이 턱수
염을 길렀고, 이것은 메소포타미아의 신성한 군주라는 자신의 새로운 지
위에 어울렸다.

슐기 왕이 죽은 뒤 후계자들은 약 반세기 동안 슐기의 예를 따라, 신을
받들고 성직을 숭상하면서, 동시에 스스로 신성神性을 지닌 존재라고 주
장했다. 왕실에서 쓰던 인장印章[1]을 보면 알 수 있듯이, 그들은 자신들을
두 가지 얼굴을 가진 존재로 내세웠다. 슐기 왕조에서 쓰였던 인장들은
모두 탄원자의 간청을 수락하여 즉위하는 왕의 모습을 보여주는 표준적
인 형태를 따랐다. 대부분의 경우 왕은 슐기 왕의 아버지인 우르남무

---

1) 문서에 찍어 그 책임과 권위를 증명하는 물건

2.4 입비신 왕의 즉위식을 묘사한 원통 인장화. 기원전 21세기.

Ur-Nammu처럼 허리까지 내려오는 거대한 턱수염을 기른 모습을 띠고 있다. 우르남무와 슐기 왕의 후계자인 슐기 입비신Ibbi-Sin은 그런 모습의 인장을 많이 사용하였으나, 그를 똑같은 자세에 턱수염이 없는 모습으로 그린 다른 인장들(**그림 2.4**)도 발견되었다. 이 두 인장의 차이점을 가장 잘 설명하는 단서는 인장들의 출처이다. 면도한 모습의 인장은 수메르의 성도聖都인 니푸르에서 발굴되었다. 턱수염이 무성한 입비신의 인장은 그 외의 지역에서 쏟아져 나왔는데, 가장 많이 발굴된 곳은 이 왕국의 수도인 우르였다. 입비신 왕은 니푸르에서는 성직을 수행하는 그곳의 신하들에게 좀 더 전통적이고, 정결한 이미지를 풍기는 겉모습을 취하고, 왕국의 수도였던 우르에서는 더 신같이 보이고, 더 위엄 있게 보이는 스타일을 취했던 것 같다. 입비신이 니푸르를 방문했을 때 정말로 수염을 밀었는지 아닌지는 몰라도, 매끈한 얼굴을 하고 공식적으로 모습을 드러냈다면 그건 매우 적절한 처사였다고 할 수 있다. 수염을 기른 나람신의 오만함을 여전히 생생히 기억하고 입방아를 찧는 사람들을 회유하기에는 딱 알맞은 모습이었기 때문이다.

입비신은 수메르 왕조의 마지막 왕이었으며, 면도하는 왕실의 전통은 그의 퇴장과 함께 사라졌다. 그 후 수백 년간 바빌로니아와 아시리아의 통치자들은 사르곤의 통치 모델, 즉 턱수염을 기른 투사의 이미지에 충실했던 사르곤의 전형을 따랐다. 구태여 성직이나 필경사라는 신분을 겸하고자 권력자의 이미지를 보완하려 하지 않았다. 기원전 8세기경 아시리아 왕국을 지배했던 한 왕이 사르곤 2세를 자처한 적이 있었다. 반면에 자기 이름을 슐기 2세로 하려던 왕은 없었다. 기원전의 마지막 2천 년 동안 메소포타미아 지역을 통치한 왕들은 위풍당당한 스타일로 머리를 땋았고, 턱수염을 길러 리본으로 장식했다. 하지만 이것이 고대 중동 지역에서 면도의 전통이 끝났음을 의미하는 것은 아니었다. 기원전 15세기에서 13세기 사이에 소아시아 지역을 중심으로 거대한 제국을 건설했던 히타이트족은 사라진 수메르인들의 것과 매우 흡사한 전통을 발전시켰다. 히타이트 제국의 왕들은 신을 자처하지는 않았으나, 그들과 신의 유사성은 왕들이 주도하는 각종 종교 행사에 분명히 드러났다. 히타이트 제국의 왕들은 본질적으로 위대한 전사들이었지만, 이 나라의 수도에서 중요한 종교의식을 거행해야 한다면 아무리 중요한 군사 작전이라도 주저하지 않고 중단하곤 했다.[19] 수메르인들처럼 히타이트 사람들도 면도 행위를 거의 신의 뜻으로 간주했다. 그들의 예술 작품을 보면, 신들도 깨끗이 면도한 얼굴로 묘사되어 있으며, 거대한 턱수염을 기른 최고 신만 유일한 예외였다. 히타이트 세계에서, 신의 계급에서 정점에 위치한 이 최고의 신만이 유일무이하게 궁극적인 권력의 상징인 턱수염을 길렀다. 이런 사상은 고대 근동 지역을 통틀어 가장 번영했고 가장 안정적인 문명을 구축한 이집트의 사회 구조에도 그대로 반영되었다.

하트셉수트 여왕, 권위의 상징인 턱수염을 취하다

슐기 왕이 신적 존재임을 자임한 것은 메소포타미아 지역에서는 새로운 현상이었으며, 히타이트족 역사에서는 그런 예를 찾아볼 수 없다. 하지만 모든 왕이 신으로 불렸던 이집트에서는 전혀 새로운 현상이 아니었다. 파라오는 절대적 지배자였으며, 동시에 나라의 유일한 지주地主였고, 군 총사령관, 최고 재판관, 최고 사제 등의 역할을 수행하였다. 수메르처럼, 신들을 즐겁게 하고 자기가 통치하는 지역에서 질서를 유지하고 번영을 구가하는 것도 지배자의 일로 여겨졌다. 하트셉수트Hatshepsut(기원전 1479-1458)는 이 점에 관한 한 가장 성공적인 파라오 중 하나로서, 20년 넘게 이집트의 평화와 번영을 이끌었다.

하트셉수트 여왕은 군사령관의 역할을 겸했으며, 성공적인 정복자이기도 했다. 한 이집트 고위급 관리의 묘비에 쓰인 글이 이를 증언하고 있다. "나는 하트셉수트 여왕이 누비아[1]의 유목민 부족 국가를 쓰러뜨리고, 부족장들을 포로로 끌고 오는 모습을 보았다. 나는 여왕 폐하를 쫓아다니면서 여왕이 누비아를 파괴하는 모습을 보았다."[20] 하트셉수트를 추모하여 디르 엘 바흐리Deir el-Bahri에 지어진 웅장한 사원에는 그녀의

---

1) 현재 아프리카 수단의 북부 지방

용감한 행위와 업적을 찬양하는 글과 형상이 보존되어 있다. 이 사원에 기록된 여왕의 업적 중 하나가 '아프리카의 뿔[1])에 위치한 푼트Punt라는 이국적인 영토에 대한 원정, 그리고 여기서 가져온 배 다섯 척 분량의 공물이다. 여기에는 금, 유향, 흑단, 상아, 모피 등이 담긴 자루가 가득 담겨 있었다고 한다. 묘비명은 또 31그루의 몰약 나무[2)를 노획한 사실을 "태고 이래 이런 경사는 처음이다"고 자랑하고 있다.[21]

이집트는 모든 면에서 좋았지만, 모든 것이 겉으로 보는 것과 똑같지는 않았다. 하트셉수트는 역사적 기록물에 "그" 또는 "왕"으로 표기되어 있으나, 사실은 여자였다. 즉 이집트 역사상 최초의 여왕이었다. 이제까지 다른 여자들은 섭정으로, 다시 말해 왕 뒤에서 비공식적으로 권력을 행사해왔으나, 하트셉수트는 독자적으로 파라오들의 전유물인 신성한 지위를 포함하여 모든 권력을 장악하였다. 그녀는 전통으로 묶여 있던 이런 사회에서 놀랍게도, 차근차근 단계를 밟아 최고의 지위를 손에 넣은 것이다. 공주, 즉 파라오의 딸로 태어난 그녀는 이복동생이자 남편이 왕위에 오르자 자동으로 왕비, 즉 "신의 아내"가 되었다. 남편이 죽자 그녀는 여전히 '신의 아내'로 불리면서 섭정으로, 자신의 어린 의붓아들과 함께 이 나라를 통치했다. 그러나 하트셉수트는 불과 몇 년 안에 수도 테베의 충신들과 사제들을 설득해 나가기 시작한다. 자신이 독자적으로 이 나라를 통치할 수 있는 정치적 재능과 신의 허락을 받았다고 주장한 것이다. 이렇게 하트셉수트는 본인의 대관식을 열기 위한 길을 닦았다.

현대의 일부 역사학자들은 그녀를 이기적 영광을 위해 권력을 부당하게 찬탈한 야심 많고 부도덕한 여자로 그리기도 했다.[22] 그러나 사실 그

---

1) 아프리카 대륙의 북동부를 가리키며, 현재 소말리아 공화국과 그 인근 지역이 해당한다.
2) 고대 이집트에서 미라를 만드는 데 방부제로 사용된 필수적인 향약

녀는 유능한 통치자였으며, 당시 권부에 있던 남성 엘리트층도 그녀의 능력을 인정했다. 하지만 이런 승인이 쉽게 이루어진 것은 아니었다. 특히 하트셉수트는 백성들에게 자신이 성별만 빼놓고, 모든 면에서 전통적인 파라오와 똑같다는 사실을 납득시켜야 했다. 따라서 그녀는 개혁가로서가 아니라 전통의 복원을 추구하는 '전통의 수호자'로 자신을 부각하고자 했다. 어느 누군가 이에 대해 의구심을 가질 경우를 대비해, 그녀는 장제전葬祭殿[1]을 둘러싼 벽에 상형문자로 큼지막하게 새겼다. "나는 절대로 망각 속에 잠들지 않는다. 나는 썩은 것을 강하게 만들었고 사지가 잘린 시신을 일으켰노라…"[23] 이런 노력으로 자신의 신하들을 설득하는 데 성공했지만, 그녀에게는 대중 앞에, 그리고 공식적인 예술품에서 어떤 모습으로 나타나야 할지 여전히 골치 아팠다. 그녀에게는 다행스럽게도, 이집트의 왕들에게는 따라야 하는 고도로 양식화된 관행이 있었다. 외모에 관한 것도 마찬가지였다. 주요 특징은 머리를 밀고 그 위에 가발과 왕관을 덮고, 장식용으로 인공 턱수염을 갖다 붙이는 것이다. 여자 파라오가 남성 같은 털과 의상을 취하여, 철저하게 그 역에 맞게 꾸미는 것은 그리 어려운 문제는 아니었다. 그녀는 명실공히 남자였다.

사실 그녀는 이집트에서 긴 턱수염을 기른 유일한 사람이었다. 같은 시대 메소포타미아 지방의 관행과는 대조적으로, 이집트의 귀족들은 성직자들처럼 머리와 얼굴에 난 털을 모두 밀었다.[24] 따라서 정교하게 제작된 청동제 면도칼이 이집트의 유적지에서 발견되는 것은 놀랄 일이 아니다. 이집트의 상류층은 면도한 청결한 얼굴에서 나오는 우월감과 잘 정돈된 가발에서 나오는 적당한 규칙성을 즐겼다. 오로지 왕에게만 턱수

---

1) 죽은 왕을 예배하는 곳

2.5 디르 엘 바흐리 장제전에서 출토된 하트셉수트 여왕의 두상. 기원전 15세기.

염이라는 차별적 특징이 허용되었는데, 이것은 왕에게 최고의 남성적 지위를 보장해준다는 의미였다.[25] 그러나 이것은 진짜 턱수염이 아니었다. 진짜 수염을 달려는 생각도 없었다. 이집트의 예술품을 보면 인조 턱수염을 턱에 고정시키는 끈을 묘사한 작품이 많다. 폭이 좁고 약간 굽었으며, 세심하게 모양을 다듬은 턱수염은 왕관과 홀笏[1]처럼 왕권의 상징이

---

1) 제왕의 상징으로 손에 드는 지팡이 모양의 대

었다.

이집트 사람들은 파라오가 "성스러운 통치자라는 직책을 받아들인 인간"이라는 개념을 받아들였다. 그들이 여자도 남성의 직책을 맡을 수 있다는 사실을 받아들인 것은 여기서 한 걸음 더 나간 것이다. 이 점에 있어서 인공 턱수염의 전통은 하트셉수트가 왕비에서 왕으로 변신에 성공하는 데 큰 도움이 된 셈이다. 그녀는 남편인 투트모시스 2세의 첫 번째 아내로 살 때만 해도 평범한 왕비로 예술품에 묘사되었다. 남편이 죽고 섭정을 시작했을 때에도 그녀는 여전히 완전한 여자의 모습으로 표현되었다. 간혹 '상·하 이집트의 왕'으로도 불리었지만, 주로 '제1 왕비'나 '신의 아내'로 묘사되었다. 그녀는 권력을 널리 알리는 과정에서 몇 개의 새로운 직책과 새로운 이미지를 시험했다.[26] 재위 초기에 그려진 신전의 그림들을 보면, 그녀는 평소대로 여성복을 입은 모습으로 나타났지만, 간혹 남자 왕이 쓰는 큰 왕관을 쓴 채 전형적인 남성 포즈를 취하고 서 있는 모습도 눈에 띈다. 하지만 재위 7년 차에 이르러, 그녀는 그동안 취했던 모든 타협적인 태도를 버렸다. 공식적인 비문에 여성형 어미를 사용하는 관행은 유지했지만, 상징적인 턱수염을 포함하여 남성성의 특징을 갖춘, 완전한 남성의 모습으로 치장했다. 하트셉수트에게 턱수염을 붙이는 행위는 자신의 권력을 과시하는 절대적인 표현 방식이었다. 그것이 한 남자의 아내이자 한 아이의 어머니를 이집트의 파라오로 만들었다.

하트셉수트가 죽은 지 20년쯤 뒤에 그녀의 의붓아들이자 후계자인 투트모시스 3세는 하트셉수트의 신전 벽에 그려진 하트셉수트의 왕위를 상징하는 형상을 모두 없애고 그녀를 공식적인 군주 목록에서 지워버리려고 했다. 투트모시스가 가식적인 의붓어머니에게 복수를 자행한 것인지도 모른다. 그렇다 하더라도 왜 그가 20년이나 기다렸는가 의문은 남는다. 이 시기를 선택한 진짜 이유는 어쩌면 하트셉수트에 대한 분노가 아니라, 여성 파라오가 존재했었다는 불편한 생각이 가시지 않았기 때문임을 시사한다. 이집트의 가부장적 왕실은 이런 선례의 존속을 묵인하는 대신, 여자가 파라오의 턱수염을 붙였다는 불편한 이미지를 없애기로 했던 것인지도 모른다.

다윗 왕의 사절단, 박대를 당하다

하트셉수트 시대가 저물고 450년쯤 지난 뒤, 이스라엘에서는 다윗 왕이 통치했다. 그의 작은 왕국을 이집트나 메소포타미아 지역에 건설된 거대한 제국들과 비교할 수는 없지만, 구약의 내용 때문에 우리의 머릿속에는 다윗의 개성이 크게 차지하고 있다. 그에 관해서는 잊지 못할 이야기가 전해져 내려온다. 한 양치기 소년이 평범한 새총으로 온갖 악조건을 극복하고 골리앗이라는 거대한 전사를 물리쳤다는 이야기 말이다. 그는 신이 자신의 신민들을 잊힌 존재에서 영광의 존재로 이끌라고 직접 선택한 여덟 형제 중 막내였다.

성경에 수록된 다윗 시대에 관한 이야기 중 하나는 그가 이웃 부족인 암몬인과 벌인 전쟁을 묘사하고 있다. 암몬의 왕이 죽자 다윗은 고인이 된 왕을 추모하기 위한 사절단을 파견했다. 그러나 이 나라의 새로운 통치자는 다윗이 보낸 자들이 스파이일 것이라고 확신하여 그들을 처벌하기로 마음먹었다. 연대기 1편에 따르면 그는 사절단을 체포한 뒤 턱수염을 깎고 옷도 엉덩이까지 벗기라고 명령했다. 그리고는 사절단을 엉망진

창이 된 몸으로 예루살렘으로 돌려보냈다.[27] 다윗은 자기 신하들이 수치스러운 대우를 받았다는 이야기를 듣고 그들을 동정하여, 턱수염이 다시 자랄 때까지 예루살렘에 머물라고 지시했다. 암몬 사람들이 저지른 짓은 지극히 충격적이었다. 다윗이 보낸 사절단의 턱수염을 잘랐다는 것은 다윗의 수염을 자른 것과 마찬가지였다. 이런 짓은 성경에는 항상 대단히 치욕스러운 행위로 묘사되어 있다. 예를 들어 대예언자인 이사야는 자신이 적군의 수중에 있을 때 받았던 수모를 이렇게 언급했다. "나는 나를 때린 자들에게 등을 내주었고, 턱수염을 뽑은 자들에게 뺨을 내주었다. 그들이 모욕하고 침을 뱉었지만 나는 얼굴을 돌리지 않았다."[28] 다윗을 분노하게 만든 암몬 사람들은 동맹들에 도움을 청해 이스라엘과의 불가피한 복수전에 대비했다.

이 턱수염 전쟁은 수백 년에 걸친 후기 메소포타미안 문명 시기에 수염이 어떻게 남자의 명예를 나타내는 핵심적인 특징이 되었는지를 잘 보여준다. 이보다 900년 전에 슐기 왕조가 몰락한 이후, 수메르 사회는 끊임없는 외국 정복자들의 침략으로 인해 해체되었고, 이와 함께 면도한 왕이 군림하는 시대도 끝났다. 성직자들은 몸을 깨끗이 하는 면도칼을 계속 사용하였지만, 왕족들과 귀족들은 화려한 수염 없이 돌아다니는 것을 부끄러워했다. 그들이 턱수염에 집착한 것은 전사의 용맹함을 과시하려는 생각 때문이기도 했다. 우르가 함락된 이후, 메소포타미아 지역의 왕들은 슐기 왕이 예전에 그랬듯이, 활기차고 강력한 이미지를 보여주고 싶어 했다. 바빌로니아와 아시리아 지역에서 출토된 예술품을 보면, 사람의 턱수염이 풍성할수록 지위가 높다는 것을 알 수 있다. 그리고 크기만 중요한 것이 아니었다. 신들, 왕들, 고위 관리들은 일반적으로 각지게 다듬고, 정교하게 말고 땋은 수염을 길렀다.[29] 한 인기 있는 스타일 중에 학자들이 '영웅적 왕' 스타일이라고 이름 붙인 것이 있었는데, 이 스타일의 특징은 "휘날리는 턱수염"이었다.[30] 이것은 마치 왕이 전쟁터에서 전속력으로 돌진하는 것처럼, 수염이 뒤쪽으로 휘어져 있는 모양이다. 슐기 시대 이후, 메소포타미아 지역을 통치한 왕들은 주로 군사적 용맹, 그리고 혈통과 개인적인 카리스마라는 토대 위에 왕권의 정통성을 두었다. 왕은 단순한 사제가 아니라, 일종의 최고 어른이었다. 따라서 거대한 턱수염이 필수였다. 유일신에 대한 숭배가 절대적 과제였던 다윗 같은 왕도 무엇보다 그 나라의 최고 어른 격이었다. 사무엘 하권을 보면, 이스라엘의 신은 다윗뿐 아니라 그의 왕손들하고도 약속을 한다. 다른 말로 하면, 신은 다윗을 전쟁에서 승리하고 왕조를 이루어야 할, 히브리족의 최고 지도자로 간주한 것이다. 면도는 히브리의 왕위에도 어울리지 않고, 그가 인간을 대표하여 신을 대하는 지위에도 어울리지 않았다.

메소포타미아 사람들에게 턱수염이 지닌 엄숙한 남성성은 단지 상징적인 의미에 그치지 않았다. 그들은 수염 자체에 용기와 힘을 과시하는 데 필수적인 남성적 활력이 포함되어 있다고 믿었다. 많은 문화권의 사람들이 수염을 자아自我의 살아 있는 일부로서 (본체인 몸에서 떼어낼 수는 있되) 그 사람의 본질을 담고 있는 핵심적인 물질로 보았다. 사정이 그러했기에 수염은 주술적 잠재력이 매우 크다고 여겨졌고 때로는 좋게 때로는 나쁘게도 쓰일 수 있었다. 따라서 사람들은 자기 머리카락이나 수염을 세심하게 간수해야 했다. 예를 들어 메소포타미아 지역에서 출토된 마법의 주문서에는 남에게 '어둠의 마법'을 실행하기 위해 그 사람의 털을 은밀하게 수집하는 위험한 마녀들에 관한 이야기가 나온다.[31] 반면에 털은 또 좋은 측면에서 사용될 수도 있었다. 이 지역에서 출토된 점토판에는 고대에 쓰였던 의약품의 제조법들이 보존되어 있는데, 여기에는 성불구 치료제를 만드는 데에 환자의 털이 필수적이라는 내용도 포함되어 있다.[32]

위대한 사람의 턱수염은 그 사람 개성의 상징이자 정수精髓이기 때문에, 바빌로니아인, 아시리아인, 페니키아인, 기타 메소포타미아 지역의 사람들에게 수염의 상실은 치욕, 패배, 혹은 죽음의 상징이 되었다. 다윗의 사절단이 강제로 수염 깎인 것을 중대한 모욕으로 여긴 것도 놀랄 일이 아니다. 우리에게 고대 메소포타미아 세계를 알려주는 방대한 문서 자료라고 할 수 있는 구약 성서는 머리를 깎거나 수염을 망가뜨리는 끔찍한 이야기들로 가득 차 있다. 엄밀히 말해 턱수염에 관련된 이야기는 아니지만, 삼손과 델릴라의 이야기도 유명한 예이다. 다윗의 시대 이전에, 삼손은 신에 의해 "재판관" 즉 임시 전쟁 지휘관으로서 이스라엘을 인도할 인물로 선택되었다. 천사가 그의 부모에게 다가와 삼손은 태어날 때부터 "나실인, 즉 신에게 봉사하도록 특별히 선임된 자"가 될 것이라고 말하고, 그 약속에 대한 징표로 그의 머리카락에 면도칼을 대어서는 안 된다고 말했다. 그의 머리카락이 자라는 한, 신의 은총은 함께할 것이었고 누구도 대적할 수 없는 비범한 힘을 부여받게 될 것이라는 예언이었다.[33]

사사기士師記에 따르면, 삼손은 나실인의 서약을 충실하게 이행하지 않았다. 그는 적인 블레셋 사람들을 물리치라는 임무를 완수하지 못했다. 게다가 그는 블레셋 여자인 델릴라와 결혼했다. 그는 더 조심했어야 했다. 왜냐하면 그녀는 남편의 괴력의 비밀을 알아내고 그를 자기 민족에게 팔아넘기려는 사악한 의도가 있었기 때문이다. 삼손은 그녀의 끈질긴 추궁에도 넘어가지 않았지만 결국 분노가 일 만큼 잔소리에 시달린 끝에 자기 힘의 원천은 머리카락에 있다는 비밀을 그녀에게 털어놓았다.[34] 델릴라는 그가 잘 때 그의 물결치는 머리카락을 잘라버렸다. 힘의 원천은 사라졌고 블레셋 사람들이 난입하여 그를 체포할 때 삼손은 저항할 수 없었다. 블레셋 사람들은 그의 눈을 뽑은 다음, 그를 전리품으로써 가자Gaza로 데리고 갔다. 그러나 삼손은 나중에 원수를 갚았다. 감금되어 있는 동안 머리가 다시 자랐고, 이로써 그는 나실인의 서약은 물론, 신의 사랑도 성공적으로 회복할 수 있게 되었다. 블레셋인들이 그를 조롱하기 위해 엄청난 군중 앞에 끌고 나갔을 때 이제 머리가 다시 자란 삼손은 신에게 힘을 달라고 간청하였고, 힘을 얻은 삼손은 신전을 군중 위로 무너뜨려 자신을 괴롭혔던 3천 명의 블레셋인을 죽였다.[35]

다윗의 사절단과는 달리, 삼손이 머리카락과 명예를 잃은 것은 순전히 본인의 잘못 때문이었다. 그도 사절단처럼 머리를 다시 자라게 함으로써 과거의 실수를 만회할 수 있었다. 프로이트의 이론에 영향을 받은 학자들은 이 이야기가 턱수염과 머리카락에 남자의 성기와 리비도를 연관짓는 인간의 타고난 잠재의식적 성향을 반영한다고 주장한다. 이런 의미에서 보면, 삼손과 다윗 사절단이 머리카락을 잘린 것은 성기를 거세당한 것과 같다. 그러나 반드시 프로이트 이론에 의존하여 메소포타미아 사람들이 머리카락을 한 개인의 정체성이 담긴 그릇으로 보고, 머리카락의 상실을 목숨과 명예에 대한 위협으로 본 정확한 이유를 파악하려 할 필요는 없다. 머리카락을 잃음으로써 삼손은 경건한 사람으로서의 정체성을 잃었고, 다윗의 사절단은 영예로운 신하라는 사회적 지위를 상실했다.

다윗이 죽은 지 300년쯤 된 시기에 이스라엘 왕국의 북부는 이 지역에서 새로운 강자로 등장한 아시리아인들에 의해 정복되고 파괴되었다. 턱수염의 위용에 관해서라면 누구도 아시리아인들을 따라올 수 없다. 기원전 9세기에서 7세기까지 메소포타미아 지역을 가로질러 건설된 이른바 신 아시리아 제국의 궁전에서 왕들은 거창하고, 수염 역사상 가장 정교하게 다듬은 턱수염을 과시했다.[36] 그 수염들이 하도 거창하여 어떤 역사학자들은 그것들이 이집트의 파라오들이 붙였던 수염처럼 인공 수염이 아닌지 의심하기도 했다. 그러나 그런 의심을 뒷받침할 증거가 많지 않기 때문에 우리는 왕들이 누구도 왕의 장엄한 기품을 능가할 수 없게 하려고 아마도 엄청난 시간과 돈을 들여 수염을 길렀을 것이라고 상상하는 수밖에 없다.[37]

아슈르나시르팔 2세(기원전 884-859)(그림 2.6)는 거창한 머리털의 위용을 과시했다. 이는 그가 어떤 종류의 권력을 행사했는지를 알려주는 중요한 시사점이 된다. 아시리아인들은 신들이 왕을 선택하면 왕의 자리와 어울리는 신 같은 외모를 내려준다고 믿었다.[38] 그 통치자들은 전사 왕들이었으며 왕의 턱수염은 비범한 육체적 용맹의 표시였다. 왕의 이미지는 신의 이미지처럼 숭배의 대상이었고, 왕족의 조각상을 만들 때는 엄청난 정성을 들여 세세한 부분까지 디자인하고 제작하였다. 한 사제가 에사르하돈 왕(기원전 681-669)에게 보낸 편지에 나와 있는 것처럼, 모든 것을 정확하고 세심하게 만들어야 했다.

저희는 폐하께 두 편의 왕실 이미지를 보냅니다. 윤곽만 나타나 있지만… 신이 직접 왕실 이미지를 만들었습니다. 폐하께서 자세히

2.6 아시리아의 아슈르나시르팔 2세. 님루드 궁전에서 발견된 조각품. 기원전 9세기.

검토하셔야 합니다. 폐하가 무엇을 선택하시든 간에 저희는 그 뜻
에 따라 제작하겠습니다. 폐하께서 손, 턱, 그리고 머리에 각별히 신
경을 쓰시도록 하여 주십시오.[39]

이 아시리아의 왕은 나라의 최고 지도자로서 가장 정교하고 화려한
턱수염을 기른 모습으로, 이 나라 사람 중 가장 눈길을 끄는 인물로 묘사
되었다. 궁전 벽에 돌을새김으로 양각된 외국인들과 죄수들은 순종과 굴
욕을 감내하는 표시로 작은 턱수염이나 면도한 얼굴을 땅바닥에 비비는

등, 그에게 복종하는 모습으로 그려져 있다.[40]

이 아시리아 왕의 남성성을 상징하는 웅장한 수염은 환관 신하들의 말끔한 턱과 특히 대조적이다. 아시리아 사람들은 메소포타미아 지역에서 환관들을 왕실에 대규모로 채용한 최초의 민족이었다. 당시의 기록들을 보면, "턱수염을 기른 신하들"과 "턱수염이 없는 신하들"을 구분한 사례가 많은 것을 알 수 있다. 하지만 환관들은 종속적인 지위에도 불구하고 여전히 남성적 권력을 어느 정도는 차지할 수 있었다. "턱수염이 없는" 신하들은 권력 투쟁의 경쟁자라기보다는 믿을 수 있는 신하로서 대접을 받았고, 왕은 이들에게 전쟁터에서 군사를 지휘하는 등의 중대임무를 믿고 맡길 수 있었다. 따라서 아시리아에서 수염의 부재는 예전에 사제들이 겪은 것처럼, 환관들과 나머지 사람들을 구분하는 새로운 사회적 기능을 수행했다. 메소포타미아 세계의 사제들과 환관들에게 공적 봉사는 곧 권력을 의미했으며, 바로 이런 방법으로 그들은 대안적 형태의 남성적 권위를 획득했다.

훗날 구약 성서의 마지막 장이 집필될 즈음, 유대인들은 역사상 최초로 턱수염을 보존하라는 법령을 성서에 명문화했다. 군사적으로 아시리아에 고배를 든 적이 없었던 고대 유대 지방의 유대인들은 기원전 587년 네부카드네자르 왕이 이끄는 바빌로니아에 정복되었고, 유대 왕국의 지도자들은 그 전설적인 도시로 유배되었다. 기원전 538년 바빌로니아가 페르시아의 침략에 함락되었을 때, 유대인들은 예루살렘으로 돌아가 '유일신과의 서약'을 통해 다른 세상 모든 사람들과 차별화된, 이른바 '선민'이라는 자신들의 민족 정체성을 회복하겠다는 결의를 새롭게 다졌다. 이런 목적으로 제정된 구약의 레위기와 신명기에는 모발에 관한 새로운 규정이 포함되어 있다.[41] 레위기에는 모든 사제들은 "머리 꼭대기에 벗어진 부분이 있어서는 안 되고, 턱수염의 끝부분을 잘라서도 안 되며, 몸의 어느 곳에도 자상刺傷이 있어서는 안 된다. 그들은 신을 경건히 대해야 하며, 신의 이름을 더럽혀서는 안 된다."고 규정되어 있다.[42] 다른 구절에서는 이 지시가 모든 유대 남자들에게 확대, 적용된다고 쓰여 있다.[43] 턱수염을 부분적으로 자르거나 몸에 상처를 내는 행위는 장례식에서 고인에 동정심을 표시하는 뜻에서 행하는 일종의 애도 의식의 일부였다. 새로운 율법에 의해 그런 관행은 남자를 불결하게 하는 행위로 간주되었으며, 따라서 금지되었다. 당시에 면도를 금지한 이유 중 하나는 정결 상태의 유지였다. 하지만 이것에 못지않게 중요한 또 다른 이유는 유대인들의 생활 방식과 비유대인들의 생활 방식을 구분하기 위함이었다. 신명기를 보면 면도를 금지하는 율법을 하나 더 언급한 다음, 이렇게 설명하고 있다. "너희들은 신을 숭배하는 경건한 민족이다. 여호와께서 지상 만민 중에서 너희를 신의 소중한 재산으로 택하셨나니."[44] 민수기에는 몸 전체에서 털을 제거하는 행위가 성직자 사회에 진입하는 조건으로 규정되어 있지만, 그 행위 이후에 새로 난 '정화된' 털은 다시 깎아서는 안 된다.[45] 이런 식으로 사제들은 신에게 '경건한' 태도를 유지한다.

유대인들을 메소포타미아식 표준과 반대되는 유형의 인간으로 구분하는 과정에서, 레위기와 신명기는 얼굴의 털을 신성함과 차별성, 그리고 지금도 큰 영향을 끼치고 있는 '선택'의 징표로서 신성시했다. 보수적인 유대인들과 무슬림들은 경전의 이런 내용을 턱수염을 기르라는 신성한 명령으로 받아들였으며 그것을 자신들의 신앙심을 표현하는 수단으로 보았다. 우리는 이 책 뒷부분에서 이런 사상의 결과를 다시 살펴볼 것이다. 지금으로서는 유대인들이 턱수염은 신성하다는 개념을 명문화했다는 사실을 인식하기만 하면 충분하다.

　고대 메소포타미아와 고대 이집트 문명에 대한 고찰을 통해 알 수 있었듯이, 턱수염을 길렀다고 해서 그 사람이 남자가 되는 것은 아니다. 오히려 턱수염, 그리고 다른 부위의 털은 그가 어떤 **종류**의 인간인지를 말해준다. 어떤 사회에서는 털의 제거가 성직, 또는 왕실, 그리고 거룩한 종교의식에 참여하는 귀족들에 적합한 정화 의식의 일부였다. 이와 반대로, 턱수염은 법전 제정자, 전사, 혹은 부족 원로들의 상징이었는데, 이들의 권위는 공통으로 종교의식보다는 세속적인 행위에 바탕을 두고 있다. 역사상 특정 시대와 장소, 특히 수메르와 고대 이집트에서는 왕이든 평민이든 면도한 품위 있는 얼굴을 선호했다. 그래야 자신이 신의 총애를 받고 있다는 느낌을 풍길 수 있기 때문이었다. 그러나 턱수염과 남성 지배 사이에 연관성이 없었던 적은 한 번도 없었다. 면도가 성행했던 고대 이집트에서도 파라오들은 평민 남자들보다 우월하다는 점을 강조하기 위해 장식으로 만든 턱수염을 턱에 붙이고 다녔다. 슐기와 입비신 같은 수메르의 왕들은 이 두 가지의 장점을 모두 누리려고 했다. 그들은 상황에 맞춰 두 얼굴을 번갈아 보여주었다. 세월이 흐르면서 메소포타미아 지역에서 면도한, 청결한 얼굴을 강조하는 전통은 서서히 사라졌지만, 털과 결부된 종교적, 사회적 의미는 점점 커졌다. 털은 생명, 신의 은총, 존엄성, 그리고 힘의 증거로 여겨졌으며, 털의 상실은 치욕과 파멸을 의미했다. 히브리 사람들은 이런 논리를 최대한 확대·적용하여 고대부터 내려온 정형화된 규범을 뒤집어, 턱수염의 제거가 아닌 턱수염의 보존이 순결과 헌신의 징표라고 선언했다. 턱수염이 승리한 것이다. 그러나 레위기에 턱수염의 보존을 강조한 율법이 써진 지 200년도 안 되어, 이 남성을 상징하는 털은 인류 역사상 최고의 정복자 중 하나에 의해 공격을 받게 된다.

3
고대의 면도

알렉산더 대왕은 마케도니아와 그리스의 군대를 이끌고 페르시아의 강력하고 방대한 제국을 정복한 후 지구 위 모든 영토의 정치 지형을 재편성했다. 그리고 그리스 언어와 문화의 세력과 영향권을 크게 넓혔다. 그러나 그가 남긴 가장 위대한 유산 중 하나는 매우 미묘하여, 더 정확히 말하면 너무 뚜렷하여 전적으로 간과되기 일쑤였다. 즉, 그는 남성의 얼굴을 영구적으로 바꿔놓았다. 알렉산더 이전 시대만 해도, 존경받는 그리스 남자들은 모두 풍성한 턱수염을 길렀다. 하지만 알렉산더가 등장한 이후에는 모두 수염을 밀었다. 알렉산더는 본인도 면도했고, 신하들과 병사들에게도 그렇게 하라고 명령함으로써 그 후 400년 동안 어느 누구의 이의제기도 없이 지속한 하나의 표준이 되었다. 장기간의 공백기를 거친 뒤에야 자연스러운 털은 다시 대중의 호감을 얻게 된다. 그것은 순전히 저항적인 철학자들의 끈질긴 노력 덕분이었으며, 그나마도 아주 짧은 기간만 지속하였을 뿐이다. 이 엄청난 변화는 패션 경향의 변천 때문이 아니었다. 무엇보다도, 400년 주기로 패션이 바뀌었다는 것은 말이 안 된다. 반대로 남자의 털을 둘러싼 변화는 이상적인 남성성에 대한 상충하는 개념들을 반영한다고 보아야 할 것이다. 면도칼의 궁극적인 승리는 당시나 지금이나 큰 영향을 끼쳤다.

알렉산더, 세상을 바꾸어놓다

턱수염의 영역에서 세상을 뒤집어놓은 혁명은 알렉산더가 주도했다. 그가 아시아의 패권을 놓고 페르시아 황제를 상대로 최후의 결전을 준비했던 기원전 331년 9월 30일에 일어났다. 그날 알렉산더는 부하들에게 면도하라고 명령했다. 이 전례를 찾아볼 수 없는 명령을 어떻게 설명해야 할까? 알렉산더는 이 엄중한 상황에 그것이 필요하다고 생각했던 것이다. 페르시아 황제와의 결정적인 한판 대결을 앞두고 그는 많은 걱정에 휩싸였다. 지난 3년간 소아시아, 이집트, 시리아에서 페르시아의 대군을 상대로 치른 전투에서 그와 그의 군대는 무적의 군대임을 입증했지만, 이번에는 페르시아의 다리우스 황제가 알렉산더의 침략에 종지부를 찍기 위해 동원한, 정말로 방대한 군대와 맞닥뜨리고 있었다. 알렉산더가 이끄는 마케도니아/그리스 연합군은 가우가멜라 인근의 한 산마루에 올랐는데, 그들은 발밑에 융단처럼 깔린 방대한 주황색 화염의 물결을 보고 두려움에 휩싸였다. 그것은 대규모 적군이 지핀 수천 개에 달하는 모닥불이었다. 이때 다리우스가 1백만의 대군을 동원했다고 쓴 고대 역사학자들도 있고, 더 신빙성 있는 숫자인 25만이라고 기록한 사가들도 있었다. 둘 중 적은 숫자를 취해도, 알렉산더의 군사보다 5배 많은 숫자였다. 그는 평소의 그답지 않게 휘하 장군들이 올린 경계의 건의를 받아들여 공격을 미루었다. 그는 자신이 지형과 전세를 분석하는 동안, 그 지역에서 하루 더 야영하라고 병사들에게 명령했다. 가장 큰 난관은 전쟁터가 개방된 평원 지대여서, 상대적으로 적은 병력의 아군에게 아무런 자연적 엄폐물을 제공하지 못한다는 점이었다.

알렉산더는 이런 정신적 압박하에서 몇 가지 이례적인 대비책을 마련했다. 즉, 그는 작전 기간 중 유일하게 포보스(공포의 신)에게 제물을 바치어 병사들의 걱정을 덜어주었다.[1] 그는 장군들에게 은밀하게 명령을 하달하는 대신, 병사들을 모아놓고 용맹을 주제로 병사들의 분발을 촉구하는 연설을 했다. 작전의 성공은 모든 병사가 자기 임무에 얼마나 충실하냐에 달려 있음을 일깨워주었다.[2] 그리고 전투가 개시되기 전 그가 휘하의 장군들에게 내린 마지막 명령은 면도칼을 보급하라는 것이었다. 수백 년 후 고대 역사학자인 플루타르크는 이날의 전투를 언급하면서 이렇게 적고 있다. "장군들은 전투를 시작할 준비를 모두 끝내고 알렉산더에게 더 추가할 지시사항이 있는지 물었다. 그는 '우리 마케도니아 병사들의 턱수염을 밀라는 것 말고는 없다'고 말했다.[3] 파르메니오 장군이 이 이상한 명령을 내리는 이유를 묻자, 알렉산더는 '전쟁터에서 싸울 때 상대방 턱수염을 잡는 것보다 더 편리한 방법이 없다는 걸 자네는 모르는가?'라고 대답했다."

알렉산더가 그런 명령을 내렸다는 걸 의심할 이유는 없다. 하지만 플루타르크의 설명을 의심할 이유는 아주 많다. 전쟁터에서 수염을 잡아당기는 이야기는 역사적 사실이라기보다는 신화 속 이야기에 가깝다. 물론 초조한 병사들 사이에서 전투 중 털을 잡히는 재앙에 관한 이야기가 돌았고, 그래서 알렉산더가 그들의 불안감을 가라앉히려 했을 수는 있다. 반면에 고대 그리스에서 가장 인기 있는 문학 작품이었던 《일리아드》에 뚜렷하게 강조된 특징, 즉 털과 남성의 힘 사이에 형성되어 있는 강력한 상관관계를 고려하면, 면도하는 행위가 남자들에게 **오히려** 무력감을 느끼게 했을 가능성도 충분히 있었다. 아무튼 알렉산더 대왕이 등장하기 이전에는 어떤 그리스, 혹은 마케도니아 사령관도 휘하의 병사들에게 면도할 것을 명하지 않았다.

플루타르크와 그 후의 역사가들은 이 명령을 오해했다. 그것은 그들이 이 사건과 관련된 매우 중요한 사실, 즉 알렉산더 자신이 면도했다는 사실을 간과했기 때문이었다. 그에 관한 모든 형상, 특히 뤼시포스가 만든 유명한 조각상(**그림 3.1**)은 수염을 깨끗이 깎은 알렉산더의 얼굴을, 우아한 목선과 플루타르크의 표현대로 "상대를 녹일 듯한 눈빛"[4]에 기품을 더한 얼굴로 묘사했다. 턱수염의 이점과 위험성에 대하여 누가 무슨 말을 하거나 어떻게 생각하더라도, 알렉산더의 명령이 낳은 가장 눈에 띄는 결과는 이제 병사들의 얼굴이 알렉산더의 얼굴과 더 비슷해졌다는 사실이다. 이것은 무엇이든 닥치는 대로 거머쥘 듯 덤벼드는 페르시아 병사들에 맞서기 위한 그 어떤 방어책보다 알렉산더의 병사들에게 훨씬 큰 심리적 효과를 주었을 것이다. 상징적으로, 그는 휘하의 병사들에게 자신들이 받드는 매끄러운 얼굴의 지도자와 똑같은 모습을 갖도록, 그래서 자신들이 지금 상대하고 있는 열등하고 턱수염을 기른 야만인들과는 차별화된 존재가 되도록 요구한 것이다. 알렉산더는 전투가 개시되기 전에 장군들에게 말한 것처럼, 무엇보다 모든 병사가 스스로 이번 작전에 핵심 역할을 맡은 존재로 인식하기를 바랐다. 모든 병사가 외모 면에서 자신들이 받드는 영웅적인 총사령관과 비슷해진다면 그들은 분명 이런 의도를 더욱 명확하게 인식했을 것이다.

알렉산더는 가우가멜라 전투에서 승리를 거두었고, 이로써 중동 전역

3.1 알렉산더 대왕의 형상이 조각된 대리석 흉상. 기원전 2세기.

에 걸쳐 새로운 정치적·경제적·문화적 질서가 수립되었다. 알렉산더의 장군들은 새롭게 제국에 편입된 광대한 영토를 나누어, 여기에 그리스어 권 식민지 주민들이 운영하는 소왕국의 집단 체제를 수립하였다. 드디어 헬레니즘 시대가 막을 올리게 된 것이다. 그리고 알렉산더 자신은 사라 졌어도, 그의 장엄한 얼굴은 헬레니즘 시대의 통치자들, 궁전의 신하들,

그리고 병사들의 매끈한 얼굴에 계속 살아남았다. 마케도니아에서 거꾸로 메소포타미아에 이르는 역사를 되짚어보면, 존경받는 남성의 용모는 완전히 정반대가 되었다. 새 시대를 맞으며 새로운 용모가 주목받게 된 것이다. 면도의 전통이 오래 지속한 이집트에서도 파라오들은 정교하게 만든 가짜 턱수염을 붙이고 다녔다. 그러나 그리스 세계에서 턱수염은 남성 권위의 상징이라는 권좌에서 쫓겨났다. 이런 엄청난 변화가 어떻게, 언제 일어났는지는 명확하게 알 수 있지만, 이유에 대해서는 명확하지 않다. 알렉산더는 애당초 면도를 왜 했을까, 그리고 그는 어떤 종류의 남성미를 풍기려고 했던 것일까? 이런 의문의 답을 알려면 우리는 한 걸음 더 과거로 가야 한다.

자신과 병사들의 얼굴에서 털을 밀기로 한 그의 선택은 사실 놀라운 것이었다. 그리스 문화에 그것을 반대하는 강한 편견이 있었기 때문이었다. 태곳적부터 그리스와 마케도니아 남자들은 얼굴에 수염이 없으면 부끄러워했다. 성인 남자의 매끈한 턱은 어디에서든 나약과 퇴보의 징표로 여겨졌다. 이런 고정관념은 고대 그리스 시대부터 워낙 깊이 뿌리박혀 있어서 아리스토파네스 같은 희극 작가는 관객의 큰 웃음이 필요한 대목에서는 어김없이 이것을 이용했다. 예컨대 한 희곡에서 아리스토파네스는 동시대의 문인이면서 비극 작가인 에우리피데스를 조롱했다. 에우리피데스가 여성 등장인물들을 우스꽝스럽게 묘사하여 아테네 여자들을 모욕했다는 이야기였다. 에우리피데스는 자신의 명성을 회복하기 위해 여성스러운 친구인 아가톤[1]에게 여장을 시키고 여자들이 모인 장소에 침투시켜 자신을 변호하도록 한다는 우스꽝스러운 계략을 꾸몄다. 아가톤이 부탁

---

1) 그리스의 시인·극작가

을 거절하자 에우리피데스는 위축되어 훨씬 더 절박한 계획을 세웠다. 그는 아가톤의 면도칼을 (남성적이라기보다는 여성적인 도구이다) 가져다가 내키지 않아 하는 장인을 억지로 면도시키고 여자처럼 옷을 입혔다. 이어 여느 익살극에서나 볼 수 있는 전형적인 장면이 이어진다.

에우리피데스: 자~! 음, 음? 그렇죠! 끝났어요, 아주 잘 됐습니다!
장인: 이런, 갑옷도 안 입고 싸우란 말인가![5]

점잖은 아테네 사람이라면 모두 똑같은 심정이었을 것이다. 남자는 턱수염이 없으면 '갑옷'을 뺏긴 것이나 다름없었으며, 무기력감과 치욕감을 느꼈다.

작가 테오폼푸스 같은 진중한 사회비평가는 훨씬 부정적인 견해를 취했다. 아리스토파네스의 조롱쯤은 저리 가라 할 저주를 퍼부었다. 테오폼푸스는 알렉산더의 아버지이자 마케도니아 사람인 (턱수염을 기른) 필리포스 왕 주변에 포진한 마케도니아 출신 신하들을 비판하는 글에서 그들의 "창피하고 끔찍한" 행실을 이렇게 개탄했다. "어떤 신하들은 계속 남자 행세를 하기 원하면서도 면도해서 얼굴을 매끈하게 만들었고, 턱수염을 길렀으면서도 서로의 몸에 올라타려고 하는 자들도 있었다."[6] 테오폼푸스의 말을 글자 그대로 받아들이는 것은 현명하지 못할 것이다. 그는 자신의 정적들에게 진흙을 던졌을 뿐이다. 중요한 점은 그가 남자들이 여자나 어린아이들처럼 보이려고 면도하는 행위를 일종의 추문으로 보았다는 사실이다. 면도한 남자는 변태들이며, 보는 사람의 관점에 따라 비웃음의 대상이거나 위험한 자가 될 수도 있다. 일부 그리스의 도시들은 이런 사회적 위험인물들에게 낙인을 찍고 싶은 마음에 남자들은 턱수염을 길러야 한다는 법을 제정하기도 했다.

이런 면도에 대한 부정적인 생각이 만연한 결과, 그 반작용으로 얼굴 털에 대한 긍정적인 의견도 등장했다. 고대 그리스의 턱수염은 호머의 시에 나오는 머리가 길고 턱수염이 무성한 전사이자 영웅들을 모델로 삼았다. 그리스의 트로이 정복을 노래한 호머의 대서사시 《일리아드》를 보면, 그리스의 메넬라오스[1] 왕과 아가멤논 왕의 턱수염은 그들의 남성적 권위와 특별한 관련이 있다. 마찬가지로 모든 신의 아버지, 제우스의 힘은 그의 휘날리는 머리와 턱수염으로 표상된다. 호머의 《일리아드》 중 초창기를 다룬 부분을 보면, 여신 테티스[2]는 제우스의 턱수염을 쓰다듬어 주어 친밀한 분위기를 만든 다음 아킬레스를 위하여 중요한 청을 한다.[7] 테티스는 남성의 마지막 자존심인 턱수염을 관능적으로 애무해준 덕분에 제우스를 설득하여 아가멤논 왕이 아킬레스를 다시 총애하도록 만드는 데 성공한 것이다.

지위 고하를 막론하고 모든 남자는 거대한 턱수염의 위용을 알아보았고, 아리스토파네스의 희곡에서 면도한 남자들을 조롱하는 장면이 나오면 웃었다. 철학자들과 의사들은 이런 친親 턱수염적인 편견을 이론으로 뒷받침했다. 히포크라테스의 저서로 간주되는 (그는 이 책의 일부만 썼을 뿐이다) 한 의학 저서에는 털의 생리학에 관한 다양한 이론들이 제시되어 있다. 하지만 모든 이론에 일반적으로 털, 특히 턱수염은 남성의 우월적 지위를 나타내는 표시라는 개념이 공통적으로 깔려 있다. 그리스의

---

1) 스파르타의 왕이며 트로이 전쟁의 원인이 되었던 헬레네의 남편
2) 그리스 신화에서 아킬레스의 어머니

과학자들은 남자들이 여자나 아이들보다 훨씬 더 강력한 "생명열"[1]을 지니고 있다는 것, 그리고 이 열이 (단순한 온기가 아니라 일종의 생명력이다) 남성이 여성보다 몸집이 더 크고, 힘이 더 세고, 논리적 힘도 더 센 것은 물론, 여성보다 더 털이 많은 현상을 설명해준다는 데 의견을 모았다. 이런 개념과 관련하여 많은 그리스 의학 저술가들이 정액의 중요성을 논했는데, 그들은 한결같이 정액이 생명열의 정수라고 믿었다. 그들은 여성의 자궁 안에 들어간 이 응축된 생명력이 새로운 생명을 잉태시킨다고 생각했다. 이것은 남자의 몸속을 흘러 다니면서 풍성한 털을 만들어낸다. 그리스의 의사들은 여성에게도 정액이 약간 있을 것이라 추정했다. 하지만 여자들은 절대로 남성과 동등한 수준의 생명열을 지속해서 보유할 수 없다고 생각했다. 예를 들어, 한 의료 문헌에는 월경이 그치고 얼굴에 털이 나기 시작한 두 여자가 그 후 병들어 죽은 사례가 기록되어 있다. 여성 고유의 생리 주기가 교란된 탓에 정액이 비정상적으로 축적된 결과 두 여자의 몸이 감당할 수 없었던 것으로 의학자들은 추정했다. 오로지 남자의 몸만이 턱수염을 키우고도 죽지 않을 만큼 강하다는 것이다.[8]

생명열이 털을 나게 만드는 힘이라는 개념은 그리스 의학자들에게는 완벽하게 논리적인 개념이었다. 《아이의 본성》이라는 의료 문헌에서 저자는 이 현상을 이렇게 설명했다. 정액의 흐름이 특정한 종류의 투과성 살에 작용하여 마치 식물이 비옥한 땅에서 잘 자라듯이, 몸에서 털이 자라도록 하는 것이다. 남자와 여자 모두 정액을 갖고 있기 때문에, 남녀 모두 몸, 특히 정액이 저장된 머리에 털이 난다. 하지만 남자의 몸에는

---

1) 생명 유지에 필수적인 열

여자에 비해 두 가지의 다른 점이 있다. 첫째, 남자의 몸에는 열이 더 많아 피부의 투과성을 더 강하게 한다. 둘째, 남자의 몸에는 털에 영양소를 공급하는 정액이 더 많다는 점이다. 턱수염의 생성은 정액이 몸에서 흘러 다니는 방식으로도 설명할 수 있다. 머리에 저장되어 있는 정액은 필요한 경우, 특히 성행위 도중에는 그곳에서 나와 다른 신체 부위로 돌아다닌다. 남자들의 경우, 턱에 나는 털은 "머리에서 나온 정액이라는 액체가 성교 도중 가슴 앞쪽으로 튀어나오는 부분에 도착하여 머뭇거리는 바람에 두껍게 자란 것이다."[9] 아마도 남자들은 성행위를 할 때 대체로 얼굴을 땅 쪽으로 향하고 있으므로, 이 때문에 얼굴이 더 많은 정액의 저장 용기 노릇을 할 수밖에 없고, 따라서 털이 더 왕성하게 자란다는 설명인 것 같다.

위대한 철학자인 아리스토텔레스는 이런 견해에 상당 부분 동의하지 않았다. 그는 털이 피부의 구멍 속에 축적된 액체가 증발한 뒤 남은 잔유물이라고 추리했다. 그렇지만 그도 정액을 비롯한 뜨거운 체액이 털의 궁극적인 원천이요, 이것이 남자가 여자보다 털은 물론 힘과 논리력이 더 많은 이유라는 점에는 동의했다. "강한 성적 열망"을 가진 남자들은 풍부한 정액 때문에 더욱 풍성하고 두꺼운 수염을 갖게 되지만, 이런 남자들은 반복되는 성행위로 인해 정액의 고갈되면서 대머리로 변할 가능성도 더 크다.[10] 성행위가 많으면 털 손실도 크다. "그것이 성행위를 할 나이가 되지 않은 사람 중에 대머리가 없는 이유이며, 그것이 또 천성적으로 성행위를 많이 하는 사람들이 바로 이때 대머리가 되는 이유이다"라고 아리스토텔레스는 결론지었다. 그럴 마음이 없어서인지 능력이 없어서인지는 확실하지 않지만, 아리스토텔레스는 여성에게도 머리가 나는 이유를 설명하지는 못했다. 하지만 그는 이것을 포함하여 명백한 이론적 허점이 있음에도 불구하고 털의 성장과 상실 모두, 남성이 여성보다 월등히 큰 활력과 능력을 지닌 데에 따르는 본질적인 특성이라는 사회적 통념을 뒷받침하는 데 일조했다. 이렇게 그리스의 과학과 철학은 문예 작품과 여론을 동원하여 수염에 대한 대중의 경애심을 조장했다. 남자들이 자랑스럽게 몸의 털을 기를 이유가 충분했다. 그것이 여성 및 아이들보다 우위를 점하는 성인 남성들의 특권과 권위를 나타냈기 때문이었다.

그렇다면 이런 사회적 편견이 만연해 있는 상황에서 알렉산더는 왜 면도를 했을까? 면도는 부끄럽고, 사회 통념에서 벗어나고, 자기 위신을 떨어뜨리는 행위임을 알고 있었을 텐데? 알렉산더는 아리스토텔레스가 직접 가르친 제자로서 전시 지도자가 "갑옷 없이 전투에 임할 때" 얼마나 우스꽝스러운지 깨닫지 못했을 리가 없다. 정반대로 알렉산더는 역사상 가장 자신의 이미지를 중시했던 지도자였다. 왕실 역사가 칼리스테네스, 미술가 아펠레스, 조각가인 뤼시포스 등 알렉산더는 당대 최고의 유능한 전문가들을 고용하여 언제나 홍보에 신경을 썼다. 따라서 면도를 하기로 한 그의 선택 역시 세심하게 계산된 조치였음이 분명하다.[11]

알렉산더 대왕이 거느린 선전 기관은 그가 세계 정복에 나선 동안, 그를 진정한 슈퍼영웅으로 묘사했다. 칼리스테네스는 전설적인 트로이 전투의 주인공이자 영웅인 아킬레스의 재림이라는 역할을 알렉산더에게 부여했으며, 알렉산더는 그 역할을 정열적으로 수행해냈다. 알렉산더는 아시아 대부분의 지역, 즉 아킬레스보다 훨씬 넓은 지역을 정복했다. 알렉산더의 영웅심은 여기에서 그치지 않았다. 불가능해 보이는 위업을 달성한 것으로 알려진 또 다른 영웅 헤라클레스에 비유되는 것을 즐겼다. 알렉산더가 이런 영웅들처럼 보이려고 애쓴 것은 당연하며, 당대의 화가들과 조각가들은 신과 영웅들을 영원히 죽지 않고, 광채를 발하고, 젊고, 수염을 기르지 않은 나체의 모습으로 묘사했기 때문에 그가 최선을 다해 그런 모습을 모방하려 한 것도 일리가 있다. 무한한 자신감에 취한 알렉산더는 이제까지 어떤 그리스 사람도 시도하지 못했던 행동을 대범하게 감행했다. 얼굴에서 털을 민 것이다. 그는 자신이 군대를 이끌고 아시아를 정복했을 때 겨우 22살에 불과했다는 사실을 내세우는 등, 집요하게 초자연적인 이미지를 드러내 보이려고 했다. 리시포스의 유명한 전신 청동제 동상인 〈창을 든 알렉산더 대왕〉(현존하지 않는 작품이다)에서 알렉산더는 실제로 누드로 묘사되어 있지만, 공개 석상에서는 당연히 옷을 벗지 않았다. 곱슬머리를 휘날리는 매끄럽고 젊은 얼굴은 진정한 정복자로서 본인이 누릴 수 있는 최고의 외모였다. 이런 식으로 삶은 예술을 흉내 낸다. 알렉산더는 마치 헤라클레스가 마케도니아와 그리스 연합군을 새로운 황금시대로 이끌기 위해 꽃병 그림에서 튀어나온 것 같았다.

그래도 한 가지 의문점은 남는다. 고대 그리스의 예술가들은 왜 아킬레스와 헤라클레스 같은 영웅들을 벌거벗고 수염이 없는 모습으로 묘사했을까? 그것은 일종의 색다른 영웅주의였을까? 미술사가들은 기원전 500년 이전을 "고대"라고 부른다. 고대에 그리스 화가들은 언제나 영웅과 신을 실제 그리스 전사들의 모습에 반영했다. 다시 말해 완전하게 옷을 갖춰 입고, 머리는 길고, 턱수염을 기른 전사들의 모습으로 묘사했다. 예외가 있다면 아폴로이다. 그는 말하자면 '영원한 젊음'에 갇힌 상태였다. 그러나 수십 년 후, 예술가들은 중대한 변화를 보이기 시작했다. 기원전 5세기 말경, 유일한 최고위급 신인 제우스와 포세이돈을 제외하고, 대부분의 영웅과 신들은 옷을 벗어 던지고 턱수염을 민 모습으로 등장한다. 아킬레스의 얼굴에서는 기원전 500년이 지나자마자 턱수염이 없어졌으며, 옷은 한 세대쯤 후에 사라졌다. 헤라클레스의 경우는 반대였다. 그는 처음엔 옷을 걸치지 않은 모습으로 등장했다가 나중에는 엄청나게 컸던 턱수염마저 사라진 얼굴로 나타났다.

아킬레스를 젊고 수염을 깎은 얼굴로 묘사한 예술가들은 《일리아드》 중 그에 관한 묘사에서 어느 정도 영향을 받은 것 같다. 그는 **칼로스**kalos 즉 "아름답다"고 표현되어 있는데, 이 말은 고대 그리스 시대(기원전 500년 이후)에는 나이 많은 남자들이 매력적인 젊은 남자를 보고 경탄할 때 가장 많이 쓰였던 말이다.[12] 예술가들은 또 호머가 《일리아드》의 끝부분에서 헤르메스 신을 묘사한 다음과 같은 글을 염두에 두었는지도 모른다. "그는 입술과 뺨에 엷은 털의 흔적을 머금은 채 젊음의 절정에 있는, 잘생긴 젊은 왕자의 모습이었다."[13] 이런 의미에서 보면, 수염이 없는 아킬레스나 헤르메스의 얼굴에는 고대 그리스의 엘리트층에서 성행했던 동성애적 취향이 반영되었다고 생각할 수 있다. (**그림 3.2**)의 컵에 그림을 그린 예술가는 파트로클로스[1)]에게 턱수염을 부여했는데, 이것은 그가 아킬레스를 흠모하는 연장자 남성임을 시사하고 있다. 고대 그리스, 특히 특권층의 사회적 삶은 성별, 그리고 나이 먹은 남자와 젊은 남자 간에 형성되는 친밀도에 의해 크게 영향을 받았다. 당시에는 **에라스테스**erastes라고 불리었던 나이 먹은 남자가 일반적으로 먼저 **에로메노스**

---

1) 트로이 전쟁에서 헥토르에게 살해당한 신화 속의 인물. 나중에 친구인 아킬레스가 그 원수를 갚았다

3.2 파트로클로스의 상처에 붕대를 감아주는 아킬레스. 기원전 5세기.

eromenos 혹은 **파이디카**paidika라고 불리었던 젊은이와의 관계를 주도적
으로 시작하여, 그 젊은이의 멘토 혹은 연인의 역할을 하곤 했다. 턱수염
은 성숙한 에라스테스를 나타내는 특징이었다.[14] 젊은이에서 성인 남자로
변하는 시점은 턱수염의 첫 등장과 함께이다. 이 시기는 한 젊은이가 완
전한 영광의 순간에 도달하는 숭고하고도 가슴 저린 때로 여겨졌다. 이
말을 한 사람은 바로 소크라테스였다. "갓 성인이 된" 모든 남자는 아름
답다고 언급하면서 덧붙였던 말이다.[15]

　이런 의미에서 예술가들이 아킬레스를 아름답게 묘사한 것은 이해가

3.3 (왼쪽) 턱수염을 기른 채 사자의 가죽과 몽둥이를 들고 있는 헤라클레스. 니오비드 화가의 그림. 기원전 5세기. (오른쪽) 턱수염이 없는 얼굴로 히드라를 죽이고 있는 헤라클레스의 모습. 도기의 파편. 기원전 4세기.

된다. 하지만 난폭한 성격과 무지막지한 육체노동으로 유명한 헤라클레스에게 턱수염이 없는 것은 어떻게 설명할 수 있을까? 턱수염을 길러야 할 사람이 있다면 바로 헤라클레스였을 터인데. 헤라클레스 역시 기원전 5세기 초, 문헌에 등장했을 때에는 옷을 벗고 있었다. 그리고 나중에는 털도 제거되었다. 이런 변화는 (**그림 3.3**)에 잘 나타나 있다. 첫 번째 이미지는 기원전 5세기 초에 제작된 꽃병 그림인데, 턱수염을 기른 헤라클레스가 독특한 모양의 방망이를 들고 있는 걸 볼 수 있다. 두 번째 그림은 히드라와 싸우고 있는 헤라클레스를 묘사한 것이다. 이 그림은 약 1세기 뒤에 그려진 작품으로 추정되며, 매끈한 얼굴의 영웅이라는 새로운 이상형을 보여주고 있다. 그의 몸이 턱수염 없이 벌거벗은 모습으로 그려진 것을 어떻게 설명할 수 있을까?[16]

젊음과 알몸, 이 두 요소가 합쳐져 고대 그리스 예술계에서 불멸을 상징하게 되었다는 것이 정답이다. 그리스의 조각가들은 기원전 600년 전부터 **코우로스**kouros라는 조각상들을 만들기 시작했다. 이것은 정형화된 남성 누드 조각상으로서 주로 중요한 남자들을 추모하는 신전이나 묘역에 설치되었다. 이런 조각상들은 특정 개인을 기념하기 위해 제작하지만, 그렇다고 초상화는 아니었다. 실제로 이 조각상들은 모두 조금씩 비슷하게 생겼다. 즉, 정형화된 미소를 머금은 채 **뻣뻣한** 포즈를 취하고 있는 벌거벗은 젊은 남자의 조각상이 대부분이다. 원래 이 조각상들은 더 실물처럼 보이게 하려고 색칠이 되어 있었는데, 화학적 분석을 통한 최근의 연구에 따르면 많은 조각상의 턱에 엷고 보송보송한 털이 채색되어 있었다는 것이 밝혀졌다. 이것은 플라톤의 제자인 소크라테스가 깊이 흠모했던 이미지, 즉 성인이 되기 직전인 젊은이의 인상을 더욱 강렬하게 만들었다. **코우로스**라는 말은 어리지도 늙지도 않은 채 활력의 정점에 영원히 머물러 있음으로써 세월의 흐름과 쇠퇴를 거역하는 이상적인 인물을 가리킨다. 이런 의미에서 그것은 불멸의 완벽성을 상징하는 이미지였다. **코우로스**는 또한 누드의 형상이었다. 인간의 우월성을 자신의 육체를 통해 드러낸다는 의미이다. 또한 자연이 부여한 권리인 성인으로서의 삶을 시작하기 위해 미성숙의 옷을 벗어버리는 그리스인들의 성년 의식을 재현하기 위해 누드 형상을 취한 것이다.[17] 기원전 500년 이후 그리스의 조각가들은 이 개념을 한 단계 더 발전시켜 신과 영웅들을 이상적인 누드 상태로 묘사했고, 이 형체에 프락시텔레스의 유명한 〈창을 든 남자〉(그림 3.4)를 보면 알 수 있듯이 움직임, 생명, 우아함의 기운을 불어넣었다.

면도를 선택한 알렉산더의 동기는 의심의 여지가 없다. 그는 다른 사람들이 자신을 아킬레스나 헤라클레스와 동격의 영웅으로 봐주기를 원했다. 되돌아보면 가장 인상적인 사건은 그가 턱수염을 없앴다는 것, 그리고 그리스 세계가 그를 열심히 본받았다는 사실이다. 이제는 면도를 한 사람이 새로이 존경을 받게 된 것이다. 왜냐하면 알렉산더에게서 보았듯이 말끔하게 면도한 남자는 자연의 질서 속에서 진보한 사람이며 평범한 남자보다 우월하기 때문이다. 영웅과 범부의 차이라고나 할까. 어쨌든 그 뒤 수 세기 동안 이발사라는 직종은 문명적인 생활을 가능하는 특징적 직업이 되었다.

물론 크리시포스 같은 구닥다리도 있었다. 그는 아테네의 스토아 철학자로서 알렉산더의 수 세대 뒤에 활동한 사람인데, 이런 새로운 남성 스타일을 탐탁지 않게 여겼다. 그는 로도스섬과 비잔티움 같은 도시에서 명목상으로나마 여전히 존재했던 면도를 금지하는 법령을 검찰관들이 집행하지 않는 것에 대해 개탄했다. 크리시포스는 자신을 비롯한 동료 철학자들이 턱수염이 남성성을 상징한다는 철학을 고수한 것을 자랑스러워했다. 그의 태도를 단순한 보수주의라고 깎아내릴 수도 있겠으나, 그의 철학을 근거 없는 단순 논리라 치부하기도 어렵다.[18] 철학자들은 말하자면 역사상 최초로 결성된 친親 턱수염 압력단체였다. 하지만 이들의 수백 년 동안의 노력에도 불구하고 그리스 남성미를 상징하는 위대한 우상들이 대중에게 퍼뜨린 마법 같은 이미지를 깨지는 못했다.

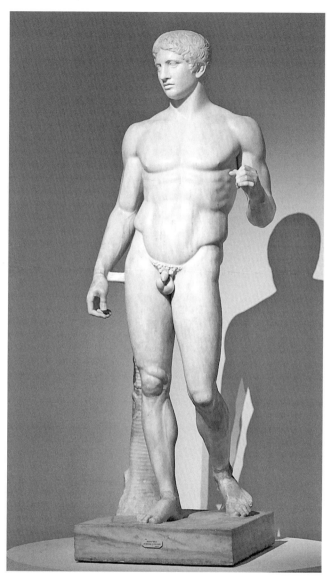

3.4 기원전 5세기에 폴리클레이토스가 만든 〈창을 든 남자〉. 원본은 청동 조각상인데, 훗날 로마 시대에 그것을 대리석으로 모방 제작하였다.

스키피오, 로마를 새로운 방향으로 이끌다

그리스의 이발사들이 드디어 로마로 진격했다. 기원전 1세기에 로마의 저술가 바로Varro는 알렉산더가 죽은 지 25년 만에 이탈리아 최초의 이발사가 시칠리아에서 온 것을 축하하는 기념비가 아르데아Ardea시에 건립되었다는 사실을 기록했다.[19] 정확히 말하면 이것이 기념한 것은 이발사들의 진정한 승리가 아니라, 단지 이발사들의 로마 도착 그 자체일 뿐이었다. 그리스 문화와 그리스식 생활양식이 완전히 이곳에서 받아들여지기까지 수 세대가 더 흘러야 했다. 그러나 기원전 2세기 중엽, 로마인들은 면도한 남성 이미지가 더 낫다는 것을 받아들이기 시작했다. 서기 1세기에 활동한 로마의 작가 대大 플리니우스[1]의 글에 따르면, 로마에서 처음으로 매일 면도를 한 사람은 카르타고를 정복한 푸블리우스 스키피오 아이밀리아누스였다.[20] 그가 정말 최초로 면도를 한 사람인지는 알 수 없지만, 그를 지목한 것은 충분히 일리가 있다. 그가 면도를 지지하는 그리스의 주장을 받아들일 가능성이 있는 종류의 사람이고, 동시에 자기의 명성으로 많은 모방꾼에게 영향력을 행사할 수 있는 성격의 소유자이기 때문이다. 스키피오 아이밀리아누스를 알면 곧 로마 사람들이 턱수염을 포기하고 존경스러운 남성상을 나타내는 새로운 외적 이미지를 받아들인 이유를 알 수 있다.

푸블리우스 코르넬리우스 아이밀리아누스는 군과 정계의 최고위급이었던 로마의 한 명망가에서 둘째 아들로 태어났다. 그의 아버지인 루키우스 아이밀리아누스 파울루스는 기원전 168년에 알렉산더의 후계자들

---

1) 고대 로마의 박물학자, 정치인, 군인. 조카인 소 플리니우스와 구별하기 위해 대 플리니우스라고 부른다.

이 지배했던 마케도니아를 정복했다. 푸블리우스는 아버지의 군사 작전에 참가하여 수훈을 세웠고, 그즈음 일반적인 로마의 관습에 따라 훨씬 더 명문가 사람으로, 아들이 없었던 원로원 멤버 푸블리우스 코르넬리우스 스키피오의 양자로 입양되었다. 따라서 젊은 푸블리우스는 스키피오 아이밀리아누스라고 불리게 되었다. 젊은 스키피오의 양조부가 바로 한니발을 격파하여 로마를 구한 전설적인 인물, 스키피오 아프리카누스이다. 스키피오 가문의 막내에게는 맡아야 할 역할이 많았으며, 그는 그렇게 할 결의에 차 있었다.

스키피오는 위대한 인물로 성장하는 과정에서 친부와 양부, 두 명의 유명한 아버지를 둔 이점을 충분히 활용했다. 두 아버지는 그에게 당대 최고의 군사적, 학문적 교육을 제공해주었다. 플루타르크의 기록에 따르면, 스키피오 주변에는 돈으로 살 수 있는 당대 최고의 그리스 학자들, 조각가들, 화가들, 그리고 사냥 선생님이 포진해 있었다.[21] 따라서 그가 그리스 문명의 모든 면에 큰 열정을 품게 된 것은 전혀 놀랄 일이 아니었다. 그가 생부와 함께 그리스 전역을 돌아다니는 공식적인 방문길에 올라 그리스의 지식인들을 만났고, 방대한 그리스 문헌들을 수집했다. 기원전 153년 아테네가 로마에 친선 사절단으로 3명의 철학자를 파견했을 때 그들의 강연을 듣기 위해 모여든 젊은이들 속에는 스키피오도 끼어 있었다. 그는 드디어 자기 주변에 그리스와 로마의 역사학자들, 작가들, 그리고 두 문명에 담긴 최고의 사상들을 융합시키려 했던 철학자들을 끌어모았다. 스키피오는 항상 로마의 애국 시민으로 살았지만 동시대 사람들보다 그리스의 사고방식에 더 친밀감을 느꼈다.

스키피오는 방대한 지적 호기심을 지녔음에도 불구하고 무엇보다도 정치인이자 진정한 정치 개혁가였다. 그의 정치적 경력은 술라Sulla[1], 폼페이우스, 카이사르를 비롯하여 나중에 등장하는 모든 인습 타파주의자들이 취한 행보의 전조가 되었다. 스키피오는 신뢰할 수 있는 손님과 후배들로 이루어진 인맥을 통해 정치적 기반을 구축하는 일반적인 관행을 따르지 않고, 자신의 화려한 군사적 업적, 능력에 관한 자신의 명성, 그리고 개인적 카리스마에 의존하여 정치적 자산을 쌓았다. 원로원의 한 라이벌이 인맥이 부족한 그를 비웃자, 그는 반농담조로 이렇게 말했다. "당신 말이 옳소. 지금까지 내 관심사는 시민들을 많이 알아두는 것이 아니라, 모든 사람이 나를 알게 하는 것이었기 때문이오."[22] 이런 전략은 그의 명성과 결합하여 '위대함'이라는 분위기를 형성했고, 이것은 그에게 전례 없는 큰 권력을 안겨주었다. 기원전 147년, 그는 아직 집정관을 맡기에는 너무 어렸지만 로마 시민들은 그를 나라의 최고 지위인 집정관으로 선출했다. 그 후 얼마 안 되어 평의회는 통상적으로 중요한 군사 지도자의 임명을 처리하는 원로원을 건너뛰어, 카르타고에 대한 최후의 일격을 지휘할 인물로 그를 선택하였다. 스키피오는 빛나는 성과를 냈다. 영웅을 갈망하던 로마의 평민들은 막 떠오르는 이 남자를 높은 자리에 앉히기 위해 오랫동안 이어온 전례들을 과감하게 짓뭉개버렸다. 젊은 스키피오가 자신을 입양한 양조부의 뒤를 좇아 카르타고를 다시 한번 격파하면서 그는 "아프리카누스"라는 새 칭호와 전설적인 명성을 얻었다.

매일 면도한 최초의 로마인이 바로 이 사람이다. 스키피오의 예사롭지 않은 얼굴은 그의 영웅적 업적의 일부였다. "모든 국민이 알게 된" 그 남자는 대중의 눈에 띌 기회를 포착하는 데 아주 뛰어났다. 그리스 사상,

---

1) 로마의 장군이자 정치가

그리스 예술, 그리고 그리스 스타일에 대한 흠모가 점점 커지는 시대에 스키피오는 예전의 알렉산더만큼 장엄한 인물로 떠오른 것이다. 부분적으로는 그의 솔선수범에 힘입어 얼굴을 면도하는 습관이 세련미와 정치적 수완의 상징이 되었고, 이런 현상은 점잖은 로마 시민들에게 영향을 끼쳐 향후 3세기 동안 이발사들을 바쁘게 만들었다. 남자는 야심이 클수록 털 관리에 신경을 더 많이 쓰는 것 같았다. 적어도 우리가 카이사르의 행동에서 얻는 인상이다. 로마의 역사가인 수에토니우스는 스키피오의 카르타고 정복이 있은 지 1세기 후에 로마를 장악한 카이사르에 대해 "몸 가꾸기를 너무 좋아하여, 머리칼을 짧게 깎고 얼굴은 매끄럽게 면도했을 뿐 아니라, 몸의 다른 부위에 나는 털은 뿌리째 뽑도록 했다"라고 기록했다.[23] 하지만 나야 할 곳에 털이 안 난 것 때문에 그의 아우라가 위험에 처한 적도 있었다. 불행하게도, 카이사르는 나이를 먹을수록 머리가 벗어지면서 실제 나이보다 훨씬 늙어 보였다. 그래서 그는 머리카락을 빗어 넘겨 대머리를 감추려고 안간힘을 썼다. 그러나 많은 예술가가 은혜를 베풀 듯, 그에게 적당히 풍성한 머리를 갖춘, 실물보다 훨씬 잘생긴 반신상을 만들어주었다.

카이사르의 양자이자 후계자인 아우구스투스[1] 역시 매끈한 얼굴로 역사에 남았다. 아우구스투스 시대의 홍보물 중 최대 걸작은 뭐니 뭐니 해도 〈아우구스투스 조각상〉이라고 불리는 기념 조각상인데, 이것은 그의 미망인인 리비아의 의뢰에 따라 제작되었다.(그림 3.5) 이것은 실물보다 큰 조각상으로, 누구나 알아볼 수 있는 진짜 아우구스투스의 특징들에다 지금도 많은 사람이 흠모하는 〈도리포로스, 창을 든 남자〉(그림 3.4)를 비롯

---

1) 초대 로마 황제

3.5 아우구스투스 조각상. 대리석제 조각상, 서기 1세기.

하여 많은 그리스 시대 조각품들에 서려 있는 이상적인 젊음의 분위기를 가미함으로써 이 로마 황제에게 알렉산더 대왕풍風의 카리스마를 부여한 작품이다. 아킬레스, 헤라클레스, 알렉산더 대왕 등을 묘사한 비슷한 형상들처럼 이 작품도 그를 인생의 정점, 즉 어리지도 늙지도 않은 시점에 영원히 정지시킴으로써 황제라는 신성한 지위를 대중에게 더욱 확고하게 심어주었다. 그리고 아우구스투스는 이 작품에 누드로 묘사되지는 않았으나, 그렇다고 완전하게 옷을 갖춰 입은 모습도 아니었다. 스키피오 아이밀리아누스가 시작한 일을 이 조각상이 완성한 셈이었다. 현실 세계의 지배자가 신성한 영웅들의 '면도한' 이미지를 빌려 쓰는 것에 성공한 것이다.

로마는 서구를 지배했다. 면도도 마찬가지였다. 매끈한 얼굴은 세련되고 존경스러운 남자의 특징으로서 신화 속이나 역사상의 실제 영웅을 묘사한 형상들에 어김없이 나타났다. 이것은 당대의 유행이 아니라 하나의 이상이었으며, 단순히 시간이 흐른다고 사라지는 특징이 아니었다. 실제로 남성적 명예를 드높이는 얼굴 스타일과 이상형을 개혁하는 데에는 그야말로 역사상 최초의 턱수염 운동이 필요했다. 이것은 직업적인 철학자들이 추진한 프로젝트였는데, 이들은 매끈한 얼굴이 득세했던 오랜 기간 동안 고집스럽게 털이 텁수룩한 얼굴을 고수했다.

하드리아누스 황제, 현명한 선택을 하다

일부 역사학자들은 하드리아누스(재위 117-138) 로마 황제가 자기 얼굴에 난 상처를 감추기 위해 수염을 무성하게 길렀다는 동화 같은 이야기를 지금도 언급한다. 이것은 이 황제가 퇴위한 지 약 200년 후에 작성된 (그렇지 않아도 오류가 많은) 로마 역사가 날조된 결과라 할 수 있다. 더 해박한 역사학자들은 하드리아누스가 그리스인들처럼 보이고 싶어서, 다시 말해 세련되고 철학자처럼 보이고 싶어서 턱수염을 길렀다고 기록했다.[24] 이 설명이 훨씬 적절하게 들리지만, 여전히 정확한 것은 아니다. 그가 그리스 사람처럼 보이고 싶어 했다는 말은 얼토당토않다. 요컨대, 300년 전 스키피오 아이밀리아누스가 면도하기 시작한 이후 로마 사람들은 그리스인들처럼 보였다. 하드리아누스는 고상한 사람으로 보이게 하는 데에는 신경을 많이 썼으나, 지적으로 보이는 것에는 별로 관심이 없었다. 그가 새로이 기르기 시작한 수염은 그에게 사색하는 사람의 표정을 준 것이 아니라, 그를 금욕주의적인 인내심, 자기 수양, 훌륭한 판단력을 지닌 사람처럼 보이게 만들었다. 하드리아누스는 자신이 누리는 권위의 진정한 토대는 출신 가문의 배경, 행운, 혹은 '신의 간섭'[1]이 아니라 오직 자신의 정신력과 성격의 힘이라는 사실을 턱수염을 통해 세상에 선언한 셈이었다. 그는 그런 개념을 당대의 철학자들에게서 얻었다.

하드리아누스는 아직 황제 자리에 오르지 못하고 일개 장군으로 봉직하고 있을 때만 해도 그런대로 품위 있고 평범한 로마 시민의 모습, 다시 말해 매끈하게 면도한 얼굴로 살았다. 그는 로마 정치인들과 그리스 철학자들의 지혜를 부지런히 받아들인 진지한 젊은이였다. 비슷한 계급의 다른 이들처럼 그 역시 그리스어를 유창하게 했으며, 당대 최고의 지성인들에게서 가르침을 받았다. 그에게 가장 크게 감화를 준 사람은 스토아학파의 최고봉인 에픽테토스였다. 스토아학파는 그리스 철학의 한 학

---

1) 흔히 사람의 목숨을 구한 것과 같은 기적 같은 일을 완곡하게 표현하는 말

3.6 하드리아누스 황제. 대리석제 반신상, 서기 2세기.

파로서 특히 로마 사람들 사이에서 인기가 높았다. 하드리아누스는 군
장교로 복무하던 시절에 그리스에서 수개월 동안 머문 적이 있었는데,
체류 기간 중 여러 날을 니코폴리스에 있는 에픽테토스의 집에서 보냈
다. 스토아학파 사람들은 자연의 보편적인 법칙에 순응하는 삶과 행동을
신봉했으며, 바로 이런 이유로 그들은 턱수염을 기르는 문제에 있어서
적극적인 지지자들이었다. 그들은 만약 턱수염이 자연이 준 선물이라면
남자들이 그것을 기르기를 거부할 이유가 무엇인가 묻는다. 왜 우리 자

신의 진정한 자아를 부인하려는가? 진정한 남자가 되라는 자연의 요구를 받아들이려 하지 않는 고위급 장성들에 대한 에픽테토스의 냉소적인 촌평이었다. 그는 이렇게 자신을 추종하는 이 로마의 귀족을 신랄하게 책망했다. 잘못을 깨달은 하드리아누스는 용기를 내어, 용감한 얼굴로 로마에 돌아왔다.[25] 이렇게 그는 4세기 동안 이어진 그리스-로마의 전통을 뒤집었으며, 서방 문명 최초로 전개된 턱수염 보급 운동에서 큰 승리를 거두었다.

하드리아누스가 새로운 얼굴로 세상에 이야기하고자 한 것을 이해하려면 그 배경이 된 턱수염의 철학을 고찰할 필요가 있다. 직업적인 철학자들은 사회적으로 면도가 성행했던 지난 400년 동안, 반항아로 비치는 털북숭이 얼굴에 대한 사회적 학대에 시도 때도 없이 시달려야 했다. 소피스트 철학자(궤변론자)들은 주로 잘 다듬은, 곱슬곱슬한 턱수염을 길렀다. 아리스토텔레스의 사상을 추종하는 이른바 소요학파逍遙學派와 에피쿠로스학파는 세속적인 행복의 원천을 추구한 철학자들로서 잘 손질된 턱수염을 선호했다. 스토아학파 철학자들은 키니코스학파Cynics[1] 철학자들처럼 헝클어진 형태는 아니더라도, 더 풍성한 턱수염을 좋아했다. 키니코스 철학자들은 육체를 경멸하는 사상에 따라 몸에서 털이 헝클어질 만큼 길게 자라도록 내버려 두었다.[26] '턱수염 부흥 운동의 아버지'라는 영광의 자리는 1세기경에 활동했던 스토아 철학자로서 한때 에픽테토스의 멘토이기도 했던 무소니우스 루푸스에게 주어야 할 것 같다.

무소니우스의 철학은 후대 저술가들이 수집한 그의 강연과 금언들을 통해 알 수 있다. 그중 하나가 면도 행위를 비판하는 강연인데, 이것은

---

1) 소크라테스의 제자 안티스테네스가 창설한 고대 그리스 철학의 학파

선언서라고 해도 과언이 아닐 정도로 신랄하다. 그는 단도직입적으로 선언했다. "턱수염을 턱에서 깎으면 안 된다." 무소니우스는 나무에서 가지를 칠 때 현명한 사람은 필요 없는 것만 없앤다고 주장했다. 그러나 턱수염은 다르다. 불필요한 것이 아니다. 그것은 "자연이 선물한 보호물이고… 남성의 상징이기도 하다. 수탉의 볏과 사자의 갈기와 똑같다. 따라서 우리 몸에 난 털 중 성가신 것은 제거해야 하지만 턱수염은 버릴 게 없다."고 말했다.[27] 무소니우스는 이 같은 결론을 옹호하기 위하여 스토아학파의 창시자인 제논까지 끌어들였는데, 그는 언젠가 "머리를 자르는 이유와 머리를 자라게 놔두는 이유는 다를 바가 없다. 즉 우리는 자연에 순응하여 그렇게 하는 것일 뿐이다."라고 말했다.

이 부분에서 스토아 철학의 핵심 원리가 남성성과 남자 육체에 또다시 적용되었다. 면도한 남자들은 부질없이 여성과 소년들에게 매력적으로 보이려는 과정에서 남성적 본성을 부인하는 위험을 자초하고 있다는 것이다. 그런 남자들은 "방탕하고 사치스러운 생활 때문에 망가졌고 완전히 거세되었다"고 무소니우스는 말했다. 이 대목에서 그는 면도와 성적 도착倒錯 행위를 연결 짓는 케케묵은 그리스식 사고방식과 연관 지어서 말했다. 하지만 그는 또 에픽테토스 같은 턱수염 지지자들에게 호의적 공감을 불러일으킬 새로운 논리적 추론 과정을 제시하고 있다. 다시 말해, 턱수염 자체가 남자를 고상하게 만들지는 못하지만, 고상한 남자는 턱수염을 기르게 되어 있다는 것이다. 왜냐하면 그런 사람은 자신에게 남성적 기질을 타고났음을 인지하고, 그것에 따르는 거룩한 책임에 부합하는 삶을 살고자 하기 때문이다. 남성은 천성적으로 의연한 정신과 자기 절제심을 부여받았으며, 턱수염도 역시 자연적으로 부여받은 것이라고 한다. 또 그런 모든 자연의 선물을 받아들이고, 그것에 순응하는 삶을 사는 것이 남자들의 책임이라고도 했다.

무소니우스보다 약간 후대 사람인 디오 크리소스토모스는 스토아 철학자가 아니라 소피스트로 확인되었지만, 그 역시 스토아 철학자들과 매우 흡사한 견해를 갖고 있었다. 디오는 언젠가 자신의 긴 머리를 조롱했던 타르수스Tarsus 시민들에 대해 불평한 적이 있다. 디오는 진짜 부끄러운 것은 자신의 긴 머리가 아니라 타르수스 주민들의 매끈한 얼굴이라고 쏘아붙였다. 젊은 남자들이 자기 몸을 여성처럼 꾸미면 더 매력적인 사람이 될 것이라고 상상하면서 얼굴은 물론, 심지어 다리에 난 털도 깎았다니 얼마나 한심한가. "그래서 자연의 예술을 훼손한 영악한 젊은이들에게 조롱과 멸시가 쏟아졌다"고 그는 기록했다.[28]

그다음 세대인 에픽테토스는 턱수염에 관한 한 철학계의 챔피언으로 등극했고, 하드리아누스를 통해 드디어 남자들을 면도의 덫에 가두었던 고대의 마법을 깨뜨렸다. 우리는 이 위대한 스토아 철학자가 미래의 황제를 상대하는 장면을 쉽게 상상할 수 있다. 이 철학자는 후대인이 기록한 한 강연에서 이렇게 말했다고 한다. "이보게 젊은이, 자네는 누구를 아름답게 만들고 싶은가?"

우선 자기가 누군지 알아야 한다. 거기서 나온 결론에 따라 자신을 꾸며라. 너는 인간이다…. 너의 이성은 네가 누리고 있는 우월감의 바탕이 되는 요소이다. 그것을 꾸미고 아름답게 하라. 하지만 네 털은 당신의 뜻대로 모양을 만드신 신의 뜻에 따르라. 자, 너에게 어울리는 또 다른 목적지가 있느냐? 너는 남자이냐, 여자이냐? —남자

입니다. 좋다, 그러면 남자처럼 꾸며라. 여자처럼 꾸미지 말고. 여자
는 본래 얼굴이 매끄럽고 앙증맞다. 만약 여자의 얼굴에 털이 많으
면 그 여자는 일종의 별종이다. 그리고 로마에서라면 다른 별종들
과 함께 사람들에게 전시할 거다. 하지만 남자가 털이 없으면 같은
신세가 된다. 그리고 본래부터 남자가 털이 없으면 그도 별종이다.
하지만 남자가 일부러 제 몸에서 털을 깎거나 뽑으면 우리는 그를
어떻게 이해해야 할까? 여기 청중에게 말하노라. 남자이기를 포기
하고 여자가 되고 싶어 하는 자를 내가 똑똑히 보여주겠노라. 참으
로 무시무시한 광경이 아닐 수 없다![29]

이런 장광설을 듣고 난 뒤 하드리아누스가 자신의 이성과 남성성을
보여주는 증거를 얼굴에 갖춘 채 로마로 돌아가기로 마음먹었다는 것은
전혀 놀랄 일이 아니다.

하드리아누스가 이 새로운 '얼굴 패션'을 최초로 선택한 사람이 되지
않았다면 그의 가까운 후계자인 마르쿠스 아우렐리우스가 그 자리를 차
지했을 것이다. 아우렐리우스가 훨씬 더 깊이 스토아 철학에 빠져 있었
기 때문이었다. 현재 로마의 카피톨리니Capitoline 박물관에는 무성한 턱
수염을 기른 얼굴로 말을 탄 아우렐리우스의 장엄한 조각상이 전시되어
있다. 이것은 존경받는 황제에 잘 어울리는 기념물이기는 하지만 이제까
지 우리는 그의 풍모(수염)에 깃든 이념적 의미를 충분히 이해하지 못해
왔다.(그림 3.7) 하드리아누스와 아우렐리우스가 창시한 새로운 얼굴 패션
은 로마와 그리스에서 1세기나 지속하였다. 사회의 지도층은 이제 역사
속의 영웅적인 정복자를 모방한 남성미보다는 철학이 권유하는 자연스

러운 남성미를 추구하는 쪽으로 기울었다. 로마와 그리스 사람들은 그 후 수 세대에 걸쳐 풍성한 수염을 통해 영웅적 모델에 대한 생각 없는 모방을 지양하고, 지혜와 고결한 성품만이 남성의 명예와 제국 통치의 진정한 토대임을 세상에 선언하였다.

서기 2세기에 일어난 턱수염 열풍이 수염에 대한 과학적 연구가 부활하는 계기가 된 것은 놀라운 일이 아니다. 백과사전적 저술로 고대 유럽 말기와 중세 유럽 시대에 가장 영향력이 큰 의학계의 권위자가 된 갈레노스는 히포크라테스와 아리스토텔레스 철학 중 수염 문제를 이론화한 부분을 재조명하였다. 그는 마르쿠스 아우렐리우스의 주치의이기도 했는데, 턱수염에 관한 몇 편의 글을 통해 주군의 스토아 철학에 바탕을 둔 도덕관을 확인해주었다. 남자가 털이 많다는 것은 남성에게 부여된 성 역할과 우월성을 확인해주는 증거이며, 털은 남성들이 열심히 바깥일을 행하는 데 도움이 된다고 갈레노스는 주장했다. 그러나 갈레노스의 주장에 따르면, 턱수염의 진가는 육체적 측면이 아니라 도덕적 측면에 있다. 자연은 남자의 몸을 "사람의 본성에 적합하도록" 만들었기 때문이다. 자연은 여자에게는 턱수염을 주지 않았다. 여자에게는 "위엄이라는 성품"이 없고, 따라서 "위엄을 보여줄 형태가 필요 없기" 때문이다.[30] 갈레노스는 이 글에서 턱수염이 남성의 존엄성을 보여주는 필수적인 요소로 여겨졌던 알렉산더 이전 시대의 고전적 사상을 끌어들이고 있다.

만약 로마 문명에서 2세기의 사회 상황이 그대로 유지됐다면, 지배층이 이발사들을 제국에서 영원히 추방했을 것이다. 그러나 그렇게 하지 못했다. 아우렐리우스가 퇴장한 이후, 경제적 몰락과 정치 혼란이 로마 제국의 운명을 위협했고, 황제들은 사회 결속과 제국의 권위를 유지하는

3.7 말을 타고 있는 마르쿠스 아우렐리우스 황제. 2세기에 제작된 청동 조각상의 복제품이다.

데 애를 먹었다. 이 혼란기에는 단명한 황제들이 줄줄이 이어졌는데, 이들은 철학을 버리고 암살과 쿠데타에 의존하여 정권을 잡으려 했다. 또 이런 권력 찬탈자들은 대체로 남에게 위협을 주는 까칠한 형태의 수염을 좋아하여, 긴 턱수염의 패션 경향을 폐기했다. 로마가 잇따른 정치적 위기로 휘청거리자, 어떤 형태이든 복고적인 패션 스타일이 필요해졌다. 3세기 말, 디오클레티아누스 황제는 자신의 새로운 이미지를 담은 미술품들을 곳곳에 전파했는데, 그중 일부는 짧은 머리에 말끔하게 면도한 얼굴로 토가[1]를 입는 등, 그를 옛날식 스타일로 묘사한 것들이었다. 그의 의도는 제국 내, 특히 동방 지역에 자신의 이미지를 신성한 신비로움으로 가득 채우겠다는 것이었다. 그는 이 지역에 사회 질서를 회복하고

---

1) 고대 로마 시민이 입던 헐렁한 겉옷

3.8 콘스탄티누스 황제. 4세기에 만들어진 기념 조각상.

제국의 통치를 개혁한다는 원대한 계획의 일환으로서 황제 숭배의 전통을 확립하려 했다. 턱수염을 미덕으로 간주하는 시대는 끝났다. 이것은 로마 제국의 입장에서는 '미래로의 회귀'였다.

디오클레티아누스의 후계자 콘스탄티누스도 같은 길을 걸었다. 그는 제국을 강하게 하고 기반을 다졌으며 갓 탄생한 기독교 세력과 손을 잡았다. 그는 또 전형적인 황제들이 통치하는 새로운 (옛) 제국 이미지를 영구화하고자 했다. 가장 두드러진 사례는 로마 포럼 근처의 거대한 바실리카[1]에 설치한 거대한 자신의 조각상이었다.(**그림 3.8**) 이 조각상의 특징은 9m에 달하는 높이와 한 손에 들고 있는 십자가, 부리부리한 눈, 그리고 전형적인 알렉산더풍의 젊은 분위기 등이었다. 이 모든 요소가 어우러져 이 지도자의 형상은 초인간적인 위엄을 풍겼다. 이어 로마를 통치한 서기 4세기경의 황제들은 모두 콘스탄티누스의 본을 따라 기독교를 제국의 공식 종교로 확립하는 한편 면도를 즐겼던 구시대의 황제들처럼 보이려고 했다. 배교자 율리아누스[2]만 제외하고는 모든 황제가 그랬다.

율리아누스, 향수에 젖다

콘스탄티누스의 조카이기도 한 율리아누스 황제는 서기 361년부터 전투 중 불의의 최후를 맞은 363년까지 이어진 짧은 통치 기간 중, 기울어가는 로마 제국을 색다른 방식으로 부활시키려 했다. 그는 종교적 색채가 강했던 아우구스투스 황제가 아니라, 지혜를 추구했던 마르쿠스 아우렐리우스를 모델로 삼아 자기 삼촌, 즉 콘스탄티누스 황제와는 전혀 다른 시나리오로 '미래로 회귀하려' 했다. 율리아누스도 아우렐리우스처럼 기독교가 아니라, 스토아 철학에서 위안을 찾았다. 그는 자기 절제와 자비로운 지혜의 귀감인 아우렐리우스를 흉내 내어 몸을 치장했고, 짙고 무성한 턱수염을 길렀다.

아이러니하게도 율리아누스는 금욕적인 극기(절제)라는 겸손의 미덕

---

1) 끝부분이 둥그렇고, 내부에 기둥이 두 줄로 서 있는 큰 교회나 회관
2) 최후의 비기독교인 로마 황제로, 쇠락하는 제국의 부흥을 위해 로마의 전통을 부활시켜 개혁하려 함.

으로 남들로부터 존경받기를 원했다. 그는 마르쿠스 아우렐리우스의 좌우명을 추종하여, "필요한 최소한의 것만 갖고, 최대 다수의 사람에게 선을 베풀기 위해" 노력했다. 그는 사치와 안락을 지나칠 정도로 피했고, 연극과 전차 경주 같은 여흥을 공개적으로 못마땅해했다.[31] 남을 야단치기 좋아하는 그의 우월감과 반反기독교 정책은 많은 신하를 화나게 했다. 그는 전통적인 종교의 복원을 고집하여 기독교인들의 미움을 사는 한편, 스포츠와 여흥을 좋아한다는 이유로 끊임없이 비난함으로써 비非기독교인들을 분노케 했다.

이런저런 불만들이 쌓여가던 차에 결국 안티오크Antioch에 (페르시아의 침공에 대비해 율리아누스는 이곳에 임시 군사령부를 설치했다) 있던 일부 재담가들이 363년 신년 축하 의식이 치러지는 동안, 이 오만한 황제를 조롱하는 풍자시를 만들어 널리 알리겠다는 계획을 세웠다. 그들에게 황제의 턱수염은 시대를 역행하는 천박함의 상징이었다. 그들은 이를 조롱하는 글을 다수 만들어 배포했고 그중에는 그 수염을 밧줄로 만들면 더 좋을 것이라는 표현도 들어 있었다. 율리아누스는 〈미소포곤Misopogon〉 즉, "턱수염을 증오하는 자들"이라는 풍자시를 직접 만들어 대응했는데, 그것에는 자신과 안티오크의 비판자들을 모두 조롱하는 내용이 담겨 있었다. 그는 "나는 순전히 심술과 사악한 마음 때문에… 보시다시피 선천적으로 잘생기지 못한 바로 그 죄를 벌하고자 [내 얼굴에] 이 긴 턱수염을 길렀다."라고 썼다.[32] 이 말은 물론 농담이었다. 하지만 율리아누스의 글에서 이런 농담들은 얼마 안 가 욕설로 바뀌었고, 황제는 도덕적 자제심, 종교적 예의범절, 그리고 사회적 예의가 없다는 이유로 자기 신하들에게 신랄한 비판을 퍼부었다. 율리아누스의 속마음은 턱수염이 천박하긴 하지만 그래도 자기 신하들의 뺀질뺀질하고 타락한 얼굴보다는 훨씬 나은 관습이므로 받아들일 만하다는 것이었다. 그는 안티오크 시민들에게 자신이 비록 지저분하게 턱수염을 기르고 있지만, "여러분들은… 부드럽고 우아한 생활양식이나 여성적인 기질을 살려 조심스럽게 뺨을 부드럽게 가꾸시오. 그리고 남성성은 거의 드러내지 말고, 드러내더라도 이마로 조금만 보여주는 것에 그치시오. 나처럼 턱으로 남성성을 보여주지 말고."라고 말했다. 그 뒤 얼마 안 가 남자들은 남성적 규율과 법의 지배를 달갑지 않아 했던 결과 가정에서 권위를 잃게 된 것을 깨닫고는 후회하게 된다. 율리아누스는 덥수룩한 턱수염을 기름으로써 여성적인 난잡함과 사회적인 방탕에 반대하는 강경한 태도를 유지했다. 그러나 율리아누스는 안티오크 시민들과 충돌한 후 수개월 만에 전투에서 입은 상처 때문에 죽었다. 그의 죽음은 한 시대의 진정한 종말을 의미했다. 율리아누스는 결과적으로 비기독교인으로서는 마지막 로마 황제였을 뿐 아니라, 역사상 최초로 일어난 턱수염 부흥 운동의 마지막 수호자가 되었다.

고대 문명에서 턱수염이 몰락과 부흥을 거쳐 다시 몰락의 길을 걸었다는 사실을 통해 남성미의 진정한 원천을 둘러싼 문화적 투쟁이 그만큼 치열했다는 것을 알 수 있다. 턱수염은 자연의 이치에 부합하는 합리적 산물인가? 아니면 신이 내린 선물일까? 남자는 철학자를 본받아야 하는가, 아니면 영웅을 본받아야 좋을까? 알렉산더 이전 시대에는 턱수염이 남성미의 표상이라는 사회적 편견이 우세했다. 고대 그리스의 황금기에 예술가들은 턱수염이 없는 남성성 모델을 창안했으나, 그것은 평범한 인간의 이상적인 이미지를 표현하기 위한 것이 아니었다. 이런 이상이 새 생명을 얻은 것은 스스로 신격화된 인물, 아킬레스와 헤라클레스와 동격이라고 주장한 알렉산더의 배짱 덕분이었다. 보통 사람들은 서구 역사에 새로운 남성성의 기준을 세운 그의 길을 따라가는 수밖에 없었다. 그가 세운 기준은 지금도 강력한 힘을 발휘하고 있다. 그런데 철학자들은 남성성에 대하여 다른 사상을 내놓았다. 그들은 자연을 초월하겠다는 욕심은 중대한 실수라고 주장했다. 진짜 훌륭한 남자들은 자기 규율과 건전한 이성이라는 자연적인 미덕들을 키우는 데 신경 썼다. 그들은 자신들을 턱수염을 기른 대안적 이상형으로 제시했고, 모든 남성에게 자신들을 본받을 것을 요구했다. 이런 이상형은 하드리아누스의 통치 기간에 잠시 우세했다. 하지만 얼마 되지 않아 말쑥한 용모를 뽐내는 알렉산더풍의 이상형이 다시 한번 세력을 떨치게 된다. 율리아누스처럼 저항 의지가 강한 사람에게는 매우 유감스러운 일이지만….

서로마 제국의 궁극적인 몰락, 그리고 로마의 전체 역사를 통해 드러난 기독교의 승리는 고대의 면도 관습, 그것과 상반되는 턱수염 부흥 운동을 모두 종식시켰다. 이후 남성성의 내용은 고전적인 예술이나 철학이 아니라, 기독교의 맥락에서 형성된다. 이어진 중세 시대에서는 기독교 사회 안에 턱수염 기르기를 찬성하는 주장과 반대하는 주장이 모두 형성되었다. 초기 신학자들은 스토아 철학에 입각하여 털의 자연미를 옹호하는 태도를 보였지만, 훗날 종교 개혁을 일으킨 개혁 세력은 면도에서 풍기는 영웅의 이미지를 완전히 새로운 차원에서 부활시키는 데 성공했다.

4

예수, 어떻게 턱수염을 얻게 되었나

예수Jesus는 서구 문명 역사에서 턱수염을 기른 인물 중 가장 유명하다. 수백 년 동안 그를 묘사한 초상화들이 매우 많이 나왔지만 (웃는 모습도 있고 슬퍼하는 모습도 있으며 어떤 그림에는 피부가 밝고 어떤 그림에서는 더 검으며, 더 마르기도 하다) 그의 휘날리는 머리와 중간 정도 길이의 턱수염만큼은 빠지지 않는다. 일단 턱수염 없는 예수는 예수 같지가 않다. 이런 이미지가 오랜 세월에 걸쳐 일관되게 이어지면서 이것을 진본 예수 그림의 증거로 여기는 잘못된 인식이 형성되었다. 마치 우리 모두가 그분의 진짜 모습을 알기라도 하듯. 하지만 턱수염이 무성한 그리스도의 그림은 진짜 초상화가 아니다. 이것은 매우 긴 세월에 걸쳐 발전해온 문화적 관습일 뿐이다. 기독교 역사상 처음 몇 세기 동안, 신자들은 여러 다양한 예수의 상을 시험적으로 만들었다. 그리고 이 시기에 나온 그림들은 턱수염을 그린 예수보다 턱수염이 없는 예수가 더 많았다. 턱수염이 예수의 이미지에서 핵심적인 부분으로 발전한 경위와 이유를 알면 우리는 기독교 문명이 얼굴의 털에 부여한 의미에 대해 아주 많은 것을 알 수 있다. 턱수염을 기른 그리스도는 예술가들의 주된 동기가 신학과 상징주의에 기초했던 시대의 산물이라 할 수 있다. 그리스도의 얼굴은 인간이면서 동시에 신인 그의 '본성'을 전달할 수 있어야만 했다. 예수와 그의 턱수염에 관한 이야기를 하려면 끝에서부터 거꾸로 시작하는 것이 가장 좋다.

예수, 묘사가 불가한 인물

나사렛 예수라는 유대교 랍비[1]는 자신을 따르는 제자들의 수가 늘어나면서 유대인은 물론 로마 당국과도 갈등을 빚게 되었다. 로마인들은 무질서를 용납하지 않았다. 그들은 유대인들의 소란스러운 종교적 분란에 대해서는 거의 신경 쓰지 않았지만 제국의 권위를 지키는 문제에 관한 한 무자비했다. 예수가 종교 지도자들로부터 위험한 인물로 고발되자, 로마인들은 그를 사형에 처했다. 로마의 처형식은 공개적이고, 공들여 준비되었으며, 지루할 만큼 기나긴 행사였다. 그야말로 '고통의 축제'였다. 기원전 71년 이탈리아에서 스파르타쿠스가 일으킨 대규모 노예 반란을 로마군이 진압했을 때에는 무려 6천 명의 폭도들이 로마 관문에서부터 수 km에 걸쳐 세운 6천여 개의 십자가에 묶여 고통 속에 서서히 죽어갔다. 이런 형태의 고문은 대단히 고통스러워서, 죽기 직전 몇 시간 동안 극단적 고통으로 휩싸인 가사 상태가 지속된다. 복음서에 따르면 예루살렘에 주둔해 있던 로마 병사들이 이 죄수의 어깨 위로 보라색 옷을 던지고 그의 머리 위에 가시가 박힌 면류관을 씌울 때부터 예수의 고뇌는 시작되었다. 그들은 구타하고 침을 뱉으며 예수를 조롱하였고, 그가 짊어진 십자가에 "이 자는 유대인들의 왕이다"라는 비웃는 글을 적어

---

1) 유대교의 지도자

놓았다. 9시간의 고통이 지나간 뒤 모든 것이 끝났다.

예수가 매장된 뒤 그가 부활했다는 소문이 돌았지만, 정작 예수의 제자 중에도 이 말을 믿지 않는 이들이 있었다. 성聚 누가는 누가복음의 끝부분에서 예루살렘 인근의 한 마을을 향해 걸으며 그즈음에 있었던 예수의 최후에 관해 토론하는 두 제자의 이야기를 실었다. 어떤 사람이 그들에게 다가와 무슨 토론을 하고 있느냐고 물었다. 예수의 두 제자는 그 이방인이 예루살렘에서 최근 벌어진 사건들에 대해 대단히 무지한 것에 놀랐다. 그들은 예수의 투옥, 예수가 십자가에 못 박혀 죽은 사건, 그리고 이스라엘을 구원하기로 되어 있던 사람의 죽음을 맞아 그들이 느꼈던 절망 등에 대해 이방인에게 말해주었다. 그가 살아 있다는 모호한 소문이 있었지만 그들이 예수를 직접 보지는 못했다. 그 낯선 이는 두 사람의 절망하는 모습에 크게 놀랐다. 그들은 메시아가 영광의 자리로 들어가기 전에 먼저 고난을 겪게 되어 있다는 것을 모른다는 말인가? 마을에 도착하자 두 제자는 이방인에게 하룻밤 묵고 가라고 청했다. 이방인이 저녁을 먹으러 자리에 앉으면서 빵을 자르고, 축복의 기도를 올릴 때 비로소 두 사람은 그가 바로 부활한 주 예수라는 걸 알았다. 그런데 바로 이 깨달음이 이루어지는 순간에 예수는 시야에서 사라진다.

누가는 예수 그리스도가 죽은 지 수 세대 뒤에 태어난 그리스도인들을 위해 복음을 썼다. 그를 본 살아 있는 사람은 없었고, 독실한 지지자들도 이 "하나님의 아들(그리스도)"의 모습을 묘사하는 글을 남겨놓지 않았다. 누가는 이 짧은 이야기에서 그리스도의 육체적인 존재 여부는 문제가 아니라는 점을 신도들에게 강조하고 있다. 어쨌든 예수의 제자들조차 예수가 십자가에 못 박혀 처형된 후 그의 얼굴을 알아보지 못했기 때문이다. 독실한 자가 그리스도의 가르침을 알고 그와 의식을 통해 교감을 나눌 수 있다는 점만이 중요했다. 다른 말로 하면, 그리스도인들은 육안이 아니라 신앙으로서 그를 봐야 한다는 것이다.

　누가의 경고에도 불구하고, 기독교인들은 그리스도를 제 눈으로 직접 보고, 인간의 형태로 나타난 그를 재현하려는 채울 수 없는 열망을 갖고 있었다. 그러나 이런 욕망은 단순히 해결될 문제가 아니었다. 예수를 본 목격자들의 설명이 턱없이 부족했거니와 예수의 복합적인 특성 때문이었다. 즉, 4세기에 열린 니케아 종교회의에서 확정된 교리에 따르면 예수는 완전한 인간이면서 완전한 신이기도 하다. 따라서 그는 설명하기 어려운 모순적인 존재이며, 시각화하기는 더더욱 불가능하다. 따라서 물고기 혹은 "선한 목자" 같이 그리스도에 대한 초기의 상징이 추상적 이미지로 사용되었다는 사실은 놀랄 일이 아니다. 선한 목자는 양치기의 수호신인 헤르메스에 대한 전통적인 묘사를 본떠서 그린 정형화된 이미지이다. 그럼에도 불구하고 인간 예수를 그린 초상화는 급증하였다. 300년대 초, 팔레스타인의 카이사레아[1]의 영향력 있는 주교인 유세비오스가 쓴 것으로 추정되는 한 편지에는 그리스도와 제자인 베드로, 바울을 그린 오래된 초상화를 많이 봤다는 이야기가 나온다. 이 그림들은 신도들이 자기 집에 모셔 놓은 것들이었다. 특히 그는 한 여인이 자기에게 "철학자로 변장한" (수염을 길게 길렀다는 뜻) 바울과 그리스도의 그림을 갖다 준 사건을 회상하고 있다. 유세비오스는 그런 그림들은 그리스도의 지고지순한 위엄을 깎는다며 여인이 가져온 그림을 압수했다.[1] 콘스탄티누스 대제의 누이동생 콘스탄티아가 그리스도를 정말 똑같이

---

1) 이스라엘 서북부에 있는 고대의 항구 도시

그린 화상畵像을 보내 달라고 요청한 편지에 대한 답장에 유세비오스는 이 이야기를 넣었다. 물론 유세비오스 주교는 그리스도가 이 세상에서 아주 짧은 기간만, 그것도 "노예의 형태"로 존재했으므로 그를 제멋대로 상상한 불충분한 그림만 있을 뿐 정확한 그림은 없다고 역설하면서 그녀의 부탁을 거절했다.[2] 콘스탄티아는 인간 그리스도의 존재에 좀 더 가까이 가고 싶은 마음이었고 그것은 보편적 기독교인의 열망이기도 했다. 콘스탄티아는 그런 열망을 표시한 것이니 용서받아도 괜찮을 듯하다. 결국 교회는 온전한 의미에서 예수가 인간임을 확인해주었다. 그러면 예술에서도 그를 그런 식으로 상상하는 것이 옳지 않았겠는가?

고전적인 예수의 모습

기독교 예술사에서 초기 5세기 동안에는 예수가 턱수염 없는 모습으로 묘사되었을 가능성이 크다. 그런 이미지가 로마의 예술적 감성에 적합했을 것이기 때문이다. 초기 기독교인들은 자기네들이 이미 알고 있는 지식을 바탕으로 작업할 수밖에 없었을 테고, 그들이 알고 있는 것은 아폴로, 헤르메스, 또는 솔 인빅터스[1] 같은 토속 신앙 속에 구현된 신들의 모습이었다. 고전 미술에서 이런 신들은 머리는 길게 풀어헤치고, 얼굴은 젊음이 넘치는 존재로 묘사되었는데, 이것들은 모두 이들이 노화나 죽음과 관계없다는 것을 시사하는 특징들이다. 예수의 경우도 같은 맥락으로 생각해야 이치에 맞을 것이다. 초창기 그리스도의 표현물 중 가장 인기 있었던 것은 그를 선한 목자로 묘사한 그림들이었으며, 일반적으로

---

1) 태양신

어린 양을 어깨에 멘 채 안전한 곳으로 옮기는 곱슬머리의 젊은이로 그려졌다.(그림 4.1) 요한복음에는 "나는 선한 목자입니다. 선한 목자는 양들을 위하여 자기 목숨을 버리지만"이라고 설교하는 예수의 말씀이 나온다. 기독교인들은 이런 이미지가 머릿속에 있었기 때문에 자연스럽게 예수를 신들의 사자使者, 즉 인간과 신 사이를 분주히 오가는 부지런한 전령이면서 여행자와 목동들의 후원자이기도 한 헤르메스 같은 인물로 그렸을 것이다.[3] 미술가들은 헤르메스가 어린 양을 어깨에 둘러메고 걸어가는 사랑스러운 모습을 많이 그렸고, 기독교인들도 이를 본받았다. 헤르메스와 그리스도의 유사성은 불가피했다. 다시 말해, 둘 다 신의 전령이었으며, 영혼의 목자였다. 고대 기독교인들은 또 그리스도와 디오니소스를 비슷하게 그렸다. 디오니소스는 술과 황홀한 경험의 신인데, 요컨대 예수가 보여준 첫 번째 기적은 물을 포도주로 바꾼 것 아닌가.[4] 전설에 따르면, 헤르메스와 디오니소스 모두 그리스도처럼 저승에 한 번 갔다가 부활했다. 예술 세계에서 이 두 신은 노화와 죽음과 무관한, 불멸의 젊음을 상징하는 고전적인 모델로 정형화되었다. 이들의 길게 휘날리는 머리는 풍부한 생기와 활력의 이미지를 주도록 의도된, 또 하나의 후기 고전 기독교 예술의 전통이 되었다. 초기 기독교인들이 그리스도가 이런 신들과 비슷하게 생겼으리라 추정한 것은 일리가 있었다.

하지만 여기에 솔 인빅터스 신과의 연계라는 또 다른 문제가 있다. 그에 대한 숭배는 서기 228년 로마 황제의 주도로 시작되었다. 헤르메스와 디오니소스의 경우처럼, 성서와 신학 문구가 이 둘의 연관성을 정립하는 데 도움이 되었다. 성서를 보면, 그리스도는 "세상의 큰 빛"(마태복음 4장 16절)과 "정의의 태양"(마태복음 5장 45절, 요한복음 1장 4-5, 9

4.1 대리석 조각상, 〈선한 목자〉, 3세기 제작.

절)이라고 나와 있다. 바티칸에서 발견된, 3세기 말에 제작된 것으로 추정되는 한 모자이크 미술품에는 그리스도가 머리에서 특유의 광채를 뿜는 태양신의 이미지로 그려져 있다. 솔 신은 흔히 젊음, 지혜, 그리고 빛의 신인 아폴로와 동일시된다. 따라서 솔 인빅투스 신 역시, 장발에 턱수염을 기르지 않은 젊은이로 묘사되는 것은 전혀 이상한 일이 아니다. 그리스도를 목양자 신에 비유하든, 술의 신에 비유하든, 태양신에 비유하든, 젊고 턱수염 없는 모습으로 연상하는 것은 일리가 있다.

우리가 알다시피, 로마의 황제들은 율리우스 카이사르, 아우구스투스 같은 초기의 신격화된 황제들을 본받아 다시 면도를 해왔다. 따라서 수염 없는 그리스도는 신이면서 동시에 황제처럼 보였을 것이다. 그리고 이런 이미지는 특히, 그리스도를 언젠가는 죽는 인간 통치자를 대신하기 위해 이 땅에 나타나신 진정한 왕으로 묘사한 누가복음의 매우 중요한 주제에 잘 어울렸다.

기독교 예술가들이 이렇게 젊음이 넘치는 그리스도 형상을 창조한 것은 제왕적이고 숭배할 만한 이미지를 환기시키는 것 외에 실용적 효용이 또 있었기 때문이었다. 복음에 나오는 장면을 그림으로 묘사할 때 그리스도를 매끄러운 얼굴로 그리면 턱수염을 기른 보통 사람과 대비되는, 신 같은 형상으로 보일 수 있었다.[5] 이런 효과가 두드러지게 나타난 예가 바로 353년에 제작된 석관 조각품(그림 4.2)이다. 이 돌로 만든 관은 기독교로 개종한 로마의 관리 유니우스 밧수스Junius Bassus의 묘비이자 기념비 용도로 만들어졌는데, 구약과 신약에 나오는 이야기를 묘사한 많은 조각 작품들로 장식되어 있다. 조각으로 표현된 이야기와 인물들은 성서에 나오는 것들이지만, 시각적인 언어, 즉 이미지에는 로마의 분위기가

4.2 유니우스 밧수스의 석관에 새겨진 조각품으로, 그리스도와 제자들이 세밀하게 묘사되어 있다. 4세기.

물씬 풍긴다. 인물들은 로마 시대의 의상을 입고 있으며, 각 장면은 로마 시대의 고전적 건축물을 배경으로 하여 설정되어 있다. 중앙에는 그리스도가 이 세상의 통치자로서 하늘을 나타내는 아치형 천장 (하늘의 신 카일루스Caelus가 떠받치고 있다) 위에 앉아 있다. 그는 황제-신의 모습으로 한 손에 복음의 율법서를 들고 있다. 그리스도 옆에는 두 명의 제자가 서 있는데, 모두 평범한 짧은 머리와 곱슬곱슬한 턱수염으로 예수와 차별화되어 있다. 사실 그리스도는 둥근 턱선 때문에 거의 십 대 소년처럼 보인다. 조각가는 예수가 너무 젊어 보일 가능성보다 너무 늙어 보일 가능성을 더 많이 걱정했던 것 같다. 이 조각품은 현대인의 눈에는 이상하게 보일지 몰라도, 로마 시대의 관객에게는 충분히 이해될 만한 내용이다. 그리스도가 주변의 보통 사람들보다 더 신에 가깝게 보였기 때문이다.

물론 긴 머리와 턱수염 없는 얼굴이 고대 예술가들이 신성을 암시할 때 쓴 유일한 방식은 아니다. 원광圓光, 또는 후광後光은 황제들의 신성한 지위를 표시할 때 즐겨 사용되어 왔으며, 요즘에는 기독교 회화에서 그리스도와 성인들을 나타낼 때 특성처럼 쓰이고 있다. 예수가 광환, 즉 일종의 전신을 감싸는 후광에 둘러싸인 형상들도 있는데, 이것은 유럽 이외의 지역에서 유래된 아주 오래된 전통에서 차용한 것이다. 턱수염 없는 얼굴은 이런 상징의 부족한 점을 보완해주고 있다. 이것은 평범한 얼굴에 비범함을 부여한다는 점에서 후광과 비슷하다고 할 수 있다.

그렇다고 예수가 수백 년에 이르는 초기 기독교 미술 시대에 턱수염 기른 얼굴로 등장한 적이 전혀 없다는 말은 아니다. 잘 기억하듯이 유세비오스 주교는 긴 턱수염을 기른 예수의 그림을 압수하였다. 그리스 신화 최고의 신인 제우스를 모델로 하여 만들어진 이미지들도 있고, 의술의 신 아스클레피오스의 형상을 본뜬 이미지들도 있는데, 두 이미지 모두 관습에 따라 굵고 짙은 턱수염을 기른 모습으로 묘사되어 있다. 하지만 이런 경향은 6세기까지는 규칙이라기보다는 예외에 가까웠다. 7세기 무렵, 길고 전형적인 갈색 머리와 평범한 길이의 턱수염을 특징으로 하는 단 하나의 일관된 이미지가 널리 보급되었다. 이것이 고전 시대와는 대조적인 중세의 예수 모습이다. 이런 변화가 왜, 어떻게 일어났을까?

얼굴에 나는 털과 남성성과 관련하여, 기독교 문화에서 일어난 이런 변화는 어떤 의미가 있는가? 이 질문들의 답은 고대 미술에서 중세 미술로 넘어가는 과도기 수백 년에 있을 것이다. 이 기간에는 두 가지 형태의 그리스도 이미지가 사이좋게 유행했는데, 심지어는 한 미술품에 두 형태가 동시에 나타난 적도 있었다. 이 '동반 유행'의 현상은 기독교 예술을 새로운 방향으로 이끌었던 사고방식을 설명하는 데 도움이 된다.

수백 년의 과도기

젊음이 넘치고 영웅적인 예수의 이미지가 초기 기독교 예술계를 지배했지만, 이 시기에는 공식적이고 표준적인 이미지는 없었다. 초창기 기독교인에게는 일관되게 예수를 묘사해야 한다는 강박관념 같은 것이 없었다. 서로 많이 다른 모습으로 묘사된 그리스도 인물상이 흔히 같은 교회 내에서, 심지어 한 미술품 안에 존재하곤 했다. 이런 인물상에 수염을 넣었다는 것은 여기에 예수에 관한 모종의 뜻을 전달하려는 의도적 선택이 포함되어 있음을 시사한다. 유명한 사례는 6세기경에 지어진 이탈리아의 성 아폴리나레 누오보 성당에 장식된 화려한 모자이크 그림들이다. 어떤 이미지보다 화려한 것은 이 성역의 한쪽 벽에 그려져 있는 그림들로, 이것들은 모두 그리스도의 가르침과 그가 행한 기적들을 묘사하고 있다. 반대편 벽에는 그리스도에 대한 배신, 그리스도의 열정과 죽음, 그리고 부활을 묘사한 연속적인 그림들이 나란히 그려져 있다. 두 그림 묶음 속에 나타난 예수의 의상은 같다. 하지만 가르치고 기적을 행하는 예수에게는 턱수염이 없는 반면, 반대편 쪽의 예수는 긴 머리와 턱수염을 기르고 있다. 그런데 이 턱수염은 스토리의 전개에 따라 점점 더 길어지는 것 같다.[6] 다른 말로 하면, 첫 번째 연속 그림에서 예수는 수많은 이전의 그림과 조각품 속의 모습과 유사하다. 즉 영원히 젊을 것만 같은 모습으로 평범하고 턱수염을 기른 주변 사람들 사이에서 군계일학처럼 눈에 띈다. 예를 들어 빵과 물고기의 기적을 묘사한 그림을 보면, 예수의 긴 머리와 매끈한 얼굴 때문에 현대적인 관점에서 볼 때 약간 여성적인 분위기를 풍긴다.(**그림 4.3**) 성당의 신도 석 맞은편에 그려진 재판과 죽음의 장면에서도 다시 한번 그리스도가 평범한 사람 중에서 뚜렷하게 구별되어 보이는데, 이번에는 누구나 알아볼 수 있는 그의 특징적인 긴 턱수염 때문이다. 그가 십자가 처형장으로 가는 길에서 보여준 바로 그 모습 그대로이다.(**그림 4.4**) 역사학자들은 예수가 동일한 예술 작품 속에서 이렇게 확연하게 다르게 묘사된 이유를 규명하지 못했지만, 당시 교회 장식을

4.3 빵과 물고기의 기적을 행하는 그리스도. 이탈리아 누오보 소재 성 아폴리나레 누오보 성당에 있는 모자이크 그림.

4.4 갈보리로 가고 있는 그리스도. 이탈리아 라벤나 소재 성 아폴리나레 누오보 성당에 있는 모자이크 그림.

맡았던 디자이너들이 예수가 이승에서 서로 다른 두 단계의 삶을 전혀 다른 종류의 구세주로 살았음을 암시하고자 했다는 사실만큼은 분명하다.[7] 첫 번째 단계의 삶에서 예수는 사람들 사이에 있는 신이었다. 둘째 단계의 삶에서는 그런 의미에서의 불멸의 존재가 아니다. 나중에 부활을 통하여 죽음을 극복하는, 고통받는 '사람의 아들'인 것이다.

이런 대조적인 상징주의를 더 잘 이해하는 데에는 턱수염 기른 예수와 턱수염이 없는 예수가 동시에 들어 있는 다른 예술품을 분석하는 것이 도움이 된다. 그런 작품 중 하나가 정교하게 장식된 은제 컵으로 5세기 말이나 6세기 초에 콘스탄티노플에서 제작된 안티오크 성배이다. 한쪽에는 설교하는 몸짓으로 한 손을 뻗고 있는 매끈한 얼굴의 그리스도가 자리에 앉아 있다. 반대쪽에는 턱수염을 기른 그리스도가 똑같은 위치에, 그러나 이번에는 두루마리를 들고 있다. 이 이미지들은 턱수염 없는 그리스도는 이승에서 인간들에게 가르침을 주고 있으나, 턱수염을 기른 그리스도는 하늘에, 아마도 '최후의 심판'을 내리는 자리에 있음을 시사한다.[8]

또 다른 사례는 로마에 있는 산타 코스탄차 성당의 천장에 그려진 모자이크 그림이다. 이 그림은 5세기 작품으로 추정되는데, 천장 한쪽에는 젊고 턱수염이 거의 없는 그리스도가 승천하기 전, 턱수염이 무성한 두 성인, 즉 베드로와 바울에게 가르침을 전하는 모습이 그려져 있다. 전경에 있는 양들은 앞으로 사도들에게 지도와 보호를 구하게 될 독실한 기독교도들을 상징한다. 다른 쪽 천장에는 처형된 그리스도가 무성하게 턱수염을 기른 채 세계의 지배자로서 지구 위에 앉아 있고, 그 옆에는 턱수염을 기르지 않은 성인 또는 천사가 시중을 들고 있다. 이 두 이미지는 서로 정반대의 의미를 나타내며 대조적인 두 배경, 즉 지구와 하늘을 반영하고 있다.

각각 라벤나, 콘스탄티노플, 로마에서 나온 세 그림의 사례는 모두 비슷한 패턴을 보인다. 즉 정열과 부활의 이미지로서 그리스도는 턱수염을 기르고 있으며, 가르침을 주거나 기적을 행하는 예수는 그렇지 않다. 예수의 머리와 수염은 주변 사람들의 모습과 대조를 이루고 있어서 그의 독특함을 더욱 돋보이게 하는 효과를 주는데, 이것은 모든 사례에 공통으로 적용되는 특징이다. 지상에 있을 때 보여주는 매끈한 얼굴의 그리스도는 턱수염이 무성한 보통 사람들 사이에서 신성한 사람의 이미지를 풍긴다. 하지만 천상의 세계에서는 턱수염을 기른 '사람의 아들'로 묘사되어 있고, 이 '천국의 주민'은 얼굴이 매끈한 천사들과 확연한 대조를 이루고 있다. 기독교 미술은 이 마지막 특징에 관한 한 상당히 일관성을 유지하고 있다. 즉 천사들은 (항상 남자들이다) 머리가 길고, 영원한 생명을 나타내듯이 젊음이 넘치는 모습으로 묘사되어 있다. 이런 천사들과 함께 있어야 하므로 그리스도는 그들과 좀 다르게, 더 인간다운 모습을 보여야 했을 것이다. 요컨대 대조적인 머리와 수염은 그리스도가 어디에 있든 무엇을 하든 그는 인간도 아니고 천사도 아니라는 점을 시사하는 데 있어 매우 중요한 수단이었던 것이다.

성화상 속의 그리스도

그리스도의 형상이 이렇게 여러 다른 모습으로 창조되었던 시기에 인기가 높아지고 있던 새로운 미술 양식이 있었다. 그것은 성상聖像이었다. 이것은 사적인 예배 의식이나 공개적인 예배에서 숭배의 대상으로 사용되는 그리스도, 성모 마리아, 성인, 천사 같은 신성한 인물들의 화상을 말한다. 이것은 이를테면, 어떤 성스러운 인물을 신도들 앞에 현존케 하고 접근할 수 있도록 하고, 신도의 마음과 정신을 고양해 그 신성한 인물과 더욱 가까워질 수 있게 하는 시각적인 물체다.[9] 이런 이미지를 만드는 목적은 초기 예술의 특징인 서술적인 묘사나 상징적 표현과는 사뭇 다르다. 맥락과 서사는 사라지고 그 자리를 "진짜"같이 보이게 하는 기법이 대체했다. 새로운 기법의 작품들은 신성한 인물의 내면적이고 정신적인 성격을 명확하게 보여주어 그 신성한 존재와 신비스러운 유대관계를 맺게 하는 데 주력했다.[10]

단 하나의 진짜 같은 그리스도의 화상을 그린다는 것은 그리스도가 가르치거나, 기적을 행하거나, 고난을 겪거나, 부활한 모습을 하나의 얼굴로 묘사해야 하는 성상 화가들에게 특별한 문제였다. 어떤 동작이나 스토리의 맥락 없이 그림을 그릴 수밖에 없게 된 성상 화가들은 서사적 장면을 작품에 담았던 예술가들이 사용했던 시각적인 대조 기법(서술적인 장면들을 연속적으로 그리는 기법)에 더는 의존할 수가 없었다. 이 문제를 해결한 방법은 시나이산의 성녀 가타리나 수도원[1]에서 발견된 성화에서 알 수 있다. 이 그림은 현존하는 가장 오래된 성화상 중 하나로 6세기에 제작된 것으로 추정된다.(그림 4.5) 동방 정교회의 본거지인 콘스탄티노플에서 제작된 이 그림에는 각각 하늘과 땅을 상징하는 건물과 황금빛 별들을 배경으로 서 있는 그리스도의 모습을 그려져 있다. 하지만 인물 부분만 놓고 보면, 천상의 그리스도, 즉 턱수염을 기른 그리스도가 턱수염이 없는 지상의 그리스도를 시각적으로 압도하고 있다. 한편, 이 그림에는 예수와 차별화되는 대상, 즉 평범한 인간들이 보이지 않는다. 또 한편으로는, 활기 없는 형태와 황금빛 색조가 지상의 배경보다는 천상의 분위기를 더욱 풍긴다는 것이다. 그러나 이 성상 속의 예수는 평범한 인간에 둘러싸인 성인이 아니다. 그는 하늘에 있는 '인간의 아들'이다. 그리고 천상의 그리스도를 수염을 기른 인물로 묘사하여, 더욱 인간답게 보이게 하고 나아가 천사들 사이에서 돋보이게 하는 것이 기독교 미술의 전통이었다.

성상 회화에서 그리스도의 턱수염은 그의 성스러운 성격과 인간적인 성격을 표현하는 데 있어 적절한 균형을 잡는 데에도 도움이 되었다. 만약 그리스도가 지나치게 신성하고, 천사 같은 모습으로 묘사되면 인간의

---

1) 이집트 시나이산 기슭에 있는 동방 정교회 소속의 기독교 수도원

4.5 축복을 내리고 있는 그리스도 성상. 6세기경 이집트 시나이의 성녀 가타리나 수도원에서 제작.

고통을 공유하는 자애로운 구세주의 역할을 할 수 없다. 결국 성상 그림의 역할은 예수를 눈앞에 현존하는 존재처럼 보이게 하는 것이다. 그래서 그리스도라는 인물에 약간의 인간미의 부여하는 것이 불가피했으며, 성녀 가타리나 수도원의 화가는 그리스도에게 중간 길이의 평범한 턱수염을 부여하여 이 작업을 용케 해낸 셈이다. 이 그림에는 고대 신들의 영원한 불멸성도 드러나지 않는다. 또한 더 이른 시대의 그림에서 가끔 나타나는, 얼굴을 완전히 뒤덮는 제우스 스타일의 무성한 털도 찾아볼 수 없다.

성녀 가타리나 수도원의 그림이 풍기는 전체적인 인상을 생각하면, 초상화에 내포된 여러 요소가 서로 어우러져 그리스도의 위엄과 겸손을 조화롭게 표현하고 있다는 것을 알 수 있다. 그리스도는 머리 주변에 천상의 분위기를 풍기는 황금빛 후광이, 하늘에서는 황금 별빛이 비치는 가운데 보석이 박힌 성서를 손에 들고 있다. 다른 한편으로, 축복을 내리는 다정한 손짓으로 상대의 눈높이쯤에서 두 손가락을 들어 우리를 맞이하고 있다. 얼굴에서 강렬하면서도 겸손한 표정이 느껴진다. 그는 휘날리는 머리와 수염에, 비범하고 단호한 표정을 짓고 있으며, 턱수염을 기르고 있지만, 그의 턱수염은 중간급이며 평범하다. 전체적으로 볼 때, 특징들이 있지만 과하지는 않다. 미술가들은 드디어 그리스도의 복잡한 성격을 묘사하는 데 있어 효과적인 시각적 법칙을 발견했고, 그 후 정도의 차이는 있지만, 줄곧 그 법칙을 충실하게 표현해왔다.

교부들, 턱수염을 장려하다

성상 미술의 시각적 원리는 예수가 턱수염을 기른 인물로 묘사되는 가장 큰 이유가 되었고, 이것은 곧 신학계로부터 강력한 논리적 지지를 끌어냈다. 성화의 발전은 많은 교회 지도자들이 수염을 강력히 옹호했던 시기에 이루어졌다. 이른바 교부들은 초기의 6세기 동안 활동했던 신학자로서 나중에 교계에서 권위를 인정받는 글을 쓴 사람들을 일컫는다. 이들은 남성 지배적인 성 질서를 역설하는 과정에서 수염에 대한 긍정적인 견해를 고취했다. 그리스도의 인간적인 성격은 물론, 남성성도 이들에게는 매우 중요했다.

그리스도가 턱수염을 길렀다는 설의 초기 주창자 중에 알렉산드리아의 클레멘스(150-215경)라는 이가 있었다. 클레멘스는 그리스 철학에 심취한 기독교 개종자로서 첫 번째 턱수염 부흥기에 살았던 인물이었다. 그는 아리스토텔레스와 에픽테토스의 철학을 남성성과 수염의 연관성에 대한 자신의 주장 속에 끌어들이면서, 이 선대 철학자들에게 결여되어 있는 신성의 의미를 가미했다. 에픽테토스는 맨얼굴의 남자들에게 창피를 주어 수염을 기르도록 만들고자 했지만, 클레멘스는 하늘로부터 벌을 받을 것이라며 사람들을 위협했다. 그는 "하나님의 계획은 여자들에게 매끈한 피부를 주어, 그들이 자연적인 긴 머리에 자부심을 느끼고, 몸에서 털이 없는 부분은 오로지… 하지만 남자들은 사자의 모습을 띠도록, 즉 턱수염도 있고, 남성성과 힘과 우월성의 상징으로 가슴에 털이 나게 하시었다"라고 썼다. 이어 "남성성의 상징을 우습게 보는 것은 신성모독이다"라고 강조했다.[11] 클레멘스와 동시대인으로서 위대한 기독교 작가로 꼽히는 테르툴리아누스[1] 역시 턱수염이 자연적인 성 질서를 나타내는 증거로 추정된다고 주장하면서 그것을 옹호했다. 그가 쓴 《여자들의 옷에 대하여》라는 책은 머리를 염색하거나 턱수염을 너무 짧게 자른 남자들을 꾸짖고 있긴 하지만, 주로 여자들의 사치와 허영심을 다루고 있다.[12] 테르툴리아누스와 클레멘스 모두 기독교 독자들이 방종과 무질서한 욕망에 빠지지 않도록 하는 데 힘을 썼다. 그들 생각에 겸손에는 인간의 육체를 신이 만드신 대로 받아들이는 태도, 그리고 그것이 나타

---

1) 카르타고의 신학자

내는 남성의 우월성을 포용하는 태도가 포함되어 있다.

그러나 후기 로마 제국의 기독교인들에게 인간의 육체는 논란의 여지가 많은 부분이었다. 많은 사람이 몸을 부패하게 하는 것, 영혼에 짐에 되는 것, 정신적 부활 내지는 영생의 장애물로 보았다. 많은 열성적 신도들이 글자 그대로 육체를 흙에 묻고 나서야 이룰 수 있는 영적 변화와 부활을 추구했다. "동정童貞"이라는 말이 새로운 대명사로 떠올랐고, 진정한 신성함은 성생활의 완전한 포기, 따라서 사회생활과 가정생활의 완전한 포기로 재정의되었다. 이 새로운 금욕주의는 세속의 감옥에 사슬로 묶인 영혼을 점진적으로 해방시키고, 이를 통해 육신이 죽을 때 영혼이 버려진 육체로부터 벗어날 수 있게 하려 했다. 이런 견해의 가장 영향력 있는 주창자는 신학자로서 한때 클레멘스의 제자였던 오리게네스(185-254)였다. 오리게네스는 육체에 대한 정신의 승리를 죽는 순간까지 기다릴 필요가 없으며, 지금 당장 신앙생활을 통해 그것을 추구할 수 있다고 믿었다. 오리게네스는 금욕 생활을 찬양하는 반면 육체적 충동을 부정했고, 나아가 육체를 해방하는 행위의 일환으로 스스로 거세를 단행하는 데까지 갔다. 오리게네스를 비롯한 이런 부류의 사람들의 영향으로 당시 신학은 성생활을 부정하기 이르렀고, 성생활의 부정에는 육체, 나아가 성의 한계를 극복하는 행위까지 포함되었다. 많은 사람이 내세에 가면 영혼이 천사 수준의 완벽성을 지니게 되므로 남성성과 여성성은 중요하지 않게 될 것이라고 예상했다.[13]

이런 견해의 문제점은 당시 많은 기독교인의 생각에 육체와 성차性差의 부정은 천상의 세계에만 국한되지 않으며, 이승의 성질서도 뒤엎을 수 있을 것이라는 점이었다. 오리게네스를 비롯한 금욕주의 저술가들은

4세기에 격한 반발에 부딪혔다. 벼랑 끝 궁지에 몰린 기독교 저술가들이 들고일어났기 때문이었다. 우선, 성 제롬(347-420)은 이런 딜레마에 직면했다. 그는 금욕주의적 생활에 깊이 헌신하는 사람으로서, 수도 생활에 정진했고 심지어 인간 오리게네스를 숭배하기까지 했다. 하지만 그는 오리게네스의 급진적인 사상의 영향에 두려움을 느끼며 타협책을 찾기 시작했다. 그것은 금욕이 아닌, 자기 절제의 신학이었다. 그는 또 육체와 육체적 부활의 중요성도 강조했다. 그리스도 안에서는 남성도 없고 여성도 없다는 바울의 선언에도 불구하고 제롬은 내세에 가서도 남자는 여전히 남자이고, 여자는 여전히 여자일 것이라고 믿었다. 다른 말로 하면, 성은 너무나 본질적인 문제이므로 죽음과 구원도 그것을 사라지게 할 수 없다는 것이다. 제롬은 비록 영향력 있는 교단 여자들의 도움도 받았고 그들의 멘토이기도 했지만, 정신적인 부활과 그것의 결과로서 남녀가 정신적으로 동등하다는 여자들의 주장은 받아들이지 않았다.[14]

이 점에 있어서 제롬은 당대 대부분의 기독교 지도자들과 전혀 이견이 없었는데, 그들 역시 여자들이 수염 없는 턱을 쓰다듬는다든지 자신들의 열등한 지위를 무효화 해줄 부활을 꿈꿔봐야 소용이 없다고 생각했다. 교부들은 부활이 변형이기보다는 복원이라는 개념을 더 받아들였다. 남자의 성도 턱수염도 천상에 올라갔다고 해서 사라지지 않는다. 반대로, 그것들은 더 충만한 영광 속에서 복원될 것이며, 육체와 영혼에 난 모든 결점도 지워질 것이다. 기독교 역사에서 가장 영향력 있는 교부로 꼽히는 성 아우구스티누스(354-430)도 역시 육체적 부활과 영생에서도 (성생활은 존속되지 않지만) 성적 특징은 존속된다는 개념을 지지했다. 하지만 육체는 승화된 육체가 될 것이며 이승에서는 불가능한 일종의 완벽성을 지닐 것이라고 했다.[15] 마치 그리스 조각가라도 된 것처럼 그는 부활한 육체는 본인이 인생의 절정기에 지녔던 아름다운 비율을 되찾을 것이라고 상상했다. 아우구스티누스는 머리카락이 이런 복원에 포함될 것이라는 점을 분명히 했다. 다만 머리카락의 길이가 아니라, 머리카락의 숫자가 보존될 것이라고 추측했다.

아우구스티누스가 고대 예술가들과는 달리 부활한 완벽성에 턱수염을 포함했다는 사실은 그가 전 시대의 다른 교부들처럼 남성성을 창조의 기본적인 요소, 즉 단순한 육체적인 특징이 아니라 굴하지 않는 정신과 고결한 미덕을 나타내는 영혼의 본질이라고 보았기 때문이다. 아우구스티누스는 시편 33편에 대한 주석에서 다윗의 턱수염에 대해 그의 정신적 힘을 뜻하는 것으로 해석했다.[16] 마찬가지로 그는 시편 133편에 나오는 아론의 턱수염을 권위의 상징, 그리고 복음으로 세상과 용감하게 맞서는 사도들의 상징으로 해석했다. 아우구스티누스는 "턱수염은 용감한 사람을 나타낸다. 턱수염은 성인 남자들, 성실하고 활동적이고 정력적인 사람들의 특징이다."라고 설명했다.[17] 이것은 남자들이 여자들보다 정신력이 강하다는 명백한 의미를 나타내는 우월성의 상징이었다. 턱수염은 남성의 장식품으로서 실용적인 구성 요소라기보다는 내세에 누릴 보다 충만한 아름다움의 일면을 예시豫示해주는 요소이다.[18]

제롬과 아우구스티누스 같은 신학자들은 성 질서를 옹호하는 주장의 일환으로 남성성과 턱수염을 찬양하면서, 예수가 턱수염을 길렀다는 주장을 뒷받침하는 신학적 근거를 제시했다. 예수가 남자였다는 사실은 그의 권위에 매우 중요한 요소였으며, 그의 턱수염은 남성성을 나타내는 매우 중요한 요소였다. 그리스도의 남성성은 다시, 기존의 사회 질서와 교단에서의 남성 우위를 정당화했다.

수백 년에 걸친 시험과 변화를 거친 뒤 그리스도의 이미지는 여러 핵심적 측면들에서, 특히 털 문제에 관련하여 결국 정착하게 된다. 7세기 이후 기독교 예술에서 예수를 턱수염 기른 모습으로 묘사하는, 거의 전 세계적으로 일치된 관행은 신성한 그리스도를 인간화하려는 노력에 기인하지만, 한편으로 현대를 포함하여 여러 시대에 이러한 관행은 그리스도를 이 세상 인물이 아닌 구닥다리인 듯한 모습으로 보이게 하는 부작용을 낳았다. 반면에 모든 시대는 이 표준적인 이미지 속에서 그리스도의 남성성을 인식하게 되었으며, 이런 이미지는 이 세상의 남성적 권위를 뒷받침하는 중요한 시각적 도구가 되었다. 그리하여 그리스도는 여자들이 "세상 사람들은 그리스도 안에서 모두 하나"라고 생각하지 못하도록, 단호하게 비-여성적 모습을 취하고 있다. 턱수염을 기른 그리스도는 턱수염이 그야말로 천상의 이미지를 풍긴다는 개념을 더욱 강화하며, 수염이 지혜나 권위와 관계가 있다는 매우 오래된 사상을 더욱 돋보이게 한다. 여자보다 그리스도와 좀 더 닮은 남자들은 이런 식으로 하나님의 왕국에서 자신들이 특권적 지위를 누리게 되었으며, 교회에서 지도력을 행사할 권리가 있다고 제 입으로 단언했다.

5
내면의 턱수염

왜 매일 습관적으로 수염을 깎아야 하는지를 궁금해했던 남자들은 남성성을 상징하는 고대의 모델들이 사라지고 그 자리를 현대의 관습이 만들어낸 새로운 모델로 대체되었던 중세 시대를 다시 생각해봐야 한다. 고대 메소포타미아 문명처럼 중세 시대에도 대립하는 여러 남성형이 등장했으며, 남성형마다 털을 관리하는 스타일도 독특했다. 하지만 중세 말기에 접어들면서 한 형태의 남성성, 즉 턱수염 없는 남성 이미지가 득세하게 된다. 이것은 교회가 만든 것이었다. 성상화 속에서 그리스도는 여전히 턱수염을 기른 모습으로 묘사되었지만, 중세의 교회는 유럽 사람들의 마음에 면도와 선善의 연관성을 굳게 각인시켰고, 서구 문명에서 면도칼의 우위를 확립시켰다.

이런 연관성이 정착하는 데에는 시간이 걸렸다. 이것은 명확하거나 자명한 원리도 아니었고, 라틴 기독교의 영역 밖에서는 통용되지도 않았다. 이것은 중세 유럽의 삶에 존재하는 특정 신념, 갈등, 그리고 융합의 소산이었다. 1200년 전 샤를마뉴Charlemagne가 중세 시대 최초로 거대한 국가를 건설했을 때 남자 얼굴의 개혁은 이미 진행되고 있었다.

샤를마뉴 대제, 스스로 왕위에 오르다

샤를마뉴, 혹은 샤를마뉴 대제는 프랑크족[1]의 왕으로서 768년에서 814년까지 지속한 긴 재위 기간 중 유럽을 정복했다. 그의 유럽 정복은 중세 시대를 통틀어 누구도 필적하지 못한 위대한 업적이었다. 당연히 그는 후대 사람들에게 전설이 되었고, 이상적인 왕의 모델로 자리 잡았다. 그 결과, 두 얼굴의 샤를마뉴가 탄생했다. 하나는 우화 속의 샤를마뉴, 또 하나는 역사 속의 샤를마뉴였다. 우화 속의 샤를마뉴는 스페인에서 무어족[2]에 맞서 찬란한 승리를 거두었으나, 역사 속의 샤를마뉴는 그런 일을 하지 못했다. 우화 속의 샤를마뉴는 예루살렘을 이교도의 손에서 구했으나, 역사 속의 샤를마뉴는 그렇지 못했다. 우화 속의 샤를마뉴는 거대한 흰색의 턱수염을 길렀으나, 역사 속의 샤를마뉴는 그렇지 않았다. 대체로 중세적 상상 속에 그려지는 남성성은 실제보다 목소리가 우렁차고 턱수염도 더 무성했다. 실제 생활은 더 복잡했으며, 더 재미있었다.

샤를마뉴 대제의 신화 같은 영웅 이미지는 중세에서 인기를 끌었던 히트작 중 하나인 〈롤랑의 노래〉에 매우 생생하게 묘사되어 있다. 이것은 샤를마뉴 대제가 죽은 지 약 3세기 후에 쓰인 서사시이다. 이 상상의 작품 속에서 샤를마뉴는 완벽한 족장, 즉 강하고 현명하고 자애로운 아버지 같은 인물로 그려져 있다. 롤랑은 그의 완벽한 신하로 용감하고 헌신적이며 충성스러웠다. 위대한 왕으로 묘사된 샤를마뉴의 가장 중요한 육체적 특징은 거대한 백발의 수염이다. 이 수염이 그의 영혼에 대해 말

[1] 라인강 변의 게르만족
[2] 아프리카 북서부에 살았던 이슬람 종족으로 8세기에 스페인을 점령했다.

5.1 (왼쪽) 중세인의 상상 속에 묘사된 턱수염을 기른 샤를마뉴. 샤를마뉴의 유골 일부가 들어있는 것으로 알려진 성유물함聖遺物函의 반신상. 14세기. (오른쪽) 콧수염을 기른 샤를마뉴로 사실적 묘사되었다. 9세기에 제작된 청동상.

해주고 있기 때문이다.[1] 사랑하는 조카인 롤랑이 스페인에서 프랑크족을 이끌고 고국으로 돌아오는 행군에서 후위 부대를 지휘하는 위험한 작전에 자원했을 때 프랑크족의 최고 통치자인 샤를마뉴는 속으로 거절하려고 했다. 그는 마지못해 승낙하기 전에 자신의 턱수염을 천천히 쓰다듬는다. 당시에 롤랑과 그의 소규모 군대는 매복해 있었던 적의 공격을 받았다. 롤랑은 용감하게 맞서 싸웠고, 뒤랑달이라는 화려한 칼로 수백 명의 아랍 병사를 죽이고 전사한다. 그는 처음부터 끝까지 "아름다운 턱수염을 기른" 황제에 충성하겠다는 마음뿐이었다. 롤랑의 비극적 운명에 대한 소식을 듣고 샤를마뉴는 비탄에 잠겼다. "눈물이 눈가에 고이는 가운데 그는 고개를 전혀 들지 않았고, 턱수염과 콧수염을 만지작거릴 뿐이었다."[2] 황제는 괴로움에서 벗어난 뒤, 적에게 복수하기 위해 말을 타고 달렸다. 그의 긴 수염이 흉갑에 닿아 흔들렸다. 결국 샤를마뉴는 승리했으나 슬픔은 가시지 않았다. 그는 지혜와 힘을 온 세상에 떨쳤을지 모르나, 개인적으로 큰 대가를 치렀다. 안타깝게도 그가 타고난 군인 팔자는 여기서 끝난 게 아니었다. 이탈리아에서 이교도들이 공격을 개시했다는 전갈이 온 것이다. "하나님! 내 인생은 슬픔으로 가득 차 있습니다." 그는 백발의 턱수염을 당기면서 흐느껴 운다.[3]

허구의 작품 속에서 샤를마뉴의 남성적 미덕은 그의 화려한 수염을 통해 나타난다. 그는 자애로운 아버지 역할을 할 때는 "아름다운 턱수염"을 기르고 있고, 전사로 활약할 때는 "바람에 휘날리는 턱수염"을 기르고 있으며, 현명한 통치자로 등장할 때는 "백발의 턱수염"을 기르고 있다는 식으로 묘사되어 있다. 마찬가지로 남성적 책임에 따른 고뇌는 턱수염을 잡아당기는 자해적 고통으로 상징된다. 물론 이러한 등식이 있다고 해서, 그것이 당시 모든 남자, 심지어 모든 족장이 실제로 거대한 턱수염을 길렀다는 것을 의미하지는 않는다. 사실 긴 턱수염은 역사보다는 신화 속에서 더 많이 등장했으며, 샤를마뉴의 재위 기간에는 〈롤랑의 노래〉가 쓰였던 12세기보다 덜 보급되어 있었다. 진짜 샤를마뉴는 자기 턱수염을 비극적으로 잡아당기지 않았다. 그에게는 잡아당길 턱수염이 없었기 때문이었다. 그는 백발의 턱수염으로 묘사된 청동상의 모습처럼 왕좌에 앉아 있지 않았다. 그는 갈 곳이 많았고 만나야 할 사람도 아주 많았기 때문이다.

샤를마뉴는 사실 콧수염을 길렀는데, 그것도 나름대로 턱수염 기른 인물로 묘사된 전설만큼 사람들에게 큰 인상을 주었다. 우선 그는 육중한 몸매를 자랑했다. 키가 190㎝에 달했고 몸집이 다부졌기 때문에, 보통 사람들의 키가 오늘날보다 훨씬 작았던 당시에 그가 사람들 틈에 있으면 거인처럼 보였을 것이다. 그런데 신화 속의 설명과는 달리, 역사 속의 샤를마뉴는 반半라틴, 반半게르만족으로 구성된, 대체로 빈곤했던 자신의 왕국을 발전시키는 것만큼 아랍의 땅에서 성전을 벌이는 일에 관심을 쏟지 않았다. 왕국의 통합과 발전이라는 목적을 달성하기 위해 샤를마뉴는 휘하에 있는 게르만 귀족들의 기량과 로마 교회의 힘을 모두 동원했다. 샤를마뉴 자신의 삶에 (게르만-라틴의) 이중적 사회 성격이 반영되어 있었다. 한편으로, 그는 게르만족 말을 쓰고 게르만 족장의 방식으로 통치하였다. 게르만 전통에 따라 그는 여러 아내를 거느렸다. 물론 공식적인 아내는 그중 단 한 명이었지만. 다른 한편으로, 그는 라틴어로 말하고 쓰는 훈련을 열심히 했고, 로마 스타일의 옷을 입었으며, 교단에서 당대 최고의 학자들과 현명한 자문관들을 끌어모아 자기 주변에 두었다. 그들의 지도에 따라 그는 학교들을 설립했고, 도서관에 장서를 채웠으며, 사원을 짓고, 교회의 도덕적, 사회적 가르침을 촉진했다. 그는 자신의 게르만 성향을 부분적으로 자제하는 한이 있더라도 이런 개혁들을 추진해나갔다.

그런 게르만적 성향 중 하나는 긴 머리카락과 긴 턱수염에 대한 선호였다. 프랑크족의 선대 통치자들은 깎지 않은 머리카락과 휘날리는 턱수염으로 유명했다. 하지만 샤를마뉴의 아버지는 구 왕조를 찬탈했으며 샤를마뉴 부자는 모두 머리와 수염을 선호하는 옛 전통을 거부했다. 샤를마뉴는 로마식으로, 교회에 어울리는 스타일로 머리를 짧게 깎았으며 수염도 콧수염을 촘촘히 기르는 정도에 그쳤다. 그는 아마도 3세기 전의 사람으로서 이탈리아 고트Goths족의 통치자였던 테오도릭 대왕[1]의 유명한 동상에서 영감을 얻었던 것 같다. 그가 비슷한 스타일로 몸을 치장한 것을 보면 말이다. 어쨌든 샤를마뉴에게 콧수염은 일종의 타협책이었다. 이것은 게르만족 스타일이었으나, 얌전한 털 기르기를 좋아하는 로마의 관습에서도 그리 많이 벗어난 것은 아니었다.[4]

샤를마뉴가 이룬 업적 중 가장 큰 것은 바로 그가 최고봉에 올랐다는 것이다. 800년 크리스마스 날 아침, 교황 레오 3세는 샤를마뉴에 로마 황제의 왕관을 씌워주었다. 이것은 서구 유럽에서 300년이 넘도록 아무도 누리지 못했던 직위였다. 세심하게 준비하고 심오한 상징주의로 가득한 기념식을 통하여 새로운 나라와 새로운 사회를 창조하는 의미로 게르만어와 라틴어가 공식적으로 융합되었다. 이 의식은 교황과 왕이 로마 가톨릭교회의 정신적 고향인 로마에 최초의 기독교도 황제인 콘스탄티누스가 거의 500년 전에 지은 옛 성 베드로 대성당(로마 바티칸 소재)의 제단 앞에 엎드려 함께 기도를 올림으로써 시작되었다. 제단에는 신하들과 성직자들이 모여 있었고, 고전 양식으로 지어진 많은 기둥과 역대 교황들과 예수의 사도들을 묘사한 화려한 모자이크 그림들에서 고색창연한 기독교 문명의 영광이 피어올랐다. 대 제단 위에 높이 드리워진 아치에 그려진 콘스탄티누스 황제, 성 베드로, 보좌에 앉은 그리스도의 거대한 형상들이 신비로운 향을 풍기는 연기 사이로 아래를 내려다보고 있었다. 이 아치에는 이 자리에 꼭 맞는 말이 적혀 있었다. "콘스탄티누스께서 그리스도를 위해 이 궁전을 지었다. 이 세계가 인도자이며 지도자인 그분과 함께 의기양양하게 저 별들이 있는 곳으로 올라갔기 때문이

---

1) 493년 이탈리아에 동고트 왕국을 창건하고, 526년까지 이탈리아를 통치했다.

다.”⁵ 그리고 이 성 베드로 성당의 “궁전”에서 세계는 새로운 황제와 함께 또 한 번 승리의 깃발을 올리는 것 같았다. 왕과 교황이 바닥에서 일어난 뒤, 교회의 수장인 교황이 왕의 머리에 황제의 관을 씌워주고 성유聖油를 발라주었다. 그리고 유럽 새 주인의 발밑에 다시 한번 엎드렸다. 이와 때를 맞춰 모여 있던 성직자들이 그를 향해 “경건한 아우구스투스여, 하나님에 의해 왕관이 씌워졌노라”라고 외쳤다.⁶

샤를마뉴 역시 예전의 아우구스투스가 아니었다. 그는 오리지널 아우구스투스나 그보다 더 자애로웠던 콘스탄티누스 같은 매끈한 얼굴을 갖고 있지 않았다. 새로운 시대는 고대 로마의 복제품이 아니었다. 어쨌든 샤를마뉴는 게르만인이었으며, 여전히 콧수염을 기르고 있었다. 반면에 그는 경건한 사람, 그리고 하나님이 왕관을 씌워준 사람으로 알려지기를 바랐다. 후자에 관한 한 수염이 많은 것보다는 적은 것이 유리했는데, 그것은 그것이 로마 스타일이었을 뿐 아니라, 교회가 얼마 전에 경건한 태도, 선, 그리고 면도가 동일 선상에 있는 가치임을 분명히 규정해 놓았기 때문이기도 하다.

신성함과 면도를 동일시하는 등식이 성립된 것은 샤를마뉴의 시대가 오기 훨씬 전에 발생한 구 로마 제국의 붕괴에 기인한다. 처음에 그것은 순전히 실용적인 선택이었다. 라틴족이 지배하던 유럽을 게르만족이 정복하자, 라틴어를 쓰는 이 지역의 성직자들은 자신들의 독립적 지위, 자기네들끼리의 단결, 권위 등을 계속 유지하기 위해 안간힘을 썼다. 그들은 독자적인 정체성을 강화하기 위해 짧은 로마식 헤어스타일을 기를 쓰고 유지했다. 교회 당국은 고대부터 내려온 전통, 그리고 고린도전서에 나오는 성 바울이 장발을 거부한 이야기를 근거로 하여 공식적으로 모든 성직자에게 머리를 짧게 자를 것을 법제화했다.[7] 턱수염을 특정하여 규제하지는 않았으나, 일반적인 '절제'의 범주에 준하는 것으로 이해되었다. 게르만족의 귀족층은 장발을 자랑스럽게 기르고 다녔기 때문에 이런 지침은 교인과 평신도를 구별하는 데 도움이 되었다. 563년에 포르투갈에서 열린 주교 회의는 성직자들이 "이교도들"처럼 장발을 기르는 것을 금지했다.[8] 이런 금지 조치는 나중에 서부 유럽 전역에서 다른 주교 회의에 의해 반복되었고 721년에 교황 그레고리 2세는 로마 속주屬州 내에서 장발의 신부들은 파문될 것이라고 위협했다. 이것은 단순한 예의범절의 범위를 넘어서는 중대한 문제였다. 짧은 머리는 성직과 신성함을 나타내는 매우 중요한 상징이 되었기 때문이다.

교황 그레고리가 이 칙령을 발포할 즈음에는 새롭고 더욱 과격한 두발 형태가 서구 성직자 사회에 퍼지고 있었다. 짧은 머리로는 충분하지 않았던 모양이었다. 6세기부터 갈리아(지금의 프랑스) 지방에서 성직에 입문하는 남자들은 머리 꼭대기 부분을 밀어버림으로써 뚜렷한 코로나, 즉 머리 위에 일종의 왕관자리 같은 것을 만들었다. 삭발削髮이라고 부르는 이런 관행은 곧, 교회의 창설자 격인 성 베드로를 흉내 내어 이렇게 한다는 낭설과 함께 유럽 전역에 퍼졌다. 상징적 의미로 보면, '머리의 왕관'은 또 그리스도의 가시 면류관과도 관련되어 있었다. 교황 그레고리 1세(그레고리 대제, 540-604)는 삭발에 대하여 권위 있는 설명을 제시했는데, 그의 논리는 나중에 턱수염 면도에도 확대 적용되었다. "…머리를 미는 것은 우리의 마음에서 불필요한 생각들을 모두 없애려는 행위이다. 그는 자기 머리를 밀었고, 땅에 쓰러졌으며, 섣부르게 단정하려는 마음을 억누르고, 겸손하게 자기가 얼마나 미약한 존재인지 인정하였다."[9]

이렇게 머리카락은 죄와 연계되어 있었으며, 머리카락의 제거는 일종의 정화 의식이 되었다. 중세 교회는 이렇게 제대로 알지도 못하고, 알려고 시도하지도 않으면서 순결을 상징한다는 고대의 털 제거 논리를 그대로 복원하였다.

몸의 털을 깎음으로써 죄도 같이 없앤다는 이런 개념에 따라 수도사들은 턱수염을 깎는 것은 물론, 이른바 '빵떡 모자'를 머리 꼭대기에 뒤집어썼다. 그들은 진정한 의미에서 전문가들이었다. 자신들이 겸손과 봉사의 서약을 했다는 사실을 공언하고 다녔기 때문이었다. 심지어 당시 결혼과 가정 꾸리기가 허용되었던 평범한 성직자들보다 더 심하게 세상을 버렸다. 수도사들은 더 높은 수준의 영적 수련을 수행하고 있기 때문에 다른 이들보다 몸의 털을 훨씬 많이 제거했을 것이라는 사실은 충분히 이해가 간다. 816년, 수도사들에게 정기적인 면도는 일종의 국법이 되었는데, 이 해에 샤를마뉴의 아들인 루이 왕은 수도원에 적용되는 새로운 칙령을 공표했다. 이에 경악한 아랍의 목격자 하룬 이븐 야후야 Hārūn ibn Yahā의 보고에 의하면, 많은 성직자가 앞다투어 평민들이 한 것처럼 턱수염까지 밀었다고 한다. 그는 886년에 로마 시민들은 "젊었거나 늙었거나 턱수염을 완전히, 한 오라기도 남기지 않고 밀었다"라고 글에 썼다.[10] 사람들은 그에게 이것은 기독교적 관습이라고 말했다고 한다. 하룬에게 이것은 전혀 말도 안 되는 얘기였다. 이 말은 서구 유럽인들조차 인정하는 가부장적 전통과 남자 턱수염의 상관관계를 부정하는 말이기 때문이었다. 그러나 그가 깨닫지 못한 것은 라틴 교회가 결혼을 안 하는 전문 교인들의 독특하고 영적인 권위를 바탕으로 한 대안적 가부장제를 수립하고 있었다는 사실이었다. 신성함과 털 제거를 결합한 이 새로운 상징주의에 무슬림뿐 아니라, 비잔틴 제국의 동방 정교회도 경악했다.

샤를마뉴 시대부터 시작하여 2세기 후 최종 결별할 때까지 이어진, 가톨릭과 동방 정교회의 수백 년에 걸친 논쟁에서 동방 정교회 측의 신학자들은 서구 사람들이 끊임없이 저질러온 신학적 만행의 예를 열거했는데, 여기에는 거의 항상 성직자들의 면도라는 비난받아 마땅한 관행이 포함되어 있었다. 그들은 이것이 성직자들을 격하시키는 행위라는 점은 말할 것도 없고, 초창기 기독교의 규정에도 어긋난다고 주장했다.[11] 수도사 겸 학자인 라트람누스(868년경 사망) 같은 서쪽 사람들은 방어에 나섰다. 교황 그레고리 대제가 명확히 제시한 사상을 바탕으로 하여 그는 머리의 주인인 마음, 즉 정신에 관해 이야기했다. 얼굴과 머리에 난 털은 하나님과 영혼 사이에 서 있는 속된 마음이라는 장벽을 상징한다. 그는 "우리는 마음의 얼굴에서 계속 세속적인 사상을 제거해야 한다. 그래야 주님의 영광을 순수하고 진실한 표정으로 바라볼 수 있고, 그런 명상의 은총을 통하여 그 영광으로 변할 수 있기 때문이다"라고 글에 썼다.[12] 라트람누스 같은 수도사에게 턱수염 없는 얼굴은 신성한 삶을 나타내는 중요한 상징이었다.

샤를마뉴의 성공적인 통치에도 불구하고 그의 제국은 800년대 이후까지 존속하지 못했다. 유럽 대륙은 여러 작은 왕국, 나라, 그리고 도시들로 쪼개졌다. 이런 정치적 잔해 속에서 교회는 훨씬 더 강력해졌다. 오로지 교회만이 전 유럽을 통합했으며, 교황은 모든 유럽인에게 충성을 요구할 수 있는 유일한 인물이 되었다. 하지만 900년대에 샤를마뉴가 통치했던 옛 제국의 동쪽 부분, 즉 독일과 이탈리아에 새로운 혈통의 왕족이 들어서면서 적어도 이름은 거창한 "신성 로마 제국"이 창설되었다. 이 나라의 통치자들은 샤를마뉴 제국의 정통성을 이어받았다고 주장하면서 독일과 이탈리아 영토의 지배권을 놓고 교황들과 격돌했다. 교회와 왕족 간의 이런 경쟁은 더욱 격화했는데, 전선은 지도는 물론 남자의 얼굴 위에도 형성되었다.

교황 그레고리우스 7세, 선을 긋다

교황 그레고리우스 7세는 1073년 교황의 자리에 오르기 전에는 힐데브란트[1], 수도사, 교황의 자문관, 교회 권력의 기수 등 여러 이름으로 불렸다. 힐데브란트 같은 개혁가들은 1000년대에 전 유럽을 휩쓴 종교적 열풍에 고무되어, 거칠고 문맹과 다름없는 봉건 귀족들이 아니라 순수하고 정직한 교인들이 통치하는 기독교 국가를 수립한다는 대담한 비전을 품었다. 교황이 된 그레고리우스의 최우선 과제는 주교를 비롯한 고위 성직자들의 임명권을 확보하는 것이었는데, 그것은 그때까지는 주로 속세 사람들의 손안에 있었다. 그는 얼마 전 젊은 나이에 독일에서 왕에 등극한 하인리히 4세와 어깨를 나란히 하는 존재가 되었다. 하인리히 4세도 마찬가지로 서임권을 장악하겠다는 결의에 차 있었다.

1077년 1월 무력과 '영혼의 힘' 사이의 갈등은 한적한 산꼭대기에서 절정에 이르렀다. 교황과 왕은 이 갈등을 해결하기 위해 회담 장소로 향했고, 둘은 알프스산 위에 있는 카노사Kanossa 궁전에서 만났다. 당시에는 교황이 우위에 있었다. 약 1년 전, 그는 하나님의 권위를 빌어 하인리

---

1) 그레고리우스 7세의 속명俗名

히의 왕위를 박탈했다. 그런 극단적 조치를 취한 교황은 그가 처음이었다. 그는 또 하인리히를 교회와 단절시켰고 영혼 구제의 은총을 받는 대상에서 제외한다고 선언하며 그를 파문했다. 교황의 칙령에 의해, 하인리히의 신하들은 자신들의 왕인 하인리히에게 충성을 바칠 의무가 면제되었으므로 많은 영주와 주교들은 자신들이 모시는 군주를 배반하고 싶은 유혹을 받았다. 하인리히는 이제 절망적인 상태가 되었다. 그의 권위와 미래는 절체절명의 위기에 처했으며, 오로지 교황의 자비만이 그를 구할 수 있었다.

확고하게 정의의 편에 있었던 교황 그레고리우스는 카노사 궁전의 차가운 성문 안에서 느긋하게 앉아 있었다. 하인리히는 글자 그대로 추운 성문 밖에 서서 성에 들어가 교황의 용서를 구하게 해달라고 빌었다. 하인리히는 이틀 연속, 참회의 뜻으로 평범한 양모 튜닉[1]을 입은 채 구불구불하고 얼음같이 차가운 길을 맨발로 천천히 걸어가 성문 앞에서 무릎을 꿇고 눈물을 흘리며 용서를 빌었으나, 번번이 입장을 거절당했고 아랫마을로 힘없이 내려가야만 했다. 셋째 날, 하인리히가 다시 나타나자 교황은 자비를 베풀라고 조언하는 주변 인물들의 간청을 받아들여 마침내 분노를 누그러뜨렸다. 왕과 다섯 명의 게르만족 출신 주교들은 성안으로 들어가, 교황 앞에 무릎을 꿇은 끝에 교황의 상징적인 키스와 함께 용서를 받을 수 있었다. 하인리히는 교회와 관련한 교황의 어떤 결정에도 복종한다는 뜻을 서면으로 약속했다. 그러고 나서 교황은 오랜 앙숙들과 함께 미사를 올린 다음 호화로운 연회를 베풀었다.

그레고리우스는 기뻐할 이유가 충분했다. 원했던 것을 얻었으니까. 하

---

1) 고대 그리스나 로마인들이 입던, 소매가 없고 무릎까지 내려오는 헐렁한 웃옷

지만, 이상하게 하인리히 역시 마찬가지였다. 그는 교회에 굴복함으로써 합법적인 왕의 지위를 회복했다. 그의 신하들에게는 다시 그에게 복종해야 한다는 의무가 지워졌고, 그는 수년 후 그레고리우스를 로마에서 내쫓고 잠시 자신의 심복을 교황의 옥좌에 앉힐 수 있을 정도로 권력을 재구축했다. 하인리히와 그레고리우스가 벌인 앞뒤 다툼의 공방은 당시, 그리고 그 후 수 세기 동안 이어진 중세 정치판의 새로운 특징을 반영한다. 세속의 왕들과 교황들 어느 누구도 상대의 힘을 고려하지 않은 채 통치할 수 없었다. 세상에는 전혀 다른 법칙(교회법과 민법)으로 움직이는 두 종류의 견고한 권력이 존재했고, 두 개의 지배 계급(성직자 계급과 귀족 계급)이 존재했으며, 남성적 존엄성도 직업적인 존엄성과 가부장적인 존엄성으로 나뉘어 존재했다. 당연히 남성성을 드러내는 문제에서도 두 개의 대조적인 스타일이 경합을 벌였다. 즉 면도한 얼굴과 턱수염을 기른 얼굴이 그것이다.

그레고리우스 같은 개혁가들은 교회의 권력을 강화하려는 노력의 일환으로 성직자들에게 고도의 전문성을 주입하려 했다. 이 '중세적 전문성'의 핵심은 '전문성'이라는 말의 어원[1]에서 알 수 있듯이, 무엇보다 학습과 기도를 통해 자신을 하나님을 숭배하는 데에 온전히 바치겠다는 서약을 완수하는 것이었다. 그레고리우스 교황 같은 11세기의 개혁가들에게 교회 전문성의 진정한 모델은 수도원이었다. 수도사는 자신이나 가족에게 봉사하기 위해 살지 않는다. 그들은 오로지 하나님에게 봉사하기 위해 산다. 수도사는 성생활, 자식, 부를 포기했다. 그래야 자신을 온전히 교회에만 바칠 수 있기 때문이다. 개혁가들은 모든 성직자를 이 정도

---

1) professionalism전문성에서 profess는 'pro공공연히'와 'fess말하다'가 결합하여 '공공연히 말하다'라는 뜻에서 '공언하다, 고백하다'의 뜻으로 발전했다.

의 높은 기준으로 끌어올리고 싶어 했으며, 따라서 모든 성직자에게 수도사들을 모델로 삼아 살아갈 것을 설득하기 시작했다. 그들도 수도사들처럼 자신의 직업을 소득의 원천이 아닌 천직으로 여겨야만 했다. 성직자들은 직책을 얻는 대가로 돈을 제공해서는 안 되며, (이것은 '성직 매매죄'라는 범죄이다) 독신의 삶에서 오는 어떤 세속적인 유혹에도 넘어가서는 안 된다. 놀랄 일도 아니지만, 이런 새로운 요건에 대하여 반발이 많았다. 하지만 그레고리우스와 그의 지원 세력은 단호했다. 교회가 하나님을 숭배하고 하나님의 왕국을 호령하려면 깨끗하지 않으면 안 되었다.

수도사의 전문성을 도입한다는 것은 수도사처럼 보이게 해야 한다는 뜻이다. 11세기 전까지는 수도사들에게만 면도를 요구했다. 이제는 모든 성직자에게 의무가 되었다. 수염 없는 얼굴은 하나님을 숭배하는 마음 다음으로 중요한 것이었다. 그레고리우스는 세속 권력과 한판 대결을 치르면서, 이것을 포함한 여러 개혁 조치들을 정열적으로 시행했다. 그는 성직을 매매한 주교들을 파문했고, 결혼한 사제들을 교회 밖으로 쫓아냈으며, 면도를 강력하게 권고했다. 한 예로, 그는 1080년에 사르데냐섬의 항구 도시인 칼리아리Cagliari의 영주에게 긴급 편지를 보내, 그의 휘하에 있는 성직자들에게 의무적으로 턱수염을 깎도록 하라고 지시했다. 거절하는 사람들은 모든 재산을 몰수해야 한다고 말했다. 그레고리우스는 이 규칙을 설명하면서 자신은 "원래 있었던" 교회의 관행을 시행하고 있을 뿐이라고 주장했다.[13] 물론 이것은 꾸며낸 말이었다. 면도는 전적으로 새로운 정책이었다. 하지만 교황은 더 큰 대의를 위해서라면 거리낌 없이 역사를 왜곡할 수 있는 사람이었다.

아마 이런 날조의 책임을 그레고리우스에게만 덮어씌우는 것은 조금 불공평할지도 모른다. 그가 태어날 즈음, 앞 시대의 개혁가들은 면도의 정당성이 예전의 종교회의에서 교회의 승인을 받은 것처럼 보이게 하려고 비밀리에 교회법을 고쳐 놓았다. 1023년에 새로이 집대성한 교회법이 로마에서 공표되었는데, 여기에는 남자 성직자들의 면도를 의무화한 세 개의 교칙이 포함되어 있었다. 그중 가장 영향력이 큰 것은 교회법 208이다. 이것이 영향력이 컸던 이유는 5세기에 만들어진 유명한 〈고대 교회법〉에서 유래한 것으로 알려져 있기 때문이다. 그러나 신新교회법은 고대 교회법을 교묘하게 훼손했다. "Clericus nec comam nutriat nec barbam radat(성직자들은 머리를 길게 기르면 안 되고, 턱수염을 깎아서도 안 된다)"라는 문장에서 한 단어를 바꿔, "Clericus nec co-mam nutriat sed barbam radat(성직자들은 머리를 길게 기르면 안 되고, 턱수염은 깎아야만 한다)"라는 문장으로 만들어버렸다.[14] 왜곡된 규정은 또 이 규칙을 존중하지 않는 로마의 성직자들은 교회에서 추방될 것이라고 선언했다.[15] 1031년에 (프랑스) 부르주에서 열린 주교 회의 이후, 전 유럽의 교회 협의회들이 앞다투어 이와 비슷한 규정을 시행했다.

성직자들의 면도가 보편화하면서, 의도했던 대로 교회 사람들과 평민들 사이에 뚜렷한 차이가 생겼다.[16] 성직자들은 자신들의 독특한 얼굴 스타일에 자부심을 품게 되었고, 그것을 독차지하기 위해 매우 신경 썼다. 11세기 초 부르고뉴 공국과 독일 지역에 사는 패션에 민감하고 젊은 기사들이 얼굴을 매끈하게 가꾸자, 많은 성직자가 경악했다. 면도는 교회 사람들에게는 종교적 행위였으나, 평신도들에게는 일탈적인 행동으로 간주되었다. 부르고뉴 공국의 수도사인 윌리엄 볼피아노는 기이한 옷, 몸에 착 붙어 너무 야한 바지와 구두, 그리고 매끈하게 면도한 얼굴을 과시하고 다니는 사람들을 반복적으로, 맹렬하게 비난했다. 그의 제자이면서 고르체의 주교인 지크프리트도 나중에 게르만 귀족들에게 비슷한 비난을 퍼부으면서, "이렇게 외모가 바뀌면 사회 관습 자체가 바뀌고, 신성 로마 제국에 범죄와 종교적 패악의 광풍을 불러올 것"이라고 경고했다.[17] 비슷한 시기에 리젠버그라는 도시에서 수도사 겸 학자로 활약한 오틀로너스의 저작물 중에는 제 얼굴에 면도를 한 죄로 사제에게 꾸지람을 들은 한 평신도에 대한 이야기가 들어 있었다. 사제는 말했다. "당신은 평신도이다. 따라서 평신도의 관습에 따라 턱수염을 밀어버린 얼굴로 돌아다니면 안 된다. 그런데 당신은 신의 계율을 무시하고 턱수염을 성직자처럼 밀어버렸다."[18] 그 평신도는 다시는 면도하지 않겠다는 약속을 어겼고, 그 후 그의 적들은 그를 체포한 뒤 눈알을 도려냈다. 오틀로너스는 이 행위를 그 평신도의 극악무도한 죄에 대한 신의 형벌이라고 해석했다. 1세기 후 성직자들은 여전히 면도하는 젊은 멋쟁이들의 허영심을 불평하고 있었다. 1200년대 초, 프랑스의 학구적인, (면도한) 한 수도사는 몸에 꼭 붙는 상의를 입고, 작은 장갑을 끼고, 폭이 좁은 구두를 신고, "수염의 싹을 언제라도 자르기 위해 늘 면도칼을 갖고 다니는 등" 여자 같이 치장하여 "스스로 지나치게 여성화하려는" 허영심 많은 남자들을 조롱했다.[19] 교회의 입장에서 보면, 잘못된 유형의 면도는 잘못된 사회적 신호를 보내며, 턱수염 없는 얼굴과 성직의 전문성을 맺어주는 중대한 연관성을 해치는 것으로 보았다.

이제 교회법으로 명시된, 수염 없는 얼굴을 신성시하는 이념은 턱수염이 드디어 가톨릭 교단에서 파문당할 수 있는 죄목에서 빠진 1917년까지 세력을 떨쳤다. 교단 지도자들은 교회를 하나님을 위한 세상으로 통치하겠다는 야망에 자극을 받아 모든 힘을 동원하여 교회의 지위를 높이고 싶은 유혹을 느꼈다. 기본적으로 그들은 전문성으로 기존의 가부장적 체제를 대체하거나, 아니면 적어도 새로운 가부장적 체제를 조성하려 했다. 결혼하지 않고 면도한 남자가 턱수염을 기른 귀족층보다 우월하다는 주장은 어쨌든 이상하다. 이 모순적 상황을 해결하는 열쇠는 중세의 사상가들이 수염 없는 얼굴을 보고 뭔가 중요한 것이 빠졌다고 생각하지 않고, 훌륭한 뭔가가 존재한다고 생각했다는 사실에 있다. 턱수염의 물리적 제거는 내면의 턱수염이 자랄 길을 열어주었다.

부처드 수도원장, 사과하다

교황 그레고리우스와 신성 로마 제국 황제 간의 전쟁이 끝난 뒤, 한 세기 동안 교회는 지속해서 명성과 세력을 키워갔다. 수도사, 수녀 같은 직업 성직자들은 이상적인 삶을 영위하는 기독교인의 모델로 대중의 추앙을 받았는데, 이것은 전무후무한 현상이었다. 지주들은 재산은 물론 아들과 딸까지도 이런 위대한 대의명분에 바쳤으며, 새로운 교단과 옛 교단 모두 '성스러운' 들불처럼 만천하에 퍼져나갔다.

이 확장된 전선의 선두에는 새로 등장한 교단, 즉 시토 수도회의 수도사들이 포진해 있었다. 이들은 삶과 기도에서 조용하고도 소박한 태도를 영위하여 전 유럽에서 존경의 대상이 되었다. 그들은 단순한 삶을 지향하였기 때문에 시골의 고립적인 생활환경을 추구했으며, 웅장하지만 평범하게 설계된 수도원과 회랑을 지었고, 다른 수도원에 많았던 복잡하고 장황한 의식과 의례를 간소화했다. 지금도 시토 수도회 수도원의 장식 없는 벽, 아치형 구조물, 창문들을 보면 비록 낡고 황폐해 보여도 영원하고, 속세의 이기적인 추구와는 동떨어진 평화로운 분위기를 느낄 수 있다. 하지만 세속과 격리된 삶이 항상 의도했던 것만큼 고요하거나 사심 없는 삶으로 이어지는 것은 아니었다. 1160년 프랑스 동부, 벨르보에 있는 시토 수도원에서 수백 명의 수도사와 평수사들을 이끌고 있던 부처드 수도원장은 턱수염을 둘러싼 논쟁에 휘말렸다.

시토 수도회의 집단은 두 개의 계급, 즉 정식으로 서품을 받은 수도사와 평수사 계급으로 이루어졌다. 평수사들은 농민 계층에서 모집하며 그들이 하는 일은 정규 수도사들처럼 성가대석 의자에 앉아 기도를 올리는 것이 아니라, 수도원이 운영하는 밭과 공장에서 육체노동을 하는 것이었다. 평수사들은 더 어두운 색조의 예복을 입었고, 면도를 하는 수도사들과 쉽게 구별할 수 있도록, 규정에 의해 중간 길이의 턱수염을 길렀다. 흔히 '턱수염을 기르는 형제들'이라고 불리는 평수사들의 훈육 상태는 가끔 문제가 되었고, 로시에르에 있는 벨르보 수도원에서 벌어진 발칙한 추문이 부처드 수도원장 귀에 들어갔다. 부처드는 비유적인 표현을 써서 그곳의 평수사들에게 만약 행실을 똑바로 하지 않으면 그들의 턱수염을 불에 태워버릴 것이라고 경고했다. 그는 영리하게도 이사야서의 한 구절을 인용했는데, 이 구절에는 피가 묻은 옷은 반드시 불을 지피는 연료가 될 것이라고 경고하는 말이 담겨 있었다. 부처드의 표현에 따르면, 수사들은 자신들의 옷, 즉 턱수염을 과시하거나 불화를 일으키거나 허영심을 부리지 않아야 '화염'으로부터 구원을 받을 수 있다는 뜻이다. 하지만 평수사들은 부처드의 말에서 감동을 받은 것이 아니라 협박당하는 느낌을 받았다. '그는 왜 우리들의 턱수염을 경멸하는 걸까? 평수사들에게 턱수염을 기르도록 한 규정은 결국 수도사들이 수염을 빌미로 우리를 구박하기 위함인가?'

이런 반발을 숙고하던 중 부처드 수도원장은 수염에 관한 더 깊이 있는 토론을 통해 자기 수도회의 평수사들에게 더 큰 가르침을 줄 수 있겠다는 생각이 문득 떠올랐다. 그 결과로 턱수염에 관한 역사상 최초의 책인 《턱수염에 관한 변명》이 탄생했다.[20] 부처드는 이 주제의 복잡한 성격을 대단히 좋아했다. 그는 어떻게 턱수염이 도덕적 자아를 반영하는지, 올바른 사회적 범절을 보여주는지, 그리고 신의 영광을 반영하는지를 고찰했다. 턱수염은 신의 엄청난 창조력을 보여주는 뛰어난 예시이며, "자연과 어울려 노는 지혜"의 흥미로운 사례라고 생각했다.[21] 하나님의 지혜가 이런 방식으로 자연을 빚으면, 그것은 만물의 진정한 질서에 관하여 인간을 가르치는 신성한 각인을 남긴다.

부처드는 이 책의 주제를 검토하고 집필하는 과정에서 자신과 동시대 인물로 동쪽 지역에서 활동하던 게르만의 수녀원장이자, 유명한 신비주의자이며 자연 신학자인 힐데가르트 폰 빙겐의 연구에서 도움을 얻을 수도 있었다. 하지만 인간 생리와 의학에 관한 그녀의 연구가 1160년에는 아직 세상에 알려지지 않았다. 이것은 턱수염에 관한 그녀의 설명이 중세 시대를 통틀어 최고라는 점을 감안하면 매우 애석한 일이다. 고대 사람들은 열, 수분, 그리고 피부에 난 구멍 등에 대해서는 언급했지만, 결코 턱수염이 얼굴의 특정 부위에서만 나고 다른 부위에서는 나지 않는 설득력 있는 이유를 알아내지는 못했다. 하지만 힐데가르트는 여기에 답을 내놓았다. 힐데가르트는 성경에 나오는 이야기, 즉 생명을 불어넣

5.2 시토 수도회 소속의 평수사들이 기도하는 모습. 13세기에 프랑스 오바진 수녀원의 성 에띠엔느 묘비에 새겨진 세부 양식.

는 하나님의 숨 이야기를 연상하면서, 남자의 입 주변에 털이 날 수 있도록 양분을 주는 것은 바로 여자들보다 뜨거운 남자들의 숨일 것이라고 상상했다.[22] 힐데가르트의 생각에, 열과 털에 관련된 남녀의 차이는 천지 창조에 깊은 뿌리를 두고 있었다. "남성들에게 턱수염이 있는 이유, 그리고 여자들보다 몸에 더 털이 많은 이유는 남성이 흙으로 빚어졌고, 힘과 온기가 여자들보다 많으며, 남자들이 어디에 가든 여자들보다 활동적이기 때문이다…. 하지만 여자들에게 턱수염이 나지 않는 것은 여자가 원래 남자의 살로 만들어졌고 남자에게 종속된 존재이며 남자들보다 더 조용히 살기 때문이다"라고 기록했다.[23] 이 부분에서 힐데가르트는 털의 생리학과 관련하여 당시 일반적으로 받아들여진 개념이기도 하지만 정확히 성차별적인 개념을 제시하고 있다.

부처드가 힐데가르트의 사상을 알았다면, 털과 창조론과의 연관성을 탐구했을 것이다. 하지만 그는 그때의 상황에 걸맞게, 성서에서 턱수염에 관해 언급된 모든 구절은 용기, 진정성, 활력이라는 남성적 자질을 시사하고 있다는 성 아우구스티누스의 권위에 의존하였다. 부처드는 여기에 이것보다 더 많은 의미가 있으리라 추측했다. 그는 턱수염의 모양이 매우 다양한 것은 그것에 중요한 뜻이 담겨 있기 때문이라고 생각하여, 수염의 여러 부위가 각각 서로 다른 뚜렷한 도덕적 자질들과 연계되어 있다는, 일종의 '유형 분류 체계'를 창안했다. 턱에 난 수염은 지혜를 나타내고, 턱 밑에 자라는 털은 강한 느낌의 상징이며, 턱선을 따라 난 털은 선한 마음씨가 투사된 것이다. "요컨대 턱수염은 단정한 용모의 상징, 힘의 상징, 지혜의 상징, 성숙함의 상징, 그리고 경건한 정신의 상징으로서 남자에게 나는 것이 적절하다. 이런 자질들이 어떤 남자 안에 모두 똑같이 들어있으면, 그는 '턱수염이 풍성한 사람이다'라고 불릴 자격이 있다. 왜냐하면 그 턱수염으로 보아 그 사람이 반남반녀半男半女나 여자 같은 남자가 아니라, 턱 위에, 턱선을 따라서, 또 턱 밑에도 풍성한 턱수염을 지닌 완전한 남자임을 알 수 있기 때문이다."[24]

얼굴의 털은 이 정도로 중요했지만 수도사들은 이 지혜와 미덕의 상징을 제 얼굴에서 제거해버렸다. 그들은 그보다 더 고결한 남성적 소명召命을 추구했기 때문이었다. 그것은 바로 내면의 턱수염이었다. 부처드는 이 주제를 다루면서 탄탄하게 정립된 중세 신학의 확고한 입장을 대변했다. 중세 초기의 저술가들, 특히 7세기에 활약한 그레고리우스 대제 교황은 털이 죄가 되든 안 되든, 어떤 세속적 사고가 비유적으로 표현된 것이며, 우리가 벌거벗은 몸으로 하나님에게 다가가려면 반드시 그것을 제거해야 한다고 언급했다. 12세기에 수도원장이자 주교로 활동한 브루노는 이 개념을 아주 명확한 글로 표현했다. "강한 남자들은 겉으로 강해 보이기를 바라기만 하는 남자들보다 우월하다. 그러니 내면의 턱수염을 길러라. 외부의 턱수염은 때마다 깎아야 하지만, 내면의 것은 어떤 장애에도 잘 자란다. 외부 턱수염은 깎지 않으면 생활에 많은 불편을 야기하고, 정말 게으르고 허영심 많은 남자들만이 잘 기르고 아름답게 만들수 있다."[25] 반면에 내면에서 자라는 것은 신성한 남성성의 진정한 힘이라고 브루노는 말했다.

부처드는 이런 사고방식을 턱수염 기른 평수사들을 대상으로 한 담론에도 그대로 적용했다. 브루노처럼 그도 실제 턱수염은 허영심 많은 사람들에게는 유혹의 대상이라고 주장했다. 속물적이고 권력을 가진 남자들은 사람들 사이에서 튀어 보이고 남에게 좋은 인상을 주기 위해 가닥을 꼰 턱수염, 끝을 뾰족하게 다듬은 코밑수염, 양 갈래로 만들어 물고기 꼬리처럼 끝을 모양낸 팔자수염을 뽐내고 다닌다. 그는 이런 잔꾀를 부리지 말고, "턱수염에 과도하게 신경 써 그것을 음탕의 화신으로 만들지 말고, 유행에 무관심한 시골 사람들답게 턱수염을 방치하라"고 평수사들에게 충고했다.[26] 평수사들과는 달리, 수도사들에게 이런 겸손한 태도는 충분치 않았다. "우리는 머리에 난 털은 면도해서 왕관 모양으로 만들고, 턱수염은 마음과 정신의 완벽을 추구하기 위해 깎는 한편, 그 외의 불필요하고 세속적인 털은 모두 밀어낸다."[27] 반대로 평수사들은 머리 모양을 왕관처럼 만들지 않았고, 턱수염을 깎지 않는데, "그것은 단순한 평민들이 일상의 노동일에 얽매이다 보니 영적인 문제들을 꿰뚫어 볼 수 있게 해주는 좋은 문헌들에서 배움을 얻지 못하기 때문이다." 부처드가 평수사들의 상처 입은 자존심을 달래주기를 바랐지만 이런 주장은 도움이 되지 않았다. 그는 평수사들을 그저 평민으로만 취급했기 때문이다. 남자들은 두 종류가 있다. 신부 서품을 받은 남자와 평민이다. 서로가 서로를 필요로 했지만, 평수사들은 서품을 받은 성가대의 수도사들과 같은 계급이 아니었다.

부처드는 턱수염을 논한 글의 마지막 장에서 내세에 대한 생각을 밝혔다. 기독교 교리에는 선민들의 부활은 육신의 부활임이 명확하게 밝혀져 있다. 하지만 이것이 턱수염과 무슨 관계가 있는 것일까? 남자들은 천국에 가면 턱수염을 기르고, 면도를 하지 않을 것이라고 그는 단언했다. 그는 실제로 자연과 정신이 사후 세계에서 완전히 조화를 이루면 모든 외면적 턱수염은 내면의 턱수염으로, 내면의 턱수염은 외면적 턱수염으로 변할 것이라고 말했다. 같은 논리로 남자들은 자신들의 남성성에 대해 두려워할 필요가 없다. 그것은 몸과 털에 보존되어 있기 때문이다. 여자들은 계속 여자로, 턱수염 없는 몸으로 살 것이다. 성별 질서는 영원히 변치 않으며, 성직자이든 평민이든 구원받은 모든 남자는 궁극적으로 천국에서 '턱수염을 기른' 형제로 살 것이다.

평수사들이 부처드의 거창한 강론을 어떻게 평가했는지에 대한 기록은 없다. 어쨌든 그는 저술에서 사후의 삶에 관해 많이 논하였지만, 그에 못지않게 현실적 과제에도 많은 부분을 할애했다. 부처드는 중세 사람들이 신앙, 도덕, 그리고 남성성의 문제를 어떻게 봤는지를 알 수 있는 창을 제공했다. 그는 자신의 몸을 영적 삶이 우의寓意적으로 현세에 드러난 것으로 봤으며, 면도 행위에는 보다 높은 소명 의식과 우월한 정신적 권위가 깃들어 있다고 보았다.

턱수염을 길렀던 시토 수도회의 평수사들은 규칙과 신학 교리에 의해 얼굴 털을 밀어버리는 행위가 금지되었다. 이것은 다른 수도원에서도 마찬가지였으며, 이런 규정은 성직자들의 남성성과 평민들의 남성성 사이에 존재하는 일반적인 차이점을 반영한 것이다. 하지만 이런 이원론이 항상 엄격히 준수되었던 것은 아니었다. 일부 지역의 경우, 교회 사람들이 평민들에게 도덕적 자제심과 종교적 헌신의 표시로서 턱수염을 깎으라고 권유하기도 했다. 결국 이런 노력이 합쳐져 끊임없는 변화를 만들어냈다.

헨리 왕, 가위에 복종하다

"노르만인들은 사나운 족속이어서, 단호하게 다스리지 않으면 언제

사고를 칠지 모른다."[28] 잉글랜드의 수도사이자 역사학자인 오더릭 비탈리스는 1100년대 초 잉글랜드와 노르망디 지역에서 발생한 격동의 사건들을 설명하면서 이렇게 말했다. 이 시기에 마을은 약탈당했고, 교회는 불에 탔으며, 왕족과 귀족들이 땅과 권력을 놓고 벌인 전쟁에서 수백 명이 죽었다. 비탈리스는 노르만의 귀족들이 고대 트로이인들의 후손이기 때문에 유난히 호전적이라는 근거 없는 항간의 믿음을 사실로 믿었다. 이것은 물론 사실이 아니다. 노르만의 귀족들은 2세기 전에 프랑스 북부 해안에 큰 배를 타고 상륙한 바이킹 침략자들의 후손이었다. 그들은 현지에 정착해 지주가 되었고, 프랑크족의 관습을 받아들였는데, 프랑크족은 다른 어떤 유럽인들보다 머리를 짧게 깎았고, 샤를마뉴의 시대에 유행했던 턱수염도 깎았다. 프랑크 왕국을 찾은 무슬림 방문객들은 이 모습을 보고 탐탁지 않게 생각했다. 한 무슬림은 965년에 프랑크인들의 더럽고 지저분한 모습을 묘사했다. "프랑크 사람들은 턱수염을 깎는데, 면도한 다음에도 그것이 까칠하게 자라 아주 역겹다."[29] 그러나 노르만 출신 영주들은 프랑크 왕국의 관습을 수용하면서도 자신들의 바이킹 조상들이 지녔던 호전적 성향을 그대로 유지하고 있었다. 노르만족은 1066년에 윌리엄 공작의 지휘 아래 잉글랜드를 정복했고, 이곳에 유럽에서 가장 강력하고 영속적인 왕조 중 하나를 수립했다. 1087년 윌리엄 공작이 죽자 사태가 매우 불안정해졌고, 노르망디와 잉글랜드 모두 그의 세 아들 간에 벌어진 긴 권력 투쟁의 먹잇감이 되었다.

1096년, 노르망디 지역의 주교들은 전쟁을 막기 위해 안간힘을 썼다. 종교 회의, 즉 지역별 회의를 소집한 그들은 이른바 "신神의 평화"[1])를 선

1) 10세기 이후 교회의 주도로 이루어진, 사람이나 재산을 침해하지 않겠다는 서유럽 봉건 귀족 사이의 서약

언했다. 그들은 12세 이상의 모든 사람에게 사순절과 대강절 기간에는 폭력을 포기할 것을 맹세하라고 명령했다. 누구도 수도사, 수녀, 여성들, 상인들 또는 교회 재산을 해치거나 넘봐서는 안 되었다. 종교 회의는 또 교회의 재산권, 그리고 세속적 권력의 간섭 없이 성직자들을 임명할 수 있는 교회의 권한도 다시 확인해주었다. 이런 평화를 위한 결의는 노르만 세계의 골칫거리를 나타내는 것이었고, 추후 벌어진 사태에서 알 수 있듯이 이런 결의는 자주 묵살되었다.

헨리는 정복왕 윌리엄의 생존한 세 아들 중 가장 어렸지만 가장 유능했다. 시간이 흐르면서 노르만인들과 잉글랜드인들은 그가 자신들의 고통을 종식해주기를 점점 더 바랐다. 헨리는 형인 윌리엄이 죽고, 맏형인 로버트, 즉 노르망디 공작이 1차 십자군 전쟁에 출정해 자리를 비웠던 1100년, 잉글랜드의 왕위를 차지하는 데 성공했다. 로버트가 고국에 돌아와 자신의 공국에서 권위를 되찾고 질서를 유지하기 위해 안간힘을 쓸 때 헨리는 혼란을 틈타 자신의 형을 강제로 축출하겠다는 계획을 공표하였다. 노르만의 해안에 육군을 대동하고 상륙한 잉글랜드 왕은 자기 힘으로 동원할 수 있는 최대한 많은 동맹군을 집결시켰다.

이때 급히 헨리 편에 선 사람 중 하나가 시즈Séez의 주교인 세를로였는데, 그가 관할하는 교구는 이번 내전과 약탈로 극심한 피해를 보았다. 두 사람 모두 상대방에게 얻을 이익이 있었다. 주교는 평화와 교회를 위한 왕실의 지원을 기대한 반면, 젊은 왕 헨리는 형을 상대로 전쟁을 일으킨 짓과 관련하여 정당성을 확보해야 했다. 헨리는 국민과 교회를 지켜주기 위해 싸울 것을 주교에게 약속했다. 세를로는 기뻤지만 왕의 선의를 증명할 수 있는 징표를 얻고 싶었다. 그때가 마침 부활절 기간이었고,

궁중 사람들이 모두 미사를 올리기 위해 모인 자리에서 주교는 열정적인 설교를 통해 장발과 긴 턱수염을 기르고 있던 헨리와 그의 부하들의 허영심을 책망하기 시작했다. 당시는 이 헤어스타일이 막 유행을 타던 시기였다. 그는 긴 머리는 여성이 좋아하는 패션이다, 여성적인 부드러움을 흉내 내는 한 본래의 남성적 힘을 잃을 것이고, 죄악에 더욱 취약해질 것이라고 선언했다. 긴 턱수염 역시 혐오스러운 것이었다. 허영심 많은 남자들은 "짧고 뻣뻣한 털이 정부와 키스할 때 상대방을 찌를까 하는 걱정 때문에" 턱수염을 깎지 않으려 하는 것이라고 그는 주장했다.[30] 게다가 텁수룩한 얼굴은 그들을 기독교인이 아니라 이슬람교도처럼 보이게 만든다. 장발과 턱수염은 죄를 짓고 회개해야 하는 사람들의 모습일 뿐인데, 그런 사람들은 죄를 온몸으로 짊어지고 있기 때문에 "외면적으로 수염이 뻣뻣하고 머리도 다듬지 않은 상태로 걸어 다니는 것이며, 이것은 수치스러운 외모를 통해 천한 내면의 모습을 드러내는 행위이다." 라고 말했다. 그는 손에 들고 있던 가위를 흔들어 보인 다음, 머리를 깎기 위해 왕과 신하들을 강단 앞으로 호출하는 것으로 설교를 마무리했다. 헨리와 그의 신하들은 의무적으로 한 사람씩 강단 앞으로 나아가 이 특별한 성례를 치렀다. 주교의 축복을 받는 대가로 털을 희생하는 이 상징적인 의식을 양측 모두 훌륭한 물물교환으로 여겼다.

세를로 주교는 이 가위 설교에서 두 가지 호소를 했다. 하나는 왕과 그의 부하들에게 신앙심과 교회에 대한 충성심을 증명하라고 압박한 것이다. 또 하나는 위대한 정복자로서 평소에 면도했던 헨리의 아버지를 생생한 사례로써 설교에 끌어들인 점이었다. 그는 왕실 사람들에게 노르만족의 미덕과 힘이 생생히 녹아 있는 '좋았던 옛 시절'을 들먹이는 방식으로 교훈을 주었다.[31] 가위도 도움을 되었을 것이다. 헨리는 승리의 행진을 거듭하여 로버트를 물리쳤고, 노르망디 지역을 통치권 아래에 두었으며, 아버지 영토를 이어받은 상속자로서 향후 30년에 걸친 성공적인 통치의 발판을 닦았다.

면도와 신앙심, 미덕, 권력 간의 상관관계에 대한 세를로식式 해석은 그 후에도 계속 잉글랜드와 노르만 성직자들의 마음속에 스며들었다. 1세기 후 잉글랜드의 수도사인 맘즈베리의 윌리엄William of Malmesbury은 자신이 쓴 유명한 잉글랜드 역사책에서 노르만인들이 잉글랜드를 공격할 때 보여주었던 놀라운 '매끈한 턱'의 힘에 대해 자세히 묘사했다. 맘즈베리의 설명에 따르면, 잉글랜드의 색슨족 병사들은 사냥감을 찾아 돌아다니는 성직자 군단과 맞닥뜨릴 것이라고 예상하다가, 잘 다듬어진 침략자들의 얼굴을 보고는 경악했다고 한다.[32] 그렇게 생각했을지도 모른다. 베이유 벽걸이Bayeux Tapestry[1]에는 매끈한 턱을 가진 노르만 기병대 병사들이 콧수염과 턱수염이 무성한 색슨족 보병들을 완파하는 모습들이 잘 묘사되어 있다. 맘즈베리의 수도사다운 상상력에 따르면, 잉글랜드 사람들은 자신들과 노르만인들의 확연한 차이점에 주목하지 않을 수가 없었을 것이며, 매끄러운 얼굴을 한 노르만인들이 자신들보다 우월한 것에 탄복했을 것이다. 잉글랜드인들은 노르만인들의 높은 도덕적 규율과 "천하무적의 정신력"이 그들의 승리를 보장했다고 믿었다.[33]

세를로 주교와 앵글로-노르만족 수염 애호가들 사이에 벌어진 싸움은 상징적이었으며 단순했다. 헨리와 그의 후계자들은 턱수염을 적당히 길러야 한다는 당대의 규정에 순응했고, 성직자들과 평민들의 차이는 남자

1) 프랑스 노르망디의 소도시 베이유에 있는 길이 70m, 너비 50㎝의 자수 작품. 1100년경에 마틸드 왕비가 만든 작품으로 전해지고 있으며, 노르만인들의 영국 정복을 묘사한 72장면이 그려져 있다.

들의 얼굴은 물론이고 옷에서도 확연해졌다. 앞에서 지적했듯이, 이 시기에 쓰인 〈롤랑의 노래〉는 샤를마뉴 대제가 위엄 있는 백발의 턱수염을 길렀을 것이라는 가정하에 만들어졌다. 그러나 12세기 중반쯤, 턱수염의 대중적인 유행은 한 프랑크 왕에 의해 극적으로 중단되었다. 그가 느낀 양심의 가책과 새 출발의 절박한 필요성 때문에 세속적 의미의 남성성은 전혀 새로운 모습을 띠게 되었다.

루이 왕, 선을 넘다

중세의 교회는 1144년 한 해에 프랑스에서 두 차례 위대한 승리를 만끽했다. 파리 북쪽에 위치한 생드니 수도원의 동쪽 끝에 루이 7세와 그의 아내인 엘레오노르 왕비가 참석한 대관식에 맞춰 새로운 보행로와 성가대석이 헌정되었다. 이 부속 건물은 고딕 양식으로 지어진 최초의 위대한 건축물로 꼽힌다. 그로부터 불과 몇 달 뒤, 왕은 프랑스의 수호신인 생드니의 유해를 재건된 성가대석 밑에 매장하기 위한 엄숙한 행렬을 이끌고 성당에 다시 찾아왔다. 왕은 눈에 띌 만큼 겸손한 태도를 보였고, 칙칙하고 펑퍼짐한 튜닉 같은 참회의 옷을 입고, 샌들을 신고, 면도한 얼굴로 행렬을 이끌었다.[34] 루이 7세는 재위 초기에 격동과 불운의 세월을 보낸 뒤라 자신의 운명을 바꾸고, 하나님과 교회의 지도에 따르고 신하들로부터 존경심을 끌어내겠다는 굳은 결의에 차 있었다.

성당의 재건축과 왕의 개심은 여러모로 공통점이 많았다. 둘 다 그 시대의 종교적인 이상에 감화를 받아 이루어졌으며, 둘 다 선견지명이 있는 수도원장의 지지를 받았다. 또한 두 사건 모두에 핵심이 되는 공통 개념은 내면의 아름다움이었다. 생드니 대성당, 또는 얼마 후 짓기 시작한 노트르담 사원 같은 고딕식 교회의 진정한 아름다움은 외부가 아니라 내부에 있었다. 경건한 사람의 진정한 위대함도 마찬가지였다. 부처드가 수년 후에 말했듯이, 내면의 턱수염은 턱수염의 외적 그림자보다 더 아름다웠다.

새로운 생드니 대성당은 정말로 장엄한 건축물을 만들어 하나님과 프랑스 왕실을 찬미하기를 열망했던 쉬제르 대수도원장의 비전이 낳은 걸작이었다. 쉬제르와 건축 책임자는 당시에 각광받던 여러 건축 요소들의 장점을 모두 결합했다. 그중 건축물의 구조를 지지하는 시스템에 특히 신경을 썼다. 외부 벽들에 가해지는 하중 부하를 크게 덜어주는 시스템이었다. 이런 시스템을 사용함으로써 화려한 빛이 홍수처럼 쏟아져 들어올 수 있는 거대한 스테인드글라스 창을 설치할 수 있었다. 쉬제르는 스테인드글라스의 시각적 효과에 황홀해했으며, "그 덕분에 [교회] 전체가 신성한 창문을 통해 끝없이 흘러들어오는 황홀한 빛으로 빛나고, 그 빛은 교회 내부에 아름다움을 퍼뜨렸다"고 설명했다.[35]

루이 왕이 영적인 빛을 충만하게 얻게 된 과정은 좀 더 복잡했다. 이것은 클레르보Clairveaux 시토 수도원장이며 중세 역사에서 가장 정력적이고 영향력이 큰 인물 중 하나인 생 베르나르St. Bernard의 과업이었다. 루이는 약관 17세에 왕위에 올랐고, 의지가 강한 여자인 엘레오노르와 결혼했다. 그는 조용한 생드니 지역에서만 교육을 받았지만 스스로 자신이 거느리는 군대의 강력한 지휘관임을 입증하려고 굳게 마음먹었다. 하지만 불행하게도 루이는 얼마 안 가서 두 가지 측면에서, 가장 위험한 정치적 지뢰밭에 포위되는 신세가 된다. 교회의 정략과 이혼이 그를 함정에 빠뜨린 것이다. 강력한 귀족인 베르망두의 라울이 아내와 이혼하고 엘레오노르 왕비의 여동생 베드로닐라와 결혼하자 교황은 이 새 부부를 즉각 파문했다. 루이는 처제와 그녀의 남편을 지켜주고 싶었고, 또 이 기회에 주요 주교직에 대한 서임권을 놓고 교황과 한판 대결을 겨뤄보고 싶었다. 그에게 돌아온 것은 왕실에 대한 교황의 금지 명령이었다. 즉 그와 그의 신하들이 행실을 똑바로 할 때까지 왕실에서 성찬 의식을 박탈하는 조치였다. 샹파뉴Champagne의 백작은 라울의 이혼을 반대했고, 교황의 명분을 지지했다. 격분한 루이는 신앙심이 깊은 베르나르 수도원장의 간청을 묵살하고 샹파뉴의 백작을 상대로 전쟁을 일으켰다. 경솔했다.

실망스럽게도 전쟁은 인명 피해만 지속되는 교착 상태로 빠졌으며, 엎친 데 덮친 격으로 루이는 자기 휘하의 군대가 마을 사람들을 집단 학살하는 광경을 직접 목격한다. 루이의 병사들이 수천 명의 남자, 여자, 아이들이 도피처로 은신해 있는 교회에 불을 질렀던 것이다. 전쟁의 참상, 그리고 베르나르의 끊임없는 질책에 젊은 왕은 마침내 본인의 실수를 깨달았다. 좌절하고 머리가 혼란스러워진 루이는 우울증에 빠졌고, 내실에 틀어박혀 두문불출했다. 거의 말도 못 하고, 움직이지도 못했다. 베르나르는 고립무원의 왕실에 조언을 해주라는 요청을 받고 궁전에 들어가 왕에게 회개하고, 교황 및 샹파뉴의 백작 사이에 쌓인 문제들을 해결함으로써 새 출발할 것을 촉구했다. 루이 왕은 베르나르의 충고를 받아들여 적들과 화해하고 생드니에서 회개의 행진을 시작했다.[36] 이것은 루이뿐만 아니라 프랑스에 새로운 시작을 알리는 사건이었다. 3년 뒤 또다시 베르나르의 독촉에 의해 그는 성지(지금의 팔레스타인 지역)를 향해 개인적으로 두 번째인 십자군 원정을 떠난다. 그의 원정은 성공하고는 전

5.3 프랑스 플레시Plessis 성에 있는 프랑스 루이 9세의 조각상. 14세기.

혀 거리가 멀었지만, 선과 신앙심에 관한 그의 명성은 그가 1180년에 죽을 때까지 계속 커졌다.

생드니에서 이런 방식으로 자신의 모습을 드러냄으로써 루이 7세는 프랑스 왕실에 두 개의 선례를 남겼다. 경건한 신앙심과 턱수염 없는 얼굴이 그것이었다. 그 후 3세기 반의 세월 동안 경건한 신앙심은 항상 유지되었다고 보긴 어렵지만, 턱수염 깎기만큼은 잘 지켜졌다. 도덕적으로 사는 것보다 도덕적으로 보이기가 더 쉽다는 것이 여실히 드러났다. 루이는 증손자, 즉 루이 9세를 가장 자랑스러워했을 것이다. 루이 9세는 사실 한 번이 아니라 두 번이나 십자군 원정에 나갔고, 사후에 성인으로 공표되어 자기 증조부보다 더 뛰어난 사람이 되었다.

루이 7세와 루이 9세 모두 십자군 원정에 열정을 쏟았고, 이 때문에 왕실의 용모 스타일이 널리 보급되었다. 십자군 원정에 나선 기사들은 프랑크 왕국의 전통에 따라 턱수염 없는 얼굴을 선택했다. 그것이 자신들이 수행하고자 하는 종교적 임무와 어울리며, 턱수염 없는 것이 적군인 무슬림들과 아군을 구별하는 데에도 도움이 된다고 믿었기 때문이었다.[37] 통치 영역을 확장하고 싶어 하는 스페인의 기독교도 왕에게 십자군 전쟁은 사실상 영원히 진행되는 상황이었고, 이런 기독교도 왕의 지배 아래에 있던 현지의 무슬림들은 의무적으로 턱수염을 길러야 했다. 그래야 그들을 턱수염이 더 짧은 기독교 상관들과 쉽게 구별할 수 있기 때문이었다.[38] 1차 십자군 전쟁이 한창이던 1098년, 콘스탄티노플 인근에서 전개된 안티오키아 전투에서 많은 십자군 전사들이 시가전을 벌이던 중 실수로 같은 편을 많이 죽였다. 이는 원정 기간이 너무 길었던 탓에 그동안 턱수염이 너무 많이 자랐기 때문이라고 한다. 당시 르퓌Le Puy 주교는 교황을 대신하여, 병사들에게 이런 일이 또 일어나지 않도록 신경 써서 면도하라고 간곡히 당부했다.[39] 그 후에는 얼굴에 난 털이 누가 어느 편인지 가늠하는, 신뢰할 수 있는 징표로 쓰였다. 사실 지나치게 신뢰하여 가끔 악용되기도 했지만. 3차 십자군 전쟁이 한창이던 1190년, 술탄(아랍의 왕) 살라딘이 지휘하던 아랍 보급선이 아크리Acre 항구를 에워싼 십자군의 봉쇄망을 돌파하는 데 성공하였는데, 이때 아랍 수병들은 십자가를 그린 깃발을 휘날리고, 갑판에 돼지들을 풀어 돌아다니게 하고, 턱수염을 밀어서 서유럽인처럼 보이도록 위장했다.[40]

십자군 특유의 종교적 삶과 병사로서의 삶의 융합은 두 개의 십자군 단체 창설이라는 방식으로 제도화되었다. 하나는 기사간호단Hospitallers 이고, 또 하나는 템플 기사단Templars이다. 이 단체의 대원들은 임시로 참여하는 병사 겸 순례자가 아니라, 정식으로 전투에 참여하는 수도사들이다. 그들의 주된 소임이 기도가 아니라 전투였다는 사실을 제외하면, 그들의 서약과 생활방식은 다른 수도원 사람들과 비슷했다. 그들은 결혼하지 않고 순결을 지켜야 했으며, 다른 수도사들과 공동생활을 해야 했다. 또 겸손과 복종의 교리를 준수해야 했다. 그들의 삶은 속세의 삶과 은둔 생활 사이의 모호한 위치에 놓인, 일종의 혼합형 수도원 생활이라 할 수 있었다. 그들의 털에 대한 규정도 마찬가지로 좀 모호했다. 1129 년에 제정된 템플 기사단의 원래 규칙에 따르면, 대원들은 "앞에서 보든 뒤에서 보든 정식 성직자로 임명받을 수 있도록" 서로 적당한 머리 길이를 상대방에게 알려줘야 한다.[41] 수염에도 똑같은 규칙이 적용되어, "얼굴을 덮은 악이 필요 이상으로 많이 눈에 띄지 않도록 해야 한다."고 했다. 쉽게 말하면, 템플 기사단원은 평범한 수도사처럼 보여야 했던 것이다.

이런 규정에 따랐다면 템플 기사단원은 기껏해야 짧은 턱수염을 가졌을 것이다. 하지만 나중에 단원들은 방향을 바꿔 턱수염을 길게 기르는 관습을 택했다.[42] 그들이 언제, 왜 이렇게 방향 전환을 했는지에 대한 기록은 없다. 하지만 그들이 이런 행동을 취할 만한 동기는 적어도 두 가지가 있었다. 우선, 이런 스타일은 템플 기사단의 소명 의식에 관한 불확실성을 일거에 제거해주었다. 즉 턱수염은 그들이 전사들이지, 성가대원 겸 수도사가 아니라는 점을 알려주는 확실한 증표였다는 것이다. 또 하나의 장점은 트레이드마크로서 효과가 있다는 점이었다. 그들은 성지의 영원한 수호자이고 엘리트 군대였기에, 절대로 일시적 복무 기간을 채우는 보조 기사와 혼동되고 싶지 않았다. 물론 이 같은 특별한 스타일은 본인들에게 불리하게 작용하기도 했다. 이슬람교도 병사들은 흔히 턱수염을 기른 기독교도 포로들을 잡으면, 혐오스러운 집단 소속이라고 추정하고 그 자리에서 죽이곤 했다.

십자군 운동은 1291년에 성지에 남아 있던 기독교도들의 마지막 거점이 함락되면서 공식적으로 막을 내렸다. 이로부터 10년이 조금 넘었을 때 신앙심 깊은 루이 9세의 손자, 필립 4세가 교회세를 둘러싼 갈등을 벌인 끝에 교황을 체포했고, 교황의 권위를 자신의 통제하에 두는 데 성공했다. 이로부터 10년 후, 필립은 템플 기사단의 지도자급 인사들을 체포하여 수염을 깎아버렸으며 처형했다. 그리고 그들의 재산을 압수했다. 필립은 교회에 봉사하는 데 관심이 없었다. 그는 그 반대를 원했다. 유럽의 세력 균형은 이제 교황과 주교단으로부터 결정적으로 왕과 귀족에게 유리한 쪽으로 기울기 시작했다. 아마 여러분은 평신도들이 득세함으로써 전문 성직자들이 의무적으로 면도해야 한다는 전통이 종식되었을 것이라고 추측할지 모르겠다. 하지만 그 반대였다. 평민들이 성직자들에게 갖는 존경심을 줄어들었지만, 그들은 여전히 턱수염 없는 얼굴이 나타내는 미덕과 절제미를 존중했다. 그 결과, 1300년대 말에 면도는 아주 보편적인 현상이 되었다. 평신도들은 면도칼을 사용하면서, 자신들에게도 한때 성직자들의 전유물이었던 내면의 턱수염이 있다고 주장했다.

중세 말, 수염은 더 이상 남자들의 계급을 나누는 특징으로서 역할은 하지 못했다. 대신, 턱수염은 신분에 관계없이, 잘 교육받고 훌륭하게 자란 사람들이라면 누구나 갖고 싶어 하는 특징이 되었다. 같은 논리로, 수염은 부정적인 것을 연상시키기도 했다. 이런 상징이 훌륭하게 묘사된 것이 1376년 프랑스 왕 샤를 5세에게 헌정된 아리스토텔레스의 《정치학》에 삽입된 그림이다.[43] 이 책에서 미술가는 아리스토텔레스가 주창한 세 개의 기본적인 정부 형태를 좋은 형태와 나쁜 형태로 나누어 생생하게 묘사했다. 첫 번째 삽화(**그림 5.4**)에 좋은 정부의 세 형태, 즉 군주제, 귀족제, 참주제를 상징하는 그림들이 위에서 아래로 연속 장면 형식으로 그려져 있다. 맞은편 페이지에는 (**그림 5.5**), 이런 정부들이 나쁜 쪽으로 변형된 형태, 즉 독재정치, 과두제, 민주제(군중이 통치한다) 정부의 상상화가 제시되어 있다. 선과 악의 대조는 각 도화의 핵심 인물들의 옷과 수염 모양에서 확연하게 드러난다. 나쁜 정부 쪽의 남자들은 쇠사슬로 만든 갑옷을 입고 있고, 무기를 들고 있으며, 길고 수북하고 끝이 갈라진 턱수염을 휘날리고 있다. 좋은 정부 쪽의 남자들은 교회 사람들처럼 예복을 입고 있으며, 깔끔하게 면도했다. 이 중세의 미술가는 아리스토텔레스의 사상을 그림으로 표현하는 과정에서 남성성을 나타내는 흔한 개념, 즉 머리와 수염을 잘 다듬은 남자는 당연히 현명하고 자비롭다는 개념에 의지했었음을 알 수 있다.

바람직한 남성성과 바람직하지 않은 남성성을 세심하게 표현한 이 작품은 수 세기에 걸쳐 교황 그레고리우스 7세, 세를로 주교와 브루노 주교, 부처드 수도원장 같은 사람들이 고취시킨 교회의 가르침, 법, 관행의 결정판이었다. 이것은 루이 7세와 9세 같이 십자군 운동에 헌신한 신앙심 깊은 왕들의 모범적 생활에 의해 한층 더 발전하였다. 이런 신앙심 깊은 남자들은 자신들의 겸손한 생활 방식에 자부심을 느꼈으며, 턱과 머리의 무모無毛는 정신적 힘의 상징이며, 자기네들이 영예와 권위를 누릴

5.4 군주제, 귀족제, 그리고 참주제를 묘사한 그림들. 14세기 프랑스에서 펴낸 아리스토텔레스의 《정치학》에 수록.

자격이 있다는 징표라고 주장했다. 성직자들은 전사戰士적 가부장의 이미지와는 선을 그었으며, 이들의 모습은 한동안 독보적인 듯 보이기도 했다. 그 선전은 효과가 꽤 좋아서, 정계와 사회에서 교회의 힘이 점진적으로 퇴조했음에도 불구하고, 아니 퇴조했기 때문에 평신도들은 면도와 이것에 연관된 미덕을 자기 수련의 덕목으로 삼았다.

5.5 독재정치, 과두제, 민주제를 상징하는 그림들. 14세기 프랑스에서 펴낸 아리스토텔레스의 《정치학》에 수록.

1438년 한 만찬 자리에서 오고 간 대화가 중세 수염 역사의 요약판이라고 해도 손색이 없을 것 같다. 스페인의 귀족이며 탐험가인 페로 타푸르는 이탈리아를 방문 중이었던 동로마 제국의 황제인 요한 8세와 대화를 나누었다. 그때 타푸르의 턱수염, 아니 그가 콘스탄티노플에 오랜 체류를 마치고 최근에 서부 유럽으로 돌아오자마자 깎은 턱수염이 화제에 올랐다. 황제는 타푸르가 큰 실수를 저질렀다, 턱수염이 "남자에 있어 가장 큰 영예이며 위엄"이기 때문이라고 주장했다. 타푸르는 이에 대해 전라틴계 서유럽을 대변하여, "우리 생각은 반대입니다. 큰 부상을 당한 경우를 제외하고, 우리는 턱수염을 기르지 않습니다."라고 대답했다.[44] 타푸르는 로마 교회가 써준 대본을 읽은 것과 마찬가지였다. 심지어 그로부터 거의 700년이 지난 오늘날에도 서구 유럽의 후손들은 무의식적으로 깔끔하게 면도한 남자에게서 선량한 마음, 훈육, 명예를 본다.

6

턱수염의 부활

중세 말에 품위 있는 남자들은 교회가 선도하는 자기 성찰적인 삶의 방식을 따라서 매끈하게 면도한 얼굴로 돌아다녔다. 이와 반대로, 르네상스 시대의 남자들은 세상의 변화를 열린 마음으로 받아들였다. 부패와 죄악에 대한 성찰은 줄었고, 대신 인간의 능력과 잠재력에 대한 관심은 커졌다. 세속적인 성격이 강해진 것이다. 이 무렵 세속화된 남성상은 유럽에서 일어난 두 번째 턱수염 부흥 운동에 뿌리를 두고 있으며 또 그 운동에서 표현방법을 찾아냈다. 로마 제국 시절에 절정기를 누린 이후, '얼굴의 털'이 남성성을 규정하는 데 이토록 중요한 역할을 수행한 적이 없었다. 하지만 이런 변화가 하루에 이루어진 것은 아니며, 이를 둘러싼 논란이 없었던 것도 아니었다. 주로 권세가의 남자들이 육체 개조 과정을 추진했고, 원대한 야심에서 그들은 추진력을 얻었다.

두 왕이 으스대다

1520년, 세 명의 젊고 총명하고 야심 많은 통치자가 유럽을 지배했다. 28살이라는 원숙한 나이에 도달한 잉글랜드의 헨리 8세가 이 그룹의 맏형 격이었다. 그는 약관 17세에 왕좌에 올랐다. 프랑스의 프랑수아 1세는 25세였고 5년째 이 나라를 통치하고 있었다. 강력한 합스부르크 왕조의 자손인 카를 5세는 겨우 스무 살이었다. 그는 독일과 이탈리아 영토를 다스리는 신성 로마 제국 황제로 막 선출되었지만, 그 전에 이미 스페인과 네덜란드 왕으로 재위하고 있었다. 유럽 대륙에서 가장 세력이 큰 통치자로 군림했던 프랑수아와 카를은 앙숙이었는데, 특히 이탈리아 지배권을 놓고 충돌이 심했다. 두 사람 다 잉글랜드의 헨리 왕과 선린 관계를 확보하고 싶어 했지만, 먼저 행동에 나선 쪽은 프랑수아였다. 카를이 황제로 선출된 직후, 프랑수아와 헨리는 1520년 잉글랜드가 점령하고 있던 프랑스 북부의 한 들판에서 일주일 동안 연회, 마상 시합, 외교회담 등을 가진 끝에 두 나라 왕실을 합가하는 새로운 동맹을 맺기로 약속했다.

야심 많고 교육 수준이 높았던 프랑수아와 헨리는 북부 유럽에 등장한 새로운 왕실 세대를 대변했다. 그들은 이른바 르네상스적 교양인[1]이었으며, 원기 왕성했고 운동을 좋아했다. 또 고전 시가와 근대 음악에도 조예가 깊었다. 프랑수아가 즉위한 뒤 가장 먼저 취한 조치 중 하나는 고대 언어를 연구하기 위해 파리에 새로운 대학을 설립하는 것이었다. 헨리 자신도 라틴어, 프랑스어, 이탈리아어에 능통했으며, 자신의 작곡 실력에 특히 자부심이 있었다. 두 지도자는 서로 빨리 만나서 자신의 지적 능력, 품위 있는 자태, 그리고 재치로 상대에게 깊은 인상을 심어주고 싶었을 것이다. 또 한편으로는 상대의 기를 꺾고 기선을 제압하고자 했을 것이다. 헨리는 축제에 참석차 유럽 대륙에 도착하기 전에 나

---

1) 문학과 회화를 비롯하여 다방면에 능하고 관심도 많은 사람

무로 만든 임시 궁전을 지었고, 그것을 석재로 만든 것처럼 보이기 위해 페인트칠을 했다. 이것을 본 목격자는 레오나르도 다빈치가 왔어도 이보다 더 그럴듯하고, 환상적인 건축물을 짓지 못했을 것이라고 경탄했다.[1] 프랑수아는 들판에 거대하고 화려한 왕실용 텐트를 짓고 그것을 거대한 배에서 가져온 돛대들로 묶어서 지탱했다. 이것과 다른 귀족들이 쓰는 텐트들과 어우러져 이 텐트 마을에는 "금란金襴[1])의 들판"이라는 이름이 붙었다.

두 젊은 왕은 이 중대한 만남 이전에 이루어진 사전 대화에서 서로 존중하고 환대하기로 약속하는 한편, 같이 턱수염을 기르기로 동의했다. 헨리는 이번 회의를 갖기로 약속한 순간부터 프랑스의 왕과 만나는 기쁨을 누릴 때까지 턱수염을 깎지 않기로 다짐했다. 프랑수아도 비슷한 약속으로 호응했다.[2] 두 사람 모두 호머와 고대 히브리족까지 거슬러 올라갈 만큼이나 오래된 전통, 즉 턱수염이 맹세의 상징으로 치부되었던 옛 전통을 지키려 했던 것이다. 그러나 여기에는 이보다 더 큰 의미가 있었다. 이 젊은 지도자들은 일종의 턱수염 의형제를 맺기로 결의했다. 이것은 여느 의형제들처럼 동반자적 우애의 표시이기도 했지만 동시에 경쟁심의 표시이기도 했다.

두 왕은 모두 이 턱수염 조약이 당대의 남성성을 규정하는 기준을 깨뜨리는 데 도움이 되기를 바랐다. 놀랄 일도 아니지만, 두 나라의 왕비는 각각 자기 남편의 이러한 계획을 반대했으며, 두 사람 모두 그 정상회담이 예정된 그해가 시작되기까지는 자기가 약속한 것을 이행하지 못했다. 헨리의 경우는 기록으로도 아주 잘 남아 있다. 그의 아내, '아라곤의 캐

---

1) 금실을 넣어 짠 천

6.1 (왼쪽) 잉글랜드의 왕 헨리 8세, 1520년경. (오른쪽) 프랑스의 프랑수아 1세. Jean Clouet의 그림. 1530년경.

서린'은 남편을 윽박질러 새로 기른 턱수염을 포기하게 했다.[3] 프랑수아도 면도하라는 주변의 압력에 시달렸으나, 헨리와 약속된 회담을 앞둔 수개월 동안만큼은 결의를 새로이 하고 버티었다. 프랑수아가 다시 분투하기 시작했다는 이야기를 전해 들은 헨리는 자신의 적수와 동등한 조건에서 만나기 위해 부득이 아내의 소망을 무시하기로 결심했다.

1520년 6월, 두 사람이 드디어 포옹했을 때 그들은 모두 젊음이 만개한 청년들이었다. 한 잉글랜드인은 프랑수아가 매우 키가 컸으며, 균형 잡힌 목과 긴 코에 갈색 눈은 빛났고, "부드러운 갈색 머리는 깔끔하게 빗질 되어 있었고, 석 달 기른 턱수염은 짙은 색"이었다고 기록했다.[4] 헨리의 수염은 그보다 더 두툼했는데, 또 다른 참석자는 "그에게 아주 잘 어울리는 붉고 큼지막한 턱수염"이라고 묘사했다.[5] 이렇게 두 지도자는 마침내 '우호적 경쟁'을 시작했다. 그 잔치의 핵심적인 행사는 왕비들, 귀부인들, 남자 귀족들 앞에서 펼쳐지는 "무예 대결"이었다. 각자 다른 파트너와 편을 이루어 상대편과 창으로 무예를 겨루었다. 두 왕은 서로 직접 대면하는 것을 가급적 피했으나, 프랑스 측 기록에 따르면 주연을 즐기는 자리에서 드디어 맞붙었다고 한다. 이 자리에서 머리가 검은 프랑수아는 즉석에서 이루어진 레슬링 시합에서 붉은 머리의 헨리를 눌렀다.[6] 이때 헨리가 약간 당혹해하긴 했으나, 이날의 행사는 대체로 원활하게 진행되었고, 두 남자는 화기애애한 시간을 보냈다. '금란의 들판'은 진지한 외교 무대였으나, 춤과 식사, 주연, 그리고 스포츠를 즐기기 위한 구실도 되었다. 아울러 두 남자가 새로운 스타일의 용모를 선보이는 기회가 되기도 했다. 이 시점부터 후퇴는 없었다. 북부 유럽에서 턱수염의 시대가 본격적으로 열린 것이다.

두 왕은 남자 용모에 관한 오래된 전통을 왜 그렇게 무시하려 했던 걸까? 이에 대한 대답을 찾으려면 이탈리아의 상황을 주목해야 한다. 이곳이 헨리와 프랑수아가 주목했던 곳이었기 때문이다. 대부분의 유럽인은 이탈리아를 르네상스 시대를 빛낸 교양과 멋의 원천이라고 생각하며, 두 왕 모두 어렸을 때부터 이탈리아어를 능숙하게 구사할 수 있도록 교육받았다. 특히 프랑수아는 이탈리아 예술과 시의 열광적인 애호가여서, 이탈리아의 귀족 발다사레 카스틸리오네가 궁전의 신하들이 키워야 할 지식과 품위를 논한 책으로 당대의 베스트셀러인《궁정론》[1]에도 호의적으로 언급되어 있을 정도였다.[7] 통치자들은 자신은 물론 자기가 통치하는 왕국을 항상 현대화하기 위해 애쓰기 마련이어서, 프랑수아와 헨리도

---

1) 카스틸리오네가 1508년부터 쓰기 시작해 1528년 완성한 유서 깊은 매너 교본

피렌체, 밀라노, 베네치아, 로마에서 쏟아져 나오는 새로운 사상, 취향, 유행을 열심히 도입하거나 모방했다. 프랑수아와 그의 신하들은 라파엘[1]이 장엄한 턱수염을 기른 카스틸리오네를 모델로 하여 그린 1515년 작 초상화를 익히 알고 있었는데, 이 작품은 그들의 마음속에 턱수염과 이탈리아풍 세련미의 연관성을 더욱 공고히 각인시켰다. 라파엘은 또 1518년 검은색 턱수염이 풍성한 자기 모습을 그림으로 그리기도 했다. 레오나르도 다빈치가 1512년에 스케치한 자화상에는 긴 머리와 엄청난 크기의 턱수염을 기른 본인의 모습이 그려져 있다. 비슷한 시기에 라파엘은 턱수염 계의 라이벌인 미켈란젤로도 예우하여, 그의 모습을 교황 도서관에 프레스코화[2]로 그린 유명한 〈아테네의 학당〉이라는 자신의 걸작 그림 속에 포함했다. 이탈리아의 위대한 예술가들과 저술가들이 이렇게 턱수염을 길렀다면, 전 유럽이 이를 모방하는 것은 시간문제일 뿐이다.[8]

이런 이탈리아 예술계와 문단의 슈퍼스타들이 세운 선례는 전파력이 강하여 교황도 거부하기 힘들었다. 미켈란젤로와 라파엘의 후원자였던 교황 율리우스 2세는 정치와 전쟁을 좋아한 세속적인 인물이었는데, 그는 볼로냐에서 군대를 집결시키는 동안, 작정하고 흰 턱수염을 길렀다. 약 140년 만에 처음으로 교황의 얼굴에 등장한 수염이었다. 율리우스가 턱수염을 기르게 된 동기가 무엇인지를 설명하는 가장 유력한 증거는 한 연대기 편찬자의 기록에서 찾을 수 있다. 프랑스군을 이탈리아 영토에서 쫓아낼 때까지는 절대로 수염을 깎지 않기로 그가 맹세했다는 기록이다.[9] 이 같은 맹세는 전사가 할 법한 맹세이며, 여기에 그의 전투 의

---

1) 이탈리아의 르네상스 시대 화가·조각가·건축가
2) 새로 석회를 바른 벽에 그것이 마르기 전에 그림을 그리는 것

지가 반영되어 있다. 그는 또 미켈란젤로가 자신을 위해 시스티나 성당 천장에 그린 많은 성서 속 큰 인물들과 선지자들에 의해서도 영감을 받았을 것이다. 그러나 율리우스의 턱수염은 오래 가지 않았다. 1512년, 교황의 지위를 약화하려는 프랑스의 시도에 반격하기 위해 소집한 범교단 차원의 종교 회의가 열리기 직전에 그는 다시 수염을 깎았다.[10] 전투의 무대가 군사 작전지에서 신학으로 옮겨감에 따라 전사의 모습을 했던 교황은 면도한 성직자라는 예전의 모습으로 복귀한 것이다.

교황 율리우스 2세와 헨리, 프랑수아의 이야기는 면도의 역사에서 과도기에 해당하는 1520년대 상황을 생생히 증언하고 있다. 교황은 면도하는 남자로서 생을 마감했고, 그의 후계자인 레오 10세 역시 죽을 때까지 수염 없는 얼굴로 살았다. 하지만 젊은 왕들은 새로운 진로를 개척해 나갔다. 1세기 남짓한 기간 동안, 평민들은 성직자의 좋은 점을 모방한다는 뜻으로 턱수염 없이 살았다. 그러나 이제는 상황이 정반대가 되었다. 인문주의 정신이 빚어낸 세속적인 남성미가 영향력을 발휘하기 시작하면서, 남자의 스타일을 바꿔놓은 것은 물론 교회마저 흔들어놓았다. 교회법에 의해 여전히 의무적으로 면도해야 하는 성직자들은 자신들이 취해야 할 입장에 대해 다시 고민하지 않을 수 없었다. 현재 취하고 있는 독특한, 어쩌면 우월적이기도 한 남성성의 유형을 고수해야 할까, 아니면 세속적인 이상주의에 호응하여 수염이라는 자연이 준 권위를 받아들여야 하는 것일까? 그 후 성직자들 사이에서 벌어진 격론과 면도칼을 포기하고 싶은 여러 사람의 마음은 무엇보다 턱수염 부흥 운동에 깔린 기본적인 논리를 잘 나타내고 있다.

피에리오 발레리아노, 턱수염을 찬성하다

1500년대 초에 불기 시작한 새로운 턱수염 부흥 운동은 자존심 강한 인문주의자들과 야심 많은 왕들이 촉진하였으나, 교황들이 겪은 갈등 때문에 강화된 측면도 있다. 율리우스 교황이 길렀다는 전쟁용 턱수염이 유명했지만, 가장 오래도록 영향을 끼친 것은 불운의 클레멘스 7세가 길렀다는 참회의 턱수염이었다. 이 턱수염의 여파는 클레멘스의 교황청에서 일하는 사제이자 학자인 피에리오 발레리아노가 가톨릭 성직자들을 대상으로 턱수염을 장려하는 책을 썼을 때 엄청나게 커졌다. 턱수염의 역사에서 또 하나의 중요한 분기점으로 알려진 사건, 즉 1527년 로마 약탈 사건[1]이 터지지 않았다면, 클레멘스는 턱수염을 기르지 않았을 것이고, 발레리아노가 그 책을 쓰는 일도 없었을 것이다.

1527년 여전히 혈기 왕성한 신성 로마 제국의 황제 카를 5세는 제국의 권위에 저항하는 클레멘스를 벌하기로 결심하고, 스페인과 독일에서 소집한 2만여 명의 병사들을 로마에 파견했다. 급여와 식량 보급이 열악했던 병사들에게 도시를 약탈해도 좋다는 허락이 떨어졌고, 이들은 로마를 돌아다니면 가정집들을 파괴하고, 교회와 도서관을 약탈했으며, 무방비 상태의 시민들을 강간하고, 고문하고, 살해했다. 이런 대혼란의 와중에서 로마 시민 중 절반이 죽거나 도망갔다. 매장되지 못한 시체들이 뜨거운 여름 며칠 동안 거리에 그대로 방치되었다.[11] 희생자 가운데는 인문주의 학자이자 코르푸Corfu의 대주교인 크리스토포로 마르첼로도 있었는데, 그는 스페인 병사들에 의해 자기 집이 약탈당한 뒤 몸값을 받기

---

1) 1527년 5월 6일 교황령의 수도 로마를 침략한 신성 로마 제국군 가운데 일부가 통제에서 벗어나 로마 시내에서 무차별적 약탈을 자행한 사건

위한 인질로 잡혀 있었다. 병사들은 마르첼로가 자기네들이 요구한 몸값을 낼 능력이 없다고 판단하고, "이 유명한 사람을 나무에 쇠사슬로 묶은 다음 알몸으로 공터에 세워 두었다. 그들은 매일 그의 손톱을 하나씩 뽑았고, 결국 그는 이런 끔찍한 고문 끝에 죽었다."[12]

이것은 피에리오 발레리아노의 묘사인데, 그는 로마의 함락과 마르첼로 같은 인문주의 학자의 개탄스러운 고통을 상세히 기록했다. 교황 클레멘스를 비롯한 많은 로마 사람들은 이 불행한 사건을 자신들의 죄악에 대한 하나님의 벌로 해석했고, 회개와 속죄의 뜻으로 면도를 중지하고 다른 이들에게도 본받으라고 촉구했다.[13] 수년 후인 1531년, 그는 사제들에게 턱수염을 길러도 좋다는 공식적인 허가를 내렸다.[14] 교황의 의도는 참회였을 테지만, 많은 성직자들은 이 새로운 명령을 다른 이유로 환영했다. 그들은 이것이 성직자의 남성성이 부활했음을 나타내는 징표이기를 바랐다. 발레리아노가 클레멘스의 포고령이 선포된 해에 출판한 《성직자들의 턱수염을 옹호하며》라는 작은 책에 바로 이러한 생각이 담겨 있었다. 이 책은 르네상스 시대에 시작된 턱수염 부흥 운동의 공식 선언문이라 할 수 있다.

발레리아노는 교황의 회개하고자 하는 의지를 칭찬했지만, 그의 마음은 교황의 겸손한 태도에 초점이 맞춰져 있지 않았다. 그가 주로 다룬 내용은 성직자들이 남성적 성격을 강화하고 잃어버린 권위를 마땅히 되찾아야 한다는 것이었다. 로마의 파괴가 준 교훈은 힘 있는 유럽인들이 더는 예전처럼 교회를 존중하지 않는다는 것이었다. 이런 흐름을 뒤집으려면 성직자들은 소심한 태도, 부드러운 마음, 면도한 남성 얼굴이 대변하는 방종적인 자세를 헌신과 단호함으로 무장한 새로운 마음가짐으로 바

6.2 (왼쪽) 교황 클레멘스 7세, Sabastiano del Piambo 그림. 1527년 이전 작품. (오른쪽) 교황 클레멘스 7세. Sabastiano del Piambo 그림. 1531년경.

꿔야 할 것이다. 턱수염은 이런 자질들을 보여주기 딱 좋은 상징이었다.

그의 책은 이런 맥락에서, 성직자들은 면도해야 한다는 중세적 논리를 뒤집고, 자연스러운 남성성이 좋다는 새로운 르네상스적 논리의 정당성을 강조하였다. 발레리아노는 성직자들이 면도해야 하는 이유를 도무지 알 수 없다고 주장했으며, "내면의 턱수염"이라는 중세 신학에 대해서는 전혀 아는 바가 없다고 말했다. 훌륭한 인문주의자답게 그는 모호한 신학 이론이 아니라 자연의 법칙, 과거의 본보기, 정직한 이성의 명령이 사람들을 이끌어야 한다고 말했다. 그는 면도 규정과 관련된 교회법의 기만적인 변질을 폭로했다. 발레리아노는 가장 오래된 교회법은 수염을 금지하지 않았으며, 오히려 그 반대라는 사실을 증명했다. 이로 인해 교회가 새로운 노선을 취할 길이 확실하게 열린 것이다.

발레리아노 주장의 핵심은 턱수염을 받아들이는 방향으로 고대 역사와 자연법을 인용한 것이었다. 그는 '얼굴의 털'은 자연스러운 현상일 뿐 아니라 유용하다고 주장했다. 이것은 남자의 몸에서 나쁜 액을 없애고, 충치를 비롯한 질병을 막아주며, 피부가 극도로 더워지거나 추워지는 것을 막아준다고 했다.[15] 고대 사람들은 현명하게도 턱수염이 도덕적인 힘과 연관되어 있다고 가르쳐왔다. 발레리아노는 최초의 턱수염 부흥 운동을 일으킨 고대 철학자들의 사상을 인용하여, 도덕적 가치를 침해할 가장 큰 위험은 "지나친 고상함과 비겁한 태도, 쉽게 살고자 하는 마음가짐과 여자 같은 마음가짐"이라고 주장했다.[16] 고대 그리스의 위인들은 물론, 예수 그리스도를 포함한 구약과 신약에 등장한 많은 영웅은 모두 턱수염을 기른 남자들이었다. 발레리아노는 "성직자들은 가혹한 비판, 부끄러운 결과, 나약함과 중상모략에 흔들리는 의심 등을 삼가야 하며 궁극적으로 여자가 아니라 남자처럼 보여야 한다. 만약 우리가 정확하게 턱수염이 무엇이고, 이것이 어떻게 품위 있고 고결한 남자들을 멋있게 만들어주며, 성직자들의 지위와 명성에 얼마나 크게 기여하는지 알았다면, 우리가 턱수염을 부끄러워할 이유가 없었을 것이기 때문이다"라고 생각했다.[17] 이 인문주의 학자의 생각대로, 문제는 성직자들의 과도한 세속적 욕망이 아니라 그 반대였다. 성직자들이 잃어버린 명성과 특권을 되찾으려면 그들 자신의 남성성부터 회복해야 했던 것이다.

발레리아노의 주장은 유럽의 여러 왕실과 대성당에서 공감을 불러일으켰고, 새로운 남성 스타일은 급속하게 뿌리를 내렸다. 1533년 영국에서 한 익명의 번역가가 발레리아노의 논문을 영어판으로 출판하였는데, 그는 이 책에서 본인을 발레리아노를 지지한 소신 때문에 엄청나게 고

초를 겪은 턱수염 애호가라고 소개했다. 그로부터 정확히 2년 뒤인 1535년, 헨리 왕은 신하들에게 턱수염을 기르라고 명령했다.[18] 물론 이 조치가 헨리가 잉글랜드에서 시도한 유일한 대변화는 아니었다. 그 전해에 헨리는 로마의 권위를 무시하고 스스로 잉글랜드 교회의 새 수장으로 올랐다. 턱수염을 기르라는 헨리의 명령은 이 중대한 사건과 관련돼 있긴 하지만, 단순히 신교 창설의 문제가 아니었다. 헨리가 그 전에 보여준 여러 행동은 이런 사태가 조만간 발생하리라는 것을 시사했으며, 이 사건은 편리한 계기를 제공했을 뿐이었다. 신교도들이 원래 가톨릭 교인들보다 턱수염에 큰 열정을 갖고 있었을지 모르나 발레리아노의 책은 이것이 종파의 경계를 넘어서는 문제라는 사실을 증명했다.

하지만 옛 관습은 그렇게 빨리, 또는 쉽게 사라지지 않는다. 특히 프랑스는 대학교, 도시, 법정 등에서 교수, 판사, 관리들에게 면도를 의무화함으로써 변화를 막으려 했다. 파리 대학교는 1533년 긴 턱수염을 기른 교수들의 강의실 출입을 금지했다.[19] 1540년, 프랑스 최고 법정인 파리 고등법원은 법정에 출입하는 모든 판사와 변호사들의 턱수염을 금지하는 이른바 "턱수염 포고령"을 내렸다.[20] 이런 과도기에 '얼굴의 털'은 도덕적 질서라는 보다 큰 문제로 부각되었다. 책임감 있고 고상한 남자들이 제 얼굴을 털보가 되도록 내버려 두는 것이 옳은 것일까? 오를레앙 Orleans에서 활동한 교수이고, 연설가로도 유명한 젠띠앙 헤르베는 세 차례 성공적인 강연회를 통해 이 문제를 정면으로 다루었는데, 그 강연 내용은 1536년 출판된 뒤 현재까지 이 문제에 관한 한 가장 정통한 설명으로 칭송받고 있다. 헤르베는 품위 있고 재치 있게 이 문제를 모든 관점에서 분석하였고, 찬반양론을 소개하였으며, 최종적으로는 '관용'을 주장하는 중립적인 입장을 제시하였다. 이 논란의 양쪽 끝에 있는 주장들이 모두 훌륭하며 어느 쪽을 택하든 일리가 있다고, 그는 결론 내렸다.

순전히 신체적인 관점에서 보면, 찬반양론 중 어느 것이 우월하다고 볼 수 없다고 헤르베는 주장했다. "자연의 눈으로 볼 때 찬반양론은 모두 정당하다. 자발적으로 턱수염을 기르는 것도, 그것을 기꺼이 면도칼로 깎는 행위도 자연스러운 일이기 때문이다"[21] 노동자 같은 일부 남자들에게 턱수염을 짧게 미는 행위는 실용적인 측면에서 일리가 있다, 반면에 자신이 아는 사람 중에는 면도를 하면 치통을 비롯한 질병에 시달리는 경우도 있다고 헤르베는 말했다. 헤르베는 고대 저술가들의 글을 검토하는 과정에서도 턱수염을 '용인하자'는 주장의 근거를 찾았다. 고대 그리스와 로마 시대에 모두, 남자들은 자유롭게 제 얼굴의 털을 관리하는 방식을 택했다고 그는 주장했다. 이 말은 터무니없는 과장이지만, 헤르베의 의도는 고대 학자들에게 지혜와 절제의 옹호자라는 역할을 부여하고 싶었던 것이다. 그는 지혜가 그 자체만으로 좋은 유일한 덕목이라는 플라톤의 주장을 인용함으로써 글을 마쳤다. 그는 또 만약 지혜가 목적이라면 남자가 턱수염을 기르든 안 기르든 중요한 것이 아니라고 썼다.[22]

헤르베는 명확하게 턱수염을 길러야 한다고 주장하지는 않았지만, 성직자들이 자신들과 평민을 육체적으로 차별화해야 할 이유가 없다는 발레리아노의 결론에 동조했다. 남성성은 육체적 성질에 기초를 두고 있는 동시에 지혜와 도덕적 힘이라는 장점에 뿌리를 둔 덕목이다. 고대 그리스와 로마의 시인과 철학자들은 그리스도와 사도들처럼 이런 남성성을 나타내는 훌륭한 모델이었다. 헤르베는 철학자들과 예수의 제자들이 모두 턱수염을 길렀다는 사실을 이런 공통점을 확인시켜주는 증거라고 보았다. 발레리아노와 헤르베의 인문주의적 주장이 워낙 무게가 있었기 때문에 턱수염이 없는 얼굴이 옳다는 중세의 논리는 급속히 무너졌다.

교단의 많은 지도자는 이런 인문주의에 입각한 방향 전환에, 특히 이것이 이단적 신교新敎의 위협과 맞물리는 바람에 더욱 놀랐다. 1500년대 말 가톨릭 부흥 운동을 지지한 매우 영향력 있는 개혁가 중 하나인 밀란의 보로메오 추기경은 '성직자 수염론'에 대한 반격에 앞장섰다. 그는 세속적이고 죄가 되는 생각을 버려야 한다는 신념을 포함하여, 중세에 확립된 탄탄한 이론들을 총동원하여 유럽 전역에서 지역 종교회의와 주교 관구급 종교회의를 열어 면도하지 않는 성직자들을 처벌하라는 칙령을 통과시키라고 촉구했다.[23] 마틴 루터 본인부터 시작하여, 신교도들은 그들대로 반 가톨릭 저항운동의 상징으로 구레나룻을 마음껏 길렀다. 두 진영의 성직자들은 흔히 얼굴만 봐도 어디에 속해 있는지 알 수 있었으며, 신교와 구교가 맞붙은 프랑스 내전 당시, 여러 지역의 성직자들은 신교도들의 공격 목표가 되지 않으려고 턱수염을 길렀다.[24]

루터와 프로테스탄트 교도들은 성직이라는 신분이 영적 특권계급을 구성하는 것은 아니며, 성직자라고 해서 나머지 사람과 다르게 구별될 이유가 없다고 주장했다. 발레리아노와 헤르베 같은 구교 인문주의자들처럼 그들은 남성성이란 자연과 분리해서 생각할 수 없는 자연 그대로의 상태라고 주장했다. 신이 남성에게 부여한 덕목과 존엄성이 숭고한 털의 모습에서 증거로 드러난다는 것이다.[25] 가톨릭 성직자들이 '다시 남성으로 돌아갈 것'을 촉구한 사람은 발레리아노였지만 턱수염을 가장 열렬하게 받아들인 쪽은 프로테스탄트 교도들이었다. 예를 들어 일찌감치 루터교로 개종한 요한 에벌린 폰 귄츠부르크는 프로테스탄트 유토피아를 위한 규칙들을 열거하면서 이 내용을 포함했다. "모든 남자는 긴 턱수염을 길러야 한다. 여자처럼 얼굴이 매끈한 남자들은 분노를 살 것이다."[26]

탐험가와 시인들, 털의 "용감한 신세계"를 발견하다

고대 이래로 유럽인들은 아득히 먼 곳에 사는 야만인들은 거칠고 이상하고 몸에 털이 많을 것이라고 상상했다. 그들이 아메리카 대륙과 아시아에서 신세계를 발견한 이후, 그런 곳에는 실제로 털을 기른 사람들이 돌아다녔다. 하지만 그곳의 털 많은 사람은 유럽인 자신들이었고 토착민들은 상대적으로 매끈한 얼굴로 다녔다. "야만인들"이 대체로 수염을 기르지 않는다는 사실을 접하고 유럽인들은 자신들의 수염을 더 긍정적으로 보게 되었다. 턱수염은 유럽의 정복자들에게 자부심을 심어주었으며, 자신들이 비-유럽인들보다 우월하다고 믿을 만한 또 다른 이유를 제공해주었다. 아메리카 원주민들은 일반적으로 수염 숱이 적었고 그마저도 대개 뽑아버렸는데, 털이 무성한 사람들이 갑자기 들이닥치니 놀랄 수밖에 없었다. 콜럼버스는 턱수염 부흥 운동이 시작되기 전에 아메리카 대륙에 도착했지만, 면도의 규칙은 그가 이끌던 선단 내에서는 이미 깨졌다. 스페인의 역사학자 바르톨로메 데 라스 카사스의 기록에 의하면 아메리카 원주민들은 스페인 사람들의 하얀 피부, 옷, 그리고 수염에 놀랐다고 한다. 아메리카 원주민들은 "[스페인 사람들의] 턱수염을 쓰다듬고는, 자기네들에게는 그런 수염이 없다며 경탄했다. 그리고 그들의 손과 얼굴을 덮은 흰 피부를 주의 깊게 들여다보았다."[27] 라스 카사스는 대부분의 유럽인처럼, 턱수염을 기른 침략자들의 우수한 남성성이 원주민들의 기를 죽였다고 추측했다.[28] 하지만 원주민들은 유럽인들의 수염에 혐오감을 느꼈을 가능성이 크다. 캐나다의 한 인디언은 프랑스 남자를 만난 뒤 "아, 턱수염 기른 사람! 아이고 참 못생겼네!"라고 말한 것으로 기록되어 있다.[29]

길고 비극적이었던 유럽인들의 아메리카 대륙 침략사를 통틀어 턱수염은 정복자들의 두드러진 특징이 되었다. 아스텍인들, 잉카족, 기타 토착 민족들은 거대한 동물을 타고 달리며, 끔찍한 무기를 들고, 턱에는 거대하고 흉한 수염을 기르는 자들이 자신들에게 최대 위협이라는 것을 알았다. 에서와 야곱[1])에 관한 성경 이야기는 아메리카 대륙에서 정반대로 전개되어, 털 많은 쪽이 얼굴이 매끄러운 사람의 장자 상속권을 도둑질한 셈이 되었다.

유럽인들이 1530년대까지 자신들의 수염에 쑥스러운 자부심을 느꼈다는 사실에는 의심의 여지가 없다. 오만할 정도로 독립적인 도시인 스위스 바젤의 남자들은 쭈어 하렌Zur Haaren, 즉 "털 많은 사람에게"라는 클럽을 창설하면서, 털이 무성한 야생 남자의 이미지를 자신들의 상징으로 삼았다.[30] 이것은 턱수염을 기른 남자들의 전용 클럽으로서는 역사상 최초이고, 현대에 들어와 새 생명을 얻은 남성 전용 클럽의 선구자격이었다고 할 수 있다.

1500년대까지는 로마 제국 시대 이후 가장 큰 턱수염 부흥 운동이 승리에 승리를 거듭하며 거침없이 질주하고 있었다. 유럽인들이 새로운 자

---

1) 레베카와 이삭이 낳은 쌍둥이 아들들. 에서는 죽 한 그릇 때문에 아우 야곱에게 상속권을 팔았다.

기표현 수단들을 모색하는 것과 때를 맞춰 시인들은 '경이로운 것들'을 노래했다. 얼마 안 되어, 다양한 수염 모양이 다양한 종류의 군상과 연관되기 시작했다. 〈턱수염의 발라드〉라는 작자 미상의 시에는 이런 연관성이 잘 나타나 있다.

로마의 T는 용감하게
처음에는 스스로 드러냈다
하지만 너무 높이 올라가, 불에 타기 일쑤였다
코에서 내뿜는 화염에

뾰족한 턱수염이여, 오! 이것은 나를 두렵게 한다
아래가 너무 날카롭네
얼굴에 단도를 넣어 다니는 그대여
그 칼집 속에 무엇을 넣고 다니나?

하지만, 바느질이 하고 싶어 몸이 근질거린다
옷을 수선할 수 있는 바늘 같은 턱수염
너무 길다고 말할 수 있지
남자는 끝을 볼 수 없으니까

병사들의 턱수염은
삽 같은 모양이로다
그들은 이것으로 적들을 떨게 하리라

그리고 그들의 무덤이 만들어진다고 생각한다

깎다 만 수염은 판사의 턱에서 늘어난다.

나의 시는 경멸하지 않으리;

이것은 육두구[1]에 더 잘 어울리지만

가엾은 죄수의 눈에는 거슬린다

주교의 가슴은 무엇을 투자하나

우유처럼 하얗고 넓게 퍼진 털 말고는?

그것은 진실성의 상징,

그것이 그곳에 살고 있네[31]

턱수염을 노래한 시에는 거의 항상 진지함과 유쾌함이 섞여 있었다. 칼처럼 뾰족한 턱수염에 대한 시구의 성적인 풍자에는 시인의 호기심과 장난기가 드러나 있다. 그리고 병사들은 무덤을 암시하는 삽같이 뾰족한 턱수염을 기르지는 않았을 것이다. 그러나 무성한 턱수염과 병사들이 자주 연관 지어진 것은 사실이다. 셰익스피어의 희곡 《뜻대로 하세요》에 나오는 제이퀴즈Jaques[2]라는 인물은 전형적인 병사의 모습을 "표범처럼 턱수염을 기른 병사"라는 식으로 묘사했다.[32] 1592년 로버트 그린이라는 작가는 작품 속에서 병사들의 삽처럼 생긴 턱수염을 언급했고, 젊은 연인은 짧고 끝이 뾰족한 턱수염을 좋아할 것이라고 추측하면서, 또다시 그의 "칼집" 속에 들어있는 것을 은근히 암시했다. 하지만 그린은 수염

---

1) 육두구 나무의 열매로 양념·향미료로 쓰임
2) 세상일에 환멸을 느낀 짓궂은 인생의 관찰자로 나온다.

으로 드러나는 계급의 차이에 대해서도 깊이 생각했다. 그는 당시 사회의 불평등에 대한 재치 있는 논평에서 두 남자의 대조적인 삶을 비교하면서, 한 사람은 부유한 "면 벨벳으로 만든 반바지"로 표현하고 또 한 사람은 "천으로 만든 반바지"로 표현했다. 그들의 생활 방식의 차이점 중하나는 이발사가 그들을 대우하는 방식에서 드러난다. 잘 다듬어진 뾰족한 턱수염, 정성스레 삽 모양을 낸 턱수염, 또는 끝을 동그랗게 만 콧수염 등은 수염 유지비를 댈 능력이 있는, 돈 많은 남자의 전유물이었다. 부유한 사람들을 그렇지 않은 사람보다 확실하게 우위에 놓을 수 있는 기름, 향수, 염색도 마찬가지였다. 큰 턱수염을 유지하는 데 필요한 관리비 부담 때문에 많은 가난한 남자들은 턱수염을 기를 엄두를 내지 못했을 것이다. 천 반바지를 입은 남자들은 기본적 형태의 턱수염, 즉 "반쪽짜리 네덜란드 치즈처럼" 둥그렇고 평범한 턱수염밖에 기를 수 없었을 것이다.[33]

진정한 턱수염 신봉자들은 요하네스 바르바티움(영어로 "턱수염을 기른 존")이라는 필명으로 활동한 한 독일인이 쓴, "풍성하고 손질하지 않은 턱수염이 모든 사람이 바라는 최고의 턱수염이다"라는 글을 좋아했다. 그는 1614년 자신을 "턱수염 애호가"로 소개하면서 고대 로마의 시인 오비디우스가 쓴 "아름다운 글"을 인용했다.

나의 온몸이 두껍고, 빳빳한 털로 덮여 있다고 해서 추하게 보지 말라. 나무는 잎이 없을 때 추하다. 그리고 말은 두꺼운 갈기가 밤색의 목을 덮고 있지 않으면 추하다. 새들은 깃털로 덮여 있으며, 양털은 양에게 어울린다. 따라서 턱수염과 몸에 난 텁수룩한 털은 남자에

게 잘 어울린다.[34]

바르바티움에게 중요했던 것은 턱수염의 모양이 아니라 그것이 지닌 웅장함과 위엄이었다. 그 시대의 다른 인문주의자들처럼 그는 당대에 일기 시작한 수염의 유행을 고대의 지혜에 대한 진정한 반응이라고 해석했다. 그는 고대에 400년간이나 면도가 유행했다는 여러 증거, 그리고 오비디우스의 턱수염 찬양이 털 많은 외눈박이 괴물인 키클롭스Cyclops에 대한 칭찬을 나타낸다는 사실은 애써 무시하고 모든 고대인이 턱수염이 자연스러운 남성성의 위엄을 확인시켜주는 자연의 방식이라는 점에 동의했다고 선언했다.

셰익스피어, 턱수염에 조연을 맡기다

셰익스피어의 희곡 작품에는 당대 사고방식과 경향이 반영되어 있다고 말할 수 있을 것이다. 셰익스피어 작품에서 우리는 르네상스 시대에 수염이 남성 정체성에서 차지한 역할에 대하여 소중한 통찰력을 얻을 수 있다. 그의 희곡 작품에서 턱수염은 흔히 남자 또는 남성적 영예의 비유적 표현으로 등장했다. 희극 《헛소동》이 좋은 예이다. 이 작품의 주인공은 베네디크와 베아트리체인데, 비극 《로미오와 줄리엣》의 희극 판 상대역이라 할 수 있다. 베로나[1])의 불운한 연인들과는 달리, 서로 경멸하는 베네디크와 베이트리체는 로맨스를 나누기는커녕 서로 아무 사이도 아닌 것처럼 지낸다. 로미오와 줄리엣에게 첫눈에 빠진 사랑이 있다면,

---

1) 이탈리아 북부의 도시로 《로미오와 줄리엣》의 배경이다.

베네디크와 베아트리체에게는 첫눈에 느낀 경멸감이 있다. 베네디크는 "나는 평생 총각으로 살 것"이라고 선언한다.[35] 베아트리체는 레오나토 삼촌에게 자기는 남편이 필요 없다고 줄곧 우긴다.

> 베아트리체: …하나님, 저를 얼굴에 턱수염이 텁수룩하게 나 있는 남
> 편을 보며 참고 살라고 하지 마세요. 차라리 거친 담요를 덮고
> 자는 게 더 낫겠어요.
> 레오나토: 수염 없는 남편을 얻을 수도 있지 않느냐?
> 베아트리체: 수염 없는 남편을 뭣에 쓰게요? 여자 옷을 입혀 제 하녀
> 로 삼으면 모를까. 수염 있는 남자는 애송이보단 낫고, 수염 없
> 는 애송이는 남자도 아니지 않습니까? 애송이보다 나은 남자도
> 제게 어울리지 않지만, 남자가 되지 않은 애송이도 어울리지 않
> 아요…[36]

이 대화를 통해 베아트리체는 남자 혐오론을 펼친다. 진정한 남자는 턱수염을 기른다, 하지만 텁수룩한 턱수염처럼 그들은 거칠고 재미가 없다.

두 사람의 상호 혐오심을 없애주기 위해 베네디크와 베아트리체의 친구들은 꾀를 부려 두 사람이 서로 상대를 몰래 사랑하고 있다고 믿도록 만드니, 그들은 사랑의 신호에 따라 반응했다. 결국 베네디크는 로맨틱한 열정을 느껴 완전히 변신한다. 그는 군인 같은 복장과 빈정거리는 태도를 버리고, 아주 꼼꼼히 깨끗하게 씻고, 달콤한 향수를 뿌리고, 말끔하게 면도한다. 레오나토는 "턱수염이 없으니 정말 전보다 훨씬 젊어 보인

다"고 칭찬했고, 베네디크의 친구들은 전혀 이견 없이 그를 상사병을 앓는 환자로 진단한다.[37] 턱수염 없는 베네디크는 슬픔에 잠긴 채 치통에 대해 불평하는데, 이것은 분명히 그리움 때문에 생기는 달콤한 슬픔을 감추기 위한 핑계일 뿐이다. 하지만 발레리아노의 논문에서도 나와 있듯이, 르네상스 시대 사람들의 머릿속에는 통상적으로 면도와 치통이 연관되어 있다. 셰익스피어 연극의 관객들은 이 통증을 베네디크가 베아트리체에게 잘 보이려고 자기 얼굴에서 거친 남성성의 상징을 매끈하게 밀어버린 죄의 대가라고 받아들일 것이다. 하지만 그의 친구들은 이런 식으로 받아들이지 않았다. 오히려 그를 연정의 대가로 참화를 당한 희생자로 보며 동정한다.

연극의 끝 무렵에 가면 베네디크는 옷을 차려입고 멋을 부리는 것을 넘어, 좀 더 실질적인 방식으로 자신의 연정을 베아트리체에게 증명해야 한다. 베아트리체는 그에게 사촌 헤로의 명예를 위해 싸워달라고 요구한다. 헤로는 베네디크의 친구에게 모욕을 당한 바 있었다. 베네디크는 그렇게 하겠다고 약속하면서, 문제의 친구를 "턱수염도 없는 귀족 놈"이라고 비난한다. 이 대목에서 대뜸 턱수염 없음을 비난하는 것은 뜬금없는 일이다. 참고로 베네디크 본인도 턱수염이 없었다.[38] 다시 말해, 턱수염은 남성적 명예의 상징임을 알 수 있다. 다행스럽게도 이 연극은 희극이며, 오해는 결국 풀린다. 문제의 "턱수염 없는 귀족"은 행실을 똑바로 하고, 모든 일은 좋게 끝맺음한다. 베네디크는 결투를 벌이지 않고도 남자의 명예를 지킬 수 있었고, 베아트리체는 그녀가 줄곧 원했던 남자, 즉 까칠까칠한 진짜 턱수염이 아니라 비유적으로 표현하여 "남성적 명예와 용기라는 턱수염"을 갖춘 남자를 얻게 되었다.

셰익스피어가 이 작품에서 턱수염에 남성성의 '대역'을 맡긴 것은 전형적인 그의 스타일이자 그 시대의 사조이기도 했다. 셰익스피어는 옛날부터 전해 내려온 연관 관계, 특히 성경에서 유래된 연관 관계를 차용하여 희곡 작품에서 턱수염에 이런 역할을 맡긴 것이다. 관객들은 여기에 두 가지 주제가 있다는 것을 깨달았을 것이다. 하나는 턱수염이 용기와 지혜라는 남성적 미덕을 나타낸다는 것이고, 두 번째는 턱수염에 대한 공격은 명예를 모욕하는 것과 같다는 것이다. 《리어왕》에는 이 두 개념이 모두 뚜렷이 드러난다. 이 비극 작품에서 리어왕의 두 딸, 리건과 고네릴은 쇠약한 아버지를 멸시하고 아버지의 왕권마저 전복하려 한다. 한 대목에서 아버지는 두 딸에게 자신에게 존경심을 보이라고 간곡히 당부하며 이렇게 묻는다. "이 수염 보기가 부끄럽지 않느냐?"[39] 이때 그는 실은 "너희들에게는 이 아비와 왕에 대한 존경심이 하나도 없다는 말이냐?"라고 말하고 있는 것이다. 사실 두 딸은 존경심을 갖기는커녕 그를 왕좌에서 쫓아낸다. 신하인 글로스터 백작은 리어왕이 은혜를 모르는 딸들의 손아귀에서 벗어나는 데 도움을 주었고, 그 결과 격분한 리건의 복수에 시달린다. 그는 체포되어 결박당한 상태에서 턱수염이 뽑히는 수모를 당한다.

글로스터: 오, 자비로운 신들에 맹세컨대, 내 수염을 뽑는 것은 참으로 야비한 짓이오.

리건: 그래, 이런 하얀 수염으로 반역이나 저지르고!

글로스터: 악독한 부인이여, 당신이 내 턱에서 함부로 뽑아내는 수염 한 올 한 올이 다시 살아나 당신의 죄를 물을 것이오. 나는 이

집의 주인이오. 날강도 같은 손길로 내가 베푸는 친절한 호의를
이토록 망쳐놓아서는 안 되는 거요. 어떡하실 참이오.[40]

글로스터는 리건에게 자신을 모욕하는 것은 그녀 스스로를 모욕하는
짓이고, 이런 행위에는 복수가 따를 것이라고 경고한다. 글로스터의 노
력에도 불구하고 리어왕은 몰락했고, 이 전직 왕은 자신의 약점이 무엇
인지 반추한 끝에 자만심이 가장 큰 실패 요인이었음을 깨닫는다. 그는
자신이 왕위에 있을 때 "신하들은 개처럼 나에게 알랑거렸고, 검은 턱수
염이 나기도 전에 (지혜의 상징인) 흰 털이 났다고 말했지. 내가 무슨 말
을 하든지 언제나 '예'와 '아니오'라고만 대답했어!"라고 회상했다.[41] 다른
말로 하면, 사람들은 리어왕에게 그가 완전히 성숙한 인간이 되기도 전
에 나이 먹은 사람만이 갖출 법한 지혜를 갖고 있다고 아부했다는 것이
다. 신하들의 아첨과 거짓말 때문에 리어왕은 판단 실수를 저질렀고, 그
것은 반란이 일어나는 원인이 되었다. 그는 자신의 수염에 드러난 명백
한 증거를 무시하는 등, 자신이 자연의 섭리와 진리에 어긋나는 어리석
은 짓을 저질렀다는 것을 너무 늦게 깨달았다. 자연이 보내준 신호에 더
많이 주의를 기울였더라면 아마 더 나은 결과가 나왔을 것이다.

자연과 진리의 연관성은 셰익스피어와 르네상스 시대 유럽인들에게
주된 관심사였다. 턱수염이 남성성을 상징한다는 "진리"는 이런 사고방
식의 일부였다. 턱수염을 남성성의 자연스러운 특징으로서 남성적 개성
을 나타내는 데 필수 요소로 간주했다. 턱수염에 일어난 사건은 그 남자
에게 일어난 사건과 같으며, 그 남자에게 일어난 사건은 턱수염에 일어
난 사건과 같다. 이런 등식은 셰익스피어의 가장 유명한 말 중 하나에도

여실히 나타나 있다. 《뜻대로 하세요》에서 제이퀴즈라는 후회를 잘하고 매사에 회의적인 신하는 "세상이란 모두가 하나의 무대이지. 남자든 여자든 한낱 배우에 불과해…"라고 말한다.[42] 그리고 나서 마치 극작가라도 되는 양, 전형적인 귀족의 인생을, 즉 어린 시절부터 늙어서 죽을 때까지의 과정을 7막짜리 연극에 빗대어 묘사한다. 여기에서 황금기는 독특한 턱수염을 기른 시기이다. 젊은 시절에는 병사로서 "이상한 맹세만 잔뜩 늘어놓고 표범같이 수염을 기른다." 이어 그는 재판관으로서 "툭 튀어나온 배… 매서운 눈에 격식에 맞춰 다듬은 수염, 격언이나 판례를 많이 아는" 모습으로 묘사된다.[43] 우리의 삶이 어떤 면에서는 한 편의 연극이라고 할 수 있을지 모르지만, 이 남자와 그의 의상 사이에는 자연스러운 연관성이 있다.[44]

간혹 이런 의상이 농담 일부가 되기도 한다. 《한여름 밤의 꿈》에서 익살스러운 아마추어 배우인 보텀은 피라모스[1] 역을 맡는데, 무대 감독인 퀸스는 그 역을 "가장 사랑스럽고 신사 같은 남자"라고 묘사한다.

> 보텀: 그럼, 맡기로 함세. 근데 수염은 무슨 빛깔로 하는 게 좋을까?
>
> 퀸스: 그건 자네 맘대로 하게나.
>
> 보텀: 보릿짚 빛, 아니 황갈색, 아니 자줏빛으로 할까. 아니 아주 노란 프랑스 금화 빛깔로 할까 봐.[45]

천박하고, 어느 모로 보아도 메소드[2] 연기파 배우가 아닌 보텀은 맡은 역할의 내면적인 모습보다 가짜 턱수염이 일으킬 화제에만 신경 쓰고

---

1) 그리스 신화에서 사랑하는 티스베가 사자에게 물려 죽은 줄 알고 자살한 청년
2) 자신이 연기할 배역의 생활과 감정을 실생활에서 직접 경험하여 연기하는 연기 기법

있다. 열심히 화려한 턱수염을 붙이면서 그는 남자의 명예, 그리고 자신을 비웃는다. 이 같은 보텀의 집착을 풍자하는 대목에서, 셰익스피어에게 턱수염 자체를 풍자하거나 남성성의 부속물로서의 기능을 부정하려는 의도는 없었던 것 같다. 반대로 희극에 많이 등장하는 보텀 같은 얼간이들 때문에 셰익스피어의 더욱 진지한 작품들이 전해주는 메시지, 즉 남자들에게 특유의 역할과 더불어 털을 부여한 '자연이 정한 사회적 질서'라는 것이 존재한다는 메시지가 더욱 설득력을 얻는다. 이런 질서를 확실하게 인지하는 사람은 정장을 입은 채 우스꽝스러운 수염을 붙이고 덜떨어진 대사를 치는 좀 모자란 남자들이나 소년들을 보며 실소를 머금는다.

스트래트퍼드[1] 출신으로 턱수염을 기른 이 위대한 시인은 본능적으로 수염이 남성성의 연기에서 차지하는 역할을 깨달았다. 다른 르네상스 시대의 남자들은 이 문제를 논리적 또는 과학적으로 이해하려 했다. 셰익스피어 시대에 일류 대학들, 특히 의학 분야에서 유명했던 대학들은 주로 이탈리아에 있었다. 이곳에서 생리학자들은 수염을 둘러싼 자연의 수수께끼에 관심을 집중할 수 있었다.

마르코 올모, 턱수염학의 선구자가 되다

르네상스 시대 대학교수들은 달변과 위풍당당한 모습으로 대중 앞에 서야 했다는 점에서 셰익스피어 연극에 나오는 배우들과는 달랐다. 이들의 주요 무대는 이른바 "논쟁"이라는 공식적이고 공개된 토론회였다. 이

---

1) 영국 워릭셔주의 남서부에 위치한 도시. 셰익스피어의 출생지이자 매장지

것은 정해진 시간과 장소에서 한 학자가 청중이 제기하는 반론에 맞서 자신의 학설을 방어하는 자리이다. 한 가지 사례를 들어보자. 볼로냐 대학의 논리학 교수인 알베르타찌Albertazzi라는 사람이 명성과 경력을 높이려는 의도에서 1594년 11월 28일 오전 9시에 인문학, 논리학, 자연과학, 수학, 철학, 신학에 관련된 100개의 주제를 방어하겠다고 발표했다.[46] 그가 이 "논쟁"을 성공적으로 마쳤는지는 기록에 나와 있지 않다. 하지만 아마도 이것은 친구와 비판자들이 열정적으로 칭찬과 맹비난을 교차하여 퍼부은 꽤 시끄러운 논쟁이 되었을 것이다. 교수들 사이에 벌어지는 진지한 논쟁은 며칠씩 계속되면서 참석자들의 명성을 더 높이거나 손상하기도 했다. 학자들은 또 글을 통해서 법률, 철학, 신학, 자연과학 등에 대하여 서로 공방을 벌이거나, 고대의 권위 있는 학설을 놓고 논쟁을 벌이기도 했다. 따라서 턱수염 부흥 운동이 절정에 달했을 때 수염이라는 주제가 유럽에서 가장 유명한 대학에서 논쟁의 대상이 된 것은 전혀 놀랄 일이 아니었다.

우리가 알고 있듯이 근대 과학은 1500년대에 이탈리아 여러 도시에서 서서히 체계가 잡히기 시작했다. 셰익스피어가 태어나기 1세기 전에, 이탈리아에서 공부한 폴란드 학자인 니콜라우스 코페르니쿠스가 수학과 자신이 관찰한 기록을 바탕으로 하여 태양계에 관한 고대의 학설과 성서를 기반으로 한 이론에 이의를 제기했다. 같은 시기에, 벨기에 출신으로 파두아Padua 대학 의학부 교수로 있던 안드레아스 베살리우스는 정밀한 해부를 통해 인체 해부와 관련한 기존의 실수들을 바로잡았다. 1500년대 말까지, 유럽의 많은 대학은 아리스토텔레스, 갈레노스, 프톨레미 같은 고대의 권위 있는 학자들에 대한 비위 맞추기식 찬양을 조금

씩 거둬들이고, 과학의 새로운 진로를 개척해 나가기 시작했다. 이런 현상은 당연히 학문적 투쟁이 더욱 격화하는 결과를 가져왔다. 17세기 초, 이탈리아는 '턱수염 학계'의 코페르니쿠스 격인 마르코 안토니오 올모 Marco Antonio Olmo, 라틴어로는 Marcus Ulmus라는 인물을 배출했다.

올모에 대해서는 그가 파두아 출신이고 이탈리아에서 가장 크고 명성이 높은 볼로냐 대학에서 의학과 자연 철학을 가르친 교수라는 사실 외에는 거의 알려지지 않았다. 1603년 그는 《인간 턱수염의 생리학》이라는 논문을 발표했다. 빽빽하게 라틴어로 인쇄된 이 300쪽짜리 책에는 인체, 턱수염, 그리고 남성성에 관하여 학문이 제공할 수 있는 최고의 성과가 담겨 있었다.

올모는 그동안 의학계와 자연철학 분야에서 수염에 관한 오해가 만연해 왔다고 확신했다. 그는 각종 문헌을 검토한 끝에 무수히 많은 오류를 찾아냈다. 그의 책에는 그가 동료 학자들과 치렀던 숱한 논쟁에서 억눌러 왔던 분노와 상처들이 고스란히 담겨 있었다. 올모는 고대 그리스 의사 갈레노스의 주장, 즉 털의 주요 기능이 체내에 축적된 폐기물 배출이라는 주장이 틀렸다고 확신했다. 그는 또 털은 아무짝에도 쓸모가 없다, 특히 콧수염은 귀찮은 장애물에 불과하다는 르네상스 시대의 자연 철학자 율리우스 카이사르 스칼리제르의 주장도 반박했다. 올모는 자연이 아무 의미 없는 일을 수행하지는 않는다고 주장하면서, 엄청난 노력 끝에 턱수염이 나는 의미를 알아냈다고 선언했다. "이것은 장식 효과, 나이의 상징, 성별의 표시, 정화淨化 또는 은폐의 목적 때문에 생기는 것이 아니다. 그런 것과는 전혀 무관하며, 인간의 영혼이 풀어야 할 어떤 과제를 수행하기 위해 나는 것이다"라고 주장했다.[47]

영혼은 요즘 과학계에서는 일반적인 주제가 아니지만, 고대 그리스의 과학, 체계적 관측, 그리고 기독교 신학을 융합시켰던 (어떤 사람은 혼란스럽게 했다고 표현하기도 한다) 르네상스 시대 과학에는 좋은 주제였다. 기독교 계율과 자연의 이치에 바탕을 둔 올모의 연구는 털이 우리 육체의 일부이며, 육체의 목적은 영혼에 봉사하는 것이라는 데에서 출발하였다. 따라서 털은 틀림없이, 어떤 면에서는 영혼에도 기여할 것이다. 그것은 "성기 속에 있는 정신"의 외연적 상징으로써 남성적 성숙 및 생식 능력에 내재하는 생명력을 표출함으로써 영혼에 기여한다고, 그는 결론지었다. 요컨대 하나님은 남성적 정신의 물리적 이미지로서 턱수염을 창조하셨다는 것이다.

털이 피에서 생성된다는 올모의 주장이 현대 생리학자들에게는 설득력이 없지만, 우리는 털이 노폐물 배출 통로 이상의 존재라는 그의 고집스러운 주장에는 기꺼이 동조할 수 있다. 이런 고대의 개념은 틀렸기 때문이다. 고대 학설의 이러한 오류를 바로잡기 위해 투쟁을 벌인 점에 있어서 올모는 비슷한 시대 사람인 코페르니쿠스나 베살리우스와 비슷했다. 올모의 두 번째 주장, 즉 "턱수염은 남성의 생식 능력을 따르는 게 분명하다"는 주장 역시 그럴듯하다.[48] 그는 남성의 성적 능력이 성숙하면 "턱수염을 만드는 능력은 자신의 특별한 책무를 수행하는 데 필요한 남성의 생식 능력에 의해 향상되는데, 이것은 얼굴에 털로 옷을 입히고 특정 부위에 털을 배치하기 위한 것이다. 마치 남성의 생식 능력이 턱수염을 통해 트럼펫 연주자가 나팔 불듯이 내가 왔다고 소리치는 것과 같다."[49] 그는 관찰을 통해, 이 명제가 긍정적인 면과 부정적인 면에서 모두 진실임이 밝혀냈다. 다시 말해, 성적으로 성숙한 남자에게는 턱수염이 난다, 반대로 턱수염이 없는 남자는 생식 능력이 없다는 것이다. 그의 주장을 뒷받침하는 핵심적인 증거는 사춘기 이전에 거세되면 턱수염과 성능력을 모두 상실하는 환관들의 사례이다. 그는 여자들에게도 턱수염이 나는 경우가 있는 것처럼, 이 규칙에도 예외가 있다는 것을 인정했다. 하지만 희귀한 예외 때문에 기본 원리를 무효화할 필요는 없을 것이다.

올모는 이런 상관관계를 통해 자연이 남자에게 턱수염을 부여한 목적이 남성적 특징을 드러내 주기 위한 것이라 주장했다. 순전히 의학적인 관점에서 보면, 턱수염은 "그것과 동일한 힘을 발휘하는 장기, 특히 고환의 상태를 나타내는 지표" 역할을 하고, "우리는 그때그때의 턱수염의 특성과 상태에 따라 남자의 신체 상태를 파악할 수 있다."[50] 다시 말해, 우리는 어떤 남자의 체질적 활력을 그의 얼굴에 난 턱수염의 모양과 풍성함의 정도를 보고 진단할 수 있다는 것이다. 올모가 지금 살아 있다면, 그는 현대 생리학자들이 턱수염의 진화 과정을 설명하면서(**1장 참조**) 이와 비슷한 주장을 하는 것을 보며 자부심을 느낄 것이다.

그러나 올모는 여기에서 연구를 그치지 않았다. 그의 생각에 얼굴은 인체에서 매우 중요한 부위이므로 자연이 이곳에 심어 놓은 그 어떤 상징도 매우 중요했다. 그는 생식 작용은 인체 내에서 작용하는 신성한 원리이며, 그 원리에 따라 남자의 정액에 생식을 가능하게 한 생명력이 생겼다는 아리스토텔레스의 주장을 깊이 연구했다. 턱수염과 생식 능력 사이에 이처럼 밀접한 관계가 있기 때문에, 턱수염은 남성 육체에 존재하는 신성한 생명력이 가감 없이 표현된 것임에 틀림없다.[51] "남자는 생식 능력이라는 신성한 능력의 결과물이며, 따라서 남자의 신성한 기원은 그 사람 몸의 신성한 부위에 적절하게, 그리고 알맞게 나타난다"고 그는 추론했다. 그 결과, "영혼의 힘이 만들어내는 모든 움직임은 우리 얼굴에 명확히 나타나며, 노련한 사람들은 그것을 알아볼 수 있다"는 것이다.[52]

이것은 정말 야심 찬 주장이다. 올모를 변호하자면, 턱수염이 특히 그가 활동했던 시대에는 말로 표현할 수 없을 만큼 신비로운 존재였다는 사실을 부인할 수 없다. 올모 자신은 얼굴에 난 털의 장엄함을 과학적인 관점에서 설명할 수 있다고 생각했으며, 그의 결론은 여러 면에서 셰익스피어의 견해와 일치했다. 턱수염은 단순히 남자 신체의 일부가 아니었다. 두 사람 다, 얼굴에 난 털을 깊이 있게 관찰하면 남자의 내면에 있는 중요한 것을 인식할 수 있다고 생각했다. 셰익스피어가 암시했듯이, 리어왕이 젊었을 때 자신의 미숙한 턱수염의 하찮은 상태에 대해 좀 더 깊이 생각했더라면 비극적 불운을 피할 수 있었을지도 모른다.

플랑드르의 과학자인 얀 밥티스타 판 헬몬트(1580-1644) 역시 자신이 턱수염의 진정한 의미를 발견했다고 믿었던 당대의 위인 중 하나였다. 오늘날 판 헬몬트는 화학의 선구자로 알려져 있는데, 물리학적 발견을 철학적 고찰과 융합시킨 점에서 올모와 비슷했다. 판 헬몬트도 올모처럼 턱수염, 남자의 정력, 그리고 영혼이 직접 연결되어 있다고 인식했다. 하지만 그는 올모와는 달리, 그것을 명예로운 관련이 아니라 개탄스러운 관련이라고 보았다. 그는 턱수염이 실제로 남성적 영혼의 상태를 알려주는 신호이지만, 원초적 죄악을 나타내는 불운한 자국이기도 하다고 믿었다. 판 헬몬트의 생각에 따르면, 아담은 에덴동산에서 턱수염 없는 모습으로 창조되었다. 하지만 금단의 과일인 사과를 먹음으로써 내부에서 이브의 "처녀성을 빼앗을 정도로" 왕성한 성욕이 일어났다. 그때 수치심의 표시로 그의 턱에서 턱수염이 삐죽삐죽 나오기 시작했다. 판 헬몬트는

"그래서 겸손의 미덕을 가장 먼저 위반한 자, 그리고 숫처녀의 처녀성을 빼앗은 자가 누군지 아신 하나님은 아담의 턱, 뺨, 입술에 털이 나게 하면… 아마도 하찮은 네 발 짐승처럼 보일 것이라고 생각했다"고 주장했다.[53] 이 플랑드르 과학자는 이런 추리를 통해 필연적인 이론을 끌어냈다. 턱수염이 이렇게 사악하다면 진정한 천사들에게 턱수염이 있을 리가 없다. 만약 어떤 정령이 턱수염을 기른 채 지구에 나타나면 우리는 그 자를 즉시 악마로 지목할 수 있을 것이다.[54]

아담이 에덴동산에서 살 때 턱수염이 없었다는 개념은 무슬림 세계에서도 널리 퍼져 있었다. 하지만 아담의 턱수염에 관한 무슬림의 해석은 판 헬몬트의 이론과 정반대였다. 판 헬몬트와 동시대인인 페르시아의 신학자 무함마드 바끼르 마즐리시의 견해에 따르면, 아담은 에덴동산에서 추방된 후 하나님과 화해했으며, 이 창조자에게 더 만족스러운 용모를 달라고 요구했다. 하나님이 검은 턱수염을 주자, 아담은 그것이 무엇이냐고 하느님에게 되물었다. 하나님이 "이것은 네가 쓸 장식품이다. 아울러 너희와 네 자식들이 최후의 심판일이 올 때까지 써야 할 장식품이다."라고 말했다.[55] 다른 말로 하면, 턱수염은 저주가 아니라 하나님의 축복이란 것이다.

르네상스 시대의 예술가들이 에덴동산에 사는 아담을 턱수염 없는 얼굴로 많이 그렸지만 턱수염이 수치의 상징이라는 판 헬몬트의 생각은 서구 세계에서는 분명히 소수의 의견이었다.[56] 그와 같은 시대에 살았던 대다수 사람들은 턱수염에 자연이 준 목적이 담겨 있다는, 더 유쾌한 견해를 좋아했다. 자연은 한편, 과학자들이 집중해서 설명해야 할 놀라운 현상들도 생성했다. 사람을 매우 당황하게 만드는 수수께끼 중 하나는 턱수염이 난 여자들의 존재였다.

턱수염을 기른 여자들, 초대도 없이 파티장에 난입하다

르네상스 시대의 사람들은 자연의 법칙들을 이해하려고 애를 썼다. 그래서 이런 법칙들이 깨질 것 같으면 언제나 기뻐했다. 여자에게 턱수염이 나는 현상도 당연히 이런 자연법칙을 깨는 것이다. 두툼하고 무성한 턱수염이 나 있는 여자는 예전이나 지금이나 보기 힘들다. 간혹 그런 사례가 나타나면 엄청난 호기심, 혐오감, 그리고 가끔 경탄을 자아냈다. 그들은 정말 여자일까, 남자일까, 아니면 자웅동체일까? 자연법칙이 불안정한 것일까? 성 구별이 이렇게 혼란스러워지면 세상이 어떻게 될까?

수염 난 여자들에 대한 르네상스 시대 사람들의 관심이 가장 뚜렷하게 드러난 사례는 스페인의 화가 후세페 데 리베라가 1631년에 그린 마그달레나 벤투라의 초상화이다. 이 그림의 모델에 대해 우리가 알고 있는 정보는 초상화 오른쪽 여백에 쓰여 있는 장문의 글이 전부이다. "자연의 기적을 보라"라는 제목이 붙어 있는 이 글은 마그달레나가 남부 이탈리아 아브루치에서 온 아내이자 어머니이며, 서른일곱 살 때부터 나기 시작한 턱수염이 "너무 길고 두꺼워 남편과 세 자녀를 둔 여인의 수염이라기보다는 무슨 신사의 턱수염같이 보인다."라고 했다.[57] 마그달레나는 그림 속에서 뒤편에 얌전하게 서 있는 남편보다 이마가 넓고, 그녀의 턱수염이 남편 것보다 훨씬 더 인상적이었다. 그녀의 강하고 도발적인 자세 때문에 남성적인 자태가 더 두드러진다. 동시에 그녀의 여성성도 강조되어 있다. 즉, 그녀는 회전 실타래 옆에 서서, 아기에게 젖을 먹이고

6.3 마그달레나 벤투라의 초상화. 남편과 아기와 함께 있는 모습. 후세페 데 리베라의 그림. 1631년 작품.

있으며, 당시 훌륭한 집안의 여인이 입는 옷을 입고 있다.[58] 그림의 설명문은 섣불리 도덕적 판단을 내리고 있지 않다. 이 초상화를 그린 목적은 털과 얼굴을 보면 완전히 남성이지만 그 외의 모든 다른 면에서는 여전히 여성일 수밖에 없는, 한 여인의 모습을 보여주어 사람들을 놀래주려는 것이었다. 리베라는 자연이 엄청난 재주를 부릴 수 있으며, 턱수염이 항상 남성성을 상징하는 신뢰할 만한 증거가 아니라는 점을 말하고 싶었던 것 같다.

르네상스 시대에 턱수염을 길렀던 유일한 여자 유명인사가 마그달레나 벤투라만 있었던 것은 아니었다. 프란체스카 수녀들, 마그달레나, 안토니에타 곤살레스 등은 1500년대 말 프랑스와 이탈리아에서 큰 화제를 불러일으켰다. 리베라가 벤투라의 초상화를 그리기 몇 년 전에 태어난 바버라 반베크의 경우도 마찬가지였다.[59] 턱수염의 상징성에 그렇게 집착했던 르네상스 시대 사람들은 이 모든 현상을 어떻게 이해했을까? 리베라의 초상화를 의뢰한 알칼라Alcala의 공작 페르난도 아판 드 리베라는 박식하고 권세 있는 스페인 귀족으로, 생애 대부분을 이탈리아에서 외교관과 총독으로 보냈다. 공작과 그가 고용한 화가의 관점은 어떤 면에서는 전통적이었다. 그들이 보기에 벤투라의 수염은 중세 기록에 남아 있는 기적적인 턱수염처럼 하나의 기적이요 신비로운 재주였다. 성 갈라St. Galla, 아빌라[1]의 성 파울라St. Paula, 성 윌게포르티스St. Wilgefortis 등의 전설도 좋은 예이며 다 하나의 맥락으로 이어진다. 모든 사례가 똑같이, 원치 않는 결혼을 강요당한 여성들에게 얼굴에 흉한 털이 자라는 기적이 일어났고, 이것 덕분에 그들은 결혼의 의무에서 해방되어 자신의

---

1) 스페인 중부의 도시

인생을 신에게 바칠 수 있었다는 식이다.[60] 성 갈라와 성 파울라는 독실한 독신주의자가 되었으나 윌게포르티스는 격분한 아버지, 즉 포르투갈 왕의 명령에 의해 십자가에 못 박혀 죽은 것으로 알려져 있다. 윌게포르티스를 둘러싼 기묘한 이야기는 중세 말에 상당히 인기를 끌었는데, 그것은 턱수염이 기적을 부른다는 고대의 테마와 예수 그리스도에 대한 사람들의 열정이 융합되었기 때문이다. 이것에는 또 남성의 압제에 신음하는 여성의 모습이 나타나 있다.

중세 시대 설화에서, 기적을 부르는 턱수염은 특별히 선택된 그 여성들에게서 성별 상의 특질을 없애주기 때문에, 그들이 남성들의 억압에서 벗어나는 탈출구를 제공하는 효과가 있다. 리베라의 마그달레나 그림은 경이로운 기적을 나타냈다는 점은 위의 이야기들하고 비슷하지만, 성적 특질을 제거해야 한다는 요소를 거부했다. 벤투라의 남편은 그림 속에서 배경으로 밀려나 있지만, 벤투라는 분명 남편으로부터 해방되지 않은 여자로 묘사되어 있다. 또는 육아의 의무에서도 벗어나지 못했다. 오히려 화가는 그녀의 본질적인 여성성을 부각하기 위해 대단히 노력한 것 같다. 그가 전하려는 메시지는 턱수염이 자연의 질서에서 벗어난 현상일지는 몰라도, 그것이 성이나 성별 상의 특질을 훼손하는 것은 아니라는 사실이었다. 털 많은 곤살레스의 딸 등에 대한 태도도 대체로 비슷했다. 이들이 앓았던 희귀한 유전병은 오늘날 전신 다모증이라는 이름으로 불린다. 이것은 굵은 털이 얼굴뿐 아니라 전신에 나는 병이다. 이 특질은 아버지로부터 유전되어 아들 중 한 명과 세 딸에게 그대로 전달되었다.

훗날의 벤투라처럼 이 '기형'의 유명인사들은 큰 찬사를 받았고, 가족 구성원들은 당시 권세 가문에 의해 "수집되었다." 아버지는 1500년대 프랑스 왕실 정부에서 작은 직책을 맡았고, 그의 가족들은 나중에 이탈리아 북부 지방에 기반을 둔 파르네제[1] 가문의 일원이 되었다.[61] 바이에른 왕자 윌리엄 5세는 몇 명의 가족들을 대상으로 전신 크기 초상화를 그리라고 명령했다. 윌리엄의 삼촌이 자신의 여름 궁전인 암부라스 궁에서 이 커다란 그림들을 전시했을 때 그 그림들은 엄청나게 큰 관심을 불러 모았다. 1500년대 말에 제작된 새 초상화와 스케치 작품들과 더불어 이 그림들의 모사품은 유럽 전역에 전파되었고, 많은 학술 도서에 게재되었다. 리베라의 초상화가 마그달레나 벤투라를 세련되고 모성애 짙은 여인으로 묘사한 것처럼, 곤살레스 가의 여인들을 그린 초상화도 이들의 교양미와 여성스러운 자태를 강조하였다. 이 여성들은 성인도 괴물도 아닌, 단지 평범하지 않은 사람들로, 자연이 유난히 후하게 재주를 부여한 사람들로 간주되었다.

르네상스 시대 턱수염 부흥 운동은 '자연스러움'이 풍기는 권위, 그리고 남성성이라는 영광은 자연이 선사한 수염에 의해 확인된다는 믿음에 기초를 두고 있다. 이런 신념에도 불구하고 르네상스 시대 남자들은 비범한 현상을 조화롭게 받아들였다. 턱수염이 난 여자들 그림에서 그들의 태도를 엿볼 수 있다. 절대 남자가 아닌데도 불구하고 남성만의 특질을 획득한 여자들의 모습을 담은 그림들을 세상에 공개했다. 당시 잉글랜드에서는 엘리자베스 여왕이 성공적으로 통치했는데, 만약 이런 개념이 사회에서 용인되지 않았다면 불가능했을 것이다. 그럼에도 불구하고 많은 사람이 턱수염이 난 여자들이나 여성 통치자에 대해 혐오감을 느꼈다. 그들을 경이로운 사람이 아니라 괴물처럼 보았기 때문이다. 르네상스 시

---

1) 이탈리아의 장군·정치가·외교관

대에 턱수염 부흥 운동에 앞장선 열렬한 수염 옹호자들은 이런 견해를 가지고 있었으며, 턱수염이 남성의 우월성을 입증하는 신뢰할 수 있는 증거라는 믿음에 대단히 충실했다. 피에리오 발레리아노는 1531년 "턱수염을 기른 여자가 있다니, 참으로 해괴한 일이로다"라고 선언했다.[62] 그로부터 1세기가 조금 더 지난 뒤, 잉글랜드 의사이자 자연 철학자인 존 벌워John Bulwer 역시 구레나룻을 기른 여자는 "괴물"이라고 단언했다.[63] 요하네스 바르바티움은 여자들 몸에 털이 날 수는 있으나, 여자 얼굴에서 진정한 턱수염은 결코 나올 수가 없다. 만약 진짜 턱수염이 나온다면 그 사람은 여자가 아니라 자웅동체 인간이거나 일종의 "괴물의 성질"을 지닌 존재일 것이라고 했다.[64]

턱수염에 조예가 깊었던 이탈리아 과학자 마르코 올모는 약간 미묘한 방식으로 이 문제에 접근했다. 그는 턱수염이 나는 여자도 진짜 여자라는 점을 부정하지 않았고, 그런 여자들을 괴물로 낙인찍지도 않았다. 동시에 수염 난 여자들이 존재한다는 실질적인 사례를 의식하지도, 그것에 관심을 표시하지도 않았다. 이런 사례 중 곤살레스 자매들이 있었다. 그리고 자매 중 하나는 그가 턱수염에 관한 논문을 발표하기 몇 년 전에 볼로냐 대학의 한 동료에게 검진을 받기도 하였다. 올모는 자신의 이론을 수립하는 과정에서 실험이나 관찰 결과보다 고대 문헌 자료에 더 많이 의존했다. 그는 수염 난 여자라는 주제에 관하여, 히포크라테스의 견해를 좇아 그들의 건강 상태를 월경 주기 교란 때문에 생긴 질병이라고 설명하였다. 만약 어떤 여자가 남편과 지속해서 성관계를 갖는데도 불구하고 생리 작용이 평소처럼 계속 이어지지 않는다면, 그녀의 피에는 "정액의 혼"이 너무 많아지게 된다. 이렇게 남성성의 정수精髓가 계속 축적되면 남자처럼 몸에서 털이 자라게 된다는 것이다. 아마도 올모는 곤살레스 자매의 사례가 자신의 깔끔한 이론에 배치된다는 사실을 인식했을 것이다. 그 자매는 성적으로 성숙하기 훨씬 전에 이미 몸에 털이 많이 나 있었기 때문에, 남자와의 육체적 접촉을 상정하는 이론은 이들의 비정상적인 몸 상태를 설명해주지 못한다. 그는 일부 여자들 얼굴에 턱수염이 자라는 이유를 잘 몰랐다는 점을 인정해야 할 것이다.

어쨌든 수염 난 여자들의 존재는 턱수염 부흥 운동의 열정을 꺾을 만큼 큰 영향을 끼치지 못했다. 1500년대 초부터 1600년대 초까지 1세기 넘는 기간에 걸쳐, 전 유럽의 성직자, 시인, 과학자 사회에서 턱수염에 대하여 일치된 '찬양의 합창'이 울려 퍼졌다. 교양 있는 유럽 남자들은 확고한 인도주의에 자극을 받아 인간의 본성과 신체에 관심을 돌렸다. 그들은 자신들이 사회적으로 존경받을 만한 힘과 지혜를 자연으로부터 부여받았다고 여겼으며, 그런 존재로서의 정당성을 자신들의 몸과 턱수염에서 찾았다.

7

이성의 시대에 면도와 수염

1세기 넘도록 턱수염 있게 살았던 유럽 남자들은 1600년대 말에 다시 한번 '얼굴의 털'을 포기한다. 그 이후에는 서구 역사상 가장 매끈한 얼굴의 시대가 이어졌다. 이 시기는 또 유럽 통치자들이 권력을 중앙 집권화하고 신하들에게 예전보다 훨씬 단정한 자태, 품위, 자기 절제의 태도 등을 요구했던 절대주의 세기이기도 하다. 이렇게 통제가 심한 사회로 변한 데 뒤이어 종교개혁이라는 대격변이 일어났고, 프랑스의 종교전쟁, 잉글랜드의 청교도혁명, 그리고 독일어권에서 벌어진 끔찍한 30년 전쟁 같은 숱한 내전이 전 유럽을 휩쓸었다. 사회 질서를 확립하려면 남자들은 반드시 자신의 몸과 얼굴을 바르게 하고, 행실과 에티켓에 관한 복잡한 규칙을 준수할 능력과 의향이 있다는 것을 보여줘야 했다.

'얼굴 털'의 퇴조는 계몽주의 태동과 시기적으로 일치하였다. 계몽시대는 아이삭 뉴턴이 과학사상 최대의 걸작 저서인 《자연 철학의 수학적 원리》[1]를 출판한 1687년에 시작된 것으로 봐야 할 것이다. 물리 법칙에 대한 뉴턴의 정확하고 수학적인 설명은 경제학, 법, 정치학, 예술 등 인간사를 지배하는 자연법칙을 발견하려는 계몽주의 이념을 확산하는 도

---

1) 1687년에 나온 아이작 뉴턴의 세 권짜리 저작물로, 서양의 과학 혁명을 집대성한 책으로 여겨진다. 줄여서 '프린키피아'라고 불리기도 한다.

화선이 되었다. 뉴턴의 책이 나오기 몇 년 전에 프랑스 루이 14세와 그의 신하들은 르네상스 시대에 시작된 턱수염 부흥 운동의 마지막 잔존물, 즉 연필처럼 가느다란 콧수염을 포기했다. 이성理性으로의 전환과 면도칼로의 전환은 직접적인 관련은 없었지만, 단순히 우연의 일치도 아니었다. 자연에 대한 완벽한 이해가 더욱 절실하고 또 가능해 보임에 따라, 권위 있는 남성성이라는 개념도 마땅히 가다듬고 다시 정의할 필요가 생겼다. 자연스러운 털은 이제 호소력이 줄어들었다. 대신 고도로 멋을 부린 가발로 틀을 잡고, 정성스럽게 면도한 얼굴이 시대가 열망하는 종류의 남성성으로 떠올랐다.[1]

루이 14세, 우아한 맵시를 자랑하다

이야생트 리고Hyacinthe Rigaud가 1701년 권력 절정기에 있던 루이 14세를 그린 유명한 초상화에는 당시 이런 사회적 주제가 생생하게 묘사되어 있다.(그림 7.1) 현대인들은 몸에 딱 붙는 흰 바지, 주름 잡힌 레이스, 붉은 리본이 달린 하이힐, 거대한 곱슬머리 가발 등이 남성의 위대함을 나타내는 이미지로 사용되었다면 아마 믿지 않을 것이다. 하지만 그의 이미지가 바로 이러했다. 역사상 가장 성공적이었고 찬탄 받았으며, 많은 나라가 모방하려 했던 왕의 초상화가 바로 이러했다. 루이 왕국의 막강한 세력과 매력을 바탕으로 이런 프랑스식 스타일이 1세기 이상 상류 사회를 지배하게 된다. 자연으로부터 물려받은 모든 털은 추방되었다.

루이는 이 초상화를 통해 몇 개의 중요한 메시지를 세상에 전파하고

7.1 루이 14세의 초상화. 이야생트 리고 그림. 1701년.

자 했다. 우선, 태양왕[1]에 관한 한 작은 것은 없다는 메시지이다. 옷, 소매, 머리 등 그의 모든 것이 크다. 그는 키가 컸는데 하이힐과 높이 치솟은 가발 때문에 더 크게 보인다. 이런 점에서 그는 아주 웅장한 자태를 뽐내고 있다. 하지만 그가 전하고자 하는 스토리는 '크기'만이 아니었다. 그는 분명히 자신의 다리에 자부심이 있었으며, 아주 효과적으로 다리를 과시하고 싶어 했던 것 같다. 루이와 왕실 사람들은 글자 그대로의 의미, 또 비유적인 의미에서 세련된 무도를 대단히 즐겼는데, 이런 여흥은 루이가 관장하는 질서 잡힌 정부와 사회를 반영했다. 정치적, 그리고 사회적 의식儀式을 포함한 많은 복잡한 행사들을 통제하는 그의 침착하고 숙달된 솜씨는 질서와 공중의 이익을 지키는 데 필수적인 요소였다. 그에 관한 모든 것은 세련되고 우아했다. 어민[2]으로 만든 풍성한 옷에서 휘날리는 곱슬머리까지, 그의 모든 면모에는 풍성함과 규칙이 깃들어 있었다. 모든 장식물이 아름답게 가공되고 준비되었다. 우연에 맡겨진 것은 전혀 없었다. 따라서 이렇게 정교한 쇼를 연출하는 데 있어 자연적인 털을 방치한다는 것은 매우 위험한 생각이었을 것이다. 루이와 당대의 권세가들은 1600년대 중반 수십 년 동안 한껏 멋을 낸 턱수염과 콧수염을 길렀지만, 1680년대에 이르면 그런 천부적 장식물을 이용한 소박한 표현조차 모두 사라졌다. 그 대신, 왕실은 밤낮을 가리지 않고 수십 명의 가발 제조업자를 고용하여 왕과 귀족들에게 다른 의미에서 장엄하고 세심하게 조율된 머리를 공급하였다.

리고의 초상화는 한껏 멋을 낸 남자 이미지이며, 동시에 왕의 개성과 이상을 충실하게 대변하고 있다. 루이는 유럽 최대의 무대 작품에서, 화

1) 루이 14세의 별칭
2) 북방족제비의 흰색 겨울털. 왕의 가운, 판사 법복 등을 장식하는 데 쓰임

려한 베르사유 궁전에서 일하는 수백 명 조연들의 도움을 받아 연기하는 스타 배우였던 셈이다. 이 초상화가 그려졌던 시기에는 약 1만 명의 귀족과 그들의 가족이 일 년 내내는 아니어도 적어도 일정 기간 궁에서 살았다. 궁 안에는 광대하고 잘 관리되고 산책하기 좋은 공원, 음식과 춤을 즐길 수 있고 황금 장식으로 치장된 은은한 홀, 그리고 각종 놀이와 음악회를 즐길 수 있는 무수히 많은 살롱이 있었다. 그 중앙에는 물론, 모든 정치적 에너지와 사교적 삶의 원천인 태양왕 자신이 자리 잡았다. 루이에게는 자기 몸에 대한 관리와 나라에 대한 관리에 차이가 없었다. 가장 총애받는 신하들은 그의 중요한 일과, 그중에서도 특히 오전 몸단장 시간 같은 은밀한 시간에 그에게 시중들 수 있도록 허락받은 사람들이었다. 이것은 다른 일과와 마찬가지로 세심하게 조율된 의식처럼 진행되었다. 매일 아침 왕이 일어나면 운 좋은 소수 사람만이 선택되어, 왕의 침실에 들어가 자신들이 떠받드는 군주가 이부자리에서 나와 옷을 입고, 구두와 스타킹을 신고 가발을 쓸 때마다 찬사의 말을 건네곤 했다.[2] 하루 걸러 아침마다 거울을 들고 있는 신하 옆에서 왕은 면도를 하면서 이런저런 귀족들의 청탁을 들어주었다.

역사를 통해 보면, 통치자의 국가 관리와 몸 관리가 매우 밀접한 관련을 맺고 있었던 때가 몇 번 있다. 루이 14세는 과오도 많았고 독재를 했지만, 그가 강력하게 통제했던 정권은 프랑스가 1세기 동안 종교를 둘러싼 내전, 그에 따른 대혼란과 트라우마를 겪은 후 힘들게 얻은 승리의 전리품이었다. 종교개혁의 열정과 혼란은 신교와 가톨릭 사이에 불붙은 상대를 향한 종교적 분노를 키웠고, 귀족 계급 내에서 격렬한 당파 싸움을 촉발했다. 이런 소요 사태는 1590년대에 이르러 거의 소진되었고, 새로운 질서가 모습을 드러내기 시작했다. 프랑스 귀족층은 군주에게 무력과 폭력의 독점권을 넘겨주는 대가로 베르사유에 집중된 새로운 권력 구조 내에서 달콤하고 안정적인 특권을 챙겼다. 전쟁 무기들은 팽개쳐지고 그 자리에 정치적 음모와 성적 추문이 난무하는 우아한 무도회가 들어섰고 그것은 시간이 갈수록 더욱 세련미를 갖추었다. 몸과 매너에 대한 규정은 사회구조가 재편성되는 과정에서 매우 중요한 요소였다. 루이 14세의 초상화가 잘 보여주듯이, 바람직한 남성성은 힘과 충동보다는 취향과 세련미를 강조하는 방향으로 변경되었다. 유럽 전역에서 이 새로운 남성성 모델의 매력을 쉬이 찾아볼 수 있다. 프랑스는 시대가 맞닥트린 병病의 치료법을 찾아냈고, 다른 나라들은 허둥대며 그것을 본받았다. 1600년대가 끝자락에 왔을 무렵, 몸에 달라붙는 바지, 레이스, 가발, 그리고 면도칼은 사회적 영향력을 갈망하는 유럽 남자라면 누구나 갖춰야 할 절대적인 필수품이 되었다.

루이 14세가 새로운 남성 패션을 보급하는 데 기여하고 스스로 가장 훌륭한 본보기가 되었지만, 그는 물론이고 어떤 다른 왕도 이런 유행을 주도적으로 이끌지는 않았다. 지난 1620년대, 즉 루이의 아버지인 루이 13세 시대에 세속적인 성직자이자 리비에르 수도원장인 루이 바르비에가 금발 가발을 뒤집어쓴 채 처음 궁전에 나타났다. 곧이어 아직 20대인데도 탈모증으로 고생하고 있던 루이 13세는 수도원장의 예를 따라 똑같이 했다.[3] 1634년까지, 왕실은 34명의 이발사 겸 가발 제작자를 고용했다. 하지만 이것이 턱수염의 즉각적인 종말을 의미하지는 않았다. 왕은 매우 멋을 낸 아래턱 수염(염소수염)과 코밑수염은 남겨 놓았기 때문이다. 가발과 턱수염은 한동안 불편한 동거를 계속했다. 하지만 자연적인 털은 흔히 인공적인 곱슬머리와 어울리지 않았고 선택할 수 있는 가발 종류에도 한계가 있었다. 턱수염은 점차 사라져갔고, 코밑수염은 점점 더 작아졌다. 1643년 루이 13세가 죽자, 어린 아들인 루이 14세가 섭정의 관리하에 왕위에 올랐다. 새 왕은 털에 관한 한 아버지보다 운이 좋았다. 그리고 그의 머리에서는 길고 고불고불한 머리털이 나왔으므로 그는 가발 사용을 중지했다. 그럼에도 불구하고 궁전과 파리의 신사들은 계속 돈을 내고 가발 제작자들과 거래했다. 1673년 이제 30대에 접어들었고 머리숱이 적어진 루이는 결국 시대 흐름에 굴복하여 자기가 쓸, 꼬불꼬불하게 휘날리는 큰 가발을 주문했다. 아울러 파리에서 200여 명의 가발 제작자들로 구성된 새로운 장인 조합의 창설을 승인했다. 얼마 안 되어 그는 그동안 길렀던 작은 코밑수염마저 포기했다. 바야흐로 큰 머리와 매끈한 얼굴의 시대가 시작되었다. 잉글랜드의 찰스 2세는 루이 14세가 머리를 가발로 바꾸는 데에는 10년이 걸릴 것이라 전망한 바 있었지만, 루이는 고위급 신하 몇 명이 가발로 바꾸자 곧바로 그 뒤를 따랐다. 몸을 정성껏 관리하여 남성미를 뽐내고자 하는 본능적 욕망은 이렇게 뿌리가 깊고 강하다.

이렇게 자연적 털에서 인공적인 털로 변화하는 과정은 간단하지도, 쉽지도 않았다. 여기에는 사람들이 적응할 시간이 필요했고, 일부는 고집스럽게 이런 유행에 저항했다. 잉글랜드의 일기 작가인 사무엘 피프스의 경험은 가발 유행의 진행 과정을 잘 보여준다. 피프스는 잉글랜드 해군성에서 근무한 야심 많은 공직자로서 런던 엘리트층에 속한 자신의 삶에 대해 지나칠 정도로 자세하게 기록할 만큼 재주도 많고 허영심도 많았다. 그는 1660년대 들어 지위가 좀 오르자 당대의 패션을 황급히 쫓아가기 시작했다. 1663년 그는 면도를 시작했지만, 부분 가발을 해야 할지를 놓고 여전히 마음을 못 정하고 있었다. 그는 가발을 구경했고, 그것에 관해 글도 썼지만 아직 사지는 않았다. 10월이 되자 그는 드디어 마음을 굳히고 처음으로 가발을 주문한 뒤 아내를 데리고 가발 제작소로 물건을 보러 갔다. 다행스럽게도 아내는 물건이 마음에 들어 했다. 하지만 피프스는 비용 때문에 마음이 불편했다. 가발과 보관 상자, 청소기, 빗 같은 부속 장식품은 결코 싸지 않았다. 그래도 그는 이것이 귀중한 사회적 투자라고 마음을 다잡았다. 그는 일기에 이렇게 속마음을 털어놓았다. "나에게 어울리는 것을 갖추지 않은 탓에 그동안 내가 얼마나 고생했는지를 알게 되었다."[4] 피프스에게 또 하나의 걱정은 다른 사람들이 자신의 새로운 모습을 거짓으로 보지 않을까 하는 점이었다. 또한 그는 이 대단한 물건을 착용하고 처음으로 출근할 날에 대해 심히 걱정하였다. 결국 그의 새로운 용모 때문에 상사들 사이에 별다른 소동이 일어나지 않았으므로 안심했다. 자신이 중요 인물$_{bigwig}$[1])이라는 본인의 주장은 사실로 밝혀진 셈이다.[5]

피프스는 곧 가발의 장단점을 깨달았다. 1665년 봄에 그는 감기에 걸렸는데, 본인은 가발을 쓰지 않아서 짧은 머리가 비바람에 노출되었기 때문이라고 생각했다. 그러다 어느 시점에선가 그는 가발과 관련한 문제를 전체적으로 다시 생각한 끝에 다시 본래의 머리를 기르기 시작했다. 그러나 결국 자신은 이미 가발이 주는 편리함에 익숙해져 있다는 사실을 깨달았다. 이제 그는 오히려 판을 더 키웠다. 1667년 그는 프랑스 가발 제조업자에게서 고급 부분 가발을 새로 두 벌 구입했으며, 다음 일요

---

1) '큰 가발'이라는 뜻 외에 중요 인물, 거물이라는 뜻도 있다.

일 날 "한껏 자랑하려고" 그중 하나를 쓰고 교회에 갔다.[6] 머리 부분이 클수록 그의 사회적 지위도 올라갔다.[7]

피프스의 경우를 살펴보면 1600년대에 가발이 턱수염을 부적절하고 일탈적인 존재로 밀어내면서, 남성성과 사회적 지위를 나타내는 데 필수적인 액세서리가 되었다는 사실을 잘 알 수 있다. 전통을 중시하는 사람들은 이런 세태의 변화를 개탄하였지만, 그들의 목소리는 점점 잦아들었다. 1647년 독일 서부에서 활동한 작가로서 전쟁으로 파괴된 고향에서의 삶을 풍자했던 요한 미하엘 모셰로슈는 자연스러운 털을 포기하는 행위를 부정직하고 독일인답지 않은 행위로 규정했다.[8] 1650년대에 잉글랜드에서 활동한 과학 저술가인 존 벌워는 당대 "턱수염 혐오론자"들을 비판했다. 남자 입가에 자연이 심어 놓은 털에 대해 부당하게 분노하고 있다는 것이다.[9] 그는 '얼굴의 털'을 포함하여, 자연이 준 모든 것에는 다 목적이 있기 때문에 턱수염 혐오자들의 이 같은 태도는 잘못된 것이라 주장했다. 벌워는 자연이 남성적 영혼의 지표로서 턱수염을 남자에게 부여했다는 올모의 주장에 동의했다. 그렇기 때문에 턱수염을 버리는 것은 "자연법칙에 반하는, 불경스러운 태도"라는 것이다.

벌워가 자신의 정적이자 이른바 원두당원圓頭黨員[1])들이 머리와 턱수염을 아주 짧게 깎음으로써 긴 머리를 선호했던 귀족들과 차별화를 시도했던 시기에 이처럼 턱수염 옹호 운동을 전개한 것은 우연의 일치가 아니다.[10] 벌워는 또 "턱수염 혐오론자"들을 비판하면서 정적들이 자행했던 "비자연적이고 나약한" 정치 행위들도 맹렬히 공격했다.

1600년대 마지막 수십 년간, 턱수염 수호 운동의 강력한 요새는 루터

---

1) 1642~1649년 영국 내란 당시 찰스 1세에 대항하여 의회를 지지했던 사람들

의 신교가 자리 잡았던 독일 작센 지방이었다. 이곳에서 가발은 1662년까지 전면 금지되었다. 작센 지방 학자와 목사들은 이런 규정이 폐기된 후에도 자연스러운 남성성을 끈질기게 고수하였다. 1672년 라이프치히 대학교 철학 교수이며, 한때 수학자 겸 철학자인 고틀리브 라이프니츠의 멘토였던 야콥 토마시우스는 턱수염의 문화적 중요성에 관하여 강연을 한 적이 있었다. 이로부터 한 세대가 지난 1698년, 비텐베르크[1] 대학 교수인 게오르크 카스파르 키르히마이어는 또 한 편의 수준 높은 강연문을 출간하여, 남성 털의 도덕적 가치를 주장하였다. 그는 마치 제2의 벌 워가 된 듯이, 자연이 남자들에게 존엄성과 지배의 증거로서 턱수염을 부여했다고 주장하면서 "턱수염 혐오론자"들을 맹렬히 비난하였다.[11] 키르히마이어는 남자들이 신이 준 "장식물"을 포기할 경우, 개인적으로나 집단적으로나 남성적 권위를 상실할 것이라 경고했다.

이런 작센발發 열정 속에서 대중이 가장 접하기 쉽고 합리적인 글이 1690년 롬마취Lommatzsch의 루터교 목사인 사무엘 데오도어 쉔란트의 펜 끝에서 나왔다. 쉔란트는 턱수염을 기른 목사로서 성직자들의 턱수염을 반사회적이고 쓸데없는 치장이라고 공격하는 익명의 글에 자극을 받아 행동에 나섰다. 쉔란트는 건강상의 이점을 강조한 발레리아노의 글을 인용하는 한편, "남자들의 권위를 높여주기 위해 남자들의 얼굴을 턱수염으로 장식하고자 한 것"이 자연의 의도라고 주장하는 전통적인 방어 논리를 펼쳤다.[12] 아울러 그는 턱수염이 남성적 장점들을 키워주는 데 긍정적으로 기여한다는 장황한 담론을 늘어놓는 등 꽤 독창적인 주장도 펼치었다. "유능한 남성들은 자신의 장점을 키워주는 요소들이 있다면

---

1) 독일 중부의 도시. 1517년 루터가 〈95개 조〉를 교회 문에 붙여 종교 개혁의 도화선이 되었음

그것을 찾아 이곳저곳을 돌아다닌다. 그런 남자들이 장점을 살려준다는 턱수염을 기르지 못할 이유가 무엇인가?"[13] 턱수염은 남성적 이상을 상징하는 표현물이다. 턱수염이 꼬이거나 제멋대로 자라지 않게 그것을 다듬을 때 남자는 턱수염뿐만 아니라 자기의 정신도 가다듬는다고 주장했다. 훌륭한 유머를 잃지 말아야겠다, 혹은 우울함과 경망스러움 같은 극단적 마음가짐을 피해야겠다고 생각하게 마련이라는 것이다. 남자가 턱수염을 단정하게 기를 때는 자신의 온전한 자아가 사기와 거짓으로 더럽혀지지 않도록 하는 것에도 신경을 쓰게 되어 있다. 염색하지 않고 자연스러운 털을 그대로 자랑스럽게 드러내는 마음 자세를 갖추면 항상 정직과 선의로 행동할 수 있다.[14] 쉘란트의 견해에 따르면, 턱수염은 남성적 장점의 단순한 상징이 아니라 그것을 성취하는 도구이며, 그것을 상실한다면 글자 그대로, 그리고 비유적인 의미에서 남자는 세속의 유혹에 노출될 것이다.

쉘란트를 비롯한 작센 지방 보수주의자들의 주장은 이렇다 할 결실을 낳지 못했고 독일 신교도들은 면도칼에 굴복한 서유럽 대중의 대열에 합류하였다. 칼뱅파 교인이면서 마르부르크Marburg시에서 역사와 법학과 교수로 있는 파겐슈테허는 1708년에 턱수염의 장점에 대하여 단호하고 수준 높은 장문의 글을 발표하였다. 그는 1714년에 발표한 또 한 편의 논문에서 고대와 성서 속 권위 있는 인물들을 인용하여 턱수염이 남성의 사회적 권위를 보존하는 데 어떻게 도움이 되었는지를 설명했다.[15] 그러나 그것으로는 부족했고 너무 늦었다. 사람들에게는 면도칼과 가발이 더 설득력이 있었으며, 파겐슈테허의 초상화를 보면 본인도 매끈하게 면도한 얼굴에 고수머리로 멋을 낸 가발을 쓰고 있었다.

18세기에 이르자 주류 사회와 차단된 소수 민족 거주지를 제외하고는, 세상 어디에서도 수염을 찾아볼 수 없게 되었다. 독일 신교의 한 분파인 메노파 교도들Mennonites도 그런 소수 비주류였는데, 그들의 고집스러운 턱수염 사랑은 저항 정신의 트레이드마크가 되었다. 1500년대에 행정 당국의 통제를 거부한 죄로 박해를 당한 뒤, 이 과격하고 성서를 신봉하는 메노파 교도들은 여기서 독립해 나간 아미시Amish라는 더 작은 집단과 더불어 전통적인 삶의 방식을 고수할 수 있는 곳을 찾아 스위스, 독일, 프랑스 등의 농촌 지역으로 들어갔다. 이들 중 상당수 주민이 나중에 윌리엄 펜[1]이 미국에 건설한 식민지로 이주했고, 여기에서도 역시 주류 사회로부터 격리된 생활을 한다. 오늘날에도 이 집단 구성원들은 고풍스러운 옷과 차림새, 그리고 종교개혁 시대 유럽의 유산이라고 할 수 있는 여러 특징 때문에 금방 눈에 뜨인다. 즉 여자들은 보닛[2]을 쓰고 긴 머리를 기르며, 남자들은 넓은 모자를 쓰고 긴 턱수염을 기른다. 아미시 교도들은 특히 머리와 드레스 스타일을 자신들이 속세의 부패로부터 해방되었다는 증거로 여기어 중요시한다. 이 집단의 창시자인 제이컵 암만은 1693년에 "턱수염을 없애고… 오만한 옷을 입어 속세의 삶에 순응하려는" 사람들은 교회가 바로잡거나 추방해야 한다고 주장했다.[16] 지금도 펜실베이니아, 오하이오를 비롯한 몇몇 주의 구릉 지대에 가면 그 옛날 르네상스 시대 턱수염 부흥 운동에 동참했던 이 집단의 후손들을 볼 수 있다.

중부 유럽에서 턱수염 기른 자들이 패주하고 있을 때, 풍성한 털을 남성미로 치는 유서 깊고 자부심 강한 전통은 유럽 역사상 최대 강적, 즉

---

1) 영국의 퀘이커 교도로서 식민지 시절의 미국에서 필라델피아 지역을 개척했다.
2) 아기들이나 예전에 여자들이 쓰던 모자로 끈을 턱 밑에서 묶게 되어 있음

난폭하고 키가 2m에 달하는 러시아 차르의 총공격을 받게 된다.

표트르 대제, 과거의 잔재를 버리다

루이 14세가 절정의 권력을 누리며 화려한 베르사유 궁전을 활보하던 1682년, 광대하지만 비교적 초라했던 러시아 제국은 기묘한 삼두정치 체제로 통치되고 있었다. 즉, 병약하고 머리가 둔한 열네 살짜리 차르(러시아 황제) 이반과 그의 건장한 이복동생인 표트르, 그리고 두 사람의 섭정이며 이반의 누이인 스물네 살 소피아, 이 세 사람이 권력을 분점하고 있었다. 누구나 상상할 수 있듯이, 이런 권력 구조는 정치 혼란을 자초하는 지름길이다. 강력한 가문 집단이 소피아와 이반의 편에 서서 표트르를 지지하는 또 다른 집단과 맞섰다. 표트르는 매우 어렸으나 이반은 몸과 마음이 눈에 띌 정도로 허약했다. 음모와 위험의 기운이 크렘린 궁전 위에 비쳤고, 표트르는 이미 정치 폭력과 복수가 난무하는 끔찍한 장면을 많이 목격하였다. 자신을 지지하는 많은 귀족이 협박을 당하고, 추방되고, 심지어 자기 눈앞에서 죽었기 때문이었다. 훨씬 심한 유혈 사태를 피하려고 표트르 한 사람만 살려둔 상태였다.

이 어린 왕자가 수도 외곽에 있는 휴양 시설에서 가능한 한 많은 시간을 보내면서 유럽 각지에서 온 외국인들과 어울리기를 좋아한 것도 전혀 이상한 일이 아니다. 그 손님들은 그에게 놀라운 신기술과 군사 무용담을 곁들인 바깥세상의 이야기를 들려주었다. 표트르는 특히 배, 해군, 그리고 해상 무역 이야기를 좋아했는데, 그는 이런 요소들이 국부와 국력을 키우는 비결이 될 것을 즉시 알아차렸다. 그는 네덜란드어도 배웠는데, 그것은 네델란드가 유럽에서 가장 많은 선원을 보유한 나라였기 때문이다. 젊은 차르는 자신의 조국이 비참할 정도로 낙후되어 있고 촌스러우며, 외국의 전문 지식이 절실히 필요하다고 생각했다. 그는 (군사 및 정치적으로 라이벌이었던 프랑스와 스웨덴 사람들은 제외하고) 네델란드, 영국, 오스트리아, 독일, 폴란드에서 온 손님들을 주기적으로 자신의 작은 시골 궁전에 초대하여, 그들에게서 온갖 종류의 정보와 전문 지식을 끌어냈다. 동시에 그는 외국의 패션 스타일과 매너를 열심히 모방했다.[17] 그는 왕위에 오르기 전에 러시아를 유럽 왕국 집단 속으로 끌고 들어가 대등한 입장에서 다른 대국들과 경쟁하고자 했다. 1689년, 그는 약관 17세에 정예 의용군과 교회 지도자들의 강력한 지지에 힘입어 드디어 행동을 개시, 소피아를 추방하고 이반을 제거했다. 이 야심만만한 십 대 소년은 이제 최고 자리에 올랐다.

권력을 장악한 표트르는 러시아의 진로를 자신의 의지대로 이끌어야 하는 벅찬 임무를 맡았다. 그가 가진 두 개의 주요 무기는 칼과 가위였다. 그는 군사력이라는 칼을 휘둘러 국내외 적을 물리쳤고, 러시아의 위상을 높였다. 그는 자신이 지배하는 땅에서 러시아식 턱수염에 가위를 댐으로써, 상징적으로 표현하면, 옛 모스크바 대공국大公國을 전통적인 정박지에서 끌어내어 근대 유럽이라는 거친 대양 속으로 진수시켰다. 새 차르가 턱수염에 대해 그렇게 크게 신경 쓰는 것이 이상하게 보일 테지만, 러시아에서 수염은 단순한 얼굴 패션 아이템이 아니었다. 이것은 남성 정체성을 나타내는 필수 요소, 다시 말해 아득한 옛날부터 종교적 신앙과 남성 명예를 나타내는 특징이었다. 표트르는 공격적으로 털 전쟁을 이끌었는데, 이것이 전통과 저항의 정신을 뿌리 뽑는 데 도움이 될 것을 알았기 때문이었다.

사태의 전환점은 재위 26년 차 황제가 유럽 여행에 나섰던 1698년에 찾아왔다. 이반과 소피아의 오랜 동맹이었던 정예 경비대는 외국인과 외국 생활방식에 대한 표트르의 편애에 대해, 그리고 그가 이전에 시행했던 급료 삭감 조치에 깊은 반감을 품었었다. 그들은 표트르의 부재를 틈타 봉기했고, 소피아를 왕위에 앉혔다. 표트르가 추진한 탈-러시아 운동에 대한 반란군의 생각은 틀리지 않았다. 차르는 외국에 나가 있는 동안 의무적으로 길러야 하는 러시아식 턱수염을 절대로 기르지 않았고, 러시아식 의상마저 팽개쳤으며, 서구 스타일의 바지, 스타킹, 코트를 입었다. 반면에 표트르의 눈에 반란을 일으킨 경비병들은 차르가 경멸했던 러시아인의 전형처럼 보였다. 즉 미신을 믿고, 제멋대로이며, 턱수염을 길렀다. 서구화된 차르는 반란군과 최후의 결전을 치르기 위해 급거 귀국했다.

표트르가 모스크바에 도착할 무렵, 반란은 이미 진압되었다. 하지만 아직 할 일이 남아 있었다. 저명한 귀족들이 오랫동안 권좌를 비운 군주를 알현하기 위해 궁에 모이자, 표트르는 한 자루 가위를 꺼낸 다음 그 자리에서 고위급 신하들 얼굴에서 턱수염을 잘라냄으로써 새로운 시대를 선포했다.[18] 며칠 뒤, 동방 정교회 방식으로 신년을 축하하는 연회장에서 그의 명령에 따라 궁정 광대가 연회장을 돌아다니며 아직 새 질서에 순응하지 않은 자들의 수염을 깎기 시작했다. 한 참석자의 목격담에 따르면, "면도칼이 턱 쪽으로 다가올 때 머뭇거리면 그것은 나쁜 징조였다. 그 사람은 그 자리에서 뒤통수를 얻어맞는 벌을 받았다. 낄낄대는 웃음소리와 술잔 부딪치는 소리가 난무하는 가운데, 많은 사람이 이런 정신 나간 조롱을 받으며 구시대의 외피를 벗어 던졌다."[19]

표트르는 이 면도 명령으로 구 러시아와 신 러시아를 가르는 선을 그었다. 하지만 반대 세력에게 자신에 대한 불만거리를 하나 더 안겨주었다. 보수주의자들은 동방 정교회의 관습을 무시하고 자신들이 썩어빠진 외국의 관습이라고 여기는 것, 특히 흡연과 면도를 선호하는 것에 분노했다.[20] 표트르는 비록 경비대의 반란을 진압했지만, 그들의 전통적인 동조 세력이 계속 문제를 일으킬 것을 알고 있었다. 그는 자신에게 반기를 들었던 수천 명을 체포·고문하였고, 그중 1200명 이상을 1698년 가을에 교수형에 처하거나 참수하였다. 러시아를 구시대에서 강제로 분리한 차르의 무자비함을 보여주는 증거처럼 수백 구의 시체가 도시와 크렘린 궁 벽에 걸려 있었다.

러시아가 과거로 회귀하는 것을 막기 위해 그는 턱수염에 세금을 부과하겠다는 계획을 세웠으나 스웨덴과 전쟁이 터지는 바람에 그 집행이 연기되었다. 그러나 1705년 그는 다시 전진할 준비가 되었다. 성직자와 농부들을 제외하고 러시아의 모든 남자는 면도를 하거나 특별 세금을 내야 한다는 포고령이 발포되었다. 대부분 사람에게는 꽤 무거운 벌금인 30루블이 부과되었고, 귀족, 관리, 부유한 상인들은 그것의 2배를 물어야 했다. 고위급 상인들에게는 100루블이 부과되었다.[21] 턱수염을 고수하겠다는 사람은 세금을 내고 의무적으로 턱수염 그림이 새겨진 메달을 달아야 했는데, 그 메달 밑에는 "납부 완료"라는 글자가 새겨져 있었다. 이런 턱수염 퇴치전략이 성공했다는 것은 실제로 세금이 거의 걷히지 않았다는 사실에서 분명히 확인할 수 있다. 러시아 남자들은 털보다는 돈을 더 보존하고 싶어 했다.

턱수염의 상실이 비록 명목상으로는 자발적 선택으로 포장되어 있지만, 이것은 러시아 남자들에게 매우 고통스러운 경험이었다. 표트르가 외국 선진 기술을 러시아에 도입하기 위해 고용한 잉글랜드의 조선 기술자 존 페리는 이런 광경을 직접 목격하였다. 면도하라는 명령이 조선소에 떨어지자 면도칼을 한 번도 얼굴에 댄 적이 없던 인부들은 줄지어 처량한 모습으로 이발소에 갔다. 한 목공이 우울한 표정으로 작업장으로 돌아왔을 때 페리는 그에게 갑자기 젊은이로 변신한 것 같다고 농담하면서, 장난으로 자른 털을 어떻게 했냐고 물었다. 놀랍게도 그 목공은 코트 주머니에서 보자기에 정성스럽게 싼 수염을 꺼내 보여주었다. 그는 풀 죽은 목소리로 자신은 이 수염을 안전하게 보관해 놓았다가 죽었을 때 관 속에 넣을 생각이라고 말했다. 그래야 "내가 저승에 가서 성 니콜라스[1]를 만났을 때 이 사태를 설명할 수 있다"는 것이다.[22]

표트르 황제와 러시아 동방 정교회는 러시아의 영혼을 둘러싼 투쟁에 몰두해 있었고, 턱수염은 이 대결의 상징이 되었다. 그 목공의 이야기는 러시아의 남성성, 종교, 그리고 정체성의 위기가 겉으로 드러난 사례이다. 공산주의의 몰락 이후, 러시아 정교회 신앙이 부활하면서 일부 보수적인 지역에서 턱수염에 대한 신학적인 열정이 회복되었고, 깨끗한 면도가 근대성을 나타낸다는 세속적 개념에 대한 비판이 되살아났다. 2009년 아토린R. Atorin이라는 21세기판 라스콜니크[2]가 쓴 책은 '러시아 정교회 신도는 턱수염을 길러야 한다'는 깃발을 들고 일어나, 면도를 죄악이라고 비난했다.[23] 턱수염에 대적한 표트르 대제의 전쟁이 그렇게 치열하고 심각했던 것도 바로 이런 종류의 신학적 신념 때문이었다.

---

1) 4세기경 서아시아에서 살았던 주교로서 산타클로스 전설의 모델로 알려져 있다.
2) 러시아 정교회 분리파 교도. 17세기에 니콘 총주교의 전례典禮 개혁에 반대하여 분파한 교도

7.2 라스콜니크 교도의 턱수염을 자르는 이발사. 18세기 각.

아토린의 설명에 따르면, 러시아 교회의 신부들은 중세 이후 턱수염을 기르는 행위가 신에 대한 복종을 나타내는 중요한 징표라고 가르쳐왔다. 이 책은 창조주가 자신의 이미지를 따라 남자를 만들었고, 그 이미지에는 정신적인 측면뿐 아니라 물질적인 측면들도 있다고 했다. 육체와 영혼의 조화를 보존하려면 "인간의 외모는 영혼을 구성하는 성분과 어울려야 한다." 사람은 자신을 지적으로, 도덕적으로, 육체적으로 이 신의 형상에 맞게 순응함으로써 하나님에게 복종한다. 만약 사람이 육체적인 면에서 신의 의지를 따르지 않는다면 그는 지적으로나 도덕적으로 모자란 인간이 되기가 쉽다. 아토린은 이런 개념을 다음과 같이 요약했다. "어떤 남자가 턱수염을 깎는 죄를 저지르면… 그는 자신의 외모를 주관적인 생각에 따라 다시 만드는 것이며, 이것은 '하나님의 질서'에 부합하지 않는다."

러시아 고위 성직자들은 중세 시대부터 턱수염을 복종과 정교회 신앙의 상징으로, 또 로마 가톨릭교회와 차별화되는 특징으로 고수해왔다. 가톨릭 신도들은 우리가 알다시피, 면도를 영적인 헌신을 나타내는 깃발로 여기어 그것을 선택했다. 1460년경 로스토프Rostov의 대주교는 한 귀족이 면도한 것에 대해 "신의 이미지를 포기한 것"이라며 책망했다. 1551년 남자들이 의상, 그리고 면도와 머리를 짧게 깎는 습관 따위로 서구 사람들을 모방하기 시작했다는 불만에 대처하기 위해 모스크바에서 종교 회의가 열렸다. 여기에서 신자들에게 외국에서 들어온 이러한 비非정교회적인 행위를 자제하라는 경고가 발령되었다.[24] 그다음 세기에 들어와서는 예배 의식을 개혁하는 문제를 둘러싸고 격렬한 투쟁이 벌어졌다. 정통이라 여겨졌던 그리스 정교회의 관습과 의식에 맞추어 러시아 교회를 개혁해야 한다는 주장이 득세했기 때문이었다. 1660년대에 소수파로서 이 "외국식" 개혁을 반대했던 "라스콜니크" 교도들이 정교회에서 공식 분리되었다. 차르는 이 개혁을 지지했고, 라스콜니크 교도들은 차르 정권에 정나미가 떨어졌다. 그렇다고 이 결별로 인해 당장에 복식이나 얼굴 털까지 바뀌지는 않았다. 러시아 정교회 내의 모든 교파가 턱수염의 전통을 표트르 시대까지 이어왔기 때문이다. 1690년대에 또다시 러시아 정교회 수장인 아드리안Adrian은 유인원이나 원숭이처럼 보

7.3 메트로폴리탄 코르닐리(세속 이름은 콘스탄틴 이바노비치 티토프). 2005년부터 러시아 정교회 올드라이트의 대주교를 역임하고 있다.

이는 서구 기독교인들을 흉내 내서는 안 된다는 경고문을 발표했다.[25] 교회는 또 담배를 피우는 지저분한 서구의 버릇도 비난했다.

전통적인 옷을 포기하고 모든 남자에게 면도를 명령하면서 표트르는 남성성에 대한 교회의 정의와 사회적 질서를 의도적으로 위반하였다. 그는 교회 내에서 자신을 도와줄 동조 세력을 절실히 필요로 했고, 로스토프 주교와 프스코프Pskov 주교에게 새 규정을 신학의 관점에서 옹호하는 글을 작성하도록 요청했다. 로스토프의 주교는 턱수염이 오래되었지만 불필요한 관습이며, 그것을 옹호하는 고대 및 중세의 주장은 더는 적절하지 않다는 취지의 글을 발표했다. 면도에 반대하는 주장은 구약, 특히 레위기에 바탕을 두고 있으며, 나중에 나온 신약에 근거를 두고 있는 것이 아니라고 지적했다. 더구나 근대에 턱수염 기르기를 강요하는 것은 실용적이지도 않고 필요하지도 않았다.[26]

원래부터 러시아 주류 교단의 권위를 인정하지 않았던 구교도들(라스콜니크 교도들)은 이런 주장을 비난했고, 턱수염을 기르는 전통은 물론 소중한 러시아식 예배 의식과 관습을 고수했다. 표트르가 선택한 전략은 그들에게 턱수염을 기르도록 은근히 장려하는 것이었다. 그들을 신뢰할 수 없는 비순응자로 낙인찍음으로써 주류 사회에서 고립시키려는 전략이었다. 표트르는 대부분의 신하가 근대식 사고방식을 갖고 면도를 하는 한, 러시아의 모든 턱수염을 깡그리 없앨 필요까지는 없다고 생각했다.

장 자크 루소, 상류 사회를 화나게 하다

중부 유럽, 그리고 드디어 러시아에서 턱수염이 패배한 이후, 신사가 비누와 면도칼을 무시하는 일은 드물어졌거니와 수치스러운 행위로 여겨졌다. 그래서 괴짜이긴 하지만 유명한 문인인 장 자크 루소가 턱수염을 기른 채 법정에 출두한 것은 매우 대담한 행위였다.

이 사건은 1752년에 일어났는데, 훗날 루소는 이때가 자신의 인생에서 매우 중요한 시점이었다고 설명했다. 그는 당시 마흔 살이었고, 음악 작곡으로 큰 존경을 받고 있었다. 그의 명성은 드높았다. 루이 15세와 대신들 앞에서 그의 신작 오페라 〈마을의 점쟁이〉를 어전 공연할 정도였다. 퐁텐블로 궁전에서 열린 이 환상적인 행사장에서 루소는 특유의 급격하고 반항적 기질과 태도를 여실히 드러냈다. 그는 당연히 왕실 사람들이 그의 작품에 큰 인상을 받기를 기대하면서도 자잘한 예절 따위는 가볍게 무시하는 모난 성격을 그대로 드러냈다. 그는 훗날 자서전에서 이렇게 기록했다. "나는 그날 평상시처럼 옷을 아무렇게나 입고 있었다. 수염은 길었고, 가발은 빗질이 엉망으로 되어 있었다."[27] 이 경우 턱수염이 "길었다"라는 말은 일주일 정도 자랐다는 뜻이다. 프랑스 궁전에서 지저분한 것을 길렀다는 것은 길이에 상관없이 예의 없는 짓으로 보였을 것이다. 하지만 "이런 예절 결핍은 용감한 행동"이라고 확신했던 루소는 왕실 가족들이 곧 입장할 극장에 그대로 들어갔다.

루소는 안내를 받아 명사석으로 들어갔다. 그의 주변에 우아한 여인들이 가득 앉아 있었다. 이 작곡가는 자신의 용모가 걱정되기 시작했고, 반감이 표출될 것에 단단히 대비했다. 턱수염 자체는 무례하게 보이지 않는다, 턱수염은 자연이 준 선물이며, 역사적으로도 수치스러운 아이템이 아니라 일종의 장식물로 여겨지기 때문이라고, 그는 마음을 추슬렀다. 루소에게 다행스럽게도, 그의 용모도 음악도 별로 반감을 일으키지 않았다. 왕은 오페라에 환호했으며, 그에게 평생 연금을 주겠다는 큰 영예를 수여하기도 했다. 이 예기치 못한 운명의 반전은 루소의 생애에서 자주 반복되는 이야깃감이다. 그는 예전에도 적절한 예절을 지키지 않았으면서 후하게 보상을 받은 적이 있었다.

운명의 반전은 또 있었다. 루소는 경제적 안정을 주겠다는 왕의 제의를 거절했다. 오페라 극장에 턱수염을 기른 모습으로 나타났던 것과 같은 이유에서였다. 즉 그의 마음속에 두려움과 용기라는 두 가지 상호 모순적 심리가 격돌하고 있던 것이다. 루소는 궁정 사회의 섬세한 취향에 적응하고 곳곳에 도사린 함정들을 피해 나갈 자신이 없었고, 왕실의 녹을 먹는 사람으로서 궁정을 드나들 때 웃음거리가 될까 두려웠다. 어떤 면에서 그는 재정적 안정을 포기하고 사고와 행동의 자유를 잃을지도 모르는 모험을 선택한 것이다. 그의 친한 친구들은 그의 행동에 당혹해했다. 위대한 《백과전서》의 편집자이자 당대 최고의 권위자인 데니스 디드로[1]는 루소를 질책했다. 연인 테레사 라바쇠르와 연로한 그녀의 어머니의 경제적 복지를 루소가 외면했다고 나무란 것이다. 하지만 이 위대한 사상가의 호소도 루소의 험난한 인생행로를 바꾸지는 못했다.

루소의 건방진 자기표현은 대담하고 훌륭했으나, 한편으로는 왕실의 법도뿐 아니라 용모와 태도의 세련미가 곧 남성적 미덕을 나타낸다는 널리 용인되었던 개념에도 반하는 것이었다. 스페인에서 러시아에 이르는 유럽 전역의 신사들은 지나치게 외국풍이면서 지나치게 여성화된 패션에 대해 조금은 투덜거리면서도 대체로 프랑스와 잉글랜드의 패션 경향을 따랐다. 다만 어느 정도까지 세련미를 추구해야 하는가, 라는 정도

---

[1] 프랑스의 철학자·문학자

의 문제였다. 커다란 가발, 주름 장식이 많은 옷, 윤이 나는 액세서리는 일부 사람들에게는 지나치게 보였지만, 면도한 얼굴이 품위를 나타낸다는 생각에 의심이 제기된 (루소는 예외지만) 적은 결코 없었다. 사실 18세기 중엽에 이르러 싸고 품질 좋은 강철 면도칼이 보급되면서 더 광범위한 소비자층에게 면도용품이 팔리게 되었고, 면도가 남성의 미덕이라는 개념도 널리 퍼졌다. 경제적인 측면에서, 점점 더 많은 남자가 더 자주, 더 편안하게 직접 면도를 할 수 있게 되었다. 적어도 이런 품위만큼은 더 많은 사람이 그 어느 때보다 접근하기가 수월해졌고, 편리하게 누릴 수 있게 되었다.[28]

실용적인 면에서 면도의 이점을 절대로 반박할 수는 없었지만, 적어도 대안을 생각한 사람은 루소만이 아니었다. 수염을 기르지 않았던 계몽주의 시대의 사상가들, 특히 프랑스의 사상가들은 턱수염의 역사와 이론에 흥미를 느꼈다. 이 연구가 당대와는 완전히 다른 시대와 사상의 세계로 통하는 입구를 선사할지도 모른다는 단 하나의 이유에서였다. 극장의 화려한 명사석에 앉아 있었을 때 루소는 자신의 지저분한 용모가 자연스러울 뿐 아니라 역사적으로 정당화될 수 있다는 생각에 도취해 있었다. 당시 퓌르티에르Furetiere의 《보편적인 사전》, 칼메Calmet가 역사적이고 비판적인 관점에서 편찬한 성경 사전같이 당시 높이 평가되는 훌륭한 저서들이 막 출간되었는데, 그는 그런 학술서에 수록된, 턱수염 역사에 관한 글을 떠올렸는지도 모르겠다. 이게 다가 아니었다. 그로부터 몇 년 후에 나온 디드로의 《백과전서》에는 턱수염 역사에 관한 짧은 항목이 추가되어 있었고, 실제로 그 후 50년 동안, 10년마다 동일한 주제에 관하여 다양한 저자들이 쓴 중요한 저작물이 여기에 게재되었다.[29]

1759년 주세페 반네티라는 박식한 이탈리아 학자가 스스로 《턱수염학》이라고 이름 붙인 연구의 결과를 책으로 출간했다. 이 책은 학계 주도권이 올모, 판 헬몬트, 벌워 같은 17세기 학자들의 신학적 추론에서 18세기에 나온 좀 더 자연주의적인 분석가들로 넘어가는 과도기의 작품이었다. 반네티는 예컨대, 아담이 저지른 사과 사건 이전에는 턱수염이 없었다는 헬몬트의 이론을 상식에 맞지 않는다고 일축했다.[30] 턱수염 자체에 관한 한, 반네티는 불가지론자不可知論者였다. 용모의 스타일은 항상 바뀌어 왔으며, 앞으로 계속 바뀔 것이라고 그는 주장했다. 그는 당시 면도가 유행하고 있는 것은 순전히 이탈리아 사람들이 외국의 패션, 정확히 말하면 프랑스 패션을 모방하고 있기 때문이라고 보았다.[31]

1774년 오귀스탱 팡제라는 박식한 수도원장이 《남자 턱수염의 역사에 관한 연구》라는 책을 냈다. 이 책은 이 주제를 순전히 계몽주의적 관점에서 분석한 최초의 저서로서, 철저하게 체계적이고 회의적인 접근법을 취했다. 팡제는 남자의 '얼굴 털'이 시간과 장소에 따라 변할 수밖에 없었던 몇 가지 이유를 열거했는데, 여기에는 기후, 종교, 집단의 정체성, 그리고 사회적 모방 등이 들어 있었다. 그는 이 주제의 진정한 의미는 헤어스타일이 사회적 사상과 연관되는 방식에 있다고 생각했으며, 턱수염 옹호자들 사이에 팽배해 있던 전제, 즉 얼굴의 털은 남성의 우월성을 나타낸다는 전제 따위는 받아들이지 않았다. "턱수염의 효용성 문제보다 더 불확실한 것은 없다"라고 그는 단언했다.[32] 그는 심지어 턱수염이 남자들의 전유물이라는 개념에도 의구심을 제기했다. 그는 여성의 턱수염이 질과 양 면에서 남자들 것과 다르긴 하지만 분명히 여자들 얼굴에도 수염이 난다는 점을 지적했다. 물론 얼굴과 몸에 털이 많이 났던 여자들의 주목할 만한 사례들도 그동안 여럿 있었다. 그는 이런 사실들을 바탕으로 남자와 여자가 대부분 사람이 주장하는 것보다 더 많이 비슷하다고 추정했다.[33] 그러나 팡제는 "만물의 창조주"가 털을 이용해 남녀를 구분하는 게 좋다고 판단했다는 견해, 또 턱수염이 "정력을 나타내는 장식물"이라는 견해에는 동의했다. 그러나 그는 이 이상으로 연구를 확대할 생각은 없었던 것 같다.

그 뒤 수십 년에 걸쳐 심대한 사회적·정치적 격변이 뒤따르지 않았더라면, 팡제의 냉철한 연구는 오랫동안 이 주제에 관한 한 최종 보고서로 유지되었을 가능성이 컸다. 1780년대에, 프랑스 사람들은 유난히 현실에 불만이 많았다. 그들과 새로운 세대는 정치적 정의와 사회적 평화에 대한 열정 때문에 바야흐로 혁명을 향한 길을 닦고 있었기 때문이었다. 자크 뒤로르Jacques Dulaure도 그 세대의 일원이었고, 턱수염 역사에 대한 그의 분석은 옛 관습에 대한 학술적인 조사였을 뿐 아니라, 새로운 사회 질서에 대한 비전 제시이기도 했다.

자크 뒤로르, 자기 생각을 털어놓다

아카데미 드 퐁 생 미셸Academie du Pont Saint-Michel은 공식적인 단체가 아니었다. 이것은 젊고 야심만만한 파리 문인 집단이 자신들의 문예 클럽에 붙인 기발한 이름이었다. 파리 중심지에 있는 지라드 카페에서 일주일에 한 번씩 모이는 회원들은 연구 결과, 시, 소설 작품 등을 공유했다. 1782년 어느 날 모임에서 27살 된 자크 뒤로르는 《턱수염에 대한 철학적이고 역사적인 고찰》이라는 논문을 보여주었다. 당시 뒤로르는 토목 기사로서 저술가의 꿈을 키우고 있었다. 그가 처음에 공들여서 쓴 작품들은 자신이 가장 잘 아는 분야, 즉 토목과 건축의 역사에 관한 저서들이었으나, 곧 연극 비평과 시 분야로 관심 분야를 확장하기 시작했다. 그는 새롭고 참신한 것을 추구하기 위해, 또 친구들을 기쁘게 하려고, 털의 전통이라는 흥미로운 주제를 파고들었고, 곧 도덕적 비평문을 쓸 만한 참신한 분야로서 이 주제에 매혹되었다. 그런데 연구를 거듭하면서 뒤로르는 당혹스러웠던 것 같다. 그는 나중에 발간된 책의 서문에서 이 주제에 매료되어 "끌려간" 것, 그리고 '학문적 유희'를 목적으로 했던 애초 계획이 어긋난 것에 대해 사과했다.[34] 그럼에도 불구하고 그의 친구들은 뒤로르의 글을 좋아했고, 그에게 출판을 종용했다. 이 책은 파리에서 출판된 뒤 얼마 안 되어 런던의 한 출판사가 영어판을 냈을 정도로 인기를 끌었다.

턱수염에 관해 즉흥적으로 연구를 시작한 뒤로르는 곧 흥미로운 이야깃거리를 발견하였다. 그러나 더 중요한 점은 그가 드디어 저술가로서 자기 생각을 표현할 수 있게 되었다는 점이었다. 턱수염에 관하여 글을 쓰는 과정에서 그는 '우연히' 이 주제에 생각보다 큰 의미가 있다는 것을 발견했고, 사회적·도덕적 비평의 도구로서 역사의 효용성을 깨달았다. 그 결과, 이 토목기사는 역사가가 되었다.[35] 1789년 프랑스 혁명이 일어나자, 이 역사가는 정치인이 되었다. 뒤로르는 1793년 좌파 세력의 쿠데타에 의해 축출될 때까지, 짧은 기간이나마 국민 공회 의원으로 봉직했다. 그 좌파 세력은 나중에 공포정치의 주역이 된다. 뒤로르의 《턱수염에 대한 철학적이고 역사적인 고찰》은 계몽주의 시대 역사에서 가장 새롭고 강렬했던 국면을 극명하게 보여준다. 자연과 이성의 권위에 대한 계몽주의적 신념에 감화된 그는 턱수염의 역사를 연구하는 과정에서 서로 대립하는 두 개의 큰 도덕적 요소를 발견했다. 그것은 패션이라는 피상적인 허구와 자연이라는 단단하고 온전한 개념이었다. 사회는 패션이라는 우스꽝스러운 마법에 휘둘리게 되어 있다. "새 시대가 밝은 시점에, 세상에서 가장 아름다운 가발을 쓴 의사가 뭐라고 하면 누가 그의 말을 안 믿겠는가? 물론 가발은 그에게 과학을 주지 못하지만, 멋진 용모는 줄 수 있으며, 요즘에는 그것이 전부이다."[36]

가짜(패션)와 진짜의 이런 대립 관계는 다름 아닌 연약함과 남자다움의 갈등이었다. 뒤로르는 남자들이 '자연의 길'을 포기하면서 여성화되었다, 즉 남성이라면 마땅히 지녀야 할 활력, 진실성, 배짱이 결여된 존재가 되었다고 추론했다. 면도는 애초에 자연의 소명에서 벗어나려는 남성들의 잘못된 선택이었으며, 그 결과 남성들은 '별 시답잖은 것의 횡포'에 굴복하게 되었다고 했다. 사회의 갱생을 위해 남성성 부활이 절실했다. 그는 "내가 **턱수염에 대한 변명**을 쓰게 된 이유는 남성들의 마음에 예전에 지녔던 존엄성을 다시 불러들이기 위함이요, 기사도 정신이 살아 있었던 멋진 시대 이후 유럽에서 사라진 남성의 우월적 지위를 상기시키기 위함이다"라고 거창하게 선언했다.[37] 뒤로르와 그의 젊은 중산층 친구들이 무력감에 시달렸다는 데에는 의심의 여지가 없었다. 그들은 작금의 상황이 (뒤로르의 조소적인 표현대로) "우리의 여성화된 관습" 때문이라며, 명예를 되찾기 위한 새로운 용기를 끌어 내려 했다.[38]

뒤로르의 역사서는 데모스테네스, 하드리아누스 황제, 성 클레멘스, 프랑수아 1세 같은 순수한 턱수염의 챔피언들과 알렉산더 대왕, 교황 그레고리우스 7세, 표트르 대제 같은 "턱수염 기른 얼굴을 탄압한 무자비한 적들"의 웅대한 대결을 포괄적으로 다룬 대서사시였다. 히브리인, 페르시아인, 고대 그리스인, 로마인, 중국인 등 사실상 전 세계의 모든 사람이 턱수염을 숭배했는데, 이것은 턱수염에 내재한 위력이 그만큼 크다는 사실을 입증하고, 면도가 질투심 많은 통치자들의 횡포에 불과하다는 사실을 나타낸다. 턱수염의 적들은 어리석게도 얼굴에 난 털의 건강상 이점을 무시했고, 성 질서가 붕괴할 위험을 멋모르고 자초했다. 팡제가 수염 난 여성들의 존재를 냉철하게 인정한 것과는 달리, 뒤로르는 그 여자들을 역겨운 존재로 매도하였으며, 여자들은 얼굴에 털이 나는 기미만 보여도 무조건 제거하는 것이 적절하다고 선언했다. 《턱수염에 대한 철학적이고 역사적인 고찰》에서 뒤로르는 여자의 얼굴에 털이 보이거나 남자 얼굴에 털이 없으면 그것은 사회적 무질서의 신호이자 패션의 반자연적인 횡포라고 주장했다. 방종 때문에 정신이 산만해진 "남자들에겐 아무것이나 다 좋아하는 재주 외에는 남은 것이 없다."[39]

따라서 턱수염을 회복하면 당연히 도덕적 기반이 튼튼해질 것이므로, 뒤로르는 자립심 강하고 강한 의지를 가진 남자들이 앞장설 것을 요구했다. 이것은 대단한 도전 같았고, 그의 친구들은 이런 개념에는 열광하면서도 정작 본인들은 그것을 실천하려 하지 않는 것 같았다. 일반적인 계몽시대 사상가들에 비해, 뒤로르는 실천보다 말이 많은 스타일이었다. 본인은 턱수염을 기를 생각이 없었지만, 그도 루소처럼 급진적인 자세를 취했고, 특히 남성성의 과감한 표출 수단으로서 턱수염에 큰 흥미를 보였다.

18세기에 턱수염은 논쟁을 일으킬 만한 사상이었다. 즉 문화적 타락을 부추긴다는 커다란 비판 대상이 될 수 있는 개념이었다. 루소와 뒤로르 모두 패션, 세련미, 그리고 겉치레가 남자들에게서 자연적 순수함과 미덕에 대한 기본적인 소양을 앗아갔다고 생각했다. 그들은 턱수염이 유행했던 과거를 보았고, 턱수염이 유행할 미래를 예견했다. "구 신도들" 같은 러시아의 전통주의자들도 비슷한 생각을 하고 있었다. 그들 역시 턱수염을 진정한 도덕적 질서의 상징으로 인식했고, 루이 14세나 표트르 대제 같은 절대주의 통치자들이 사람들에게 매끈한 턱이라는 비도덕적인 스타일을 강요하기 전 시대를 자랑스러운 시대로 여겼다. 사무엘 피프스의 경험이 증명하듯이, 엘리트층 남성들은 자연적인 털보다 인공적인 털, 아울러 옷과 몸단장에 관한 정교한 관습을 통하여 품위를 추구했다. 턱수염 옹호자들의 공격에도 이런 관습이 사라지지 않은 이유는 사회적 예의범절을 통해 얻을 수 있는 혜택이 남성적 힘에 대한 환상을 능가했기 때문이었다.

뒤로르의 턱수염 연구 결과가 발표되고, 새로운 정치·사회 질서에 대한 꿈이 아카데미 드 퐁 생 미셸 같은 희망에 찬 젊은이들의 마음을 흔들어놓은 지 몇 년이 지난 뒤 프랑스에서 대혁명이 터졌다. 뒤로르는 한동안 혁명 의회에서 의원으로 활동했다. 왕은 권좌에서 쫓겨났고, 교회는 부와 영향력을 상당 부분 박탈당했다. 패션도 이와 비슷한 패배를 겪으리라는 예상이 가능했다. 바스티유 감옥[1]이 파괴된 뒤 파리 거리에서 배포된 익명의 유인물에 이런 기대감이 잘 나타나 있었다. 이 유인물에는 중세 시대 선조들, 즉 프랑크족의 자유를 회복한 파리 시민들을 축하하는 글이 실려 있었다. "여러분들은 다시 그들처럼 강하고 건강해질 것이다. 그들처럼 턱수염을 기르게 될 것이고, 선조들이 좋아했던 장발도

---

1) 파리 시민들이 이 감옥을 습격하여 파괴한 시점을 프랑스 혁명의 시작으로 본다.

기르게 될 것이다. 이발사, 미용사, 그리고 모든 패션 장사치들이여, 잘
가라. 이제 여러분들은 집에서 만든 소박한 옷으로 몸을 가릴 것이다. 이
제부터 여러분들은 모든 사치스러운 장식물을 경멸하게 될 것이며, 자신
의 모든 육체적·지적 능력을 활용하게 될 것이다."[40] 그러나 프랑스 대혁
명은 공포정치에서 내전, 나폴레옹 시대의 영광, 그리고 군사적 패배 등
숱한 우여곡절을 겪게 된다. 19세기가 시작되었을 때 자유, 평등, 박애,
그리고 턱수염 기르기의 꿈은 여전히 미완의 꿈으로 남아 있었다.

8

로맨틱한 상상의 산물 턱수염

프랑스 대혁명은 전 유럽에 희망과 공포를 동시에 불러일으켰다. 자유와 평등의 새로운 시대정신을 향한 희망의 뒤편에는 혁명의 열기로 촉발된 정치적 폭력과 전쟁의 망령이 활개를 쳤다. 사람들은 이성이 단두대의 공포로 압살된다면 혁명이 무슨 이득을 갖다 줄 수 있는지 의문을 품었다. 암울한 현실에 직면한 유럽 전역의 젊은이들과 열정적인 낭만주의자들은 감성, 직관, 그리고 무질서를 가라앉히고 국민의 단합을 끌어내고 진정한 자유를 달성해줄 새로운 시대정신을 갈망했다. 많은 사람이 나폴레옹 보나파르트가 그런 꿈을 달성해줄 사람, 시대를 역행하려는 왕권과 반혁명 세력에 대한 공포정치를 모두 막아줄 수 있는 영웅이 되어주기를 바랐다. 초창기 나폴레옹의 찬미자 중 하나인 독일 작곡가 루트비히 판 베토벤은 열정을 담아 음악사에 신기원을 연 〈3번 교향곡〉을 헌정하기도 했다. 역사상 최초의 낭만주의 작곡가가 역사상 최초의 낭만주의 교향곡을 유럽 최초의 낭만주의 정치 영웅인 보나파르트에게 헌정한 것이다. 그 뒤 얼마 되지 않아 보나파르트는 베토벤의 열망을 배신하고, 갓 출범한 프랑스 공화국을 붕괴시키며 스스로 황제 자리에 올랐다. 그리고 제국주의적 야심을 드러내며 해외 군사 원정에 나섰다. 이에 좌절한 작곡가는 교향곡의 표지를 찢어 헌사를 없애버렸다. 유럽은 아직 자신을 해방해줄 영웅을 만나지 못했으며, 베토벤의 장엄한 교향곡이 낭만주의 세대가 품은 미완의 희망을 상기시켜 주리라는 것은 고통스럽지만 분명한 사실이었다.

베토벤이 나폴레옹에게 환멸을 느낀 지 수년 후 독일, 오스트리아, 이탈리아, 스페인은 나폴레옹 군대에 점령되었다. 이 나라들이 품었던 자유의 꿈 위에 짙은 먹구름이 드리운 것이다. 한때 밝은 희망을 약속했던 프랑스 대혁명은 이제 악몽으로 변했다. 보수주의자들은 반기를 들었고, 군주제와 전통의 깃발 아래에 모이라고 국민들을 선동했다. 궁지에 몰린 공화주의자들은 평등과 입헌주의를 향한 꺼져가는 희망을 붙잡기 위해 필사적으로 매달렸고, 낭만주의자들은 제3의 길, 즉 남자들 자신이 변하면 민족중흥과 공화주의적 자유가 모두 가능할 것이라는 대안을 제시했다. 그들도 보수주의자들처럼 역사에 눈을 돌렸다. 하지만 보수주의자들과는 달리 가까운 과거가 아니라 더 먼 과거, 즉 턱수염을 기른 남자들을 미래 희망의 상징으로 대접해주던 '중세 시대'에 눈을 돌렸다.

프리드리히 루트비히 얀, 과거에 눈을 돌리다

1811년 여름, 베를린 외곽에서 턱수염을 기른 쾌활한 중년 남자가 이끄는 젊은 강도 집단이 여행자들을 습격했다. 이 약탈자 무리는 언덕이 많은 시골 지역에서 바위나 나무 뒤에 숨어 있다가 갑자기 나타나 사람들을 습격하여 땅바닥에 쓰러뜨린 뒤 자기네 소굴로 끌고 갔다. 운이 좋은 포로는 여행자들의 반격으로 구출되기도 했다. 그해 여름 이곳에서는 이런 극적인 장면들이 수십 번 반복되었다.

하지만 그 강도들은 진짜 강도가 아니었고, 여행자들도 진짜 희생자가 아니었다. 그들은 10대 아이들이었고, 잘 연출된 게임을 하는 중이었다. 이 게임의 총 지휘자는 프리드리히 루트비히 얀Friedrich Ludwig Jahn이라는 특이한 역사 교사였다. 얀은 '도적과 여행자들' 같은 게임과 체조 연습 등을 통해 학생들의 육체적 힘과 기술을 테스트했고, 아이들에게 팀워크와 전략에 대한 감각을 키워주었다. 이 프로이센[1] 청소년들은 독일이 분열된 채, 나폴레옹 혁명군 손아귀에 잡혀 항거 불능에 있던 시기에 성장하고 있었다. 이들에게 궁극적으로 독일의 독립을 가져올 동지애, 지략智略, 강인한 정신 등을 주입하는 것이 당시 교사들의 교육 목표였다.[1] 동시대의 다른 많은 사람처럼 얀도 진정한 낭만주의자로서 인간의 운명은 정신과 열정에 의해 결정된다고 생각했다. 자유를 되찾으려면 독일 동포들에게 애국심과 자부심의 부활이 필요하며, 그런 목적을 달성하는 데에는 체조 연습과 야외 운동이 최고의 수단이라고 확신했다. 신체 단련은 중세 시대에 중시되었던 도전 정신, 영웅주의, 명예 같은 가치들을 부활시키는 데 도움이 되었고, 이런 가치는 근대 독일의 부족한 부분을 보완해주었다.

그 후 수년에 걸쳐 점점 많은 소년 소녀들이 도시 변두리에 건립된 얀의 체조 클럽에 가입했고, 이곳에서 아이들은 놀고, 펜싱 경기를 하였으며 철봉, 안마, 그리고 얀이 직접 개발한 평행봉 같은 다양한 도구들을 이용하여 훈련했다. 그는 단연 최고의 신화 창조자요, 국가 건설자였다. 그의 클럽에 몰려온 젊은이들은 독일식 영웅주의를 바탕으로 한 '형제들

---

1) 유럽 동북부와 중부에 있었던 나라. 독일 제2 제국 통합의 중심이 되었기 때문에 흔히 (북부) 독일의 전신이라고 불린다.

의 집단'으로 조직되었고, 이 단체는 리넨 바지, 헐렁한 회색 셔츠, 신기한 기사도 배지 같은 특징적인 의상과 장식품을 애용했다. 소년 대원들 가슴에 달린 엠블럼에는 **투른쿤스트**Turnkunst[1]라는 단어와 함께 4개의 년도가 적혀 있었다. 그것은 게르만인들이 로마 침략군을 물리쳐 자유를 얻은 해를 나타내는 '9', 중세 기사들의 마상馬上 시합이 처음 시작된 해를 나타내는 '919', 그런 대회가 폐지된 해인 '1519', 그리고 얀이 체조 게임을 가장하여 사나이들의 대회를 부활시킨 년도인 '1811' 등이었다.[2]

낭만주의 정신에 충만한 이 역사 교사는 과거, 아니 상상 속의 과거를 통하여 미래를 보았다. 얀은 체조 클럽을 창설하기 직전에 독일 국민성에 관한 책을 출간했다. 이 책에서 그는 동포들에게 외국 사상과 외국 생활방식을 무조건 따르지 말라고 호소했다. 대신 독일적인 가치관, 스타일, 그리고 **투른쿤스트** 같은 활동에 더 관심을 가져달라고 부탁했다. 그는 옷깃이 없고, 싸고, 질기고, 표백하지 않은 옷을 입고 다녔는데, 그는 이것이 진짜 독일 스타일이라고 믿었다. 그는 또 턱수염을 길렀는데, 이것 역시 사람을 고결하게 보이게 하고 독일적인 풍습이라고 생각했기 때문이었다.[3]

물론 그에게는 턱수염과 옷이 역사적으로 정통성이 있다고 믿을 만한 이유가 있었으며, 그의 이런 선택은 세밀한 연구에 따라 이루어진 결과였다. 그가 당대에 가장 절망했던 두 가지 사실은 외국, 특히 프랑스의 모든 문물을 모방하려는 국민들의 태도와 독일적 에너지의 상실이었다. 표백되지 않은 옷과 수염은 단연코 유행에 어울리지 않았고, 따라서 비非 프랑스적이었다. 특히 턱수염은 중세의 기사도와 관련되어 있고 힘을

---

1) '체조'를 뜻하는 그리스어 대신 얀이 만든 단어이다.

8.1 프리드리히 루트비히 얀.

상징했다. 얀은 독일 국민성에 관한 자신의 책에서 '털'이 남성성의 심벌이었던 '좋았던 옛 시절'의 시적 감흥에 취했다. 독일 조상들은 온갖 전투의 달인들이었다. "나중에 그의 옆구리에 있던 칼, 그의 얼굴에서 골치아픈 턱수염, 그리고 그의 가슴에서 조상들이 물려준 영웅적인 용기가 쓸데없는 것으로 인식되고, 사라지는 시대가 왔다."[4] 얀은 체조를 즐기고, 야전에서는 교활하고, 펜싱 검을 사납게 휘두르는 독일 젊은이들의 모습을 상상했다. 철봉과 안마 위에서 두려움을 모르고, 그리고 무엇보다도 턱수염을 기르는 새 세대가 근대 독일에 중세의 영광을 부활시켜 주리라 기대하고 있었던 것이다.

얀이 제시한 '미래로의 회귀'라는 논리는 사회 평등, 국가 단결, 그리고 입헌 정부라는 혁명적인 목표를 향한 비-혁명적인 길을 약속하였다.[5] 그는 과거 독일의 **턱수염을 기른** 영웅들을 본받아 몸과 마음, 그리고 정신을 가다듬은 남자들이 이 시대의 사회·정치적 분열과 혼란을 극복해 가는 모습을 상상했다. 따라서 얀이 해가 갈수록 더 짙고 길게 턱수염을 기른 것은 전혀 이상한 일이 아니었다.

1813년 얀과 수백 명의 체조 클럽 회원들은 프로이센 민병대에 입대하여 독일 땅에서 프랑스군을 몰아내는 데 일조하였다. 그는 곧 다른 사람들과 함께 육체의 재활성화, 헌법 개정, 그리고 독일의 통일을 도모하기 위한 전국적인 규모의 애국청년연합을 결성하는 일에 합류했다. 얀은 체조 가이드북을 제시했고, 여기서 잃어버린 남성적 전통을 회복하고자 하는 자신의 목표를 또다시 천명했다.[6] 독일 당국은 이것을 보고 이 운동이 귀족제를 바탕으로 한 사회 질서에 큰 위협이 될 것이라고 생각했으며, 체조 보급 운동을 엄청난 의심의 눈초리로 보았다. 1819년 예나Jena 대학에 재학 중인 지나치게 열성적인 체조 선수가 학생 운동을 비판한 사람을 살해하는 사건이 벌어졌고, 당국은 이것을 기회로 삼아 애국청년연합의 활동과 학생들의 체조 훈련을 모두 금지하였다. 얀 자신도 체포되어 베를린에서 추방되었으며, 그 후 수년 동안 가택 연금 상태에 놓였다. 독일에서 통일, 입헌주의, 턱수염 기르기의 시대는 아직 오지 않은 것 같았다.

프리드리히 루트비히 얀이 남성성에 대한 특별한 비전을 갖고 그런 활동을 했는지는 알 수가 없다. 하지만 혁명의 시대에 돌입하면서 과거의 사회적 성별性別 질서는 분명한 변화를 맞이하게 된다. 미국 독립전쟁과 프랑스 대혁명은 서구 세계에 남성의 자연스러운 털을 옹호하는 새로운 시대를 여는 계기가 되었다. 이런 정치적 격변이 일어나기 전, 남성들은 정성껏 차려입은 의상과 가짜 수염으로 우월적인 출신 성분과 사회적 특권을 과시했었다. 그러나 근대의 태동기에 실크 스타킹, 레이스 달린 옷깃, 굽이 높은 구두, 화려한 리본, 그리고 분을 바른 가발 같은 장식물은 영원히 금지되었다. 그 자리에 검은색 바지, 검은색 코트, 검은색 넥타이, 그리고 검은색 모자 등을 특징으로 하는 정반대의 스타일이 들어섰다. 어느 학자가 칭했듯이 이런 "엄청난 금욕 조치"는 남성 패션을 단순화하고 표준화했으며 자연스러운 육체적 미덕과 진지한 태도 및 부와 출신 성분에 대한 자제 같은 개인적 미덕을 강조함으로써 평등이라는 근대적 이념을 구현한 것이라고 평가했다.[7]

이 시대의 새로운 이상은 사회적 권리의 기초를 유산과 계급이 아니라 남성성 자체에 두었다. 토머스 제퍼슨은 미국 독립선언서(1776년)에서 모든 인간은 누구도 빼앗을 수 없는 권리를 부여받았다고 선포했으며, 프랑스의 《인권선언》(1789년, 원제는 '인간과 시민에 관한 권리 선언')에는 사회적 차별은 사회적 지위나 자격이 아니라 개인적 가치에 바탕을 두고 이루어져야 한다는 점이 명시되어 있다. 나폴레옹 전쟁의 시대에 모든 유럽 국가들은 자국의 남성 국민들에 의존하여 조국을 방어하는 전쟁을 치렀다. 따라서 이론적으로나 실제 전쟁에서 남성은 그 나라 정치 질서의 근본이 되었다.

수수한 검은색 옷과 자연스러운 털은 '남성' 시민권을 토대로 하는 사회에 적합한 용모였다. 또한 더 자연스러운 외모 쪽으로 취향이 옮겨감에 따라 턱수염 기르기는 탄력을 얻었다. 하지만 책임감 있는 자기 규율의 약화를 우려하는 턱수염 반대 목소리도 만만치 않았다. 19세기 전반부에 유럽에서 가장 유행했던 스타일은 프랑스인들이 **파보리**favoris라고 부르고 영어권 사람들은 구레나룻이라고 부르는 수염이었다. 이것은 18세기에 허용되었던 것보다 자연스러운 수염이 조금 더 인상적으로 표현된 형태였지만, 여전히 절제된 형태의 수염이었다. 이 시대에 군사 패션의 중요한 부분이 되었던 콧수염은 좀 특별한 경우인데, 이것은 나중에 다시 검토할 것이다. 과격하고 젊은 낭만주의자들은 턱수염을 사회적 반항아의 표식으로 기르고 다녔는데, 상류 사회에서는 풍성한 턱수염을 거의 용인하지 않았다.

빅토르 위고, 폭동의 원인을 제공하다

독일의 보수적인 정부가 프리드리히 루트비히 얀을 비롯한 자유주의 세력을 견제하는 동안, 프랑스는 사회적 불안이 최고조에 달해 있었다. 그들은 '털 실험'에 있어서도 선두를 달렸다. 1820년대 말과 1830년대에 턱수염을 기른 젊은 낭만주의자들은 파리에서 단연 화제의 주인공으로 떠올랐는데, 대부분의 시민은 이들을 탐탁지 않게 보았다. 빅토르 위고의 소설 《레미제라블》은 1832년을 시대적 배경으로 썼다. 이 소설에 나오는 보수적인 남자들은 "19세기는 독이다. 제일 앞에 나서는 땅딸보(나폴레옹을 지칭한다)는 염소수염을 기르고 있는데, 자기가 진짜 악당이라고 생각한다. 그리고 늙은 친척들을 곤경에 빠트린다. 그것이 공화주의라고 한다. 그것이 낭만주의라고 한다. 도대체 그것에 무슨 낭만주의적인 요소가 있는가"라고 불평했다.[8] 이 질문에 대해 위고는 이렇게 답했다. "턱수염은 낭만적이다. 턱수염은 자연스러우며 역사적으로도 중요하다. 따라서 근대적 삶에 여전히 스며들어 있는 허영과 부패를 상쇄하는 데 적격이기 때문이다." 위고 자신도 1830년대 턱수염 열풍이 일어난 것에 일정 부분 책임이 있다. 그는 새로운 사상을 시험하고 새로운 자유를 만끽하려는 새로운 세대의 예술가와 작가들 사이에서 가장 밝은 빛이었다. 위고는 역사적인 장면과 턱수염을 기른 역사적인 인물들을 주제로 한 낭만주의 미술 전시회를 구경한 뒤, 수염에 대한 자기 세대의 욕구를 공개적으로 표출했다.

위고 본인은 턱수염을 기르지 않았지만, 그것을 장려하는 가볍고 풍자적인 글을 썼다. 신은 원래 평온한 태도, 자신감, 힘을 나타내는 눈, 턱, 입, 뺨으로 남자들을 아름답게 만들었다는 것이다. 하지만 남자 얼굴의 이런 위엄은 근대 상업 문명에 의해 파괴되었다. 근대의 남자들은 도량이 좁아졌고, 상상력이 줄어들었다. 이것은 그들의 얼굴에 고스란히 나타났다. "지식인들의 머리에는 사색 대신 이익의 계산이 들어 있고… [그리고] 이익이 지식을 대신하면 자존심은 사라지고 콧구멍이 수축하며 [그리고] 눈빛이 흐려진다."[9] 그러나 신은 이런 사태를 미리 내다보았고, "인간 문명이 길러낸 추잡함"을 감추라고 턱수염을 선사했을 것이라 추측하였다. 이 이야기의 교훈은 "못생긴 사람들, 잘나고 싶은 사람들, 모두 턱수염을 길러라!"였다.[10] 이 반농담조의 글이 출판되자, 남자의 턱을 둘러싼 논쟁이 폭발적으로 일어났다. 비판자들이 턱수염을 "혐오스럽고, 비애국적이고, 유대인을 연상시키고, 추악하고, 무엇보다 '낭만적'이다"라고 비난하자 위고는 깜짝 놀랐다. "고상미"를 옹호하는 사람들은 매끈한 턱이 최고이며 위엄이 있다면서, 세계에서 가장 지적인 국민인 프랑스 사람들은 절대로 턱수염에 굴복하지 않을 것이라고 단언했다.

젊었든 늙었든, 급진적이든 보수적이든, 모든 사람이 위고가 예상했던 것보다 턱수염 문제를 훨씬 심각하게 받아들였고, 이런 격렬한 논쟁에 자극을 받아 젊은이들도 수염을 기르게 되었다. 화려하고 고급스러운 옷을 입는 것 외에 고지식한 중산층을 기분 나쁘게 하고, 보수파의 자부심을 깰 효과적인 방법을 여기에서 찾고자 했다. 이른바 **젊은 프랑스**les jeunes-France 세대임을 자부했던 그들로서는 구태여 역사상 어떤 한 시점의 털 패션을 일관되게 쫓을 필요는 없었다. 어떤 이들은 호머 시대 그리스에서 유행했던 정통 스타일의 수염을 모방하고 싶어 했다. 또 월터 스콧Walter Scott[1]의 인기 있는 중세 역사 소설에 영향을 받은 사람들은 기사들의 고상한 수염을 모방하는가 하면, 르네상스 시대에 궁중 신하들이 길렀던 대담한 스타일을 선호한 사람들도 있었다.

1830년 파리에서 또다시 혁명이 일어났고, 낭만적인 턱수염의 인기는 절정에 이르렀다. 인기라고는 없고 매우 억압적이었던 부르봉 왕조의 샤를 10세는 평등과 자유 면에서 역사의 시계를 되돌리려 안간힘을 썼으나 거의 모든 프랑스 국민은 그의 구태의연하고 억압적인 통치를 견디지 못했다. 폭동의 초기 징후는 문학계의 보수 논객들이 이른바 '에르

---

1) 영국의 시인이자 소설가

나니의 전투'[1]라는 논쟁에서 위고와 그의 낭만파 지지자들에게 패했던 1830년 2월에 나타났다. 〈에르나니〉는 위고가 르네상스 시대의 스페인을 배경으로 쓴 파격적인 희곡이다. 이 작품은 한 스페인 귀족 부인의 사랑을 얻으려는 세 남자의 절망적인 대결을 줄거리로 하고 있는데, 이 여인과 구애 남성 중 둘이 자살함으로써 끝난다. 풍류를 아는 사람들에게 성적인 테마, 열정적인 분위기, 세속적이고 현대적인 프랑스식 대화는 충격적이었고, 비난받아 마땅했다. 이 작품에 모욕감과 위기감을 느낀 보수주의자들은 초연장에 대거 몰려와 불쾌감을 드러냈다. 스스로 "미래의 기사들"과 "예술적 자유의 수호자"를 자처하는 젊은 학생들, 시인, 예술가들이 화려한 중세풍 또는 르네상스풍 의상에 긴 머리를 기르고, 콧수염과 턱수염을 휘날리며 극장 주변에 진을 쳤다.[11] 그들은 연극이 시작되자 요란하게 환호했고, 보수주의자들이 조롱과 야유를 보낼 때마다 운동경기에서 응수하듯이 받아쳤다. 객석에서 펼쳐진 시대극은 소란 속에서 매우 힘들게 진행되었던 무대 위의 드라마를 무색하게 만들었다. 결국 비평가들은 "에르나니 전투"가 낭만주의자들의 승리로 끝났다고 선언했고, 위고는 저작권료로 많은 돈을 챙겼다. 이것은 프랑스 고전주의 연극의 절제된 세련미가 종말을 고했다는 것을 의미했으며 샤를 왕 몰락의 전조였다.

그해 7월, 왕조를 무너뜨린 파리 거리의 봉기는 낭만주의 화가 외젠 들라크루아가 그린 기념비적인 작품 〈민중을 이끄는 자유의 여신〉(**그림 8.2**)에 영원히 살아 있다. 자유의 여인이 가운데에서 공화국 깃발을 흔들면서 사람들에게 민족 해방을 향한 투쟁에 나서기를 독려하고 있다. 그

---

1) 빅토르 위고의 연극 〈에르나니〉가 공연되는 극장에서 벌어진 낭만주의 문학과 고전주의 문학의 유명한 논쟁 사건

8.2 외젠 들라크루아 작 〈민중을 이끄는 자유의 여신〉, 1830년.

녀는 물론 상징이지만, 그녀의 오른쪽에 있는 남자들도 마찬가지이다. 햇볕에 타고 꾀죄죄한 노동자 차림의 남자는 프랑스 노동자들을 상징한다. 그 옆에 젊고 턱수염을 기른 신사가 중산층이 주로 입는 검은색 코트에 타이, 정장용 실크 모자를 쓴 채 소총을 들고 있다. 검은 옷을 입는 남자는 사실 '뒤섞인 비유'라 할 수 있다. 젊은 프랑스를 상징하는 턱수염과 점잖은 중상층이 주로 입는 검은색 정장이 결합해 있기 때문이다. 이 걸작 그림에는 자유롭고, 낭만주의 정신으로 활기찬 나라를 꿈꾼 들라크루아의 비전이 담겨 있다.

1830년에 벌어진 시가전은 샤를 10세 정권을 무너뜨리는 데 성공하였지만 새로운 공화국을 창출하지는 못했다. 권력 있는 지주와 사업가들이 루이 필리프라는 새로운 왕을 옹립하여 그것을 막았기 때문이었다. 그는 전임자보다 온건한 통치를 약속했다. 구체제는 사라졌으나, 위고와 들라크루아 같은 이상주의자들의 희망은 산산조각이 났다. 정확히 2년 뒤 무모한 급진주의자들이 또다시 성급하게 혁명을 시도했다. 위고의 《레미제라블》에 잘 묘사되어 있듯이, "긴 머리, 턱수염, 그리고 콧수염을 기른 건장한 청년들이 다시 한번 바리케이드를 치고 새 왕에 대항하였으나, 잘 훈련되고 면도한 군대에 의해 처절히 궤멸하고 말았다."[12]

이렇게 대패배를 당한 지 몇 주 뒤, 루이 필리프 정권은 훨씬 더 급진적인 털보 집단, 즉 이른바 생시몽주의자들[1)]에도 철퇴를 가했다. 1832년 7월, 수십 명의 생시몽주의자가 당국의 허락 없이 회합했고, 도덕적으로 타락했다는 혐의로 재판을 받기 위해 카리스마 넘치는 지도자인 바르텔레미 프로스페르 앙팡탱의 뒤를 따라 파리 법정에 들어섰다. 턱수염이 무성한 앙팡탱은 자신이 새로운 유형의 기독교 선지자로서 이 세상, 특히 여성들을 자유롭게 할 것이라고 말했다. 그는 여성이 완전하게 남성과 동등하다고 주장했다. 생시몽주의자들은 종교적 열정과 과학적 관심이 교묘하게 혼합된 사례를 대표한다. "젊은 프랑스"의 예술가, 시인들과는 달리, 이 사이비 종교 집단의 구성원은 대부분 기술자와 과학자들로 이루어져 있었다. 이들은 관대한 기독교 정신의 인도 아래 과학을 활용하여 이상 사회를 구축하고자 했다. 이것은 유능한 엘리트 계급이 모든 구성원의 이익을 위하여 계획한, 일종의 하향식 사회주의를 의미하는 것이었다.

---

1) 프랑스의 철학자이며, 국가 사회주의의 창시자인 생시몽을 추종하는 집단

생시몽주의자들은 비록 과학과 합리적인 종교 생활을 주장하기는 했지만, "젊은 프랑스"에 속한 동시대 사람들처럼 본질적으로는 낭만주의 몽상가들이었다. 턱수염은 다른 낭만주의자들에게 어울렸던 것과 똑같은 이유로 생시몽주의자들에게도 어울렸다. 턱수염은 옛 풍습이면서 동시에 새로운 유행이었다. 생시몽주의자들은 기독교적 전통이라는 관점에서 과거를 숭상했으며, 사회 계급을 조직화했다. 하지만 그들은 또 과학 엘리트층이 지배하는 미래를 열망했다. 이 기이한 반골들의 재판받는 모습은 유럽인들 마음에 턱수염과 무모함 및 반항심의 연관성을 더 깊이 각인시켜주었다. 털은 단순한 털이 아니었다. 그것은 사회 질서에 대한 도전이었다.

1830년 혁명과 1832년 실패한 무장봉기는 프랑스의 정치적 문제들을 해결하지 못했다. 그 후 몇 년 동안 사람들은 이념 차이가 털의 여러 종류에 투영되어 있다는 것에 주목하게 되었다.[13] 보수 왕당파들은 당연히 매끈하게 면도를 했다. '털의 무성함'이라는 잣대에서 반대쪽 끝에 있는 공화주의자들은 무슈mouche, 즉 입술 밑에 기르는 작은 턱수염과 함께 턱까지 뻗친 구레나룻을 뽐내고 다녔다. 온건한 공화주의자들은 무슈를 기르지 않았다. 만약 어떤 사람이 무슈와 콧수염은 길렀으나 긴 구레나룻, 즉 나중에 "황제 수염"이라고 불리게 되는 스타일의 수염을 기르지 않았다면, 그 사람은 나폴레옹 지지자, 다시 말해 몰락한 나폴레옹 정권의 지지자라고 알아볼 수 있게 되었다. 온건 공화주의자와 보수주의자의 중간쯤에 있는 자유파는 코밑수염을 선호했으며, 여기에 구레나룻을 곁들인 사람도 있었고 곁들이지 않은 사람도 있었다. 물론 풍성한 턱수염은 예술가와 급진주의자들을 제외하고는, 널리 받아들여지지 않았다.

정치적 차별성이 뚜렷한 나라에서 수염이 동맹의 표시로써 사용되고, 이런 수염의 다양성이 프랑스를 19세기 남성성 패션 스타일의 선두에 서게 했다는 사실은 놀라운 일이 아니다.

긴 턱수염과 사회적 위협이 동일시되는 것은 19세기 초에 유럽은 물론 아메리카에서도 보편적인 현상이었다. 맥락과 구체적인 이슈는 다르지만, 털 많은 자들의 반항이 두려움을 준다는 점은 본질적으로 같았다. "젊은 프랑스"가 파리에서 보수주의 연극 애호가들을 격렬하게 비난한 그해, 아메리카의 한 농부는 개인적 선택을 수호하기 위해 일생일대의 도전을 시작했다.

조셉 팔머, 턱수염을 지키기 위해 투쟁하다

조셉 팔머는 매사추세츠주 피츠버그에 사는 정직하고 신앙심 깊은 사람이었다. 그런데 긴 턱수염을 기르겠다는 그의 유별난 선택 때문에 융통성 없는 그의 이웃들은 큰 충격에 빠졌다. 마을 사람들은 그를 마을의 수치라고 여겼고 심지어 괴물이라고 비난했다. 그러나 그는 짐승의 목도리 털 같은 수염을 제거하라는 이웃의 요구를 거만하게 거절했다.

1830년 여름, 사태는 극한으로 치달았다. 팔머가 마을의 회중 교회[1] 에서 열린 성찬식에서 자기 차례를 기다리고 있을 때 빵과 와인을 들고 있던 목사가 그를 지나쳐버렸다. 턱수염을 기른 이 농부는 격분하여 성찬식 테이블 앞으로 나아가, 잔을 잡아 스스로 성찬을 올렸다. 그리고 신도들을 향해 이렇게 소리쳤다. "나도 여러분처럼 예수님을 사랑합니다.

---

1) 회중會衆 정치로 교회를 운영하는 개신교 교회. 조합組合 교회라고도 한다.

아니 그 누구보다 더 사랑한단 말입니다!"[14] 피치버그의 선량한 시민들에게 이것은 묵과할 수 없는 막가파식 도발이었다. 며칠 뒤 가위, 비누, 면도칼로 무장한 네 명의 사내가 그의 도발적인 구레나룻을 끝장내고자 길거리에서 그를 붙잡았다. 팔머는 땅바닥에 내팽개쳐졌으나, 다행히 갖고 있던 주머니칼 덕분에 턱수염이 하나도 망가지지 않은 채 위기에서 벗어날 수 있었다.

팔머를 공격한 자들은 폭행의 책임을 팔머에게 돌렸고 팔머는 감옥신세를 지게 되었다. 교도소에서 그는 신문사에 편지를 보내 자신이 투옥된 진짜 이유는 날조된 폭행죄 때문이라기보다는 그의 구레나룻에 대한 사람들의 혐오 때문이라고 주장했다. 거의 1년 동안 팔머는 자기가 받은 부당한 처우와 교도관들에 대한 공개적 불만을 줄기차게 쏟아냈다. 결국 짜증 난 관리들은 그를 풀어주기 위해 감방문을 열었다. 팔머는 수감 비용으로 청구된 과도한 벌금이 면제되지 않으면 감옥에서 나가지 않겠다고 고집함으로써 자기를 괴롭힌 사람들과 타협하지 않았다. 교도소 관리들은 그를 의자에 앉힌 채 밖으로 데리고 나가 길바닥에 팽개칠 수밖에 없었다. 이제 자유의 몸이 된 팔머의 수염에 시비를 걸어오는 사람은 더는 없었고, 그때부터 선동적인 사회 운동가로서의 긴 노정이 시작됐다. 1875년 그가 죽었을 때 그의 가족은 "조셉 팔머. 턱수염을 기른 죄로 처형되다."라는 묘비명을 세웠다고 한다.[15]

팔머의 턱수염은 얀의 턱수염과 달리 민족주의의 상징이 아니었고, "젊은 프랑스"와 같은 낭만주의의 상징도 아니었으며, 앙팡탱의 턱수염처럼 사회주의 표상도 아니었다. 하지만 그것들에 못지않은 저항의 의미를 담고 있다. 팔머는 이상주의자였고, 혁명가까지는 아니더라도 분명히 개혁가 정도로는 평가할 만하다. 그는 랠프 월도 에머슨, 헨리 데이비드 소로, 에이머스 브론슨 올콧 같은 뉴잉글랜드 지방 사상가들과 개인적으로 친분이 있었다. 그는 당대에 이미 시대를 앞서가는 사회 운동, 특히 반노예제와 금주 운동에 적극적으로 참여했으며, 올콧의 실패한 유토피아 공동체 운동인 "프루트랜즈Fruitlands"[1] 운동에도 참여했다. 요컨대 면도칼이 팔머의 콧대를 꺾어놓으리라 생각한 것은 피치버그 마을 주민들의 실수였지만, 팔머를 반역자로 본 것은 전혀 잘못된 판단만은 아니었다.

'얼굴의 털'은 뉴잉글랜드 사람들에게는 특히 신경에 거슬리는 것이었다. 턱수염이 청교도 전통이 강조하는 공동체 윤리에 반하며 강한 '독립 의지'를 시사하기 때문이었다. 사회 개혁가들도 그런 기이한 개성 표출 방식에는 부정적으로 반응할 가능성이 컸다. 매사추세츠 태생으로 미국 반노예제 운동의 위대한 투사인 윌리엄 로이드 개리슨보다 더 과격한 성격을 가진 사람은 찾기 힘들 것이다. 하지만 개리슨도 얼굴의 털에 대해서는 이의를 제기했다. 팔머의 턱수염이 공격을 받기 수개월 전인 1829년 어느 날, 볼티모어에서 노예제 폐지론을 주장하는 언론인으로서 막 활동을 시작한 개리슨은 일찌감치 선동의 재능을 과시했다. 그는 "모든 얼토당토않은 편견 중에서, 남보다 튀고자 하는 저속한 라이벌의식 중에서, 유행 좋아하는 괴물들이 선전하고 퍼트리는 모든 패션 중에서, 요즘 엄청나게 유행하는 거대한 코밑수염보다 더 외설적이고 해괴망측한 짓거리는 없을 것이다"라고 단언했다.[16] 개리슨은 미국에서 사회 개혁 운동의 선두에 섰으나 코밑수염이 지닌 거만함은 미국 개인주의의

---

1) 에이머스 브론슨 올콧과 찰스 레인이 1840년대에 매사추세츠주 하버드에 수립한 유토피아적 농업 공동체

추한 일면이라고 일축했다.

'얼굴의 털'은 실제로 팔머가 투옥된 뒤 20년 동안, 즉 1830년대와 1840년대에 큰 사회적 논쟁거리로 대두했다. 개리슨의 장광설은 한 예에 지나지 않는다. 이념을 떠나 이 시대 남자들은 자기 과시적인 표현 수단으로 수염을 받아들이게 되었고 이러저러한 형태의 수염을 자기 얼굴 위에 장착해보는 실험에 돌입했다. 이것은 다시 도덕 질서 수호자들과 고상한 사람들의 반발을 불러일으켰다.

대다수 미국인은 일반적으로 팔머가 살던 뉴잉글랜드의 주민들처럼 고집이 세지는 않았다. 따라서 미국은 유럽보다 턱수염의 싹을 틔울 가능성이 더 큰 토양이었다. 하지만 이 "자유의 땅"에서도 당시에는 얼굴의 털에 대한 반대 분위기가 아주 광범위하게 퍼져 있었다. 교양 있는 남자들은 일반적으로 깔끔한 얼굴을 환영하는 예의범절을 지키기 위해 얼굴에 털이 자라는 족족 깎았다. 《서던 리터러리 저널》기고자인 한 점잖은 남부의 평론가는 1838년 예술과 문학 역사상 유명했던 턱수염들에 대해 분석한 글을 올렸다. 하지만 자기 시대의 인습 타파주의자들이 시도하는 수염을 정당화할 이유는 여전히 찾지 못했다. 그의 눈에 "얼굴에 나는 덤불은 늪지대의 덤불처럼 얼굴을 가리고 있으며, 이로써 인간의 얼굴은 걸레 비슷한 이미지로 변했다."[17] 2년 뒤, 헤르만 하우프라는 독일 역사학자는 같은 주장을 펼치며, 얼굴의 털을 길러 쓸데없이 세련미를 나타내려는 자국의 오만한 젊은이들을 이렇게 꾸짖었다. "턱수염이 유행했던 초창기 수백 년 동안 우리가 본 것과 정반대 양상이다. 한때 희끗희끗한 턱수염이 젊은 세대의 존경을 받았지만, 요즘 볼 수 있는 빗질하고 정성껏 가꾼 젊은 놈들의 턱수염은 순전히 늙은이들의 권위를 조롱하기 위한 것이다."[18]

이런 인격 모독적인 반대에도 불구하고 정치적 보수주의자로서 낭만주의 정신에 물들게 된 사람들은 전통과는 달라진 얼굴 털의 가능성을 테스트하는 작업에 동참했다. 그들이 내세운 이유는 좌파들의 이유와 대체로 같았다. 다시 말해 자신들의 명분을 정당화시켜 줄 남성성, 활력 넘치고 진정한 남성성을 소환해 내는 것이었다. 19세기 초에 보수층이 애용한 수염은 두 가지 형태였다. 하나는 귀족층이 좋아했던 턱수염이고, 또 하나는 군인들이 즐겨 기르던 코밑수염이었다. 두 수염 모두 나중에 서구에서 새로운 턱수염 부흥 운동을 위한 초석을 까는 데 중요한 역할을 한 것으로 밝혀진다.

에글링턴의 영주, 중세 시대의 영광을 재현하다

에글링턴Eglinton의 13대 백작인 아치볼드 몽고메리는 스코틀랜드 귀족 사회에서 특별히 기이하거나 재능 있는 사람은 아니었다. 하지만 그의 평범한 생각을 실행에 옮긴 결과 1838년에 중대한 사건을 불러왔다. 당대 많은 귀족처럼 그도 19세기 유럽을 집어삼킨 사회·정치적 변화의 속도에 깜짝 놀랐다. 그가 스코틀랜드에 있는 자신의 고딕풍 성에서 화려한 행사와 연회, 갑옷, 마상 창술 시합, 모의 전투 등 모든 것을 완비한 중세 시대풍 토너먼트를 개최한다는 계획을 발표했을 때 그의 뇌리에는 근대화 경향에 대한 계급적 분노를 표출하는 것 말고는 별다른 뜻이 없었다. 1832년에 의회에서 개혁법이 통과된 이후 귀족층의 권력은 크게 줄어든 반면, 개혁을 선호하는 중산층의 권력은 커졌다. 이 시합을 개최한 의도는 이런 사태 전개에 대응하고 움츠러드는 귀족 계급에 약간의 용기를 주려던 것뿐이었다. 시기가 월터 스콧 경의 1819년 작 소설인 《아이다호》가 중세 기사들의 로맨스로 유럽 전역의 독자들을 황홀하게 만들었던 때인 만큼, 실제 귀족들이 선조의 유산을 되살리기 위해 애쓰는 것은 당연했다.[19]

영국 전역에서 수십 명의 귀족 신사들이 칼과 창으로 무술을 연마하라는 에글링턴의 부름에 호응하였다. 1839년 8월, 드디어 진품 갑옷과 무기로 무장한 13명의 선수가 겨루었다. 이 기사들은 철저하게 비근대적 아이템인 무성한 턱수염을 길러 자신들의 복고풍 패션을 완성하였다. 결전의 날이 되자 전국에서 온 수천 명의 관객이 (이들 중 다수는 그 시대의 의상을 입고 있었다) 기대감에 충만하여 성 마당으로 밀려 들어왔다. 축제는 기사들과 "미의 여왕"인 레이디 세이모어를 경기장까지 호위하는 하인들의 웅장한 행진과 함께 시작되었다. 불행하게도 바로 이때 하늘이 무너진 듯 폭우가 쏟아져 참가 선수들과 구경꾼들이 모두 흠뻑 비에 젖었다. 급속히 수가 줄어든 관객들은 추위에 떨면서, 근대적 물건인 우산이 중세의 영광을 가린 가운데 진흙탕 바닥을 질퍽거리며 두서없이 진행된 행진을 지켜보았다. 느슨하고 진흙을 튀기며 진행된 마상 창술 시합이 끝난 뒤, 축제의 나머지 일정은 모두 취소되었다. 대회는 참담한 실패작으로 보였다. 에글링턴의 마상 창술 대회를 열게 한 과잉 낭만주의는 파리의 바리케이드[1]에 대한 좌파들의 꿈처럼 어리석고 비현실적이었다. 젊은 빅토리아 여왕마저 이 어리석은 광경에 대한 기사를 읽고 웃음을 터뜨렸다고 한다.[20]

---

1) 1830년대 왕정에 대항하는 파리 시민들의 저항을 의미

8.3 에글링턴 마상 창술 대회, 1839년. 턱수염을 기른 기사들이 "미의 여왕"으로 선발된 레이디 세이모어를 경기장까지 호위하고 있다.

그러나 비가 좀 왔다고 해서 에글링턴과 그의 친구들 같은 원기 왕성한 보수적 신사들의 기가 꺾이지는 않았다. 며칠 뒤 날씨가 좋아지자, 몸이 다 마른 관객들을 위해 행진과 마상 창술 시합이 축소된 규모로 재개되었다. 부활한 기사도의 밝은 이미지를 포착하기 위해 유명한 화가들이 현장에 초빙되었다. 그들의 화려한 작품들이 행사를 기념하는 몇 종의 책에 실렸는데, 이 책에는 물론 앞서 진창바닥에서 열린 대회에 대한 언급은 없었다. 이 대회의 중요성은 점점 사라져가는, 턱수염을 기른 기사들이 충성, 명예, 용기 같은 옛 미덕을 위해 싸우는 환상적인 이미지가 출판되었다는 데 있었다. 에글링턴 대회를 묘사한 그림들은 의사당 건물은 물론, 거대한 시골 저택 현관을 장식하는 그림 중에 턱수염을 기른 영웅들을 묘사한 그림이 점점 늘어나는 계기가 되었다.

에글링턴 대회에 참가하기 위해 갑옷을 사고 턱수염을 길렀던 신사들 대부분은 나중에 수염을 다시 깎았다. 이 모든 것이 결국 보여주기식 연기였으니까. 하지만 귀족을 나타내는 또 다른 '얼굴 털', 즉 기병대식 코밑수염은 이보다 훨씬 긴 생명력을 갖고 있었다. 에글링턴이 이 대회를 개최하기 전에 코밑수염은 이미 위풍당당한 무인의 필수 아이템으로 자리 잡고 있었다. 세월이 흐르면서 이 수염 스타일은 위로는 유럽 귀족층으로, 아래로는 유럽 군대 일반 사병들 사이에 퍼져나갔다. 빅토리아 여왕의 부군인 앨버트 공은 고위급 군인이 즐겨 가꾼 코밑수염의 유명한 본보기가 되었다. 그것이 여왕의 사랑을 차지하는 데 도움이 되었으니 잘한 일이다.

앨버트 공, 늠름한 자태를 자랑하다

이것은 동화 같은 이야기였다. 아주 오래전 위대한 왕국의 젊은 공주는 자신의 마음을 사로잡을 잘생긴 왕자가 나타나기를 바라며 늙고 우둔한 구애자들을 모두 물리쳤다. 바로 1837년에 18세 나이로 여왕이 된 영국 빅토리아 공주이다. 그녀는 앞으로도 오랫동안 과거 엘리자베스 여왕처럼 독신으로 살 것이라고 주장하면서 결혼하라는 주변의 압력을 물리쳤다.

그런데 빅토리아의 가장 큰 약점은 젊음과 경험 부족이었다. 여왕은 몇 차례 큰 실수를 저지른 뒤 관료 집단과 대중 사이에서 모두 인기를 잃었다. 이때 저지른 실수 중 하나는 그녀가 궁중의 한 여자를 간통 혐의로 비난한 사건이었다. 사실 이 불운한 여인은 임신 때문이 아니라 악성 종양 때문에 몸이 부었던 것으로 드러났고, 결국 그 여자는 이 종양 때문에 죽었다. 빅토리아는 정치적으로 영리하지 못했으며, 옹졸하고 충동적으로 행동하는 경우가 너무 많았다. 주변 사람들, 그리고 신하들 눈에도 그녀는 돌봐줄 사람이 절실히 필요해 보였다.

그녀의 친척들이 이런 역할을 해줄 인물로 가장 선호한 사람이 그녀보다 약간 어린 사촌 앨버트였다. 독일 공작의 아들인 그는 싹싹하고, 믿음직스럽고, 학구적이었으며, 무엇보다 좋은 점은 자신이 거의 알지 못하는 외국인 사촌 여자와 결혼할 가능성을 쾌히 받아들인 것이었다. 빅토리아는 수긍하지 못했다. 그녀는 주변의 압력에 못 이겨 1839년 가을 앨버트와 그의 형이 윈저궁에 입주하는 데 마지못해 동의하면서도 강압적인 친척들에게 적어도 앞으로 2, 3년은 누구하고도 결혼할 생각이 없다고 분명히 선언했다. 그녀는 수년 전에 앨버트를 만난 적이 있고 그를 꽤 좋아했으나 지금 자신은 여왕이고, 자신이 그토록 좋아하는 국가의 지휘권을 잃을까 두려워했다.

이 모든 사태는 어느 화창한 가을날 저녁, 앨버트가 성으로 들어갔을 때 한순간에 바뀌었다. 빅토리아는 그에게 홀딱 반했다. 그를 본 첫날 밤, 그녀는 일지에 앨버트가 "아주 매력적이었으며 지나칠 정도로 잘생겼다. 아름답고 푸른 눈에 예쁜 코, 부드러운 콧수염 밑에 있는 예쁜 입, 약간 자란 구레나룻. 아름다운 몸매에 어깨는 넓었고, 부드러운 허리. 내 심장이 점점…"이라고 칭찬의 말을 쏟아냈다.[21] 이런 숨 막히는 고백이 있고 며칠 뒤, 그녀는 앨버트의 초상화를 스케치했는데, 여기에 그녀의 사모하는 마음이 그대로 담겼다. 여왕의 눈에 콧수염과 구레나룻을 기른 왕자는 완벽한 남성미 그 자체였다. 그녀는 자제력을 잃고 앨버트에게 청혼하였고, 그는 청혼을 받아들였다.

빅토리아와 앨버트의 결혼이 유럽 역사에서 매우 중요한 사건이라고 말해도 아주 틀린 말은 아니다. 그 후 앨버트는 꾸준하고 현명한 조력자로 밝혀졌다. 빅토리아와 앨버트는 조화를 이루었고 경건하고 부지런한 신하들을 다스리는 데 적합한 진지하고 열성적인 분위기를 자아냈다. 또 기술과 산업에 대한 앨버트의 관심은 영국 왕국이 근대의 흐름에서 뒤처지지 않도록 해주었다. 그들은 대가족을 일구었으며, 후손들은 유럽 전역에서 왕좌에 올랐다. 마지막 독일 황제와 마지막 러시아 황후도 이 두 사람의 손자, 손녀였다. 물론 이 모든 위대한 유산 중 처음부터 확실해 보였던 것은 없었다. 빅토리아는 1840년 결혼할 때만 해도 대중에게 여전히 인기가 없었으며, 그녀가 남편감으로 고른 이도 마찬가지였다. 신하들에게 앨버트는 재산을 노리고 공주에게 접근한 그렇고 그런 외국 출신 귀족이요, 영국 왕실의 돈으로 호화롭게 살기 위해 교묘하게 공주의 환심을 사서 상류층에 진입한 한량에 불과했다. 이 신혼부부가 가끔 언론에서 받은 불공정한 대우는 현대판 타블로이드 신문[1]을 장식하는 독설이 전혀 새로운 것이 아님을 상기시켜준다. 결혼식이 열리기 전 런던 거리에 나부끼던 신문에는 운율까지 맞춘 다음과 같은 글이 실려 있었다.

작센-코부르크[2]가

[앨버트를] 시시껄렁한 시합에 내보냈네,

외국어를 쓰고 콧수염을 기른 앨버트를.

그는 이 강한 섬나라의 말괄량이 여왕에게

구혼하여 의회에서 보물을 빼내려 하네

그녀는 황홀한 미소로 독일 친척을 맞이하네[22]

---

1) 연예·오락 관련 기사를 주로 다루는 저질 신문
2) 영국 왕실의 옛 명칭

8.4 앨버트 공. Henry S. Sadd의 판화. 1847년 작품.

앨버트가 영국적인 사람이 아님을 나타내는 확실한 증거는 콧수염이 었다. 그것은 대중에게는 외국어와 마찬가지였다. 앨버트는 눈에 띄는 구레나룻은 기를지언정 그 외에 아무 수염도 기르지 않는 영국의 귀족, 은행가, 혹은 사업가와 전혀 닮지 않았다. 앨버트의 대륙 스타일이 과연 이

섬나라 제국에서 사랑을 받게 될지 알기 위해서는 시간이 더 필요했다.

여왕의 부군이 기르는 콧수염이 이질적으로 보일지 몰라도, 이런 수염이 영국에서 선례가 없던 것은 아니었다. 정예 기병대들, 즉 왕실 기마 근위대, 제10 왕실 기병대 소속 군인들은 모두 털모자와 길고 검은 구레나룻을 뽐내고 다녔는데, 이것은 당시 전 유럽 경기병 대원들의 전형적인 특징이었다. 독일 귀족들이 구레나룻을 좋아하고, 그래서 앨버트가 그런 스타일을 유지하게 된 것도 바로 영국 군인들 사이에 전해 내려온 구레나룻 전통 때문이었다. 경기병 부대의 원조는 17세기 헝가리 기병 부대였는데, 당시 다른 여러 유럽 국가의 육군 부대가 이 부대원들의 무서운 모습과 대담한 전략을 모방하였다. 나폴레옹 전쟁은 경기병 스타일이 서부 유럽과 서구 예술계에 널리 전파되는 계기가 되었다. 경기병 부대의 허세를 나타낸 작품 가운데 가장 유명한 것은 테오도르 제리코가 그린 〈돌격하는 제국 근위 기병 여단의 장교〉라는 그림이다.(**그림 8.5**) 이 나폴레옹 부대 장교의 영웅적으로 질주하는 모습에서 가장 두드러진 것은 바로 털이다. 말의 갈기와 꼬리, 표범 가죽으로 만든 안장, 털모자의 위엄보다 더 인상적인 것은 무시무시한 콧수염이었다.

경기병 스타일을 채택한 군인들에게는 검은 윗입술이 필수였다. 경기병이라는 이름과 제복은 1806년 제10 경기마병 부대가 웨일스 공[1]의 명에 따라 제10 왕실 경기병 부대로 개편되었을 때 영국에 도입되었다. 이 명칭 변경과 함께 새로운 제복을 착용하고 콧수염을 의무적으로 길러야 한다는 규정이 생겼다.[23] 오래되지 않아, 옛날식 복장과 모습은 진부하게 느껴졌고, 다른 부대들도 새로운 이 패션의 핵심 요소들을 채택

---

1) 영국 황태자의 별칭

8.5 〈돌격하는 제국 근위 기병 여단의 장교〉. 테오도르 제리코 그림. 1812년.

하기 시작했다. 당국은 1830년 전 부대에 명령을 하달하여 새로운 패션 스타일의 확산을 저지하고, 콧수염을 근위 기병 연대와 근위 기병 여단, 경기병 연대에만 허용하려고 했다. 이 정예 부대들을 다른 부대와 차별화하기 위해서였다. 그러나 수요가 너무 많아 군사령관들은 곧 대세에 굴복하고 말았다. 프랑스도 비슷한 상황이었다. 1833년 모든 프랑스 병사에게 콧수염을 길러도 좋다는 허락이 떨어졌다.[24] 19세기 중엽에 이르러 유럽에서 근무하는 사실상 모든 기병대 대원들, 그리고 대다수의 육군 정규군 장교들은 옛 헝가리 침략자들 같은 험악한 얼굴로 돌아다녔다.[25]

이런 유행을 정당화한 이유는 얼굴의 털이 거창한 제복과 함께 적의 가슴에 공포를 심어준다고 생각했기 때문이다. 수염은 일종의 무기라는 개념이 자리 잡은 것이다.[26] 기병대는 굉음을 내며 기동력 있게 움직이기 때문에 이른바 "충격과 공포"[1] 전략의 원조 격 부대라고 할 수 있으며, 이들의 인상적인 복장은 부대의 무장에 있어 매우 중요한 요소로 간주되었다. 물론, 콧수염의 장점은 실제보다 더 나이 먹어 보이게 한다는 점이었다. 너무 어려서 얼굴에 수염이 나지 않는 많은 기병대 병사들은 가짜 수염을 만들었다. 당시 프랑스 기병대원이었던 17세의 장-밥티스트 마르보는 훗날 회고록에서 자신은 필요한 스타일에 맞춰 얼굴에 검은색 왁스를 발랐다고 회상한다.[27] 이런 일은 드물지 않았다. 런던에서 발행되는 《타임스》에 한 익명의 기고가는 1828년 근위 기병대원들이 가짜 콧수염을 구입하고 유지하는 비용과 시간이 너무 과하다며 불평하기도 했다. 모든 콧수염은 예외 없이 검은색이어야 했다. 따라서 수염을 기를 생각이 있지만, 수염 색깔이 다른 병사들은 반드시 염색약을 사용해야 했다.[28]

앨버트 공이 길렀던 것과 같은 콧수염은 영국 귀족 사회에서는 보기 드물었지만, 그것은 군인다운 면모와 보수적인 분위기를 자아냈다. 또

---

1) 미군의 대 이라크전쟁 수행 시 채택한 공격 개념

젊은 공주의 넋을 빼놓을 만한 남성적 매력도 선사해주었다. 빅토리아는 앨버트를 만나기 전만 해도 에글링턴 대회 같은 낭만주의를 가미한 어리석은 행사를 조롱했으나, 이제 그녀의 태도는 변했다. 에글링턴 대회가 열린 지 겨우 3년 뒤 빅토리아 여왕은 버킹엄 궁전에서 2000명의 하객이 운집한 가운데 가장무도회를 열었다. 이 행사의 테마는 기병대였다. 앨버트와 빅토리아는 중세 시대 왕 에드워드 3세와 필리파 왕비 복장을 하고 나타났다. 런던에서 발행되는 《타임스》는 이것을 17세기 이후 왕실에서 열린 행사 중 가장 장엄한 여흥 행사였다고 단언했다.[29] 얼마 안 있어, 앨버트는 아내에게 자신이 갑옷을 입고 있는 모습을 그린 초상화를 생일 선물로 주었다. 이 그림은 로버트 쏘번의 작품으로, 그녀가 가장 아끼는 남편의 화상畵像이 되었다. 그녀의 말을 빌리면, 이 그림은 앨버트를 "엄청나게 남성미 넘치는 인물"로 묘사했다.[30] 그림 속 앨버트는 중세 시대 분위기를 풍겼고 상상에서나 나올 법한 매력적 존재처럼 보였다. 그는 큰 키에 콧수염과 구레나룻을 갖고 있어 이런 이미지를 훌륭하게 연출해냈다. 모름지기 근대의 왕자가 되려면 기술, 혁신, 그리고 변화를 받아들이되 아울러 근엄한 중세적 분위기를 풍겨야 한다고 웅변하는 것 같았다.

앨버트의 인기가 점점 높아지고 유럽 전역에 구레나룻을 기르는 군 장교들이 늘어나는데도 불구하고, 유럽의 모든 국가는 한결같이 자국 병사들의 구레나룻을 금지했다. 장교와 귀족들은 구레나룻을 자신이 속해 있는 계급의 특징적인 전유물로 간직하고 싶어 했다. 한편 중산층의 품위를 수호하려는 자들은 민간인이 구레나룻을 기르는 건 거만하고 반항적인 행위라고 비난했다. 1817년 파리에 사는 젊은 사무원들이 주제넘게 구레나룻과 **무슈**(턱에 나는 작은 면적의 수염)를 뽐내고 다니자, 언론과 보드빌[1] 무대는 이들에 대해 조롱을 퍼부었다.[31] 일부 회사들은 그런 용모를 아예 금지했다. 1818년 한 유명 잡지 평론가는 "긴 콧수염이 멋내는 데 좋기는 하나, 영국인의 얼굴에 갖다 붙이면 이상하고 전혀 어울리지 않는다"고 평가절하했다.[32] 스페인에서 콧수염은 군인들의 전유물이었으며, 1845년 이전에는 보통 군인들도 그것을 기를 권리를 인정받지 못했다.[33] 바이에른 왕국의 왕은 1838년, 민간인들의 콧수염을 금지하는 법령을 발포했고, 이에 불응하면 체포하여 강제로 털을 밀어버리겠다고 위협했다.[34]

　군인들의 엄격한 생활은 논외로 치고, 입술 위에 난 털에는 바보 같은 분위기의 원흉, 멋 부림의 표시, 그 외에 이보다 더 나쁜 오명들이 늘 따라다녔다. 1840년 프로이센에서 대학교에 다니던 프리드리히 엥겔스라는 19세 소년은 콧수염 기르는 스릴을 즐겼다. 그는 나중에 공산주의 이론가인 카를 마르크스와 공동으로 연구 활동을 하게 된다. 그는 자기 부모를 포함하여 근엄한 프로이센 사회를 충격에 빠뜨리는 콧수염의 위력에 매료됐다. 한때 그는 한술 더 떠 르네상스 스타일의 낭만주의적 턱수염을 추가하여 충격을 더 극대화하려는 계획을 진지하게 생각했으나, 결국 그 짓은 안 하기로 했다. 그는 "속물근성을 거부하고 콧수염을 기르는 용기"로 친구들을 부추겨 콧수염 축하 파티가 열리는 날짜에 맞춰 콧수염을 기르겠다는 맹세문에 서명하도록 만들기도 했다.[35] 이 모든 일을 벌이면서 그는 자신이 용감하다고 느꼈고, 이런 사건이 가져다주는 세간의 관심을 즐겼다. 엥겔스는 중산층의 품위에 대해 한 차례 반역을 일으

---

1) 노래·춤·촌극 등을 엮은 오락 연예 쇼

킨 이후 결코 예전의 모습으로 돌아가지 않았으며, 나중에는 턱수염이 무성한 공산주의의 아이콘으로 발전했다. 마르크스 자신도 이와 비슷한 길을 걸어, 저항의 상징으로서 자신의 거대하고 검은 턱수염을 십분 활용하였다.

1840년대 무렵에는 턱수염과 콧수염을 기른 전 유럽의 자유주의자들과 사회주의자들이 전통 질서에 대립각을 세우고 있었다. 프랑스에서는 노동자 계급 얼굴에 털과 더불어 반역의 기운이 감돌고 있다는 공포가 만연해 있었다. 1840년에 기록된 파리 경찰 보고서는 "우리는 노동 계급에 속하고, 블라우스를 입고 턱수염과 콧수염을 기르는 많은 사람이 공화주의 성향의 신문과 자기네들 사이에 배포되는 팸플릿을 읽는 등, 명백히 노동보다 정치 활동에 더 많은 시간을 보내는 사태를 개탄스러워한다. 그런 유인물은 그들의 머리를 혼란케 하고, 점점 더 그들을 잘못된 방향으로 몰고 갈 수밖에 없다."며 당시의 상황에 우려를 표했다.[36] 영국에서는 가장 불만이 많은 계층, 즉 산업계 노동자 계급과 아일랜드인들 사이에서 반역을 상징하는 수염이 확산하고 있었다. 아일랜드 자치운동 지도자인 대니얼 오코넬이 1843년 지지자들 앞에서 골웨이(아일랜드 서부 지역) 사람이 자신에게 보낸 편지를 소개하면서 "경찰에게 배나 마차, 또는 외국인처럼 보이는 사람, 특히 콧수염을 기른 사람이 오는지 감시하라는 명령이 떨어지면…"라는 대목을 읽자 청중 사이에서는 큰 웃음이 터졌다.[37]

인민헌장人民憲章 지지자들[1]은 주로 노동자 계급에 속한 사람들이었다. 인민헌장은 모든 성인이 투표권을 행사하여 뽑는 대중적 의회의 수립을

---

1) 흔히 차티스트라고 부른다.

요구하는 선언문이다. 차티스트 진영에서 가장 급진적인 파벌의 지도자인 피어거스 오코너는 창피할 정도로 수염을 깎지 않는 것으로 악명이 높았다.[38] 1848년 영국 외무부 장관이자 고위급 정치인이었던 파머스턴 경은 차티스트들을 "구레나룻과 턱수염을 기른 폭도들"이라고 비난했다.[39] 1847년에 몰아닥친 경제 불황과 1848년 유럽을 휩쓴 자유주의 혁명에 대한 뉴스 덕분에 인민헌장 제정을 지지하는 수백만 명의 서명이 이루어졌다. 그해 여름 런던에서 계획된 대규모 시위에 앞서, 10만에 달하는 중산층 시민들이 노동자 계급 시위자들을 봉쇄하기 위하여 임시 경찰을 자처하며 나섰다. 하지만 막상 닥쳐보니, 시위에 나선 군중은 양측이 예상한 것보다 적었다. 때마침 폭우가 쏟아진 것도 한 이유였다. 시위대의 규모가 15만 명밖에 안 되었기 때문에 용감한 오코너도 자기 앞에 도열해 있는 경찰대와 정면으로 맞서고 싶지 않았다. "차티스트들의 날은 어처구니없는 침묵과 함께 사라졌고, 정부는 그 어느 때보다 더 강력한 힘을 얻었다"고 영국 주재 미국 대사 부인인 엘리자베스 뱅크로프트는 기록했다.[40] 그래도 영국은 꾀죄죄한 무리의 반란에 대한 경계심을 늦출 수 없었다. 뱅크로프트는 자서전에서 누구라도 민주주의를 너무 큰 목소리로 찬양하면, 특히 긴 턱수염을 기른 사람은 언제 어느 때 사라질지 모른다고 썼다.

영국 정부는 안정되어 있었으나, 프랑스 루이 필리프 왕, 독일 공국의 왕과 왕자들은 턱수염을 기르는 자유주의자라는 새로운 세대의 도전에 취약성을 드러냈다. 1848년 파리, 베를린, 빈, 부다페스트, 기타 유럽 수도에 들어서 있던 여러 왕국의 왕권이 거리 시위대에 밀리면서 잠시나마 위태로운 상태에 빠졌다. 한때 민주화한 통일 독일이 탄생할 것이라는 희망이 돌았다. 새로운 국가 창설에 필요한 연방 의회를 세우고 권리 장전과 헌법을 제정하기 위하여 독일 전역에서 프리드리히 루트비히 얀을 비롯한 많은 자유주의자가 프랑크푸르트로 몰려왔다. 낭만주의적 민족주의자들의 오랜 꿈이 드디어 실현되는 것 같았다. 하지만 역사는 그렇게 흘러가지 않았다. 의회는 분열되었고 지도자 없이 표류했다. 독일 왕자들은 오스트리아와 이탈리아 왕국의 왕자들처럼 전열을 재정비한 다음 혼란에 빠진 혁명 세력을 몰아냈다.

턱수염의 봉기는 러시아에서도 실패했다. 1840년대에 러시아 "슬라브 민족주의자들slavophiles"은 과도하게 서구화된 전제주의 정권에 대한 비판에 한층 열을 올렸다. 이 개혁가들은 민족 전통, 정치 권리, 그리고 민족자결권을 주창하는 목소리를 더욱 드높였고 러시아 소작농, 러시아 정교회, 그리고 러시아 전통에 공감한다는 뜻으로 턱수염을 길게 길렀다. 그들은 자신들이 외국의 문화적 영향력을 차단한다고 생각했지만, 결과적으로는 당대에 온 유럽에 퍼져 있는 낭만주의적 자유주의를 완벽하게 받아들이고 있던 셈이었다. 프리드리히 얀이 키운 체조 선수들이나 "젊은 프랑스" 운동가들처럼 이 슬라브 민족주의자들도 과거에서 미래를 창조하려고 애썼다. 니콜라스 황제는 돌아가는 정세를 파악한 뒤, 턱수염을 기른 어느 귀족도 자신의 권위에 도전하는 것이 아니라는 올바른 판단을 내렸다. 니콜라스 자신도 군대식 구레나룻을 길렀다. 물론 턱수염은 절대 안 되었지만. 그는 외국의 자유주의 이상에 넋을 잃고 헤매는 자는 자기가 아니라 자기의 비판자들이라고 주장했다. 그는 러시아식 턱수염을 법적으로 금지하여 정권을 수호하려고 했다.

니콜라스가 1849년 상트페테르부르크[1]에서 모스크바로 공식 방문길에 나섰을 때 이반 악사코프와 콘스탄틴 악사코프 형제를 포함한 유명한 슬라브 민족주의 귀족들이 전통 러시아 의상과 턱수염을 기른 채 공식 석상에서 보란 듯이 활보했다. 이에 대한 반응이 나오는 데는 오래 걸리지 않았다. 귀족들로 구성된 지방 장관들에게 배포한 내무부 회람은 "황제께서는 러시아 귀족들이 턱수염을 기르고 있는 것에 불쾌해하고 계신다"라고 밝히면서, 턱수염을 기른 귀족들은 공직을 보장받지 못할 것이라고 경고했다.[41]

러시아, 영국, 프랑스, 이탈리아, 독일, 그리고 사실상 유럽 거의 모든 도시에서 낭만주의적 이상주의자들은 정부의 면도 명령을 거부하였고, 오히려 개인의 자유와 헌법상의 권리를 보장하라고 반발했다. 보수적 낭만주의자들마저도 마찬가지로 근대 상업주의 혹은 실용주의 정권들의 독재적 명령에 반발하였다. 자유주의자들과 보수주의자들은 새로운 미래를 그리는 데 필요한, 영웅적인 진짜 남성의 이미지를 찾아 과거를 뒤지기 시작했다. 그들은 왕성한 상상력으로 원시적 남성상을 되살려 당대의 오류를 수정하고자 했다. 그들은 구레나룻과 턱수염 모두를 역사적이고 영웅적인 유산이라 여겼으나, 독일의 애국 학생 동맹, 프랑스의 폭동, 신-기사 귀족, 영국의 차티스트 운동가, 러시아 슬라브 민족주의자, 그 외 세계 각지에서 일어났던 자유주의적 봉기들이 모두 실패한 점을 생각하면 얼굴 털에는 비-실용성과 비극의 느낌도 서려 있는 것 같았다.

1848년 베를린, 빈, 로마, 기타 유럽 주요 도시에서 일어난 혁명들이 실패로 돌아가고, 영국에서 일어난 차티스트 운동이 좌절되고, 프랑스에

---

1) 제정 러시아 수도

서 공화정에 이어 1852년 새로운 나폴레옹의 제국 시대가 개막되면서 유럽에서 낭만주의적 자유주의 운동 세력은 사실상 궤멸하였다. 면도가 예의를 나타낸다는 생각은 역사상 그 어느 때보다 확고하게 자리 잡은 것처럼 보였다. 그러나 실상은 그 반대였다. 사회에서 존경받는 시민들은 더는 수염 기른 급진주의자들을 두려워할 필요가 없어졌고, 따라서 더는 수염 기르기를 두려워할 필요가 없어졌으므로, 거리낌 없이 수염의 활용 가능성을 테스트하기 시작했다. 이것은 마치 댐이 무너지는 것과 같았다. 그동안 억눌러왔던 수염을 기르고자 하는 욕망의 고삐가 갑자기 풀린 것이다. 턱수염에서 이제 정치적 의미는 사라졌고 수염은 격동의 산업 시대에 가부장제와 남성의 존엄성이라는 개념을 회복하는 도구로 쓰였다.

9

산업 시대 가부장들

독일의 유명한 철학자인 아르투르 쇼펜하우어는 시대정신이 건물, 가구, 장식물, 옷, 그리고 "머리와 턱수염을 깎는 방식" 같은 일상생활 속 디자인에서 구체화한다고 말했다.[1] 쇼펜하우어는 자신이 이 말을 했던 1851년에 턱수염의 유행 속에서 새로운 시대정신을 목격했다. 이 63세의 철학자는 그것이 전혀 마음에 들지 않았다. 그는 "턱수염은 마스크와 같다. 경찰이 나서서 금지해야 한다. 게다가 이것은 얼굴 한복판에 있는 성적 상징물로 보여 음란하다. 그래서 여자들이 이것을 좋아하는 것이다"고 불평했다.

이 위대한 철학자는 여자들을 모욕한 것 외에, 점차 사라져가던 사고방식, 즉 얼굴의 털이 반항심을 상징했던 19세기 초 사고방식을 재차 드러냈다. 19세기 후반에 이런 정치적인 편견들은 배척되었고, 턱수염은 사람들로부터 존중받으며 널리 보급되었다. 남자들은 이젠 자신의 정치 성향을 강조하기 위해서 수염을 기르지는 않았고, 대신 한 인간으로서 개인 및 집단의 권리를 주장하기 위해 수염을 길렀다. 수염은 특정 계급이나 국가의 문제가 아니었다. 새로운 턱수염 기르기 운동이 유럽과 미국의 모든 계층을 휩쓸었다. 이 새로운 스타일을 선두에서 이끈 저명인사들도 있고, 둔감하여 뒤늦게 합류한 사람들도 있었다. 에이브러햄 링컨은 턱수염으로 유명하지만, 실은 아주 어린 지지자가 시대 흐름에 따르라고 간곡히 설득한 후에야 마지못해 이 유행을 따른 지각생이었다.

에이브러햄 링컨, 한 소녀의 간청을 들어주다

1860년 에이브러햄 링컨이 공화당 대통령 후보로 선출된 것을 대부분 사람은 놀라운 선택으로 받아들였다. 그는 뛰어난 업적을 기록한 성공한 정치인이 아니라 출신지인 일리노이주 밖에서는 거의 알려지지 않았던, 재선 하원의원에 불과했기 때문이었다. 하지만 그는 사람들이 좋아할 만한 몇 가지 장점을 갖고 있었다. 우선 정치적으로 온건파로서 신뢰할 만한 사려 깊은 매력과 소박한 유머 감각을 지녔으며, 말로 사람을 감화시키는 능력이 뛰어났다. 그는 당연히 연설할 때에 자신의 약점, 즉 볼품없는 외모에 의지할 필요가 없었으며, 이것을 신경 쓰지도 않았다. 2년 전 실패한 상원의원 선거운동 기간에 토론회가 열렸는데, 상대인 스티븐 더글러스는 링컨을 신뢰할 수 없고 두 얼굴을 가진 사람이라며 비난했다. 이에 링컨은 즉시 반박했다. "나에게 다른 얼굴이 있는데 설마 내가 이 얼굴을 들고 다니겠소?"[2] 기꺼이 자신을 농담 소재로 삼는 그의 이런 열린 마음도 못생긴 그의 용모를 비웃고 시골뜨기라고 조롱하며 그의 투박한 매너를 출신 성분과 연결 짓는 정적들을 막아내기에는 역부족이었다. 한 신문은 "링컨은 세상에서 가장 가늘고, 가장 야위었고, 가장 꼴사나운 팔다리와 도끼처럼 뾰족한 얼굴이 몸통에 붙어 있는 사람이다. 그는 모든 정치인이 누릴 수 있는 권리, 즉 못생길 권리를 터무

니없을 정도로 남용하고 있다"고 비꼬았다.[3] 일부 공화당원들조차 그가 사상 최대의 위기를 맞이한 미국을 이끌 인물로 정말 적합한 사람인지 의심했을 정도였다.

지금은 링컨이 유명하지만, 당시 그는 유세와 연설을 전혀 하지 않았고, 총선에서 승리했다는 사실도 아는 사람이 거의 없었다. 그 당시에는 가을에 열리는 선거운동 기간 내내 대통령 후보가 집에 머물면서 품위 있게 침묵을 지키고, 유세는 대리인과 지지자들에게 맡기는 것이 관행이었기 때문이다. 링컨의 사진은 널리 유포되지는 않았지만, 애석하게도 카메라는 거짓말을 하지 않았다. 링컨은 허영심이 많은 사람은 아니었지만 자신의 볼품없는 용모가 나라를 이끌어가는 데 필요한 기본적인 권위를 세우는 데 방해가 되지 않을까 염려했다. 그레이스 베델이라는 열한 살 먹은 지지자로부터 놀라운 편지를 받았을 때 아마 그의 마음속에 이런 걱정이 분명 있었던 것 같다. 그레이스는 자기 아버지가 후보자 링컨의 사진을 갖다 주었다고 썼다. 그레이스는 이어 링컨에게 혹시 자기한테 답장을 해줄 만한 자기 또래의 딸이 있는지 물은 다음 이 편지를 쓴 이유를 다음과 같이 당차게 밝혔다.

저에게는 오빠가 넷 있어요. 그중 몇은 어쨌든 아저씨에게 투표할 거예요. 그런데 아저씨가 구레나룻을 기르면 제가 아저씨를 안 찍으려는 오빠들도 설득해서 아저씨에게 투표하도록 하겠어요. 아저씨는 얼굴이 홀쭉하기 때문에 수염을 기르면 엄청나게 멋있을 거예요. 아줌마들은 구레나룻을 좋아하기 때문에 모두 아저씨에게 투표하라고 자기 남편들을 조를 거예요. 그러면 아저씨가 대통령이 되지 않겠어요?[4]

링컨은 소녀의 솔직한 제의에 크게 감동했다. 그는 손수 답장을 썼다.

나에게 딸이 없다는 말을 하지 않을 수 없어서 슬프구나. 나한테는
아들만 셋이 있는데, 하나는 열일곱, 하나는 아홉, 막내는 일곱 살이
란다. 이 아이들하고 아이들 엄마가 우리 가족의 전부란다.
구레나룻 말인데, 한 번도 기른 적은 없지만 내가 이걸 지금 기르기
시작하면 사람들이 가식을 떤다고 생각하지 않을까?

너의 행복을 빌며, A. 링컨[5]

공화당 후보 링컨은 스타일 변화가 어떤 인상을 자아낼지 정확히 알 수
없었기 때문인지 그레이스에게 건의한 대로 하겠다고 약속하지는 않았
다. 하지만 모든 사람이 아는 대로 그는 선거가 끝난 뒤 마음을 바꿨다.
국가 최고 지도자로 오른 이상 약간의 몸단장은 괜찮겠다고 판단했다.

링컨은 자신의 새로운 용모를 충동적으로 선택하지 않았다. 모든 턱수
염이 다 똑같지는 않았다. 당시에는 아래 얼굴을 뒤덮는 무성한 턱수염
이 지배적인 스타일이었지만 링컨은 그런 풍성한 수염을 택하지 않았다.
대신 구레나룻 없이 단정하게 다듬은 턱수염을 선택했다. 이런 스타일은
당시 미국 성직자들 사이에서 인기가 높았다. 1864년 필라델피아에서
열린 감리교 성직자 총회에 참석한 한 참관인은 거의 모든 성직자가 그
런 수염을 길렀다고 언급했다.[6] 반대로 남북전쟁에 참전한 양측의 거의
모든 장교는 무성한 턱수염이나 큼지막한 구레나룻을 길렀다. 예컨대 링

9.1 에이브러햄 링컨 대통령. 크리스토퍼 S. 저먼 그림. 1861년 작. 턱수염을 기른 모습을 그린 그림으로는 첫 번째 초상화이다.

컨 휘하의 장군 중 율리시스 그랜트는 무성한 턱수염을 길렀고, 조지 맥클레런 장군은 눈에 띄는 구레나룻을 길렀다. 또 미국식 영어 어휘 목록에 "짧은 구레나룻sideburn"이라는 단어가 추가된 것은 앰브로스 번사이드Ambrose Burnside가 길렀던 거대한 구레나룻-코밑수염 조합에서 유래했다. 이런 대비는 민간인 스타일 수염과 군대 스타일 수염의 엄청난 차이를 잘 보여주었다. 앞에서 언급했듯이 코밑수염은 군대의 저돌적 용맹을 상징하는 표시가 되었으며, 유럽 국가들은 규정을 정하여 자국의 장교들에게 그런 수염을 기르도록 요구했다. 반면 링컨은 의도적으로 덜 공격적인 스타일을 택했다. 링컨은 코밑수염을 폭력의 상징으로 기피하는 아미시 교인과 메노파 교인 같은 평화주의자는 아니었지만, 그럼에도 불구하고 그의 깨끗한 입가는 당시 나라를 휩쓴 갈등과 유혈 사태에 반대하는 침묵시위 같은 기운을 풍겼다.[7]

1861년 2월 링컨은 대통령 당선인 신분으로 스프링필드 고향 집을 출발해 기차로 워싱턴을 향했다. 가는 도중 여러 곳에 멈춰 군중에게 연설했다. 링컨은 그레이스 베델의 집이 있는 뉴욕주 웨스트필드에 도착하여 평소처럼 짧은 연설을 했고, 말미에 다음과 같은 부탁의 말을 했다. "이 지역에는 나의 통신원이 있습니다. 그레이스 베델이라는 작은 소녀인데요, 그 아이를 만나고 싶군요."[8] 그레이스는 너무 뒤쪽에 서 있었기 때문에 링컨의 말을 못 들었지만, 사람들이 그녀를 기차 앞으로 데려왔다. 링컨은 기차에서 내려와 "그레이스 양, 내가 너를 위해 이 구레나룻을 길렀단다."라고 말했다. 그는 그녀의 손을 따뜻하게 잡아 키스했다. 그리고 갈 길을 떠났다. 링컨에게는 자신이 시대 흐름에 맞게 살게 해준 열한 살짜리 소녀가 있었다. 감사를 표하는 건 당연했다. 그의 둔한 시대 감각은 부분적으로는 직업 변호사로서의 보수적 습관 때문이기도 하고, 또 한편으로는 허영심이 없는 소박한 성격 때문이기도 하다. 링컨은 10년 전부터 시작했던 턱수염 유행에 별로 신경을 쓰지 않았던 것 같다. 하지만 그 역시도 그 늦은 나이에 찾아온 남성성에 대한 자연스러운 열정을 억누르지는 못했다.

링컨이 워싱턴에 도착할 즈음, 턱수염 운동이 시작된 지 이미 10년이 넘었다. 이후 수염의 역사에서 가장 결정적인 순간은 혁명의 불길이 전 유럽을 휩쓴 1848년에 찾아왔다. 이 혁명의 한복판에는 위대한 정복자 나폴레옹의 조카, 루이 나폴레옹의 턱수염이 있었다.

루이 나폴레옹, 규칙을 깨다

루이 나폴레옹은 거의 모든 면에서 그의 유명한 삼촌과 아주 달랐다. 전부터 이미 정복군 장군으로 이름을 날렸던 원조 나폴레옹은 서른 살 때 프랑스의 파리 정부를 장악했고, 유럽 정복 길에 나섰다. 반대로 그의 조카는 생후 40년을 망명지 아니면 감옥에서 보냈다. 위대한 나폴레옹 황제가 끝없는 정력과 빠른 두뇌 회전으로 전 세계에 이름을 떨친 반면, 그의 조카를 자처한 또 다른 나폴레옹은 두뇌 회전도 느렸고 재빠르지 못했다. 이런 차이점에도 불구하고, 두 사람 다 어떤 운명 의식, 즉 자기를 중심으로 역사가 움직인다는 생각을 갖고 있었다. 조카 나폴레옹은 정복에서 이렇다 할 치적도 이루지 못했으나, 투옥되어 있던 감옥에서 용케 탈출했는데, 이것은 그에게도 어느 정도 독창성과 연기력이 있다는 것을 보여주었다. 이 탈출극을 수행하는 과정에서 루이는 특유의 턱수염을 십분 활용했다.

1840년 정부를 전복하기 위해 프랑스 육군부대를 동원하려는 두 번째 시도가 실패로 돌아간 뒤 루이 필리프 왕은 프랑스 북부에 있는 한 성에 루이를 장기 투옥하라는 명령을 내렸다. 시간이 조금 걸리긴 했지만, 이 유명한 죄수는 투옥된 지 6년 후, 마침내 탈옥 기회를 잡았다. 성 안 건물을 보수 작업하느라 몇몇 인부들이 감옥 안에 들어왔고, 이 순간 루이 나폴레옹의 머릿속에 묘안이 떠올랐다. 이어 할리우드 모험 영화로도 손색이 없는 스토리, 변장술, 유창한 말솜씨, 민첩한 두뇌 회전 등으로 가득 찬 흥미진진한 이야기가 이어진다.[9]

5월의 어느 날 아침 6시 30분, 드디어 그는 계획을 실천에 옮겼다. 나폴레옹에게는 샤를 텔린이라는 충성스러운 하인이 있었고, 그는 성의 책임자로부터 정기 면회를 허락받았다. 그는 나폴레옹이 수감되어 있던 감방에서 일하던 인부들을 아래층에 와서 와인 한 잔씩 하라며 불러내었다. 그 사이에 죄수 나폴레옹은 재빨리 변장했다. 그는 노동자 복장으로 갈아입고, 원조 나폴레옹풍의 구레나룻과 턱수염을 밀어버렸고, 얼굴에 흙을 발랐으며, 파이프 담배를 물었다. 마무리 작업으로 그는 성 도서관에서 들고 나갈 선반 하나를 훔쳤다. 행운을 비는 마음에서, 일부러 "N"이라는 딱지가 붙은 선반을 골랐다. 이 시간에 텔린은 손님들과 어울리던 술자리에서 살짝 빠져나와 나폴레옹이 기르던 강아지가 쫓아 나오지 못하도록 묶어 놓았다. 그리고 나폴레옹이 병에 걸려 자리에 드러누웠다는 둥 이야기로 건물 입구를 지키는 경비병들의 주의를 돌리는 사이에 그들이 담당하고 있는 죄수는 책 선반으로 얼굴을 가린 채 유유히 건물을 빠져나갔다.

여기까지는 순조로웠다. 하지만 이때 탈옥수의 입에서 파이프 담배가 떨어지고 땅바닥에 부딪히면서 산산조각이 났다. 그 바람에 성 마당에 있던 인부와 경비병들의 시선이 그리로 쏠렸다. 나폴레옹은 부서진 파이프도 버릴 형편이 안 되는 가난한 노동자 표정을 지으며, 조용히, 그리고 천천히 파이프 조각을 집어 들었다. 탈옥 사건 이후, 나폴레옹의 탈옥을 공모했던 지지자들은 당시 일부 경비병들이 그의 통통하고 꾸부정한 몸

매를 알아보았으나 묵시적인 지지의 표시로 눈감아 주었을 것이라고 추정했다.[10]

이 대단한 정치범은 계속 선반을 어깨에 멘 채 성문에 도달하여 문을 열라고 소리쳤다. 문지기는 별생각 없이 지시에 따랐고, 이 미래의 프랑스 최고 지도자는 성에서 유유히 사라졌다. 자유를 찾아 잉글랜드로 갈 계획이던 그는 지지자들과 만나기로 약속한 외딴 장소를 향해 걸음을 재촉했다. 프랑스 국왕 손아귀에서 안전하게 빠져나온 루이는 다시 구레나룻을 넓게 길렀고, 뾰족한 턱수염도 예전보다 훨씬 무성하게 길렀다. 그리고 딱 2년 뒤 혁명이 다시 프랑스를 뒤흔들자 그는 황금 같은 기회를 놓치지 않고 권력을 잡았다. 예전에 그를 투옥했던 왕은 몰락했고 새로운 공화국 수립이 선포되었다. 프랑스에서 광범위한 지지를 받은 신新나폴레옹은 프랑스 역사상 최초로 치러진 대통령 선거에서 이름값 덕분에 타의 추종을 불허하는 압도적인 승리를 거두었다. 그는 이렇게 1600년대 이후 유럽에서 턱수염을 기른 최초의 국가수반이 되었으며, 이 사건은 남성 스타일의 새로운 시대를 여는 계기가 되었다.

우리는 루이 나폴레옹이 턱수염의 품위를 높이는 데 엄청난 기여를 한 것만큼은 인정해야 한다. 전국적으로 프랑스 남자들은, 특히 그가 1851년에 스스로 프랑스 황제 자리에 오른 이후 그의 스타일을 모방했다. 히폴리테 플랑드랭의 초상화에 잘 나타나 있듯이, 신임 황제는 17세기 머스킷 총[1] 사수 같은 영웅적인 분위기를 풍겼다. 당시 인기 작가인 기 드 모파상도 이 황제가 프랑스 남자들에게 끼친 영향에 대해 썼다. 그는 한 작품에서 평범한 중산층 남자를 묘사하면서 "그는 끊임없이 [나폴

---

1) 과거 병사들이 쓰던 장총

9.2 나폴레옹 3세 황제.

레옹 황제에 대해] 생각한 뒤 당대에 많은 시민이 한 것처럼, 황제 폐하가 턱수염을 다듬은 모양, 그의 코트, 그의 머리 스타일, 그의 걸음걸이, 심지어 그의 버릇마저 모방했다"라고 표현했다.[11] 남의 존경을 얻는 데 결출한 지도자의 위엄을 흉내 내는 것보다 더 좋은 방법이 있을까? 이 시기의 이른바 "제국식 스타일"은 유럽 전역에서 광범위하게 모방되었고 결국 전형적인 프랑스 남자의 얼굴 스타일로 자리 잡게 되었다.

우리는 루이 나폴레옹의 사례에서 턱수염 부흥 운동의 두 측면, 즉 군사적 측면과 낭만주의적 측면을 발견할 수 있다. 하지만 이것들 외에도 살펴봐야 할 더 중요한 측면도 있었다. '얼굴의 털'에 채워진 사회적 족쇄를 드디어 풀어헤친 것은 사실 낭만주의와 혁명의 성공이 아니라 **실패**를 의미한다는 점이다. 나폴레옹 자신은 한때 혁명적인 스타일을 과시하기도 했지만, 사실 1848년에 정치적 소요 사태가 발생하자 이에 대한 안전한 대안, 보수적인 해결책으로서 등장한 인물이었다. 나폴레옹이 공화국을 배신하고 스스로 황제를 자처하기 전에도 유럽 전역에서 민주주의를 요구하는 반란이 많이 일어났지만 모두 좌절되었다. 19세기 중반의 경제 호황도 정치적 소요 사태를 가라앉히는 데 도움이 되었다. 턱수염을 기른 채 거리의 바리케이드 위에서 붉은 기를 흔드는 젊은이들의 위협이 사라지자, '얼굴의 털'이 불러일으켰던 두려움도 같이 사라졌다. 나폴레옹처럼 턱수염을 기른 남자들은 존경받았고, 강직한 신사들은 이제 마음 놓고 턱수염을 기를 수 있게 되었다.

더는 두려움의 대상이 아닌 턱수염과 콧수염은 남성적 자신감을 과시하려는 남자들이 유용하게 써먹을 새로운 수단으로 등장한 것이다. 수십 년 동안 남자들은 더 많은 털, 특히 귀밑 구레나룻을 갖고 실험을 거듭해왔다. 19세기 중엽에 이르러 그들은 급기야 대담한 행동을 취할 기회를 맞았다. 때마침 용감한 지도자들이 선두에 서서 그 명분을 만방에 선포해준 것이다. 가장 큰 영향력을 발휘했던 사람 중 하나가 앨버트 스미스인데, 그는 현대에는 많이 알려져 있지 않지만 프랑스에서의 나폴레옹만큼이나 영국에서는 큰 영향력을 행사했던 빅토리아 시대의 유명한 무대 공연자였다.

앨버트 스미스, 공연을 하다

스위스 산간 오두막집들 뒤로 마당이 있는 농장들, 숲, 그리고 눈 덮인 알프스가 장엄하게 펼쳐져 있다. 마을 광장 옆에 있는 연못에서는 물고

기들이 헤엄치고 있고, 마을 시계는 8시를 알리고 있다. 군중이 기대감을 품고 몰려와 있다. 화제의 인물이 오두막집 문을 열고 나왔다. 그는 옷을 단정하게 차려입었고, 쾌활하고 통통했으며, 턱수염을 기르고 있었다. 하지만 스위스 사람은 아니었다. 사실 그는 스위스에 있지도 않았다. 그는 바로 정교하게 스위스 산간 마을처럼 꾸민 런던 무대에서 공연을 하고 있는 앨버트 스미스였다. 그는 지금 널리 사랑받고 있는 〈몽블랑 등반〉이라는 작품의 오프닝 장면을 공연하고 있는 것이다.

스미스는 당대 사람들이 무엇을 보고 싶어 하는지를 완벽하게 알고 있었다. 영국의 떠오르는 계급인 중산층은 모험, 배짱, 성공 등을 다룬 이야기를 좋아했다. 그래서 그는 1851년 유럽에서 가장 높은 몽블랑에 오르기로 했다. 그것에 관한 작품을 만들기 위해서였다. 물론 그는 가장 먼저 그 산 정상에 오른 사람은 아니었으나 몇 안 되는 사람 중에 속하긴 했다. 수백 명의 남자와 단 한 명의 여자만이 그 산 정상에 올랐는데, 그중 스미스만큼 그 감동을 스토리로 전할 재주가 있는 사람은 없었다. 스미스는 창의적인 발성법을 넣고 유머와 모험을 능숙하게 결합하여 재미있는 등장인물, 생기 넘치는 장면, 그리고 약간의 풍자까지 가미한 작품을 만들어냈다. 무려 반세기가 지난 뒤에 소설가인 헨리 제임스는 어렸을 때 〈몽블랑〉을 본 기억을 생생하게 간직하고 있었다. "덩치가 크고, 턱수염을 기르고, 덜렁거리고, 말 많고, 남 흉내 내기 좋아하는 스미스는 또다시 내 마음을 매료시킨다…"[12]

〈몽블랑〉 전반부에서 스미스는 런던에서 출발하여 스위스 샤모니Chamonix라는 마을에 이르는 여행길을 묘사했다. 이국적 풍광, 음향, 그리고 개성 넘치는 인물들을 대거 등장시켜 마법을 부린 듯 능숙하게 연출해냈다. 제임스가 회상한 것처럼, 스미스가 만들어낸 가장 훌륭한 무대 효과 중 하나는 "바로 벨 소리, 경비원들의 고함소리, 여행객들의 탄성, 문이 쾅 하고 닫히는 소리, 그리고 거대한 샴페인의 코르크 마개가 펑 하고 터지는 소리 등등 재치 있게 만들어 삽입한 음향들이 어우러진 가운데 기차가 에퍼네이Epernay역에서 짧게 정차했다가 다시 출발하는 장면이었다."[13]

〈몽블랑〉 2막에서 스미스는 유럽에서 제일 높은 이 산의 정상에 이르는 험난한 트레킹, 그리고 이어지는 시끌벅적한 하산 장면을 극적으로 묘사하였다. 이것은 흥분과 모험, 위험이 어우러진 이야기였다. 스미스와 스위스인 가이드에게 가장 두려운 장애물은 "무르 들 라 코트Mur de la Cote", 즉 산 정상 인근에 거의 수직으로 솟아 있는 30m 높이의 얼음 절벽이었다. 스미스는 숨을 헐떡이는 일행에게 "우리가 발 디딜 곳은 전부 손도끼로 깎아 만들어야 하며, 누구 하나가 조금만 삐끗해도 모든 사람이 함께 얼음 구렁텅이로 빠질지 모른다, 그런데 그 구렁텅이는 너무 깊어서 바닥이 안 보인다"고 말했다.[14] 그런데 사람들은 이 결정적인 지점에 이르렀을 때 즈음엔 이미 체력의 한계에 도달했고, "이미 근육이 감당할 수 있는 한계를 훨씬 넘었으며, 긴장감과 휴식의 필요성이 점점 커지면서 마음마저 불안해졌다."[15] 그리고 세찬 바람이 그들 주변에 휘몰아쳤다. 희박한 공기와 수면 부족은 스미스의 혼과 힘을 다 빼놓았다. 스미스는 엄습하는 잠기운에 곧 무너질 것만 같았다. 만약 자신이 한순간이라도 걸음을 멈추면 그대로 잠들어버릴 것이며, 그렇게 되면 자기는 물론 자신과 밧줄로 연결된 가이드 세 명의 생명도 끝날 것이라고 말했다.

체력이 한계까지 다다른 스미스는 이런 악조건에도 불구하고 결국 정상에 올랐는데, 정상에 오른 즉시 그는 의식을 잃었고 7분 동안 깊은 잠에 빠졌다고 한다. 감동한 스미스의 관객들은 이 숨 가쁜 절정의 대목에서 곤경으로부터의 해방감과 안도감을 이 이야기꾼과 함께 나누었다. 하산 길은 환희의 함성, 눈밭에서 미끄럼 놀이와 구르기가 어우러진 한바탕의 축제였으며, 이 장면은 곧바로 쇼의 대단원을 장식하는 빠른 박자의 패터송[1]으로 이어진다. 스미스는 이 노래를 통하여 이 위대한 모험을 하느라 놓쳤던 세상 소식을 따라잡는 식으로 세상의 사건들을 풍자했다. 이런 식으로 스미스는 관객을 런던에서 스위스로, 다시 런던으로 안내하면서 관객에게 유머에서 모험으로, 다시 즐거운 놀이로 돌아가는 완전한 감정의 순환을 선사했다.

〈몽블랑〉은 스미스를 슈퍼스타로 만들었다. 1860년 한 잡지사가 내보낸 다음과 같은 논평은 많이 과장한 것이 아니었다. "아 나라에서 앨버트 스미스 씨보다 더 많이 알려졌거나 더 많은 인기를 누리는 사람은 없다…. 모든 사람이 앨버트 스미스를 봤으며, 보지 못한 나머지 사람들은 모두 그의 초상화를 봤다."[16] 1852년부터 1858년까지 7년 동안, 스미스는 〈몽블랑〉을 무려 2000회 이상 공연했고, 이 기간의 누적 관객 수는 100만 명이 넘었다.[17] 앨버트 공은 1853년 이 연극을 관람했다. 빅토리아 여왕과 왕실의 자녀들은 모두 3번 관람했는데 마지막 두 번은 1855년 오즈번에서, 그리고 1856년 윈저궁에서 열린 어전 공연 때였다. 그 후 수십 년 동안 영국에 등산 열풍이 몰아친 것, 그리고 1857년에 산악회가 결성된 것은 그 누구보다 스미스의 공이었다.

---

1) 희가극 등에서 단조로운 가사와 리듬으로 빨리 불러 젖히는 익살스러운 노래

9.3 앨버트 스미스의 모습.

스미스가 성공한 것은 그가 재미있고, 드라마틱한 삶을 살고, 남을 즐겁게 하는 스타일 덕분이었지만, 그 외에 동시대인의 원초적인 욕구에 부응했기 때문이기도 하다. 눈 덮인 유럽의 최고봉에 우뚝 선 것은 빅토리아 시대의 비유법으로 표현하면 용을 죽인 것과 같은 영웅적 업적이었다. 중세 시대에 활약했던 기사들의 용맹을 훌쩍 뛰어넘는 위업이었다. 이렇게 그의 이야기는 영웅주의와 근대 사회 발전을 동시에 반영했다. 스미스의 작품을 보러 몰려든 열렬한 관객들은 기계, 공장, 그리고 도시가 점령해버린 그들의 시대에도 영웅적 남성성이 갖는 가치가 여전히 살아 있다는 사실을 깨닫고는 크게 기뻐하였다. 그와 반대로, 이들 앞에는 넘어야 할 새로운 한계와 착수해야 할 탐구가 있었던 것이다. 그들은 스미스에게서 이러한 근대적 남성성의 전형을 보았다. 독립적이고, 다정하며, 턱수염을 기른 남성성을.

스미스가 구현한 근대적 남성성은 어떤 점에서는 구식이었다. 그는 과학이나 산업적 측면에서 도전한 것이 아니라, 자연의 원초적인 요소들과 마주했다. 반면에 그의 남성성은 근대적이며 민주적이기도 했다. 그는 개인 성격이 빚어내는 매력의 가치를 보여주었으며, 그의 승리는 특권이나 행운에서 온 것이 아니라 육체와 의지의 힘에서 나왔다. 당대의 남자들이 가장 중하게 여겼던 가치는 바로 그런 것들이었다. 이를테면 무성하고, 자연스러운 턱수염을 봤을 때 즉각 연상되는 자질을 중시했던 것이다.

런던 관객들이 등산에 열광하고 있을 때 대서양 건너편 미국 독자들은 육체적 남성성을 주창하는 강력하고 새로운 목소리를 발견했다. 1855년에 초판이 나온 월트 휘트먼의 시집 《풀잎》은 미국 독자들에게 물질에서 정신을 찾고, 정신에서 물질을 찾으라, 그리고 그 일은 자신의 몸에서 시작하라고 촉구했다. 그는 "나는 육체를 노래하는 시인이고, 또 영혼을 노래하는 시인이다."라고 말했다.[18] 두 페이지 뒤에서 그는 단호하게 말한다. "나는 상식의 시인이며 명백한 것들의 시인이며 불멸의 시인이다. 나는 그저 선의의 시인만은 아니다… 나는 사악함의 시인이기를 거부하지 않는다. 세수와 면도는 바보들의 것… 나로 말하자면 주근깨와 빡빡한 턱수염이 좋다." 휘트먼은 선과 악, 그리고 육체와 정신에 관심이 있었는지 모르겠지만, 면도에는 관심이 없었다. 그에게 면도는 두려움, 그리고 고된 삶으로부터의 도피를 의미했기 때문이다. 그에게 턱수염은 삶의 공포나 즐거움에 연연해하지 않고 삶이 주는 모든 것을 기꺼이 움켜쥘 수 있는, 생동감 있는 진짜 남성성의 상징이었다.

휘트먼이 생각하기에 인생의 의미는 삶의 원천인 육체에 뿌리를 두고 있었다. 육신을 결코 경멸의 대상이라고 생각하지 않았다. 그 반대였다.

나는 내면으로나 외면으로나 신성하며, 내가 만지는 것, 나를 만지
는 것 모두가 나를 성스럽게 만든다.
이 겨드랑이 냄새는 기도보다 더 아름다운 향기이며,
이 머리는 교회나 성경이나 믿음 이상의 것이다.

그는 '시적 표현으로' 자기 몸을 목록화했으며, "헝클어진 머리카락과 수염"을 포함한 신체 모든 부위가 신성하다고 말했다.

휘트먼은 독자들에게 자유와 발견의 기쁨은 물론, 인생에는 판에 박힌 일이나 금욕생활 말고도 좋은 게 많다는 희망을 주어 그들을 황홀케 했다. 시집에 대한 대중의 반응은 폭발적이었다. 한 평론가는 "미국적인 시인이 드디어 탄생했다! 투박하지만, 크고, 당당하고, 다정하고, 먹고 마시고 번식하는 시인. 그의 옷은 남자답고 자유롭다. 그의 얼굴은 햇볕에 탔고 턱수염이 무성하다. 자태는 강인하고 꼿꼿하며, 목소리는 나이를 불문하고 모든 계층 사람에게 희망과 예언을 준다."고 열변을 토했다.[19] 투박하고, "햇볕에 타고, 턱수염을 기른" 휘트먼의 전신 초상화 사진이 그의 책 《풀잎》을 장식하여, 그의 시적 자화상의 부족한 부분을 보충해

주었다. 이것은 영국에서 스미스가 그랬던 것만큼 그의 얼굴이 전 미국에 알려지게 하는 데 도움이 되었다. 그들은 둘 다 턱수염을 기른 근대의 선지자 같았다. 육체적 활력, 두려움을 모르는 모험 정신, 그리고 낙천적 성격을 바탕으로 하는 근대의 남성성을 대중에게 일깨워주었다.

휘트먼과 그를 흠모하는 사람들은 그가 이상적인 미국 남성형을 보여주었다고 생각했지만, 루이 나폴레옹과 앨버트 스미스의 예에서 알 수 있듯이 턱수염을 기른 용기를 숭배하는 태도는 결코 미국만의 독특한 현상이 아니었다. 스미스가 작품을 무대에 올렸던 1852년에서 휘트먼이 자작시를 발표했던 1855년 사이에, 턱수염 지지 선언이 전 유럽과 아메리카 대륙에서 봇물 터지듯 쏟아져 나왔다. 특히 영국과 미국의 언론은 털을 지지하는 사설과 기사를 잇달아 냈다. 영국에서는 유력 잡지 《테이츠 에든버러 매거진》 편집자들이 1852년 "긴 턱수염의 수호자"을 자처하며 이 운동을 이끌었다.[20] 이듬해에 헨리 몰레이와 윌리엄 헨리 윌스는 찰스 디킨스가 편집자로 참여한 유명 잡지 《하우스홀드 워즈》에 〈왜 턱수염인가?〉라는 제목의 턱수염 선언서를 공동으로 발표했다.[21] 여기에는 물론 토머스 S. 고잉이라는 영국인이 쓴 《턱수염의 철학》같이 단행본으로 나온 책도 있었다. 《웨스트민스터 리뷰》, 《일러스트레이티드 런던 뉴스》, 《뉴욕타임스》 같은 저명한 잡지들은 이런 책들에 대해 심도 있는 논평을 내었고, "턱수염 및 콧수염 부흥 운동"이 시작되었음을 선언했다. 영국의 유머 잡지인 《펀치》도 풍자만화 시리즈를 게재하여 이런 수염 띄우기 경쟁에 기꺼이 뛰어들었다.[22] 이 잡지의 주요 만화가인 존 리치가 그린 만화 중에 풍성한 털의 갑작스러운 등장 때문에 일어난 소동을 재미있게 묘사한 것이 있었다. 철도역에 서 있던 한 여자가 털이 많

THE BEARD AND MOUSTACHE MOVEMENT.

Railway Guard. "Now, Ma'am, is this your Luggage?"
Old Lady (who concludes she is attacked by Brigands). "Oh yes! Gentlemen, it's mine. Take it—take all I have; but
spare, oh spare our lives!!"

9.4 《펀치》에 실린 만화. 1854년.

은 짐꾼이 자기를 돕기 위해 다가오자 그들을 도적 떼로 오인한다. 리치
는 이 만화의 배경에 이 놀라운 시대적 변화를 이끈 작품을 배치했다. 작
화의 배경화면에 일종의 시각적 힌트처럼 앨버트 스미스의 연극 〈몽블
랑〉을 광고하는 플래카드를 배치한 것이다. **(그림 9.4 참조)**

　미국 간행물들은 상당수 영국에서 나온 이런 기사들을 복제해 실었고
여기에 자신들의 의견을 담은 기사를 추가했다. 이와 비슷한 열풍이 유
럽 전역을 휩쓸었다. 하지만 앞에서 봤듯이 프랑스는 늘 다른 나라보다
앞섰다. 1850년대는 남성미의 역사에서 특기할 만한 시대였다. 서구 사
회가 이때만큼 턱수염에 시간과 노력을 투입한 적은 없었다. 남성의 얼
굴이 이때처럼 급속하게, 또 완전히 바뀐 적도 없었다. 뉴욕시에서 발행
되는 《홈저널》은 1854년 사뭇 놀란 마음으로 다음과 같이 목격담을 전

했다. "어디를 가든 푸짐하고 풍성한 턱수염이 거침없이, 그리고 불시에 나타난다. 브로드웨이나 바워리Bowery가[1]에도, 5번가나 부둣가에도, 거실에도, 술집에도. 지하의 굴 저장고나 배의 돛대 꼭대기에도. 자연이 승리했도다! 그리고 드디어 편안함과 멋이 동시에 이루어졌도다!"[23]

이 시기에 나온 수염에 관한 장황한 논평들은 턱수염과 남성성에 대한 대중적인 생각을 글로 옮긴 것들이었다. 이 일에 나선 수염 옹호자들은 신의 섭리 또는 자연은 세 가지 방식으로 턱수염에 개입했다고 주장했다. 즉 육체적 건강을 향상시키고, 남성적 미덕을 보여주고, 여성에 대한 남성의 우월성을 보여주는 방식으로 남성의 존엄성과 권위를 확실하게 보장해주기 위해 남자에게 턱수염을 주었다고 한목소리로 강변했다.

턱수염이 건강에 좋다는 생각은 육체적 남성미에 대한 대중의 관심, 산업화와 도시의 발달, 공중 보건을 위협하는 요소에 대한 대중의 우려를 잘 설명해준다. 실제로 1850년대에 나온 이 같은 주장은 이보다 300년 앞선 르네상스 시대 턱수염 부흥 운동 시기에 나온 주장과 별로 다르지 않다. 예컨대 1851년 부세드 페르트라는 프랑스 지식인은 턱수염이 없는 남자들은 치통에 시달리지만, 반대로 얼굴에 난 수염은 "목구멍의 막힘과 목구멍 병"을 예방해준다는 중세 시대의 일반적인 의견을 수용했다.[24] 영국 의학 잡지인 《랜셋》의 편집자들은 1860년에 "우리는 과학과 상식이 우리를 구원해주길 바란다. 군인과 경찰이 자기네 얼굴에 자연이 준 덮개를 계속 착용할 수 있도록 해주고, 나아가 숨쉬기가 힘들어 쌕쌕거리거나 재채기를 계속하거나 목이 부은 중생, 면도날보다 1월이나 3월의 바람에 더 떠는 불쌍한 중생들에게 더는 시간 낭비하지 말라고

---

1) 뉴욕시에서 싸구려 술집·여관이 모여 있는 큰 거리

설득해줬으면 좋겠다"는 글을 올렸는데, 나중에 미국 《의료 및 수술 리포터》도 이 기사에 동조했다.[25] 19세기에 나온 개념 중 독특한 것은 턱수염과 콧수염이 나쁜 공기를 정화하는 데 도움이 된다는 생각이었다. 이 생각은 유명한 《에든버러 리뷰》를 포함한 여러 언론의 지지를 받았다. 이 잡지는 노동자들의 건강에 관한 기사를 통하여 질병의 원인이 되는 매연과 먼지를 주의하라고 일러주며, 아울러 예방법으로 턱수염과 콧수염 기르기를 추천했다.[26]

미국의 필자들은 우리 몸이 전기적 평형상태를 유지하는 데에 털이 도움이 된다는 매우 희한한 이론을 내놓았다. 전기의 성질과 인간 신경계에 관한 새로운 과학적 발견이 이루어지면서 어림짐작으로 털에도 이 같은 전기적 속성을 대입해본 결과인 듯하다. 《아메리칸 골상학骨相學 저널》지에 기고한 어떤 학자는 "털이 지닌 고도의 전도성 때문에" 털은 우리 두뇌와 신경계가 사용할 수 있는 귀중한 전기력을 외부로부터 끌어모을 수 있을 것이라고 추정하였다.[27] 이 개념은 털의 존재가 남자의 "정신력 및 총명성"과 자주 연관되어 왔었던 이유를 잘 설명해준다. 또 다른 기고가는 털이 사실 전도체가 아니라 절연체라는 점에 유념하여, 털이 우리 몸에 저장된 전기력이 공중으로 사라지는 것을 막는 데 도움이 된다고 주장했다. 이 주장에 따르면 면도를 좋아했던 남자들은 몸에 필수적인 전기에너지를 잃어버렸던 것이다.

턱수염 부흥 운동가들은 털의 건강상 이점에 대해 항상 열정적이었으나, 털의 도덕적 힘, 특히 남성적인 성질과 권위를 발휘하는 털의 위력을 논할 때는 훨씬 더 흥분했다. 프랑스 의사 오구스트 드베이는 턱수염은 "자연이 준 남성 얼굴용 장식물"로서 그것은 "부드러운 그늘로 우리 피부를 보호하고 윤기가 나게 하며 인간 얼굴의 위엄을 강력하게 높여준다"고 말했다.[28] 1857년 한 미국의 언론인은 아직 풍성하고 모양이 잡힌 턱수염을 기를 정도가 안 된 남자들도 "조금만 기르면 그것이 나타내는 힘과 정력의 이미지 때문에 훨씬 기품이 있어 보인다"고 주장했다.[29] 민주주의 시대에 남자의 품격을 나타내는 핵심적인 특징은 자립적인 태도와 독립성이었다. 영국의 알렉산더 롤런드는 1853년 수염에 관한 자신의 저서에서 턱수염을 기른 남자는 "매우 뚜렷한 개성의 소유자이며… 누구에게도 아첨하지 않으며 누구에게도 겁을 먹지 않을 것이다"라고 단언했다.[30] 법조인과 같은 전문직 종사자들이 흔히 새로운 유행을 거부하는 것도 털에 관한 이 같은 자기 확신이 있기 때문이다. 얼굴의 자유를 얻기 위한 프랑스 법률가들의 투쟁은 그 집단 중 한 명인 레옹 앙리에게 영감을 주어 1879년 그가 〈턱수염과 자유〉라는 선언문을 만드는 계기가 되었다. 그는 이 선언문에서 수염을 통해 개성을 표현하는 것은 모든 남성의 양도할 수 없는 권리임을 천명했다.[31] 요컨대 열성적인 턱수염 애호가들 사이에는 턱수염을 기르는 남자들은 거칠고, 단호하고, 독립적이라는 일치된 인식이 널리 퍼져 있었다. 스미스와 휘트먼처럼, 턱수염이 남자들의 자연적인 힘을 발산하고 활성화해 주기 때문이라는 생각에서였다. 토머스 고잉이 《턱수염의 철학》이라는 책에서 썼듯이, 추진력 있어 보이는 이마와 현명해 보이는 눈, 굳게 담은 입술, 그리고 턱수염이 무성한 턱에는 "난관으로 가득한 변화무쌍한 이 세상이 자기에게 지정해준 길을 묵묵히 걸어 나가며 닥쳐오는 험난한 일들을 말없이 헤쳐나가는 남자의 인생이 뚜렷이 새겨져 있다."[32] 차분한 논조로 정평이 나 있는 영국 잡지 《웨스트민스터 리뷰》에도 이와 비슷한 의견의 글이 실렸다. "엄격한 태도, 존엄성과 힘을 나타내는 턱수염이야말로 진정한 남성성을 완성해주는 유일하고도 적절한 보완재이다."[33]

두려움을 모르는 등반가 앨버트 스미스나 불굴의 의지를 지닌 월트 휘트먼처럼 남자들은 자신의 육체가 개인적·정치적 자율을 이룩할 굳건한 토대라고 선언했다. 같은 논리로, 그들은 남성이 여성보다 상대적으로 우월한 특권을 타고난 존재라고 주장했다. 턱수염의 시대가 여성 운동의 등장과 거의 같은 시기에 시작되었다는 것은 절대로 우연의 일치가 아니었다. 미국의 여권 신장 운동은 1848년 뉴욕에 있는 세네카 폴즈Seneca Falls에서 시작되었고, 이어 2년 뒤 같은 장소에서 루시 스톤의 지도 아래 전국여성권리 컨벤션이 열렸다. 또 1848년, 독일 여권 운동가인 루이스 오토 피터스는 《프라우엔-차이퉁(영어로 '여성 신문')》지를 창간하였고, 1849년에는 엘리자베스 블랙웰이라는 영국 여성이 여자로서는 처음으로 영국에서 병원을 개업했다. 이런 일련의 사건들은 새로운 세상의 도래를 알리는 초기 징후들이었다. 이런 사건들도 큰 의미가 있지만, 성 질서에서 일어난 가장 큰 변화는 정치계나 직업에서가 아니라 바로 가정에서 일어난 변화였다. 이른바 "가정생활 예찬론"은 여성의 역할을 가사와 육아에 국한하면서 사회생활과 상업 활동을 남자의 영역으로 남겨 두었다. 이런 규범이 여성의 활동 범위를 제한한 것은 사실이지만, 이것은 또 남성에게도 제약을 주었다. 주부들이 가정과 아이들에 대한 통치권을 주장했기 때문에 가장의 가정 지배권은 축소될 수밖에 없었다.[34]

상황이 이러했기 때문에 턱수염에 관한 논쟁은 지휘자로서 남자들의 위치를 공고히 하는 방향에서 이루어졌고, 이른바 '자연적인 성별 질서'

를 확인하는 데 초점이 맞춰졌다. 수염은 이런 명분 싸움에서 유용한 주장을 제공했다. 한 미국 언론인이 이 점을 간결하게 요약했다. "남성과 여성은 각각 자연이 정해준 적절한 영역을 차지해야 마땅하다. 뻣뻣한 수염이 무성한 이미지와 그와는 대조적으로 보호물이 적은 다른 한편의 얼굴만 보더라도 그 영역은 명확히 드러난다."[35] 여자가 자연의 보호를 덜 받은 이유에 대한 전형적인 설명은 헨리 몰레이와 윌리엄 헨리 윌스라는 두 영국인의 주장에 고스란히 드러나 있다. "남자는 태생적으로 집 밖에서 험악한 날씨를 견디며 일할 수밖에 없으므로 턱수염으로 얼굴을 보호해야 하는 반면에 여자들은 그와는 다른 임무를 수행하도록 창조되었다. 여자는 태양, 바람, 그리고 비에 지속적으로 노출할 필요가 없다."[36] 《턱수염에 대한 변명》(1862)을 쓴 영국인 저자는 턱수염이 목구멍과 목소리의 수호신과 같아서 남들에게 설교하고 가르칠 자격이 있는 남성적 권위의 증거라고 주장했다. "자기 목소리로 남을 가르치는 것은 남자들의 의무이다. '침묵 속에서 가르침을 받는 것'은 여자들의 의무이다."[37]

턱수염 옹호자들은 수염이 건강을 증진하고, 남성적 미덕을 보여주고, 성별 질서를 정당화해준다는 주장을 펼치면서 산업 시대에 이르러 남자와 남성성이 맞이한 상황에 깊은 우려를 드러냈다. 19세기 초, 도시와 마을로 이주하는 사람이 점점 늘어나면서, 남자의 일은 들판과 작업장에서 사무실과 공장으로 옮아갔다. 육체노동은 줄어들었으나 경쟁과 스트레스는 더 심해졌으며, 가정, 아내, 아이들이 있는 곳에서 떨어진 직장에서 일하는 게 일반화되었다. 특히 중산층 가정에서 여성들은 가사와 육아의 지휘권을 맡았고, 재산권, 이혼 청구권, 아이들에 대한 양육권을 차례로 손에 넣었다. 여자들은 또 공공 영역으로 천천히 세력을 확대하여 교육 및 전문 분야에서도 고도의 성공을 이루었다. 여자들은 절대로 남자들과 동등한 권리를 성취하지 못했으나, 전통적인 가부장제의 바탕 역시 굳건하다고 말할 수 없는 상황이 되었다. 남자들은 아버지와 남편의 임무에 대한 새로운 개념 정립이 필요해졌다.

남자들이 서로 간에, 그리고 여자들과의 경쟁에서 느끼는 압박감은 점점 커져만 갔다. 그리하여 남성성에 대한 더 설득력 있는 개념을 정립하기 위해 필사적으로 노력했다. 그들은 점점 더 "자연이 부여한" 남성의 육체적, 도덕적, 그리고 지적인 장점을 강조하는 방향으로 갔다. 남자의 육체노동이 그 어느 때보다 줄어든 상황에서 스포츠와 턱수염은 남성 육체가 고결하다는 그들의 주장을 뒷받침하는 데 도움이 되었다. 사업과 정치의 문호가 더욱 크게 개방되고 경쟁이 심해지는 상황에서, 턱수염은 남성 개인의 명예를 확고하게 유지하는 데 도움이 되었다. 아내들이 가정에 대한 통제권을 놓고 남성들에게 도전하는 상황에서, 턱수염은 남편의 가장의 지위를 확인시켜 주는 상징물이었다. 남자들은 수염이 목구멍과 신경을 편안하게 해준다고 주장하지만, 실은 그들의 자존심에 위안을 주었다고 봐야 한다. '얼굴 털'의 고귀함은 남자들 특유의 관념이었지만, 놀라운 예외도 더러 있었다.

마담 클로플리아, 상식을 깨뜨리다

1849년에서 1854년까지 조제핀 클로플리아는 국제적 센세이션을 불러일으켰다. 그녀는 프랑스 남자와 결혼한 스위스 여자로 프랑스 무대에서 인기가 높았으며, 나폴레옹 황제는 그녀에게 흠모의 표시로 많은 선물을 주었다. 1851년 그녀는 런던에서 열린 "대영 박람회"에서 명성을 떨쳤다. 약 2년에 걸쳐 수만 명의 방문객이 그녀를 보고 경악했다고 한다. 그녀는 영국에서 큰 성공을 거둔 뒤 과감하게 미국으로 건너갔고, 미국에서도 큰 갈채를 받았다. "지난 수년간 보스턴에는 이렇게 큰 호기심을 끈 사건은 없었다." 미국의 한 일간지는 이렇게 보도했다. "주최 측은 이 턱수염 난 숙녀를 보기 위해 강당으로 밀려드는 군중을 수용하느라 한두 번 애먹은 게 아니라고 한다."[38] 절제된 논조로 정평이 나 있는 영국 잡지 《쿼털리 리뷰》의 표현을 빌리면, 이 모든 소동은 "그동안 우리가 봐 왔던 어떤 남자의 턱수염도 초라하게 만드는 "매우 장엄한" 턱수염을 뽐내는 한 여인 때문이었다."[39] 위대한 연예계 사업가인 바넘P. T. Barnum은 이 광경을 보고 투자자를 섭외했고, 곧이어 클로플리아를 고용하여 뉴욕에 있는 아메리카 박물관에서 행사를 열었다. 클로플리아는 그가 고용한 최초의 턱수염 난 여자였으며, 1891년 바넘이 죽은 뒤에도 오랫동안 이 서커스 쇼의 고정 출연자로 활동했다. 일종의 인기 전시품이었다.

요즘 수염 난 여자는 한물간 아이디어이며, 대중은 말할 것도 없고 루이 나폴레옹 같은 명사들이 왜 그런 사람들에게 그토록 큰 매력을 느꼈는지 이해하기 어렵다. 하지만 19세기 중엽에도 르네상스 시대처럼 턱수염에 대한 관심은 매우 높았으며, 턱수염이 난 여자들에 대한 관심도 컸다. 다시 한번 '얼굴의 털'은 사회적으로 큰 쟁점이 되었고, 턱수염 난 여자들은 지적 호기심을 유발했고, 심리학적으로도 매력적인 도전 과제가 되었다. 클로플리아 부인과 그런 부류의 여자들은 전 유럽과 미국 등

9.5 조제핀 클로플리아.

지에서 박람회와 무대 공연에 오르는 대가로 큰돈을 받았다. 진짜 턱수염이 난 여자들에 대한 수요가 공급을 너무 크게 초과하여 수염 난 여자역을 전문으로 하는 남자 배우들도 생겨났다. 르네상스 시대처럼 턱수염이 난 여자들도 일반적으로 틀림없는 여자로 받아들여졌다. 수염이 큰 문제가 되지는 않았다.[40] 문제는 어쩌다가 통상적으로 남성의 상징이라 여겨지는 것을 여자가 지니게 되었는가였다. 19세기 후반 50년 동안, 턱수염을 기른 여자들은 풀어야 할 수수께끼였다.

바넘은 클로플리아 부인을 고용할 당시, 그녀가 관객에게 충격과 흥분을 불러일으키리라는 것을 잘 알고 있었다. 그는 충격을 배가하기 위해 남자 한 명을 고용했다. 공연 도중 벌떡 일어나 그녀가 사실은 남자인데 여자인 척하는 거라고 주장하며, 바넘을 사기꾼이라고 비난하면서 환불을 요구하는 역할을 맡긴 것이다. 그때 바넘이 나타나 그 남자에게 소송이라도 할 테면 해보라고 도발을 했고, 그 남자는 미리 정한 대로 소송을 걸었다. 흥분한 관객과 신문기자들이 이 턱수염 난 여자의 남편과 아버지, 그리고 그녀를 비밀리에 검진하기 위해 초빙된 의사 3명의 증언 실황을 보기 위해 법정에 모여들었다. 남편은 자신이 클로플리아 부인의 법적인 남편이며 두 자녀를 두고 있다고 증언했다. 유명한 의사들도 그녀가 실제로 여성이라는 점을 확인해 주었고, 마지막에 바넘이 의기양양하게 등장하여 미리 준비한 변론을 즐기는 것으로 소송은 막을 내렸다.[41] 오랜 세월이 지난 뒤 바넘이 자신의 서커스단을 이끌고 런던에 갔을 때 단원 중에는 턱수염을 기른 또 다른 여자, 애니 존스가 있었다. 하지만 여기서도 관객은 똑같은 의문은 품었다. 그녀가 혹시 남자가 아닐까? 런던의 《타임스》는 정말이지 놀랍다는 투로, "바넘 씨의 직업적 강직성은 이미 정평이 나 있다. 그렇지 않았더라면" 존스는 영락없이 "다소 여성적 분위기를 풍기는 젊은 남자로 보였을 것"이라고 보도했다.[42] 클로플리아와 존스가 여자라는 사실을 받아들일 수밖에 없었던 19세기의 대중은 이들을 자연이 만들어낸 괴짜나 기형아쯤으로 취급했다. 쇼기획자들은 이들을 비슷한 부류의 괴짜들과 함께 촌극 무대에 올려 대중의 눈길을 끌었다. 바넘 쇼의 경우, 그런 부류의 집단으로서 난쟁이, 한 쌍의 거인, 뼈만 앙상한 남자 등을 출연시켰다.

턱수염이 난 여자들은 자연의 변종으로서 경악과 연민의 정을 불러일으켰으나, 자연이 정해놓은 만물의 체계를 재확인해주기도 했다.[43] 난쟁이와 거인을 보며 정상인들이 안도감을 얻는 것처럼, 턱수염이 난 여자들도 턱수염에 담긴 본질적인 남성성을 확인해주는 역설적인 효과를 낳았다. 즉, 예외가 있어야 규칙이 있다는 것이 증명되는 것과 같은 이치이다. 그들의 특이한 모습이 주는 충격은 모든 사람에게 행복과 선량한 질서를 위해 규범이 얼마나 중요한지를 다시 한번 일깨워주었다. 남자들은 자신들에게 수염이 있다는 것을 더욱 돋보이게 할 테고, 반면에 여자들은 변종 취급을 받지 않기 위해 단호하게 털의 흔적을 없애버리려고 했을 것이다.[44] 여성들의 이런 두려움은 절대로 쓸데없는 걱정만은 아니다. 수염이 난 여자들은 일반적으로, 심지어 그것을 없애주는 것으로 생계를 꾸려가는 의사들한테도(아니, 그들이 더 심하다) 흠이 있는 여자 취급을 받기 때문이다. 한 미국의 전기 분해 요법[1] 전문의는 1890년대에 털 때문에 자신을 찾아오는 대부분 환자는 "자궁 기능의 정지 때문에 고통을 받는" 미혼 여성들이라는 이론을 발표했다.[45] 부적절한 여성성을 지녔다는 오명에서 벗어나지 못한 19세기 말과 20세기 초 여성들은 절박한 수단에 의지할 수밖에 없었다. 1870년대에 들어 고통스럽고 돈과 시간이 많이 드는 단점에도 불구하고 전기 분해 요법은 이 같은 자연의 불완전성을 격파하는 중요한 무기로 등장했다.

하지만 어떤 여자들은 성별 질서에 대한 순응을 강조하는 이 같은 열풍에 반대의 목소리를 높였다. 턱수염이 난 여자로서 1880년대와 1890년대에 바넘과 베일리 서커스단에서 활약한 스타인 애니 존스는 1899

─────────────

1) 모근 등을 전기로 파괴하는 성형법

년 기자회견을 열어 자신과 동료 출연자에게 붙어 다니는 "별종"이라는 딱지가 부당하다고 주장했다. 그녀는 자기와 같은 사람들은 오늘날 존재하는 "보통 사람들과는 약간 다르게 창조된 '특별한 예술인'이라고 불러야 한다…. 실은 우리를 보며 우수한 유형의 인간이라고 생각하는 사람도 많다. 평범한 사람들에게서는 찾아볼 수 없는 비범한 재능을 타고난 사람들이 우리 중에 많기 때문"이라고 주장했다.[46] 애니 존스의 이러한 주장이 '특별한 예술인'들이 새로이 얻게 된 자존감을 드러낸 것인지, 아니면 단순히 연기자들에 대한 관심을 불러일으키기 위한 홍보 전략에서 비롯된 것인지, 혹은 둘 다인지는 확실치 않다. 확실한 것은 이즈음 "별종들"에 대한 관심은 턱수염 부흥 운동의 쇠락과 더불어 크게 줄어들었다는 것이다. 하지만 별종들의 무대는 후대에 오랜 유산을 남겼다. 다름 아닌 자연이 정한 규범이라는 허구를 더욱 강화한 것이다. "수염 난 여자"는 사라졌을지 모르나, 여자의 수염이 비정상적이고 희귀한 현상이라는 관념은 그렇지가 않았다. 최근 한 학자가 언급했듯이, 여자 몸에 나는 수치스러운 털은 오래도록 없어지지 않는 "마지막 금기"로 여겨진다.[47]

한편 점잖은 남자들에게도 나름의 걱정거리가 있었다. 민감성, 주의력, 느낌 같은 여성적인 특질과 매우 밀접한 직업군인 성직자, 교수, 작가, 예술가, 그리고 의사들이 특히 심했다. 이들은 육체적 노동과는 거리가 멀었기 때문에 자기네들이 하는 일에 "자연이 부여한" 남성성을 주장할 근거가 희박했다. 게다가 여자들도 분명히 유능한 작가, 예술가, 의료진이 될 수 있었다. 따라서 남성 전문 직업인들이 처음부터 끝까지 턱수염 부흥 운동의 가장 충성스러운 지지자였다는 사실은 놀랄 일이 아니다. 지적인 남성들에게 수염이 갖는 의미를 영국 화가 루크 필데스보다 더 잘 표현한 사람은 없었다.

루크 필데스, 이상적인 남자를 그리다

루크 필데스는 상업적으로 성공한 시각 예술가로서 희귀한 사례로 꼽힌다. 그는 미천한 노동자 계급 가정에서 태어났으나, 1870년대에는 왕실 사람들을 비롯한 영국 상류층의 초상화를 그려 큰 수입을 올렸다. 그는 자신이 거둔 성공에 완전히 만족해했다. 그는 이제 대중의 관심을 끌 만한 작품을 만들고 싶었다. 부유한 예술 기획자인 헨리 테이트가 새로 만든 잉글랜드 미술 갤러리에 걸기 위해 사회적 의미가 담긴 작품을 의뢰했을 때 그는 기회를 낚아챘다. 수년 동안 생각한 끝에 필데스는 "우리 시대에 의사가 차지하는 위상을 표현해 보고자" 했다.[48] 1891년 그는 〈의사〉라는 작품을 완성했다. 이 작품은 지난 2세기 동안 많은 찬사를 받았고 복제품도 다수 나온 걸작이다. 주제 선택과 주제를 처리한 방식에서 필데스는 보는 이의 마음을 움직였다. 이상적인 남성 전문 직업인을 매우 훌륭하게 묘사하였으며, 남성이 추구할 이상을 호소력 있게 제시하였다. (**그림 9.6 참조**)

이 그림의 주제는 제목과 작품의 구성에서 분명히 알 수 있다. 그림 속 아픈 아이, 빈곤한 환경, 무기력한 부모가 주인공은 아니다. 캔버스를 꽉 채우고 있는 의사에 초점을 맞추고 무고한 질병의 희생자에게 헌신하는 유능한 진료를 묘사한 그림이다. 필데스 자신도 10년 전쯤 아들을 병으로 잃었었다. 이 그림은 비통하고 연민 어린 그 비극을 재현하고 있다. 필데스는 자신의 감정을 무기력하지만 사려 깊게 아들을 쳐다보는 아버

9.6 〈의사〉, 루크 필데스 그림. 1891년 작.

지라는 인물에 투영하고 있으며, 좋은 진료 결과가 나올 수 있다는 희망
을 표현하고 있다. 그 희망은 쉬고 있는 아이를 밝게 비추는 빛과 의사의
확신에 차고 능력 있어 보이는 태도를 통해 짐작할 수 있다. 테이블 위에
놓인 유리병들을 통해 알 수 있듯이 그는 의학 지식에 정통한 의사다. 품
격 있는 옷과 정장 모자는 그가 신사다운 교육을 받았고 훌륭한 평판을
누리고 있음을 알려준다. 이런 의사의 모습을 보고 사람들은 이 소년이
훌륭한 의사를 만났다는 느낌을 받게 된다. 게다가 품격 있는 이 의사는
절박한 가족을 돌보기 위해 디너파티 같은 즐거운 행사를 기꺼이 포기
했을 것이다. 이 이미지의 핵심은 의사라는 캐릭터에 녹아 있는 돌봄과
능력이다.[49] 필데스는 훌륭한 의사가 되는 데에는 훈련이나 동정심만으
로는 충분치 않다고 말하고 있다. 두 가지가 다 있어야 한다. 엄마는 정

성껏 돌봐줄 수 있으나 전문 지식이 없다. 따라서 절망 속에서 주저앉을 수밖에 없다. 아버지는 불굴의 투지를 갖고 있으나 그 역시 전문 지식이 없고 의사에게 도움을 갈망하고 있다. 이 상황에서 효과적으로 행동할 수 있는 이는 오로지 의사뿐이다.

어린 환자 쪽으로 몸을 구부리는 의사의 얼굴에서 행동의 기미가 보인다. 약간 찌푸린 미간과 한 곳에 초점을 맞춘 시선이 염려 어린 마음을 보여준다. 그의 자세는 깊은 생각을 반영하고 있고 희끗희끗 무성하게 자란 턱수염은 경험과 지적 능력을 상징한다. 초조해하며 뒤에 서 있는 젊은 아버지는 이런 남성적 지혜를 나타내는 특징이 없이, 그저 안절부절 쳐다만 보고 있다. 턱수염은 이 의사의 캐릭터에 핵심이 되는 요소로서, 이것이 없었더라면 그가 지닌 정신력과 목적의식도 드러나지 않았을 것이다. 필데스의 직감은 이것을 놓치지 않았다. 그가 이 의사를 그릴 때 모델로 삼았던 사람은 깔끔하게 면도한 배우였다. 하지만 화가는 그 모델의 얼굴을 그대로 그리지 않았다. 사실 의사는 필데스 자신과 매우 많이 닮아 있었다.[50]

이 필생의 역작을 완성하기 위해 필데스는 그림의 주제와 그것을 묘사할 방법에 대해서 오랫동안 고민했다. 그는 근대 남성성의 이상형으로 노련한 전문 직업인을 묘사하기로 마음먹었다. 의사는 귀족이나 군인이 아니고, 기업의 수장도 아니다. 하지만 높은 영예를 누릴 자격이 있다. 그는 어머니처럼 환자를 돌보지만 여성은 아니다. 그의 턱수염이 이 사실을 확실하게 보여주며 이 그림이 전하려는 메시지, 즉 가장 중요한 순간에 아이를 치료하는 일에서도 일이 제대로 되려면 남자가 필요하다는 메시지를 부각해준다.

수염과 남성성을 연관 지은 사람은 루크 필데스뿐만이 아니었다. 의사, 예술가, 그리고 성직자들은 19세기 말에 수염의 인기가 떨어진 뒤에도 계속 열렬한 턱수염의 수호자로 남아 있었다. 스미스, 휘트먼, 필데스 같이 턱수염을 기른 작가와 예술가들은 정신노동도 육체노동과 마찬가지로 남성의 체력과 활력이 필요하다는 것을 증명하고 싶어 했다.

19세기의 턱수염 부흥 운동은 몇 가지 측면에서 16세기의 부흥 운동과 유사했다. 진정한 남성성의 뿌리로서 수염에 대한 관심이 새로이 주목받았다는 점, 그리고 턱수염 난 여자들의 사례에서처럼 관념에 배치되는 현상에 필연적으로 매료될 수밖에 없었던 점이 그러하다. 두 시대의 남자들은 공통으로 얼굴의 털을 남성적 활력, 자율성, 그리고 여성을 지배할 권리의 자연적인 증거로서 존중하였다. 이전 시대에는 그렇지 않았지만, 19세기에 이런 육체적 특질에 대한 관심은 사회생활, 특히 도시 중산층 사이에서 사회생활의 유동성이 증가함에 따라 더욱 고조되었다. 직장과 가정환경의 변화는 가정생활의 패턴을 교란했고, 새로운 형태의 여성적 권위를 탄생시켰으며, 남자의 가장 역할을 복잡하게 만들었다. 이런 맥락에서 볼 때 턱수염은 보수적 견지에서 위안을 주기도 했다. 세월이 아무리 흘러도 안 바뀌는 것도 있다는 신호로 작용했던 셈이다. 턱수염은 또 남성적 영웅주의를 보여주었다. 루이 나폴레옹은 자기 삼촌만큼 큰 성취를 이루지는 못했지만 세 갈래로 뾰족하게 기른 황제 수염으로 깊은 인상을 주었다. 앨버트 스미스와 월트 휘트먼은 용감한 모험가의 역할을 훌륭하게 해냈다. 루크 필데스는 영웅적인 의사의 모습을 자신의 이미지처럼 그렸다. 나이 어린 소녀까지도 에이브러햄 링컨의 얼굴이 인상적인 모습으로 바뀌면 더 훌륭한 지도자가 될 것이라 예감하고 있었다.

19세기 말에 활동한 턱수염 수호자들은 얼굴 털이 남자를 지혜로워 보이게 한다는 이른바 연령 효과를 강조하지 않았다. 대신 그들은 에너지와 독립에 관해 이야기했다. 남자들은 휘트먼처럼, 자기만의 이야기가 있는 영웅이 되려고 했다. "세수와 면도칼은 멍청이들의 것… 주근깨와 빳빳한 수염은 나의 것."

10

근육과 콧수염

턱수염은 19세기 남성들이 남성성을 회복하는 데 도움을 주었다. 얼굴의 털은 "자연이 부여한" 남성적 용기를 상징했다. 또 남자에게 가정을 지배하고 자신만의 제국을 건설할 천부적 자격을 의미하기도 했다. 하지만 털만으로는 근대적 남성상을 정의하기는 충분하지 않다. 20세기에 접어들자 유럽과 미국의 남성들은 각종 스포츠 대회와 보디빌딩, 그리고 턱수염처럼 남성 정력의 증거가 되는 여러 육체 활동을 받아들이기 시작했다. 이즈음에 턱수염을 기른 운동선수가 이상적인 남성 아이콘으로 떠오른 것도 당연하다. 또한 이런 대표적인 운동선수가 영국 사람이었다는 것도 당연하다. 역사상 최초의 산업 국가인 영국은 스포츠에 대한 열성에서도 단연 1위를 차지했기 때문이다.

W. G. 그레이스, 턱수염을 뽐내다

빅토리아 시대의 위대한 크리켓 선수인 윌리엄 길버트 그레이스는 많은 관중이 보는 운동경기들이 유럽식 생활의 일부가 되기 시작했던 시기에 영국에서 가장 인기 있는 종목, 즉 크리켓의 일인자로 군림하였다.

1870년대에서 1890년대까지 30년 동안, 열성적인 크리켓 팬들은 그가 출전한 모든 경기의 관중석을 가득 메웠다. 그는 다재다능한 선수로 유명했지만, 특히 타자로서 거둔 성적이 뛰어났다. 그레이스는 어떤 종류, 어떤 속도의 투구도 받아치는 경기 능력을 선보였고 많은 득점을 올렸다. 1세대 스포츠팬들은 그레이스의 경기력에 열광했다. 그는 또 이른바 '신사 선수', 즉 돈보다는 명예 때문에 스포츠를 즐기는 아마추어 선수로서 팬들의 존경을 받았다. 그는 현역 선수로 활약하면서도 여러 해 동안 개업 의사로도 활동했다. 하지만 사실은 대부분 시간을 크리켓 경기를 하며 보냈고 수입 대부분도 여기에서 나왔다. 그는 운동선수로 적격이었다. 키가 크고, 다부진 몸에 턱수염을 무성하게 길렀던 그는 영국 스포츠맨의 전형이었다.

그레이스에 관하여 사람들 입에 가장 많이 오르내리는 이야기가 있었다. 바로 그의 전설적인 턱수염이 심대한 도전에 직면했던 이야기다. 이 사건은 영국과 오스트레일리아의 크리켓 국가대표팀이 붙은 경기 도중에 일어났다. 이 시합은 당시에도 지금 시대 못지않게 감정을 고조시키는 매우 격렬한 라이벌전이었다. 햇볕에 탄 오스트레일리아 선수들은 항상 종주국 관중 앞에서 본때를 보여주고 싶은 마음이 간절했으며, 상대적으로 핼쑥한 영국 선수들도 마찬가지로 위대한 제국의 활력은 여전히 자신들의 것임을 과시하고자 했다. 1896년 오스트레일리아 선수단이 몇 차례의 시범 경기를 치르기 위해 잉글랜드를 방문했을 때 그레이스는 마흔여덟 살이었지만 여전히 현역으로 뛰고 있었고, 여전히 영국팀의 주장이었다. 런던에 있는 로드 크리켓 구장에서 열린 시합에서 이 타격의 대가는 어니스트 존스라는 신인이면서 파이팅 넘치는 선수와 맞붙었

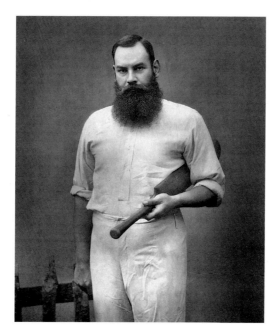

10.1 윌리엄 길버트 그레이스의 1880년대 말의 모습.

다. 역사 깊은 나라와 신생 식민지의 대표선수로서 이 두 사람보다 더 적절한 이미지를 가진 사람이 또 있을까? 크리켓 사상 가장 위대한 선수와 정면으로 맞붙었다는 사실에 흥분을 누르지 못한 존스는 초구에 있는 힘껏 공을 던졌고, 총알 같이 날아간 공은 이 위대한 선수 턱 밑에 달린 턱수염 한가운데를 정통으로 맞췄다. 관중은 웅성거렸고 그레이스는 투수에게 소리를 질렀다. "무슨 짓인가?" "죄송합니다, 의사 선생님. 공이 손에서 빠졌어요." 젊은 식민지 청년이 대답했다.[1] 실수였는지 아닌지 모르겠지만, 영국팀 주장은 곧 평정심을 되찾았다. 마음을 다잡은 그는 사방으로 연신 가공할 만한 타구를 날려 영국 대표팀을 완승으로 이끌었다. 식민지 선수들의 도전도 거셌으나 영국의 대선수는 그들의 도전을 감당하고도 남았다. 적어도 이것이 홈 관중들이 전하는 사건의 전말이다.

그레이스와 그의 위엄 있는 턱수염은 잉글랜드의 아이콘이었으며, 경쟁 스포츠에 일기 시작한 대중의 열정을 상징하는 아이콘이었다. 그 열정은 영국에서 산업화와 도시화의 물결과 더불어 커지고 있었다. 현행 크리켓 경기 틀을 세운 런던의 말리본 크리켓 클럽은 제임스 와트가 회전식 증기 기관을 완성한 지 몇 년 뒤이자 프랑스 대혁명이 일어나기 몇 해 전인 1787년 최초로 크리켓 경기를 열었다. 크리켓을 비롯한 스포츠 경기의 인기는 그 후에 일기 시작한 도시화 현상의 심화를 반영했다. 산업혁명이 본격적으로 시작된 1827년, 최초의 옥스퍼드-케임브리지 크리켓 대항전은 불과 수백 명의 관중 앞에서 개최되었다. 이와는 대조적으로 1883년에 열린 경기에는 무려 4만 6000명의 관중이 두 대학의 라이벌전을 구경하기 위해 운집하였다.[2] 마찬가지로 1850년, 영국의 두 명문 예비학교인 이튼 스쿨과 해로 스쿨 간에 열린 연례 대항전에는 관객이 몇 명밖에 오지 않았으나, 1864년의 경기에는 1만에 육박하는 관중이 몰려들었다. 조정, 축구, 럭비도 이와 비슷한 패턴을 보였다. 한 평론가는 1870년, 젊은이들이 "온갖 종류의 운동 경기에 대한 열망에 사로잡혀 있다"고 전했다.[3]

스포츠에 대한 열기는 신학적인 색채를 띠기도 했다. 영국의 유력 작가와 신학자들은 근대 기독교적 남성성을 표현하는 활동의 일환으로 스포츠 경기에 즐겨 참가하였다. 비판자들은 이런 태도를 "근육 기독교론"이라 부르며 조롱했지만, 이 꼬리표와 원칙은 영국인의 마음속에 굳게 자리 잡았다. 근육 기독교론을 표현한 것 중 가장 영향력이 컸던 작품은

1857년에 나온 토머스 휴즈의 인기 소설 《톰 브라운의 학창시절》이었다. 《톰 브라운》은 휴즈의 모교이기도 한 1830년대의 럭비 학교를 배경으로 삼고 있는데, 학교생활과 도덕적 삶 모두에서 핵심적인 요소로서 게임과 스포츠를 묘사했다. 소설 앞부분에 나오는 럭비 시합은 톰 같은 소년들에게 담력과 용기를 과시할 기회이다. 소설 끝부분에 나오는 크리켓 시합에서 열여덟 살이 되어 졸업을 앞둔 톰과 그의 친구들은 럭비 학교의 세련된 신사로서 성숙한 태도를 보여준다. 이 젊은이들은 기술과 명예심으로 경기에 임한다. 경기력이 미흡한 아이들도 놀라운 용기와 인내심을 보여준다. 이런 자질은 남자다움의 표상이자 그들 학교의 자부심이다. 승리가 아니라 경기에 최선을 다하는 것이 핵심이다. 그리고 소설 속 크리켓 시합은 어둠이 깔릴 즈음 럭비팀이 명예롭게 패배하는 것으로 끝이 난다.

소설 《톰 브라운》이 처음 출판되었을 때 W. G. 그레이스는 아홉 살이었고, 이 소설의 높은 인기는 그레이스가 명성을 얻는 데에도 도움이 되었다. 단단한 남성미를 묘사한 휴즈의 소설은 영국인들의 상상력을 사로잡았고, 스포츠와 운동선수들을 높이 평가하는 견해에도 영향을 주었다. 이 소설의 주제는 그레이스의 턱수염을 저격했던 크리켓 공 이야기의 핵심과 겹친다. 톰 브라운이 럭비 시합에서 거친 태클이나 주먹다짐을 감내하며 보여준 것과 똑같이, 그레이스도 도전과 위험에 맞닥뜨린 상황에서 용기와 힘을 보여주었다. 그레이스 턱수염 공격 사건은 갑절의 의미를 지닌다. 도덕적 강인함과 육체적 힘을 모두 상징적으로 나타내기 때문이다. 턱수염과 조국의 명예를 지킨 그레이스의 능력은 근대 세계에서 남성성의 승리를 상징했다.

그레이스의 시대에 영국인들은 자신들이 신체 단련 측면에서 다른 나라들에 앞서 있다는 사실에 자부심을 느끼고 있었다. 1859년 미국 주재 영국 영사인 토머스 그래턴은 미국인들을 영국인보다 덜 남성적인 국민으로 격하했다. 미국인들이 격한 야외 스포츠를 즐기지 않고 대신 여가 시간을 담배를 피우거나 술 마시는 데 허비하기 때문이라 했다. "그들은 좁은 어깨만큼이나 품고 있는 야망의 폭도 넓지 않다"고 영사는 말했다. "육체적 힘은 바닥 수준이고 정신력도 협소한 틀 속에 갇혀 있다."[4] 진보적인 미국인들은 자신들의 이런 후진성을 깨닫고는 당연히 놀랄 수밖에 없었고, 따라서 급히 경보를 발령했다. 그중 하나가 유니테리언파Unitar-ian[1] 목사이자 개혁가인 토머스 웬트워스 히긴슨이었다. 그는 1858년 언론을 통해 체력이 정신 및 도덕적 미덕들과 상충한다는 통상적인 가정이 틀렸다고 주장하면서, 학자들에게 신체 단련의 중요성을 전파할 것을 촉구했다. 그는 육체의 활력이 도덕적 용기의 토대이기 때문에 "지속적 성공을 위해 육체 건강은 필수조건이다"라고 주장했다. "우리가 육체적으로 쇠락하지만 않으면, 우리는 경제 위기, 노예제, 가톨릭, 모르몬교, 보더 러피안Border Ruffian[2], 뉴욕의 암살자 등 그 외의 다른 어떤 위험들도 감당해낼 수 있다"고 주장했다.[5]

이런 미국인들의 분발에도 불구하고, 영국인들은 여전히 1860년대에 이 분야에서 선두를 유지했다. 의사이자 열렬한 체육 교육 옹호자인 윌리엄 페니 브룩스 같은 사람의 노력도 일조했다. 그는 자신의 고향인 웬록Wenlock에서 최초의 올림픽 대회를 조직했으며 1866년에는 런던에서 전국 체육대회를 주최하기도 했다. 이 대회는 런던의 여러 체육 단체들

---

1) 삼위일체론을 부정하고 신격의 단일성을 주장하는 기독교의 한 파
2) '국경의 깡패들'이라는 뜻. 노예주인 미주리주의 노예제도 찬성론자들이 결성한 무장투쟁 단체

이 주도권 다툼으로 불참함으로써 반쪽짜리에 머무르긴 했으나 그들이 참가했더라면 중요한 연례행사로 발전했을지도 모르는 대회였다. 이 단발성 전국 체육대회에서 허들 경주의 우승자는 턱수염이 없는 열여덟 살짜리 소년, H. G. 그레이스였다. 브룩스는 자신이 추진하는 올림픽에 대해 열성적이었다. 근대적 남성성에 대한 그의 관심이 컸기 때문이기도 했다. 1866년 대회 폐막 연설에서 그는 산업 국가에서 남성성이 시들고 있다며 체력 증진의 절박한 필요성을 역설했다. 그는 미국과 프랑스의 사정은 영국보다 더 열악하다고 생각했다.[6] 그는 프랑스 언론을 인용해 모병 당국이 엄청나게 많은 프랑스 남자들을 군 복무에 부적합한 사람으로 배제했으며, 몇몇 신문은 이것이 공장 노동자들의 과도한 노동과 부실한 체육 교육 때문이라고 보도했다고 지적했다. 이것은 남자 국민들이 활동적이고 건강해야 그 나라가 존속할 수 있다는 경고라고 그는 결론지었다.[7]

프랑스 최고의 체육 교육 수호자인 피에르 드 쿠베르탱도 같은 두려움을 느꼈고, 똑같은 이상에 감화되었다. 쿠베르탱은 《톰 브라운의 학창 시절》은 물론, 브룩스가 쓴 기사와 강연문들도 읽었다.[8] 그는 1880년대와 1890년대에 여러 번 영국을 여행했으며, 럭비 학교를 방문했고, 웬록이 주관한 영국 국내 올림픽 대회를 직접 참관했다. 그의 마음속에서 인류의 평화로운 재탄생을 위해 세계적인 규모로 올림픽 대회를 개최한다는 아이디어가 스며들어 그 구상을 실천할 만한 지원을 확보한 1890년대까지 이어졌다. 쿠베르탱의 비전은 체육 대회 자체보다는 남자다운 기상의 재건에 더 초점이 맞춰져 있었다. 그가 추진한 올림픽에 아마추어 선수들만 참가가 허락된 이유이다. 아마추어 선수들은 이상적인 스포츠

맨들이다. W. G. 그레이스나 톰 브라운의 경우처럼 스포츠는 돈벌이를 위한 계산으로 하는 것이 아니라, 훌륭한 인성을 지닌 사람이 하는 것이기 때문이다. 중요한 것은 경기에 어떻게 임했느냐이지 경기의 결과가 아니었다. 즉 명예가 승리보다 중요했다. 그레이스는 신사이자 아마추어 크리켓 선수, 의사이자 남편이었다. 그리고 크리켓 선수이기 이전에 아버지였다. 이런 식으로 논리는 이어졌다. 이런 아마추어 정신의 관점에서 근육 기독교론이 안고 있는 문제는 경쟁을 승리와 패배로만 규정한다는 데 있으며, 따라서 승리와는 무관한 스포츠맨 정신과 조화를 이루기 어려웠다. 존스의 높은 공이 그레이스의 턱수염을 강타했던, 그리고 최초의 국제 올림픽 대회가 아테네에서 개최된 1896년에는 이미 유럽과 미국의 크리켓을 비롯한 관객 스포츠계에는 프로 선수의 기용이 일반화되어 있었다. 그레이스는 아마추어 선수와 승리한 선수의 역을 동시에 해냄으로써 신사 스포츠에서 프로들의 시대로 넘어가는 징검다리 역할을 훌륭하게 해냈다.

돌이켜 생각해보면 관중이 보는 스포츠 경기에서 아마추어리즘이 득세한 기간은 선수들 사이에서 턱수염이 유행했던 시기만큼 비교적 짧았다. W. G. 그레이스는 빅토리아 시대에 이루어진, 턱수염 부흥 운동과 신사 스포츠 유행의 행복한 결합을 상징했다. 19세기 말에는 새로운 남성상이 형성되기 시작했다. 수염보다 근육과 스피드를 자랑하는 운동선수들이 점점 늘어났다. 수염은 젊고 근육질의 용모를 망친다는 말이 있을 만큼 천대받았다. 그레이스의 인기와 빅토리아 시대의 턱수염 부흥 운동이 모두 절정에 다다랐던 1870년대에도 크리켓, 조정, 육상, 축구, 그리고 체조 종목에서 뛰던 대부분의 젊은 남성은 젊음과 패기를 강조하기 위해 턱수염보다 코밑수염이나 깨끗하게 면도한 얼굴을 더 좋아했다. 팀워크, 돌진, 대담성 등을 중시하는 사람에게는 턱수염보다 군인식의 코밑수염이 더 잘 어울렸다. 턱수염은 성숙함과 지혜의 분위기를 풍길 수 있었지만, 이 같은 자질은 세기의 전환기를 맞아 급변하는 유럽이 요구하는 이상은 아니었다.

젊음, 속도, 그리고 힘을 추구하는 새로운 열정은 영국의 축구, 프랑스의 사이클, 독일의 체조 등 모든 종목에서 보편적으로 볼 수 있는 현상이었다. 프랑스인들이 19세기 말부터 자전거 경주에 쏟아온 열정은 지금도 계속되는데, 이 종목은 수염과 스피드가 충돌한 좋은 사례이다. 프랑스 최초의 경주 대회는 1860년대에 열렸으며, 1870년대에는 프랑스 전역에 경륜장이 우후죽순처럼 생겨났다. 자전거 타기의 매력 중 하나는 이것이 근육의 힘과 현대 기술이 만나 조화를 이룬 경기라는 점이었다. 작가이자 사이클 옹호자인 보드리 드 소니에는 1894년 "사이클 선수라는 새로운 타입의 인류가 탄생했다. 반은 인간의 살, 반은 오로지 19세기의 과학과 쇠로 만들 수 있는 강철 같은 신인류가…"라고 선언했다.[9] 1903년 처음 개최된 '투르 드 프랑스' 같은 도로 사이클 경주대회에는 국가의 결속을 고취하는 부수적 이점도 있었다. 이 경탄스러운 신新 남성상, 즉 사이클 선수는 휘날리는 수염을 기를 필요가 없었다. 그것은 기계 같은 근육과 바람을 가르는 속도에 방해가 될 수 있었기 때문이었다.

우리는 19세기 초 독일에서, 턱수염을 기른 민족주의자인 프리드리히 루트비히 얀이 독일의 남성성을 재건하고 외국에 정복당한 조국에 활력을 불어넣어 주기 위한 수단으로 체조 연습을 어떻게 활용하였는지를 앞에서 검토해 보았다. 나폴레옹이 몰락한 이후 독일 지역의 여러 군소 국가들은 반역의 색채가 가미된 체조 운동을 금지하였다. 하지만 1840년대에는 상황이 역전되었다. 덴마크와 스웨덴의 통치자들은 체조를 군사 훈련에 접목하는 등 새로운 길을 모색하였고, 프로이센을 비롯한 독일 지역의 군소 국가들도 그 뒤를 따랐다.[10] 교련과 마루운동, 기구 운동을 중심으로 이루어진 이런 훈련의 목적은 균형, 규율, 체력 등을 증진하는 것이었다. 영국인들이 즐겼던 단체 경기들처럼 독일 지역에서 체조는 신체 단련을 통해 올바른 도덕적 자질을 배양하는 수단으로 여겨졌다. 물론 나중에는 단체 종목이 유럽 대륙의 관심을 독차지하게 되지만, 체조는 특히 보디빌딩의 부흥에 기여함으로써 20세기 남성성 형성에 핵심적인 역할을 수행했다. 보디빌더들은 근육, 그리고 고대 그리스를 지배했던 '젊음이 아름답다'는 정신에 더욱 충실함으로써 남성성을 나타내는 시각적 기준이었던 턱수염을 결정적으로 몰락시켰다. 역사상 가장 위대한 보디빌더는 프로이센의 식료품 잡화상인 유진 샌도우Eugen Sandow였다.

유진 샌도우, 근육의 힘으로 정상에 오르다

1893년 여름, 만국박람회가 개최되었다. 이것은 미시간 호숫가에서 열린 시카고의 거대한 데뷔 축하 파티였으며, 이 행사를 위해 특별히 만들어진 "백색 도시white city"는 신고전주의 양식의 건물, 공원, 분수대, 그리고 2.4㎢가 넘는 거대한 호수 등으로 이루어진 환상적인 인공 도시였다. 수백만 명의 관람객이 환상적인 볼거리를 보러, 인근의 미드웨이 플레이상스Midway Plaisance를 관람하고 즐기러 박람회장을 찾았다. 미드웨이 플레이상스는 수많은 가게, 놀이시설, 탈것들, 세계 최초의 대회

전大回轉식 관람차 등으로 이루어져 있었다. 시카고의 극장 소유자들에게는 황금 기회를 안겨주는 여름이었다. 젊은 버라이어티 쇼 연출가인 플로렌즈 지그펠드 주니어가 이 놀라운 여름에 가장 인기를 끌었던 공연, 즉 유진 샌도우의 "완벽한 남성"이라는 공연을 무대에 올려 다른 연출가들의 부러움을 샀다.

공연의 막을 올리기 수 주일 전부터 지그펠드는 관객들에게 진짜 놀랄 만한 광경, 즉 이 세상에서 가장 강한 남자를 보여주겠다고 약속했다. 관객들은 "제2의 헤라클레스", "진정한 로도스의 거상"[1]을 즐겁게 구경할 마음에 들떠 있었다.[11] 그런데 지그펠드는 이것도 인기를 끌기에 부족하다고 생각했다. 샌도우가 대중의 상상력을 사로잡으려면, 육체적 힘 이상의 그 무언가가 필요했다. 신사 캐릭터와 로맨스라는 배경 이야기를 가미하면 샌도우를 단순한 볼거리가 아니라 이상적인 인물로 승화시킬 수 있을 것 같았다. 지그펠드는 제2의 헤라클레스에게 프록코트[2]를 입히고 부드러운 감성의 소유자로 묘사하는 뉴스 기사를 준비했다. 이 부도덕한 무대 감독은 심지어 샌도우가 당시 미국 최고의 섹스 심벌인 가수 릴리안 러셀과 연인 사이라는 근거 없는 소문을 퍼뜨렸다. 승리의 전리품은 용감한 자에게 가게 되어 있다. 이 전략은 완벽하게 통했다. 이 경이로운 인물을 직접 보기 위해 사람들이 트로카데로Trocadero 극장으로 몰려들었다.

"완벽한 남자"는 지그펠드가 무대에 올린 버라이어티 쇼의 마지막 순서였다. 이것은 샌도우가 혼자 스포트라이트를 받고 등장하여 선명하게 윤곽이 잡히고 울룩불룩 솟아 있는 근육을 자랑하는 포즈를 취하는 공

1) 기원전 300년에 세워진 헬리오스라 불리는 신의 청동상으로 세계 7대 불가사의 중 하나
2) 과거 남자들이 입던 긴 코트

10.2 유진 샌도우. George Steckel의 1894년경 작품.

연이었는데, 지그펠드가 다음 공연 때 쓰려고 준비한 프로그램 노트에 따르면 그의 근육은 "누구하고도 비교할 수 없고, 이상적인 그리스 조각 상에서도 찾아볼 수 없는 것"이라고 한다.[12] 그는 이런 포즈를 취한 다음, 근육을 솟아오르게 하거나 울룩불룩하게 만들고 춤을 추어 관객들을 놀라게 했다. 그러면 이제 힘을 보여줄 차례이다. 그는 140kg의 역기를 머리 위로 들었고, 한 손에 각각 25kg의 역기를 든 채 공중제비를 넘기도 했다. 관객을 즐겁게 했던 그의 명품 연기 중에는 양쪽 끝에 바구니가 달려 있고 그 안에 사람이 들어 있는 거대한 바벨을 들어 올리는 것이었다. 샌도우는 한 손만으로 두 남자를 머리 위에 들어 올린 다음, 두 손으로 바벨을 잡고 가슴 부위에서 바깥으로 팔을 뻗기도 했다. 관객들은 번번이 이런 놀라운 묘기에 넋을 잃어 손뼉 치는 것도 잊곤 했다.[13] 그가 피아노 반주자를 피아노와 함께 들어 올리면 관객들은 웃음을 터뜨리고 환호했다. 그는 야심 차게 준비한 또 하나의 묘기로서 자신의 무대를 마무리했다. 자기 몸을 아치형으로 구부려 배를 하늘로 향하게 한 다음, 가슴 위에 평편한 판을 균형을 맞춰 올려놓고 그 위에 조수가 세 마리의 말을 차례로 올려놓았다. 관객들은 그의 모든 근육이 굵은 밧줄처럼 갈라지는 모습을 보고 감탄을 금치 못했다.[14]

샌도우의 체형과 근력은 지그펠드가 퍼뜨린 선전 내용을 뛰어넘었다. 지그펠드는 관객의 마음을 잘 알고 있었다. 그는 관객이 역도 선수이자 흥행사로서 전혀 손색이 없는 샌도우의 능력에 열광하리라는 것을 예상하고 있었다. 또 남성적 승리의 상징에 대한 대중의 갈증을 잘 이해하고 있었다. 샌도우는 시카고 박람회에서 성공을 거두기 몇 년 전에 근대 체육 역사상 최초로 열린 공식 역도 대회에서 우승함으로써 자기가 세계에서 가장 힘이 센 남자라는 사실을 입증했다. 런던 체육 협회가 주최한 이 대회에서 그는 115㎏의 바벨을 머리 위로 들어 올린 최초의 인간이 되었다. 하지만 그는 단순히 강한 사람만은 아니었다. 샌도우는 이런 승리를 거두기 전이나 후에도, 자기 몸의 생김새만으로도 관객에게 깊은 인상을 주는 법을 알고 있었으며, 수십 명의 미술가와 사진작가 앞에서 포즈를 취하여 세계적인 명성을 쌓았다.

샌도우는 부드러운 피부를 더 좋게 보이려고, 또 불룩한 근육과 그것의 결을 더욱 돋보이게 하려고, 중간 정도 길이로 기른 금발 콧수염만 제외하고 몸에 있는 모든 털을 정성스럽게 밀어버렸다. 지그펠드는 이 놀라운 장점을 잘 살렸고, 나아가 샌도우의 공연에 새로운 순서를 하나 더 추가했는데, 이것은 나중에 그의 공연에서 메인이벤트가 된다. 자선단체에 기부금을 내는 돈 많은 숙녀와 신사들을 초대하여 공연이 끝난 뒤 이 근육남의 몸을 만지도록 해준 것이다. 시카고 공연평론가 에이미 레슬리가 그의 벌거벗은 몸통을 만지지 못하고 주저하자 샌도우는 그녀의 손을 조용히 잡아 자기 몸을 한번 쳐보라고 부추겼다. 레슬리는 완전히 넋이 나갔다. "그는 위험할 만큼 잘생긴 남자였다." 그녀는 나중에 이렇게 썼다. 하지만 다른 사람들은 그녀처럼 수줍어하지 않아, 그의 빨래판 같은 가슴 근육과 벨벳처럼 부드러운 피부에 감탄과 놀라움을 표시했다. 그의 피부는 "티 하나 없이 투명할 정도로 하얗다"고 레슬리는 말했다.[15] 이 보디빌더는 사람들에게 이렇게 권고했다. "여러분들이 내 근육이 얼마나 단단한지 만져봤으면 좋겠어요. 내가 여러분 앞에 걸음을 멈추면 그 사람은 손바닥으로 내 가슴을 쓸어보시기 바랍니다."[16] 그는 한 숙녀에게 말했다. "이 근육은 쇠처럼 단단하죠. 숙녀분께서 직접 확인해보시기 바랍니다." 그는 장갑을 낀 그 여자의 손을 잡아 천천히 자기 가슴을 쓰다듬었다. "믿을 수가 없어요!" 그녀는 제대로 말을 못 하고, 비틀비틀 뒷걸음질을 쳤다. 안내원이 후자극제[1]를 갖고 급히 다가와 그녀를 도와주었다.[17]

"완벽한 남자"는 수십 년째 몸을 만들고 있었다. 그는 프로이센 동부 지방에서 잡화상의 아들로 태어나, 프리드리히 빌헬름 뮐러라는 평범한

---

1) 병에 넣어 보관하다가 의식을 잃은 사람이 생기면 코 밑에 대어 정신이 들게 하는 데 쓰던 화학 물질

이름으로 살았다. 그는 징병을 피해 열여덟 살 때 고향을 떠나 유랑 서커스단에 들어갔다. 당시로써는 획기적인 방식의 육체 훈련, 쇼맨십에 타고난 재능, 그리고 유능한 서커스단장의 도움 덕분에 그는 연기하는 철인으로서 자신의 재능을 갈고닦을 수 있었다. 그는 샌도우로 개명했다. 그것은 러시아 출신 어머니의 처녀 때 성인 산도프Sandov의 독일식 이름이었다. 그리고는 본래보다 조금 더 고상한 집안 출신이라고 주장했다. 몸과 출신 배경이 업그레이드된 샌도우는 제일 먼저 대중오락 부문에서 유럽 최대 시장으로 꼽히었던 런던으로 이끌리듯 들어갔고, 그다음에는 뉴욕과 시카고에 진출했다. 오늘날의 관점에서 보면, 173㎝ 키에 87㎏ 몸무게의 소유자를 특출한 종자라 하긴 어려울 것이다. 당시 이 정도 체격은 요즘에 비해 특별하게 대접을 받긴 했지만 그의 숭배자들에게 중요했던 것은 그의 체구가 아니라 잘 가꾸어진 몸집, 균형 잡힌 신체, 부드럽고 흰 피부였다. 그는 고전 시대 이상적인 남성상으로 나타나 몸을 가꿈으로써 육체를 예술의 경지로 끌어올렸다.[18]

근대 도시인에게 새로운 버전의 남성성으로 등장한 샌도우는 남자들이 '몸 가꾸기'를 통해 자신의 몸을 향상할 수 있다는 살아 있는 증거를 제시했다. 실제로 그는 이 점을 강조하면서 다른 남자도 자신을 본받으라고 부추겼다. 사실상 홀로 보디빌딩 보급 운동에 나섰던 것이다. 그의 사례는 육체적 힘은 물론 근육의 모양과 균형 잡힌 몸매의 아름다움을 강조하는 새로운 이상적 남성상이 정착하는 데 도움이 되었다. 한 가지 주목할 것은 여기에서 털은 명시적으로 배제되었다는 점이다. 샌도우는 고상한 프로이센 혈통에 걸맞게 잘 다듬은 금발 콧수염을 길렀지만 그것을 제외한 신체 모든 부위는 대리석처럼 매끈했다. 훗날 보디빌더들은 금속같이 윤이 나고 검게 탄 피부를 더 선호했고 콧수염도 없애버렸다. 오늘날 매년 세계 보디빌딩 챔피언에게 주어지는 '샌도우 상'이라는 조각상에는 이 '완벽한 남자'의 유일한 결점을 바로잡아주려는 듯 깨끗하게 면도한 샌도우의 모습이 그려져 있다.

그러나 샌도우가 활동하던 시대만 해도 입술 위에 붙은 수염은 열정적 자기관리 혹은 귀족의 명함 같은 것이었고 엄격한 자기 훈련의 표시로서 존경받을 만한 것으로 여겨졌다. 당시에는 잡화상의 아들이든 황제이든 남에게 좋은 인상을 주고 싶어 하는 젊은이들은 모두 고상하게 다듬은 약간의 털로 입술 주변을 꾸몄다.

빌헬름 황제, 단호한 태도를 취하다

1890년 3월 훗날 독일 제국을 통치할 두 남자의 관계가 파탄에 이른다. 한 남자는 즉위한 지 채 2년이 안 되었고 사회적으로 아직 미숙했던 서른한 살의 빌헬름 2세였다. 반대편에는 빌헬름의 아버지 밑에서 이른바 "철혈 정책"을 통해 독일 통일이라는 위업을 달성한 노련한 철혈 재상, 오토 폰 비스마르크가 서 있었다. 젊은 황제는 이 노회한 정치인이 누리는 명성과 건방진 태도가 매우 마음에 안 들었으며, 카이저(황제)인 자신이 독일을 위해 새롭고 더 나은 성공을 거둘 수 있을 것이라 믿었다. 빌헬름은 특히 국제관계에서 독일의 군사적 힘을 행사하고 싶어 했다. 그는 또 계급 간 갈등을 완화하고 황실의 인기를 유지하기 위해 노동 계급에 정치적 권리를 부여할 때가 되었다고 생각했다. 비스마르크는 동의하지 않았다. 그는 황제가 자신의 야심이 초래할 위험을 인식하지 못하고 있다고 확신했다. 이 노회한 정치가는 자신의 단호한 통치가 유지되어야 독일이 더 잘 굴러갈 것이라는 주장을 굽히지 않았다.

정치적 차원에서 보면 두 사람의 대치는 누구의 정책이 승리할 것인가의 문제를 둘러싼 일종의 정치 투쟁으로도 해석된다. 하지만 개인적인 차원에서 보면 이것은 훗날 한 젊은 군주와 나라의 아버지 사이에 벌어진 오이디푸스적 투쟁의 전형적인 사례로 꼽힐 만한 사건이었다. 결정적인 불화를 일으킨 사건이 터졌다. 비스마르크 수상은 빌헬름 황제가 모르는 사이에 중요한 법안에 대해 여러 정파와 협상을 진행했다. 나아가 자기 허락 없이 황제와 의논하지 말라고 지시한 것을 빌헬름이 알게 된 것이다. 격분한 빌헬름은 이른 아침에 황실 마차를 대령하라고 명령하고는 바로 비스마르크의 거처로 달려갔다. 비스마르크는 아직 잠자리에 있었다. 젊은 통치자는 이 노인이 옷을 입을 때까지 기다리지도 못하고 모자와 장갑을 탁자 위에 내동댕이치더니 수상에게 무슨 꿍꿍이인지 말하라고 다그쳤다. 비스마르크도 물러서지 않았다. 빌헬름의 전언에 따르면, 비스마르크는 잉크병이 쓰러질 만큼 세게 공책을 탁자 위에 내려치고는 국가의 수상으로서 내각의 장관들을 통솔할 책임이 자신에게 있다고 주장했다고 한다.[19] 그런 다음 비스마르크는 비장의 카드를 던졌다. 즉 사임하겠다고 위협한 것이다. 놀랍게도 황제는 그 자리에서 그의 사임을 받아들였다. 그는 자기 힘으로 독일을 통치할 준비가 되어 있다고 생각한 것이다.

비스마르크는 자신이 이렇게 배제당하리라는 것을 전혀 예상치 못했다. 그는 젊은 군주를 과소평가했다. 그는 황제가 매우 평범한 외모에 불안해하고 감수성이 예민하고 우유부단한 인물로만 알고 있었다. 비스마르크를 굴복시킨 이 사건은 황제로서는 처음 합격한 큰 시험이었으며, 그 후 그는 큰 업적을 쌓기 위해 애를 쓰는 과정에서 이 같은 시험에 계속 맞닥뜨리게 된다. 이런 투쟁 과정에서 핵심 중 하나는 외모를 인상적으로 만드는 것이었다. 빌헬름은 군사행진, 화려한 행사, 격한 연설을 매우 좋아했다. 하지만 생기 넘치는 그의 새로운 이미지에서 가장 두드러진 특징은 멋지게 위로 치켜 올라간 콧수염이었다.[20]

이 불같은 스타일의 수염을 채택하기 전까지 그는 다른 여러 스타일을 시험해 보았다. 풍성한 턱수염도 두 번 길러 보았다. 두 번째 사건은 비스마르크를 해임한 직후인 1891년, 스칸디나비아 지방으로 유람선을 타고 여행했을 때 일어났다. 빌헬름은 턱수염에 매우 만족해했던 것 같다. 그는 만나는 모든 사람에게 "이런 턱수염을 기른 얼굴로 탁자를 주먹으로 내려치면 대신들이 공포에 질려 넘어져서 땅바닥에 쭉 뻗는다"고 말했다고 한다.[21] 그가 이런 식으로 말한 것은 아이러니다. 탁자 내려치기로 말할 것 같으면 바로 1년 전 두 사람의 운명적 대결에서 비스마르크가 취했던 바로 그 동작이었기 때문이다. 이제는 빌헬름이 탁자를 내려치는 쪽이 된 것이다! 그런데 그는 곧 턱수염은 효과가 없다고 판단했다. 당시에는 콧수염이 군사 및 왕실의 모습으로 인정받았던 시대였으며 턱수염은 한물간 스타일로 여겨졌다. 어떻게 할까? 그는 남자 중의 남자로서 자신을 돋보이게 할 장식인 콧수염을 간절히 원했다. 그는 황실 전속 미용사인 프랑수아 하비에게 해결책을 마련하라고 요구했고, 창의력이 풍부했던 이발사는 절묘한 솜씨를 발휘하여 독일 통치자에게 트레이드마크를 선사했다. 그것이 바로 빳빳한 **카이저수염**이다. 만족한 황제는 어디에 가든 하비 선생을 늘 곁에 두었다.

10.3 빌헬름 2세 황제. 1898년.

　황제의 이미지 집착과 하비의 기술이 결합하여 시대의 상징적인 모습이 탄생한 것이다. 하비가 이 유명한 '곧추선' 콧수염을 만드는 데 성공하였을 때 빌헬름이 "Es ist erreicht(드디어 섰다(성공했다))!"라고 기쁨의 환호성을 질렀다는 이야기가 전해지고 있다. 이 문구는 남근과 황제의 콧수염을 지칭하는 중의적 어휘로서 굳건히 자리 잡았고, 그 위업을 달성하는 데 필요한 기구와 연고 등의 이름과 함께 당대의 어휘 목록에 들어갔다. 하비는 삐죽삐죽한 자기만의 독특한 수염을 만들기 위해 몰려든 수천 명의 고객에게 그런 수염관리기구들을 기쁜 마음으로 팔았다고 한다. 하인리히 만의 1919년 작 소설인 《충복》의 주인공 디데리히 헤슬링도 바로 이런 식의 영웅 숭배주의를 보여주는 전형적인 예이다. 디데리히는 황제가 말을 타고 브란덴부르크 문을 통과하여 행진하는 모습을 이렇게 묘사했다. "그분은 황홀한 기분… 맥주를 먹었을 때보다 더욱 강렬하고 더 고상한 기분에 휩싸여 공중에 떠 있는 듯했다… 눈부신 이목구비를 갖추었고 돌처럼 단단한 '권력의 화신'이 개선문을 통과한 저 말 위에 앉아 있다."²² 디데리히는 황홀한 감정에 도취한 나머지 조국과 통치자에게 인생을 바치겠노라고 맹세하고 이런 맹세의 표시로 베를린에 있는 하비의 미용실로 달려가 얼굴을 빳빳한 콧수염으로 장식한다. "미용이 끝났을 때 그는 거울에 비친 자기 모습을 거의 알아보지 못했다. 털에 가려진 것이 없어지자 그의 입가에는, 특히 입을 굳게 다물었을 때는 호랑이처럼 강인하고 위협적인 기운이 풍겼고 콧수염의 뾰족한 양 끝은 곧바로 눈 쪽을 향해 치솟아 있었다."²³

1차 세계대전에서 독일이 패배하면서 뿔 달린 황제의 헬멧과 뾰족한 콧수염의 시대도 끝났다. 그리고 수염을 수호하는 전선의 마지막 보루도 사라졌다. 폐위된 황제는 네덜란드의 한적한 유배지에서 제복, 행진, 황실 전속 이발사도 없이 생을 마쳤다. 돌이켜 생각하면 독일은 비스마르크의 헝클어진 팔자 수염과 단호한 통치가 유지되었다면 더 좋았을 것 같다. 빌헬름의 성급한 공격성이 나라와 자신을 모두 망쳤으니까. 카이저와 장엄한 **콧수염**의 종말은 독일과 남성 수염에 있어 또 한 번의 전환점이 되었다. "모든 전쟁을 끝내기 위한 전쟁"¹⁾은 역시나 전쟁을 끝내지 못했다. 하지만 끝장낸 게 있었으니 그것은 수염의 시대다. 독일 사람들

---

1) 제1차 세계대전을 가리키는 말로, 원래는 이상적인 의미였지만 지금은 폄하하는 의미로 사용된다.

은 이 실패한 과거의 상징을 처음 취했을 때만큼이나 신속히 버렸으며 다른 유럽 국가들과 미국의 유행에 동참하여 콧수염을 기른 군인 이미지를 포기하였다.

전쟁은 끝이 났으나 20세기 턱수염 부흥 운동의 대의명분은 아직 종말을 고하지 않았다. 하락세는 훨씬 전부터 진행되고 있었고, 이런 경향은 남성성과 육체의 관계에 대한 진지한 재고가 이루어지면서 더욱 가속화되었다. 남자들이 더욱더 고지식하게 남성의 육체를 남성적 힘의 원천으로 인식함에 따라 수염은 점점 더 의미가 줄어들었다. 그 대신 근육과 잘 만들어진 체형이 중시되었다. 예전에 W. G. 그레이스가 크리켓 운동장에서 자랑했던 장엄한 수염은 이제 규칙이라기보다는 예외가 되었으며, 점점 더 운동선수보다는 신사라는 신분을 나타내는 상징으로 여겨졌다. 유진 샌도우는 새로운 이상형을 제시했는데, 그것이 더욱 남성적으로 보인 것은 근육을 만들기에 많은 노력이 필요하며, 단순히 상징적인 힘이 아니라 진정한 힘을 창출해내기 때문이다. 독일 황제의 콧수염도 털에 불과하지만 본연의 매력 때문에 유행했다. 그리고 그것 역시 근육질의 몸통을 유지하는 것처럼 가꾸는 데 많은 노력을 요했다. 콧수염은 젊음을 나타내는 체형에 완전히 안 어울리는 것은 아니었으므로 제한된 형태의 수염 스타일로서 명맥을 이어갔다. 그러나 이런 요소도 곧 순응적 남성성을 요구하는 새로운 압력에 의해 남자들 얼굴에서 사라졌다. 19세기에 꽃을 피웠던 가부장적이고 군인 풍의 남성성이 시들고 약해지면서 단단한 근육과 깨끗하게 면도한 얼굴을 가진 남자들에 의해 구축되는 새로운 미래가 열렸다.

11

20세기의 회사원들

20세기는 역사상 가장 깨끗이 면도한 얼굴이 득세한 시대로서 18세기와 각축을 벌였다. 이유도 두 세기가 똑같았다. 18세기에 면도는 신사들이 지녀야 할 훌륭한 매너의 일부로 여겨졌다. 20세기 남자들 역시 직장과 고용시장에 적응해야 했다. 젊음의 에너지와 규율 잡힌 신뢰성 표출이 중요해진 시대였다. 남자가 매끈하게 면도하면 더 젊고 더 건강해 보인다. 매끈한 얼굴은 또 정직과 친화력을 나타냈다. 흔히 쓰는 "매끈하게 면도한"이라는 말은 이런 연관성을 깔끔하게 요약한 말이다. 면도한 남자는 깔끔하고, 힘이 넘치고, 신뢰할 수 있었다. 사회가 이런 덕목들을 높이 평가했기 때문에 남자들은 자신이 그런 사람이라는 것을 보여주기 위해 열심히 면도칼을 들었다.

아라비아의 로렌스, 돌격대 선봉에 서다

T. E. 로렌스 중위는 새로운 세대의 새로운 영웅이었다. 그는 영국군이라는 방대한 조직에서 자기가 맡은 작은 역할을 잘 수행한, 철저하게 근대적이고 깨끗하게 면도한, 믿을 수 있는 군인이었다. 하지만 그는 자

신의 한계를 훨씬 크게 뛰어넘은 사람이 되었다. 그는 턱수염을 기른 교활한 적수들과 지혜를 겨루었고, 고난을 견디었고, 적을 차례차례 쓰러뜨리는 사막의 강인한 부족장이 된 것이다. 제1차 세계대전의 참화에 상처를 입은 유럽과 미국 사람들에게 그의 영웅담은 대규모 병력과 기분 나쁠 정도로 기계적인 자동 화력이 난무하는 시대에도 용감하고 지적인 개인이 여전히 큰 역할을 수행할 수 있다는 희망을 주었다. 로렌스가 삭막한 서부 전선에 집결한 독일군과 대적하지 않고 대신 광활한 아라비아사막에서 상대적으로 장비가 빈약한 오토만 터키군과 대적했다는 것도 도움이 되었다. 이집트에 파견된 정보장교인 로렌스는 아랍인으로 변장한 뒤 낙타를 타고 이동하는 특공대를 이끌어 숱한 예상 밖의 승리를 거두었다. 그는 턱수염이 없는 "금발의 베두인족"[1]이라는 희한한 모습으로 등장하여 정복자의 능력을 보여주었다. 시간이 멈춘 듯한 이 원시의 땅을 정복함으로써 현대인의 전설이 되었다.

로렌스가 처음 거둔 큰 전과는 전략적 가치가 큰 홍해의 항구인 아카바Aqaba를 함락한 것이었다. 그와 그의 아랍 동맹군은 사람이 접근할 수 없는 불모지에서 빠르고, 끈기 있고, 거칠게 그 도시를 급습하였다. 그러나 그들은 먼저 아부엘리살Abu el Lissal이라는 오지 마을에서 그들을 저지하기 위해 파견된 터키 군대부터 제압해야 했다. 아랍 반란군들이 진짜 패기를 발휘한 곳이 바로 여기였다.

유난히 더웠던 1917년 7월의 어느 날, 반란군은 낙타와 말을 타고 아부엘리살에 도착했다. 적군과 아군 모두 더위와 갈증 때문에 기진맥진한 상태였다. 늘어진 채 협곡에 은신해 있던 터키군은 아랍군의 접근을 눈

---

1) 천막생활을 하는 아랍 유목민

치채지 못했다. 아랍군은 절벽 위에서 몇 시간 동안 터키군의 머리에 총알을 퍼부었다. 하지만 원거리에서 이루어진 무차별 사격은 별 효과가 없었고 로렌스는 동맹군에게 진격하라고 독려했다. 한 족장이 공격의 선봉에 서서 50여 명의 병사를 이끌고 허둥대는 터키 정규군의 대열을 돌파하자 터키군은 곧장 퇴각했다. 하지만 그들이 퇴각한 곳에서는 로렌스가 흰옷을 휘날리며 대규모 낙타 기병대를 직접 지휘하고 있었다. 로렌스는 훗날 이렇게 회상했다. "선두에 섰던 몇 명하고 마주쳤습니다. 나는 물론 권총을 쏘고 있었죠. 그렇게 흔들리는 동물을 탄 상태에서는 전문가만이 장총을 다룰 수 있었기 때문입니다. 그때 갑자기 내가 타고 있던 낙타가 비틀거리더니 그대로 고꾸라졌어요. 뭔가에 호되게 맞은 것처럼요. 나는 안장에서 완전히 튕겨 나갔고, 아주 멀리 날아가서 떨어졌는데, 이때 충격으로 내 몸에서 모든 힘과 감정이 빠져나가는 것 같았습니다."[1] 그는 정신이 몽롱한 상태에서 자신이 가장 좋아했던 시를 외우며 무지막지한 낙타 발굽에 밟혀 죽기만을 기다렸다. 하지만 정신을 차려 보니 쓰러진 거대한 동물 사체 때문에 그는 다른 낙타의 발굽에 짓밟히지 않았고, 자신이 실수로 그 불쌍한 짐승을 총으로 쐈다는 것을 깨달았다. 한편 터키군은 시속 50㎞의 속도로 언덕을 질주하여 내려간 400여 명의 낙타 기병대 공격으로 완전히 괴멸되었다.

"아라비아의 로렌스" 전설은 이런 식의 용맹과 강인함, 행운을 기본으로 하여 형성되었다. 이것은 또 영국과 아랍이라는 두 세계에서 살았고 단검, 낙타, 폭약, 비행기 등 상호 모순적인 요소들이 복잡하게 얽혀 있는 근대 게릴라전을 치르는 로렌스의 묘한 능력에도 기초를 두고 있었다. 그는 영국 왕과 제국을 위해 봉사하는 것에 자부심을 가진 옥스퍼드 출신의 정보장교였으며, 동시에 피지배 민족을 구원하려고 애쓰는 명예 아랍 부족민, 즉 금발의 베두인족이기도 했다. 궁극적으로 자신이 아랍 친구들을 배신할 수밖에 없지 않을까 하는 두려움에 마음이 심란했으나, 그는 이 두 가지 일을 함께 수행할 수 있는 사람이 되고자 했고 두 주인에게 모두 봉사하는 것이 가능하리라는 희망을 품고 살았다.

이런 두 가지 역할을 수행하기 위해 로렌스는 위대한 배우이자 교활한 전략가가 되어야 했다. 대부분의 남자는 남성으로서 하나의 정체성을 확립하는 일에만 몰두하지만 로렌스는 동시에 두 개의 역할을 동시에 해내야 했다. 사막에서 활동한 2년 동안 그는 항상 흰 아랍식 의복을 입었고 반란군의 최고 지도자인 메카 출신의 페이살Feisal 왕자가 선물로 준 두건을 쓰고 다녔다. 로렌스는 영국 상관들을 만나러 가끔 이집트로 복귀했는데 그럴 때도 이 의상을 입었다. 그러면서도 물이 없어 마른 면도칼로 얼굴을 문지를지언정 면도를 거르지 않았다는 점을 보면 그는 영락없는 영국인이요, 비非아랍인이었다. 이런 일상의 습관은 영국과 아랍인 관점에서 모두 독특하게 보였던 그의 영웅적 용모를 완성해주었다. "유일하게 면도한 사람이라는 것은 오명이었다." 로렌스는 이렇게 설명했다. "게다가 나는 항상 (적어도 밖에서는) 순백의 실크 옷을 입었고 황금색과 진홍색이 섞인 메카식 두건을 썼고, 황금색 단검을 차고 다녔기 때문에 그 오명은 두 배로 커졌다. 나는 그런 복장으로 다님으로써 권위를 내세우고자 했다. 페이살 왕자가 나를 극진히 배려하고 있음을 대중에게 드러내 보이려 했었던 것이다."[2] 흰옷을 휘날리며 낙타를 타고, 태곳적 모습이 남아 있고 성서의 고장이기도 한 황야를 나아갈 때 털이 하나도 안 보이는 그의 얼굴은 그가 철저하게 근대적 남자라는 사실을 확

11.1 아랍식 복장을 입은 토머스 에드워드 로렌스.

인해주었다.

　면도는 이상적인 근대성의 상징이었다. 또한 민낯은 가장 현대적이고 가장 첨단을 걷는 남자들이 따르는 유행이기도 했다. 로렌스가 아카바를 공격하기 1년 전 시점에 영국군 당국은 병사들에게 면도를 허용하는 새로운 규칙을 발령하였고, 이것 때문에 군대 내에서 소요가 일어났다. 영국 군인들은 다른 대부분 유럽 국가 군인들처럼 반세기 동안 전우애의 상징으로서 의무적으로 턱수염을 길러야 했다. 그런데 제1차 세계대전이 발발하기 수년 전부터 영국 병사들은 그것을 기르지 않아도 되는 자유를 요구하기 시작했다.[3] 전쟁이 한창이던 1915년, 영국의 조지 왕은 수염에 대한 엄격한 규정들을 시행할 것이라는 경고문을 발표하였다. 그러나 이듬해 정부가 징병제를 시행하자 병사들의 사기에 대한 우려가 심화하였고, 이에 작전참모는 굴복하였다. 당국은 적과 싸우기도 힘든 상황에서 자기편 병사들하고 싸우고 싶진 않았다.[4]

훗날 제기된 일부 추측과는 달리, 콧수염의 금지는 가스 마스크나 참호전의 위생과는 관계가 없었다. 또 향상된 면도 기술과도 관계가 없었다. 20세기에 턱수염과 콧수염이 퇴조한 진정한 원인은 군대조차 거스를 수 없었던 사회적 발전, 다시 말해 도시와 경제계가 요구하는 사양에 맞춘 남성성의 혁신적인 변화였다. 가부장적 분위기를 풍기는 턱수염처럼 기사도풍의 콧수염도 새로운 세기에 요구되었던 덕목들, 즉 젊음, 에너지, 청결, 신뢰성 등을 간절히 원하는 남자들 사이에서 인기를 잃어갔다.

로렌스 이전에 나온 타잔이라는 인물도 면도한 또 하나의 영웅이었다. 미국 작가 에드거 라이스 버로스가 창조한 '유인원의 왕' 타잔은 1912년에 처음 인쇄물의 형태로 세상에 처음 선을 보였는데, 소설에서는 영국 귀족 출신의 고아로 자라 자신의 진짜 정체를 모른 채 정글에 사는 털북숭이 동물들에 의해 키워진 인물로 묘사되어 있다. 그는 어른으로 성장하는 과정에서 고상한 인간성과 성품을 드러내고 자신의 원시적 충동을 억누르는 것은 물론 주변의 모든 동물을 지배하고 통솔할 수 있게 되었다. 그는 독학으로 읽고 면도하는 법을 깨우침으로써 자신에게는 엄연히 인간으로서의 생득권이 있다는 것을 보여주었다. "책에서 입 주변과 위, 그리고 뺨과 턱 주변에 엄청나게 수염이 많이 난 사람들의 사진을 본 것은 사실이지만, 그래도 타잔은 무서웠다. 타잔은 이 부끄러운 유인원의 상징을 없애기 위해 거의 매일 칼을 갈아 갓 자란 턱수염을 긁고 깎아냈다. 그는 그렇게 면도하는 법을 배웠다. 거칠고 고통스러웠지만 그래도 효과적이었다."[5] 여기에 새로운 시대의 이상이 내세우는 섬세하지만 직접적인 주장이 나타나 있다. 타잔은 문명인들이 과거에 수염을 길렀지만, 그런 행위에는 야생과 무질서라는 요소가 같이 도입될 위험이 내포되어 있다고 판단한 것이다.

버로스는 위대한 소설가는 아니었다. 하지만 당대 사람들이 무엇을 두려워하고 무엇에 대해 환상을 품고 있는지에 대한 감은 갖고 있었다. 타잔처럼 20세기의 남자들은 자신들 내부에 있는 유인원 같은 성질을 두려워하면서도 자기 훈련의 문제를 고심했다. 동시에 근대의 도시 거주자들은 타잔처럼 필요할 경우 자신들 내부에 있는 원시적 힘을 불러낼 수 있기를 바랐다. 아라비아의 로렌스와 타잔은 20세기 초에 등장한 근대화된 남성성의 상징으로서 매우 인기가 높았는데, 그것은 남자들이 이른바 '야생의 면도한 남자들'로서 야성과 면도라는 두 가지 이점을 모두 취할 수 있음을 시사했기 때문이었다. 그들의 이야기는 또 남성적 공동체에 (로렌스의 경우는 영국이라는 나라, 타잔의 경우에는 문명화된 유럽) 대한 변치 않는 충성심이 진정한 남성성의 바탕이라는 점을 암시했다.

면도하는 영웅들의 등장은 19세기에 일어난 턱수염과 콧수염 부흥 운동이 종말을 고했음을 알리는 사건이었다. 1903년이 변화 직전의 분기점이었다. 《시카고 트리뷴》에 근무하는 한 진취적인 기자가 이 사실을 상세하게 묘사했다. 그는 시카고 시내의 혼잡한 도로 모퉁이에 서서 한 시간 동안 지나가는 총 3000명의 남자를 관찰한 결과 그중 1236명이 콧수염을 길렀고, 108명이 어떤 형태이든 턱수염을 길렀다고 기록했다. 나머지(1656명)는 깨끗하게 면도했다.[6] 다른 말로 하면, 면도한 사람과 안 한 사람은 대충 반반이었다. 하지만 기자 역시 대세는 면도하는 쪽으로 기울고 있다는 사실을 알고 있었다. 미국의 잡지 《하퍼스 위클리》에 기고하는 한 평론가의 견해도 이와 똑같았다. 그가 1903년에 쓴 기사 "턱수염의 소멸"은 어떤 면에서는 수염에 대한 부고장이었고, 어떤 면에서는 면도한 얼굴의 장점에 대한 떨떠름한 승인서였다. 그는 이렇게 썼다. "턱수염을 완전히 밀어버릴 수는 없다. 턱수염은 자연스럽고 품위가 있다." 면도에 관해서는 "미적인 측면은 몰라도 정직하게 보인다는 면에서는 이점이 있다"고 썼다.[7]

1904년 킹 C. 질레트가 안전면도기 특허를 취득했다. 언뜻 생각하기에는 이것이 면도 기술의 향상이 당시 면도가 유행했던 현상을 설명한다는 항간의 주장을 뒷받침하는 것 같았다. 하지만 질레트의 발명품은 턱수염의 종말을 초래한 원인이라기보다는 그것에서 이익을 본 물건이었다. 질레트가 무대에 입장할 무렵 '얼굴의 털'은 무대에서 물러나고 있었다. 질레트를 비롯한 많은 회사의 면도용품 광고는 면도기가 매끈한 얼굴에 대한 욕구를 창출했다기보다는 그런 욕구 충족을 단지 도와주었다는 사실을 여실히 드러냈다. 남자들에게 얼굴에 난 털을 제거해야 한다고 설득하느라 노력할 필요가 없었다. 대신 자사 제품이 면도를 참으로 쉽고 편안하게 만들었다는 점만 끈질기게 집중 광고했다. 1937년 무렵 미국에서만 연간 800만 달러의 매출을 기록한 면도칼 및 면도크림

제조업계는 중산층을 위한 제품을 내놓아, 일반 사람들도 회사 사장들이 원하는 몸단장 기준을 정확히 충족할 수 있도록 하였다.

이 시기에는 세 가지 강력한 요소가 결합하여 남자들에게 면도를 압박했다. 바로 의학의 발전, 고용주, 그리고 여자들이었다. 19세기 말에 미생물이 여러 전염병을 일으킨다는 사실이 발견되면서, 병에 대한 인류의 이해는 혁명적으로 발전하였다. 건강과 수염의 측면에서도 극적인 반전이 일어났다. 19세기에 의사들은 턱수염과 콧수염이 먼지와 나쁜 공기를 걸러줄 뿐 아니라 피부와 신경을 태양과 날씨로부터 보호해준다고 주장했었다. 루이 파스퇴르[1]의 발견은 이 모든 것을 바꿔버렸다. 20세기가 시작할 무렵에는 얼굴의 털을 미생물의 온상으로 지목하는 의사들이 더욱 증가했다. 20세기에 들어와 신문, 잡지, 의학 저널은 놀라운 보고서로 가득 찼다. 예컨대 콧수염을 기른 남자와 키스한 여자의 입술이 폐결핵과 디프테리아균은 물론, 음식물 입자와 거미 다리에서 묻은 털 등으로 오염되었음을 보여주는 1907년도 실험 보고서 같은 것들이었다.[8] 1909년 영국 의학 저널인 《랜싯》에는 깨끗하게 면도한 남자들이 감기에 걸릴 가능성이 더 낮다는 연구 보고서가 실렸다. 그 주장은 얼굴에서 털을 밀어버리면 위험한 미생물의 온상을 없애는 것이고, 따라서 비누 사용 효과가 더 높아진다는 것이다.[9] 미생물에 대한 공포는 매우 컸고 이에 대해 이의를 제기하는 사람은 없었다. 반면에 많은 의사가 계속 콧수염을 길렀고 그중 일부는 수염의 건강상 이점을 고집스럽게 주장하기도 했다.[10] 그러나 대부분의 사람은 청결과 면도한 상태를 거의 동일시했다.

고용주들은 '얼굴의 털'에 훨씬 더 강력하게 반대한 세력이었다. 20세

---

1) 프랑스의 화학자·세균학자

기에 들어와 산업계에서 독립적으로 일하거나 자영업 하는 사람은 점점 줄어들었다. 전문직으로 일하는 사람들, 산업 현장 또는 기업에 고용되어 일하는 직원들이 점점 늘어났고, 이런 고용 환경에서는 팀워크, 에너지, 협동, 훌륭한 매너 같은 덕목들이 우선시되었다.[11] 남자들은 이런 자질들, 그리고 젊고 열정적이고 준비된 모습을 보여주기를 간절히 원했다. 면도칼을 잘 쓰는 남자는 팀의 일원으로 대우받았고 합당한 보상을 거두었다.

면도의 규범을 도입한 기업체들은 자신들의 행동을 위생, 프로 정신, 그리고 고객을 즐겁게 해야 할 필요성 등의 관점에서 정당화했다. 예컨대 벌링턴 철도회사는 1907년, 기관사들이 턱수염 기르는 것을 금지하는 동시에 흰 리넨 천으로 만든 옷깃, 넥타이, 조끼를 착용해야 한다는 복장 규정을 도입했다. 회사 경영진은 이런 변화로 인해 직원들은 일치된 외모를 갖추게 되고, 직원들이 세균과 전염병을 남에게 옮길 가능성이 줄게 될 것이라고 발표했다.[12] 몇 년 전에 일리노이주 에번스턴 경찰국은 경찰관들에게 훈련과 프로 정신을 강조하는 정책의 일환으로 콧수염을 깎으라고 지시했다. 경찰국은 또 "감찰관이 모든 순경이 깨끗한 구두, 깨끗한 장갑, 산뜻한 제복을 착용하고 있는지, 아울러 모든 순경들이 깨끗하게 면도했는지 점검할 것이다. 감찰에서 단정치 못한 옷차림이 적발되면 직무 유기로 간주될 것이며, 해당 경찰관은 감점을 받을 것"이라는 공개 성명서를 발표했다.[13] 1915년 로스앤젤레스 경찰국은 콧수염을 기른 경찰관이나 형사는 모두 승진에서 배제했다. 국장의 표현을 빌리면, 콧수염이 "자기 부하들을 단정치 못하고 비정상적인 사람으로 보이게 했기" 때문이었다.[14] 이런 사건들은 당시 전 세계를 휩쓸었던 유행의 단면을 보여주는 몇몇 사례에 불과하다.

이런 사회 분위기에서 여자들도 정돈된 남성상을 선호한다는 메시지를 퍼트릴 좋은 기회를 맞이했다. 알머 휘터커는 1920년 《로스앤젤레스 타임스》에 기고한 칼럼에서 "능글맞은 콧수염을 기른 채" 전선에서 귀향한 남자들에 대해 불평을 늘어놓았다. "보는 이들의 느낌과는 무관하게, 콧수염을 기른 사람은 자기가 꽤 근사하고 당당하게 보인다고 착각하기 마련이다." 이어서 그녀는 "남자들 윗입술에 붙어 있는 이 빈약하고 볼품없는 자기 과시물은 우리가 넋 놓고 있는 사이에 가부장적 분위기를 풍기는 구레나룻으로 발전할 것"이라고 경고하면서 동료 여성들에게 이런 경향을 막아줄 것을 촉구하였다.[15] 몇 년 뒤 시카고 길가에서 콧수염을 좋아하냐는 질문을 받은 한 여성이 이런 반反 가부장적인 태도를 여실히 보여주었다. 그녀는 물론 "아니오"라고 대답한 뒤, "나는 노아의 방주에서 양육된 남편이 아니라 근대식 남편을 원해요."라고 말했다.[16] 이 말이 시사하듯, 직장에서의 변화는 물론, 가정에서의 변화도 남자들이 사회생활에 더욱 도움이 되는 깨끗한 얼굴 쪽으로 선회하는 데 일조했다. 빅토리아 시대의 가정에서 통했던 가부장적 가장은 이제는 이상적인 남성상이 아니었다.

이 새로운 이상형이 부상했다고 해서 '얼굴의 털'이 완전히 사라진 것은 아니었다. 하지만 이것은 새로운 의미 체계를 확립했다. 콧수염을 기르는 쪽을 선택한 사람들은 운치 있는 구닥다리 아니면 대담한 인습 타파주의자였다. 그가 어디에 속하느냐는 그 사람의 연령대에 달려 있었다. 1차 대전 후에도 콧수염은 유럽 대륙에서는 널리 용인된 스타일로 남았으나, 깨끗하게 면도한 얼굴이 점차 입지를 강화해 나갔다. 일부 유럽 사람들의 표현을 빌리면, "남자 얼굴의 미국화" 경향 때문이었다.[17] 얼굴의 털은 이제 남자들을 두 개의 뚜렷한 그룹으로, 즉 사회성이 좋은 유형과 자율적인 유형으로 구분하는 상징적 척도가 되었다. 물론 남자들을 이거 아니면 저것이라고 단적으로 분류할 수는 없지만, 콧수염이나 턱수염의 존재와 크기, 또는 그것이 있고 없고는 해당 남자가 어느 부류에 속하는지를 가늠하는 척도가 된다. 20세기 성별 규범에 따르면 깨끗하게 면도한 얼굴은 〈아라비아의 로렌스〉 경우처럼 그가 남성 동료들과 현지의 조직, 국가 기관, 또는 기업체에 헌신하고 있다는 것을 나타낸다. 이와는 반대로 콧수염이나 턱수염을 기른 남자는 훨씬 더 자기만의 세계에 사는 사람, 즉 가부장, 실력자 또는 자기 규칙대로 행동할 수 있는 자유 계약자 같은 인상을 준다. 물론 이런 이분법은 고정관념이 만들어낸 것이다. 하지만 대부분의 고정관념이 그러한 것처럼 여기에는 사회적 힘이 담겨 있다. 이런 해석적 프레임은 연기자(수염)와 관객(보는 이) 모두의 생각을 고정한다. 수염을 기른 남자들은 위험과 보상을 모두 안을 수밖에 없다. 그것은 그 수염을 바라보는 사람이 누구인가에 달려 있다.

많은 도시 남자들의 경우 남성성을 과시하기 위해 스포츠와 근육질 몸매에 집중하면 수염을 길러야 할 필요성이 줄어든다. 유진 샌도우와 이른바 "육체적 문화" 운동의 영향을 받은 사람들의 경우 더욱 그러하다. 수염은 고대 그리스풍의 팔팔함을 과시하거나 굴곡이 뚜렷한 근육을 뽐내는 데 모두 방해가 되기 때문이다. 미국인들은 유럽 사람들보다 빠르게 '깨끗하게 면도한 얼굴'이라는 새로운 스타일을 받아들였다. 많은 사람이 매끈한 얼굴에 젊음과 스포츠에 대한 미국인 특유의 열정이 반영되어 있다고 생각했다.[18] 근거 없는 생각만은 아니었다. 《시카고 트리분》 기자가 1925년 길거리에서 한 남자에게 콧수염에 대해 질문하자, 그는 콧수염에 대해 부정적으로 생각한다면서 "요즘 모든 사람이 젊어 보이고 싶어 하고, 젊어 보이는 사람들을 좋게 생각한다. 바람직한 현상이다."라고 답변했다.[19] 뉴요커로서 미국 최대의 이발관 체인을 운영했던 조지프 슈세르도 이와 같은 생각이었다. "모든 미국인은 사각 턱에 깨끗이 면도하고 입을 굳게 다문 '강한 얼굴'을 갖고 싶어 합니다. 이것이 우리의 이상형이고요, 우리는 이런 식의 얼굴을 전 세계에 보여주려 합니다."[20]

미국인들이 더 빨리 '얼굴의 털'을 포기한 건 맞지만 유럽 사람들도 그렇게 많이 뒤떨어지지는 않았다. 턱수염은 늙고 시대에 뒤떨어진 일부 사람들의 얼굴에서 명맥을 유지했는데, 이들은 1920년대에 길거리에서 그들을 지켜보는 젊은 아이들에게 놀거리를 제공해주었다. 프랑스 청년들은 "테니스 바브 게임Tennis-barbe"[1])을 즐겼지만, 영국 아이들은 "비버"라는 게임을 즐겼다. 이 게임도 테니스 바브 게임처럼 점수를 매기지만, 붉은 턱수염처럼 희귀한 턱수염이 나타나거나 매우 드문 광경, 즉 턱수염을 기른 왕실 사람이 나타나는 경우에는 훨씬 더 많은 포인트를 주었다. 점수는 테니스의 점수체계를 차용해 게임, 세트, 매치로 매겨졌다.[21] 어느 날 케임브리지 대학에서 열린 집회에 턱수염을 기른 왕실 사람이 도착했을 때 학생들이 모두 자리에서 일어나 일제히 "로열 비버! 게임, 세트, 매치!"를 외쳤다는 전설이 지금도 전해지고 있다.[22]

전통의 위대한 수호자인 영국 귀족층도 1920년대에 들어와 남성성을

---

1) 1900년대 초 프랑스 도시의 카페를 중심으로 유행했던 놀이. 카페의 테라스 같은 데에서 지나가는 사람들을 보다가, 흰 턱수염은 1점, 검은 턱수염은 2점 이런 식으로 색깔 별로 점수를 매겨 가장 높은 점수를 얻은 사람이 술을 사는 게임

재규정하는 압도적인 시대 압력에 굴복하고 말았다. 퀵스우드 경과 그의 사촌인 알저논 세실이 치열하게 언쟁을 주고받은 이야기는 지금도 유명하다. 영국에서 턱수염을 기른 마지막 수상으로 알려진 퀵스우드 경은 자신의 아버지가 솔즈베리 경이라는 사실에도 불구하고 사촌이 시대착오적인 턱수염을 기르는 것을 참을 수 없어 하며 이렇게 물었다. "알저논, 자네는 왜 그런 턱수염을 기르는가?" 알저논이 대답했다. "음, 왜 기르면 안 되지? 주님Lord도 턱수염을 기른 것으로 아는데." 퀵스우드는 이렇게 쏘아붙였다. "그것은 말이 안 되지, 우리 주님은 신사가 아니었잖아."[23]

클라크 게이블이 전혀 개의치 않다

클라크 게이블이나 적어도 그가 영화에서 연기한 캐릭터들은 완벽한 신사가 아니었다. 그것이 그의 독특한 매력이기도 했다. 제1차 세계대전 이후, 유럽과 미국의 바람직한 남성상은 규율과 사교성을 중시하는 쪽으로 기울었지만, 악동형 남성의 이미지는 대중문화에서 흔히 콧수염을 기른 영화배우의 모습으로 끈질기게 지속되었다. 할리우드라는 소원 성취의 땅에서 영화사들은 일상생활에서는 가능하지도, 받아들일 수도 없는 거칠고 방탕한 가상 인물들을 만들어냈다. 이런 이유로 아돌프 멘조, 로널드 콜맨, 에롤 플린, 더글러스 페어뱅크스 1세와 2세, 그리고 클라크 게이블 같은 영화 역사상 초기에 활약한 많은 스타 배우들이 말쑥한 콧수염을 뽐내고 다닌 것은 일리가 있다. 1930년대에 약간의 수염은 모험적이고 낭만적인 영웅의 상징이었다. 이것과 시각적·은유적으로 대척점

11.2 클라크 게이블.

에 선 것은 부랑자 찰리 채플린 입술 위에 검은 얼룩처럼 붙어 있는 콧수염이었다.

클라크 게이블은 "할리우드의 제왕"으로 통했는데, 부분적으로는 그가 콧수염이 지닌 로맨틱한 잠재력을 가장 성공적으로 활용하였기 때문이다. 카메라 밖에서는 말끔하게 면도한 얼굴로 다녔던 찰리 채플린과는 달리 게이블은 머리 모양만 가끔 바꿨을 뿐 어디에서든 영화에서와 똑같은 멋진 모습으로 다녔다. 그가 맡은 가장 유명한 배역, 즉 공전의 히트를 친 대작 영화 〈바람과 함께 사라지다〉에서 레트 버틀러를 연기했을 때 그는 올바른 '입술 장식물'을 정하기 위해 매우 고심을 거듭하다가 마침내 "왁스로 양 끝을 뾰족하게 만든 가늘고 멋진 콧수염"을 기르기로 결심했다.[24] 이것이 바로 수단 좋고 자기중심적인 도박꾼이자 밀수업자인 버틀러에게 가장 알맞은 모습이라고 게이블은 믿었다. 레트는 악당이면서 범법자였지만 동시에 정직하고 가식이 없는 인물이었다. 요컨대 그는 할리우드식 개인주의자의 전형이었다. 그가 명랑하고 자존심 강한 스칼릿 오하라와 처음 만난 장면에서 하도 뻔뻔하게 굴자 오하라는 "당신은 전혀 신사답지 못하군요!"라고 쏘아붙일 수밖에 없었고, 이에 레트는 "그런데 아가씨도 숙녀와는 거리가 멀군요. 그렇다고 내가 당신을 나쁘게 본다고 생각하지 마세요. 나는 숙녀들에게는 전혀 매력을 못 느끼니까요."라고 응수한다. 물론 스칼릿은 이 말에 넘어가지 않았다. 그녀는 매끈하게 면도하고 신사답게 행동하는 애슐리 윌크스와 결혼함으로써 자신이 진정한 숙녀임을 증명하려고 마음을 단단히 먹는다.

관객들은 다부진 성격의 레트가 신경전에서 능수능란하게 우위를 점하고, 그의 성격과 판단력을 의심하는 사람들을 전혀 개의치 않고 무덤덤하게 대하는 모습을 보며 전율을 느낀다. 스칼릿과 두 번째로 우연히 만났을 때 그는 자신이 남부의 대의명분에 공헌한 것에 대한 스칼릿의 칭찬을 매몰차게 무시해버린다.

레트: 나는 고상한 사람도 아니고 영웅도 아니오.

스칼릿: 하지만 당신은 밀수선blockade runner[1]을 보내고 있잖아요.

레트: 돈 때문이오. 순전히 돈벌이요.

---

1) 남북전쟁 당시 북부 해군이 남부의 해안을 봉쇄했을 때 이 봉쇄선을 뚫고 남부에 무기와 생필품을 밀반입하고 남부의 생명줄인 목화 수출을 도와준 선박들

스칼릿: 명분 같은 건 믿지 말라는 말씀인가요?

레트: 나는 레트 버틀러만 믿어요. 그자가 내가 아는 유일한 명분이

요. 나머지는 나한테 큰 의미가 없어요.

의지 강한 스칼릿 오하라에 맞설 호적수로 흥미로운 이단자가 등장한 것이다. 애틀랜타시가 불에 탈 때 스칼릿을 구출한 뒤 레트는 속마음을 털어놓는다. "사랑하오, 스칼릿. 당신, 나, 그리고 주변의 온 세상이 엉망으로 돌아가고 있지만, 그래도 난 당신을 사랑하오. 우리 둘은 똑같기 때문이오. 둘 다 못된 인간이고 둘 다 이기적이고 둘 다 약삭빠르지만 세상을 똑바로 볼 줄 알고 합당한 이름으로 부를 줄 아니까." 스칼릿은 불행하게도 자기감정에 충실할 수 없었다. 그녀는 차지할 수 없는 애슐리와 더 나은 사람이 되고자 하는 자신의 이기적인 꿈에서 빠져나오지 못한다. 레트와 결혼하고, 그가 잘 토라지는 자기 아내의 혼을 빼고 마음대로 갖고 놀아도 스칼릿은 이런 외적 쾌락 때문에 진정한 숙녀가 되겠다는 자신의 꿈을 저버릴 수가 없다. 결국 레트는 그녀를 떠나고 스칼릿은 자신이 엄청난 실수를 했다는 것을 뒤늦게 깨닫는다. 그녀는 떠나가는 연인에게 "그럼 난 어디로 가나요? 난 이제 어떻게 하라고요?"라고 애원하고, 이에 레트는 그 유명한 대답을 한다. "솔직히 말하면, 내 알 바 아니오." 이것이 바로 삶의 고민에 대해 내릴 수 있는, 그리고 나를 쫓아내려는 자들에게 줄 수 있는 남자다운 답변이었다.

레트의 이 명대사가 쓰이기 훨씬 전부터 할리우드 관계자들은 주연배우로서 게이블의 매력은 될 대로 되라는 식의 박력에 있다는 점을 간파했다. 할리우드에서 기자로 활동한 루스 비에리는 1932년 그에 대해

"무자비하고, 잘생겼고, 사람들 콧대를 꺾어놓고, 거칠고, 남성미 넘치는 현대판 야만인의 전형이었다"고 말했다. 이런 그의 성격 때문에 그는 남자들 사이에서는 인기가 높았고, 여자들 사이에서는 매력적인 사람으로 통했다.[25] 이런 묘사가 활자화된 이듬해에 게이블은 트레이드마크인 콧수염을 기르기 시작했다. 그 후 그는 예외적인 짧은 시기만 제외하고는 평생 이 콧수염을 길렀다. 1936년에는 전속사인 MGM에서 그를 임대한 워너브러더스 영화사가 그에게 특정 영화를 위해 면도를 하라고 공개적으로 요구하여 한바탕 소동이 벌어지기도 했다. MGM은 워너브러더스에 이것은 자사 소속 스타의 이미지와 최대 자산의 가치를 깎아내리는 조치라고 항의했다.[26]

1930년대 중반 게이블이 기른 것과 같은 콧수염이 엄청나게 유행했다. 《로스앤젤레스 타임스》의 보도에 따르면, 할리우드에서 활동하는 영화배우 중 절반이 이 유행의 대열에 합류했다.[27] 온화한 이미지의 빙 크로스비[1])도 윗입술을 멋있게 장식하라는 숱한 팬레터에 시달리다가, 1935년 뮤지컬 〈미시시피〉 출연을 계기로 수염을 길렀다. 영화사들은 자기네들이 뭔가 흥행의 큰 비밀을 알고 있는 듯이 툭하면 전속 영화배우들에게 새로운 기준에 부합할 것을 요구했다. 1939년 한 할리우드 기자는 "일류이든 삼류이든 거의 모든 영화배우가 윗입술에 붙어 있는 '작은 솔'을 무기로 숙녀들에게 구애하고 그들의 사랑을 얻고 있다"고 지적했다.[28] 1940년 한 영화감독은 당시 신인배우였던 로버트 테일러에게 〈워털루 다리〉라는 영화의 주인공 역을 제시하면서 콧수염을 기르라고 졸랐는데, 나중에 그는 "테일러를 말쑥한 성가대원이 아니라 성숙하고,

---

1) '화이트 크리스마스'를 부른 미국의 가수 겸 배우

거칠고, 박력 있는 남성처럼 보이게 하려고 그랬다"고 설명했다.[29]

　게이블은 평생 콧수염을 간직했지만 1940년대에 활약한 다른 영화배우들은 수염을 싫어하는 사람들이 "입술 위의 상추"라고 조롱하는 것을 보고 수염을 포기하기 시작했다. 콧수염은 전성기에도 저항의 상징으로 취급되었다. 1937년 에롤 플린에게 답지한 팬레터에는 콧수염을 찬성하는 내용과 반대하는 내용이 반반이어서 이에 대해 그가 어찌할 바를 모르고 있다는 보도가 나왔다.[30] 그런가 하면 이 문제를 운에 맡기지 않기로 한 영화사들도 있었다. 다양한 종류의 수염을 기른 모습으로 타이론 파워를 분장시킨 채 표본으로 선정한 여성 관객 앞에서 여러 차례 스크린 테스트를 한 경우도 있었다.[31] 이 테스트 결과에 따라 파워는 후속 영화인 〈올드 시키고〉에서 깔끔하게 면도한 모습으로 등장했다. 아울러 마샤 헌트, 마를렌 디트리히, 도리스 놀란, 마사 레이, 도로시 라모어를 포함한 많은 여자 배우들이 남자의 수염을 탐탁지 않게 여겼던 것으로 기록에 나와 있다.[32] 하지만 여자 배우들은 에롤 플린의 여자 팬들처럼 의견이 일치되지 않았다. 예컨대 1940년 로살린드 러셀은 수염이 붙어 있는 입술에 찬성을 표시하였지만, 바버라 스탠윅은 "콧수염은 잘 기르면 남자의 얼굴에 개성과 품위를 더해줄 수 있다"고 밝혔다.[33]

　클라크 게이블이 할리우드의 왕이었다면 찰리 채플린은 할리우드의 '궁정 광대'였다. 1914년 어느 날 채플린은 촬영 도중 잠깐 쉬는 시간에 그 유명한 부랑자 캐릭터를 즉흥적으로 만들었다. 그는 재미 삼아 동료 연기자들을 웃기려고 그들의 의상, 즉 자기보다 훨씬 덩치가 큰 사람의 헐렁한 바지, 자기보다 마른 배우의 몸에 꽉 끼는 코트, 그리고 다른 사람의 중산모자 등을 걸쳤다. 당시 현장에 있던 사람의 말에 따르면, 채플

11.3 찰리 채플린.

린은 급히 분장실로 달려가 직접 인조털로 수염을 만들어 붙였다고 한다. 그는 수염의 양쪽 끝을 다듬어, 얼굴을 찡그릴 때마다 꼼지락거리는 작은 직사각형 콧수염을 만들어 붙였다.[34] 이 모습은 다른 배우와 무대 담당자들의 호평을 받았다. 그 유명한 부랑자는 이렇게 탄생했다.

그 캐릭터는 얼룩덜룩한 옷을 입은 광대였다. 콧수염의 인기가 떨어지고, 겨우 연필 굵기 정도 되는 것들만 남아 명맥을 유지하고 있을 때 나온 이 부랑자의 네모나고 얼룩 같은 콧수염은 그의 재킷이 그랬던 것처럼 그의 몸과 비례도 안 맞았고, 잘 어울리지도 않았기 때문에 희극적 반전을 일으키는 효과를 내었다. 이렇게 부적절하고 시대에 맞지도 않은 스타일은 채플린 자신의 표현에 의하면 "구차하기 그지없는 양반 행세"

를 표현하는 데 크게 도움이 되었다.[35] 이 부랑자의 콧수염은 또 그가 정신이 약간 맛 간 남성 캐릭터라는 걸 암시했다. 사실 게이블의 "근대적 원시인" 이미지와 채플린의 부랑자 이미지에는 우리가 처음 상상했던 것보다 많은 공통점이 있었다. 두 사람 모두 사회 규범의 파괴자였으며 독불장군이었다. 부랑자는 가난하고 볼품없고 약했지만, 게이블의 캐릭터와는 또 다른 매력이 있었다. 보는 사람이 통쾌할 만큼 실패를 딛고 회복하는 능력이 뛰어났다. 이런 관점에서 보면, 채플린의 입술 위에 얼룩처럼 엎어져 있는 콧수염은 전혀 어색한 것이 아니었다.

히틀러와 스탈린, 의견이 일치하다

1939년 12월 미국 관객들이 레트와 스칼릿이 참혹한 전쟁에 맞서는 모습을 보기 위해 구름같이 극장으로 몰려들 때, 유럽 대륙에는 이보다 훨씬 더 큰 재앙이 시작되고 있었다. 4개월 전 승리에 도취한 아돌프 히틀러는 바이에른주 베르크호프Berghof 휴양지에서 전화를 들고 소리쳤다. "이제 전 세계가 내 호주머니 속에 있다!"[36] 그는 방금 전 소련의 지도자 이오시프 스탈린이 독일과 불가침조약을 맺기로 했다는 소식을 들었다. 이 조약으로 두 독재자는 이제 동유럽을 자기네 마음대로 분할할 수 있게 되었다. 히틀러의 절친한 여인 알베르트 슈페어는 훗날 "한 장의 종이에 히틀러와 스탈린의 이름이 우호적 관계로 함께 묶여 있는 모습을 본 것은 나의 상상을 초월한 충격적이고 흥미로운 돌발사태였다"라고 고백했다.[37] 윈스턴 처칠의 회고에 따르면, "그 불길한 뉴스는 폭탄이 폭발한 것처럼 전 세계를 강타했다."[38] 그가 보기에 이 사건은 전전戰

前 영국 외교가 실패를 누적해온 데 따른 어쩌면 당연한 결과였다. 그 불가침조약은 히틀러에게 제2차 세계대전을 시작해도 좋다는 승인서 같은 것이었다.

당시 모든 강대국은 나치 정권이 1939년에 폴란드 침공을 계획하고 있다는 사실을 알고 있었다. 스탈린은 이 상황에서 무엇을 어떻게 할지, 누구를 믿어야 할지 몰랐다. 결국 그는 나치의 확산을 막으려는 조약을 소련과 체결하는 데 소극적이었던 영국이나 프랑스보다 자신이 히틀러를 더 잘 알고 있다고 생각했다. 서유럽 국가들은 파시스트 독재국가인 독일과 공산국가인 소련 사이에 역사적·이념적으로 상호 적대감이 존재한다는 사실에 너무 큰 기대를 걸고 있었다. 영국과 프랑스가 히틀러와 스탈린의 비슷한 행동방식을 더 철저히 연구했더라면 히틀러의 외교적 움직임을 더 열심히 관찰하고 예측하고자 노력했을 것이다. 왜냐하면 두 사람이 거래를 성사시킬 수 있었던 비결은 바로 이런 공통성에서 비롯하였기 때문이었다. 히틀러와 스탈린 모두, 권력을 추구하는 데 있어 도덕적 또는 정치적 속박을 전혀 인식하지 못했다. 두 사람 모두 군국주의적 세계관을 지니고 있었고, 세계에 인상적인 모습을 과시하기 위해 군대식 복장과 그런 상징물들을 좋아했다. 그리고 여기에는 콧수염이 포함되어 있었다. 두 사람이 공통적으로 권력과 콧수염을 사랑한 것도 단순한 우연의 일치가 아니었다. 둘 다 선동과 공포를 통해 나라를 다스리는 통치자에게는 비범하고 강해 보이는 얼굴이 필수라는 사실을 알고 있었다. 스탈린과 히틀러는 단 한 번도 직접 만난 적이 없지만 서로 상대방을 잘 알고 있다고 믿었다. 1939년 두 나라 간의 협상이 교착 상태에 빠지자 히틀러는 외교 경로를 우회하여 이 소련 지도자에게 직접 편지를 썼

11.4 이오시프 스탈린, 1942년경.

고, 스탈린은 이에 즉시 화답했다. 독재자이기 때문에 가능했던 일이겠지만, 그들은 형식적 절차를 생략하고 단도직입적으로 본론에 들어갈 수 있었다.

서유럽 동맹국들이 콧수염의 의미를 분석했더라면 독일-소련 간에 협정이 체결될지도 모른다는 경각심을 사전에 느낄 수 있었을지도 모른다. 두 독재자 모두 그런 용모를 의도적으로 꾸몄으며 그 선택은 그들의 사고방식에 대한 중요한 단서를 제공한다. 두 사람 모두 주변 사람과 차별화하기 위해, 또 그 위에 올라서기 위해 머리와 수염에 공을 들였고 과거의 전통이나 현재의 경향에도 순응하기를 거부했다.

1922년 이후 소련의 지도자로서 스탈린의 정치적 운명은 공산주의의 이념적·상징적 유산과 하나로 묶여 있었다. 애초에 좌파스타일이란 건 딱히 없었지만, 어떤 유형의 턱수염만큼은 공산주의 운동을 주도하는 남자들의 공통 특징으로 볼 만했다. 마르크스와 엥겔스 말고도, 독일 사회민주당을 장기간 이끌었던 아우구스트 베벨 역시 무성한 턱수염으로 유명했다. 독일 노동계 지도자들도 제1차 세계대전이 일어나기 수십 년 전부터 베벨의 용모를 모방하였고, 화려한 황제 수염을 흉내 내던 우파들과 대조적인 모습을 추구하였다.[39] 또 다른 독일 사회주의 지도자인 에두아르드 베른슈타인은 헌법 개정을 통한 개혁을 지지하고 혁명을 비난했지만 수염 전쟁에서는 후퇴하지 않았다. 중도파와 우파를 모두 비난했던 프랑스의 장 조레스 역시 이 턱수염 부대의 대열에 합류했다. 러시아에서 블라디미르 레닌과 레온 트로츠키는 작고 끝이 뾰족한 턱수염을 길렀다. 이것은 한편으로는 유난히 풍성한 수염을 길렀던 차르나 사제, 농민들과 차별화하는 것은 물론, 1917년 차르가 퇴위한 뒤 임시정부를 구성한 인물로서 깨끗하게 면도한 알렉산더 케렌스키와 그를 추종하는 전문직 종사자, 기업가들과 차별화하는 데에도 기여했다. 트로츠키는 매우 기억에 남을 만한 수염 스타일을 스스로 개발했는데 1920년대 영국 미술가는 이 나라를 방문한 뒤 다음과 같은 적절한 논평을 내놓았다. "얼굴 전체를 보면 메피스트[1]같이 생겼다. 눈썹이 날카롭게 올라가 있고, 얼굴 아래쪽은 점점 좁아져 끝이 뾰족하고 반항적 이미지를 풍기는 턱수염으로 마무리되어 있다."[40]

---

1) 괴테의 〈파우스트〉에 나오는 악마

턱에 붙은 털은 대머리인 레닌이 더 지혜롭고 더 강인한 사람처럼 보이게 하는 데 도움이 되었다. 아이러니하게도 그는 볼셰비키 혁명이 진행되던 중차대한 수개월의 기간에는 턱수염을 기르지 않았다. 경찰의 감시를 피하기 위한 변장술의 일환으로 면도를 해야 했기 때문이었다. 레닌은 혁명을 강력히 추진하면서, 그의 트레이드마크이자 지혜의 상징인 턱수염이 완전히 회복할 때까지 오랫동안 사진 찍기를 단호하게 거부했다.[41] 그는 자신의 무성한 턱수염 이미지가 풍기는 선전 효과를 잘 알고 있었다. 트로츠키도 레닌이 죽은 뒤 이 점을 확인시켜 주었다. 레닌에 관해 어린이들이 쓴 글에 대해 논평하면서 그는 "젊은이들에게 레닌의 턱수염은 매우 중요한 요소이다. 그것은 성숙함, 남성성, 그리고 투지를 상징하는 것처럼 보인다."고 강조했다.[42]

스탈린은 이런 전형적인 좌파 정치인들과는 달라 보였다. 레닌과 트로츠키는 민간인의 코트와 넥타이를 선호했지만, 스탈린은 1918년부터 군인 스타일의 튜닉[1], 바지, 가죽 부츠를 애용했다.[43] 이런 패션에는 턱수염보다 콧수염이 미진한 점을 자연스럽게 보완해준다. 이런 모습은 그가 전임 공산당 지도자들보다 더 호전적이고 덜 지적인 사람이라는 것을 짐작하게 한다.

히틀러의 스타일도 노골적으로 호전성을 드러내는 것이었다. 그는 제1차 세계대전 때 상등병으로 한 야전 사령부에서 근무했다. 이곳에서 그는 오래전부터 내려온 군인들의 전통에 따라 병사의 전형적인 장식품인 콧수염을 길렀다. 그러나 독일의 패배는 또 독일식 콧수염의 추락을 의미했다. 황제의 콧수염마저도 1918년 작고 '평화로워 보이는' 턱수염으

---

1) 고대 그리스나 로마인들이 입던, 소매가 없고 무릎까지 내려오는 헐렁한 웃옷

로 쪼그라들었다. 히틀러는 이런 수치를 거부하였고 독일의 군사력과 국부 회복을 필생의 사명으로 삼았다. 그에게 윗입술 위 빳빳한 털을 보존해야겠다는 건 매우 일리 있는 생각이었으나, 독일이 과거에 집착하면 재기하지 못하리라는 것을 그는 잘 알고 있었다. 그는 조국을 반드시 근대화해야 하고, 자신은 근대적인 지도자의 면모를 갖추어야 한다는 것을 알고 있었다. 그는 새로운 상징과 새로운 콧수염이 필요했다.

그가 선택한 "칫솔처럼 생긴" 콧수염은 1차 세계대전이 일어나기 전에는 근대적인 모습이라 여겨졌고, 풍성한 턱수염이 대중의 총애를 잃기 시작한 20세기 초부터 인기를 끌었다. 이 새로운 스타일의 수염은 독일에서 전통적 수염이 한 단계 더 실용적이고 한층 위생적으로 발전한 방식으로 간주되었으나, 간혹 미국 또는 영국으로부터 들어온 불경스러운 수입품이라는 조롱을 받기도 하였다.[44] 독일 군부는 물론 이 새로운 스타일을 반대했다. 1914년 독일 경비대 사령관은 "코밑에 자란 약간의 털 뭉치는 프로이센 병사에게는 어울리지 않으며, 진정한 독일의 기질에도 맞지 않는다"라고 선언하면서 이 "근대적 패션 아이템"을 금지했다.[45] 하지만 1차 세계대전이 끝나고 새로운 독일의 남성상을 모색하는 과정에서 그런 규제와 전통은 사라졌다. 히틀러는 나치당대회 연단에 서기 위해 필요한 연설 능력과 이미지를 연마했고, 아울러 다양한 헤어스타일과 콧수염을 시도하여 그중 가장 효과가 좋은 것을 찾으려 했다. 화려하게 위로 치켜 올라간 이른바 **황제 콧수염**, 바다코끼리가 웅크리고 있는 듯한 비스마르크의 콧수염, 심지어 약간 다듬는 데 그친 평범한 장교들의 콧수염도 모두 실패한 과거를 연상시켰다. 반면에 깨끗이 면도한 얼굴은 젊음과 효율성을 연상시키는 데는 탁월한 효과를 보여주지만, 독일의 라이빌로 등장한 여러 서유럽 국가의 단조롭고 낭만적이지 않은 근대성을 떠올리게 하는 단점도 있었다. 그리하여 코밑에 자리 잡은 정사각형의 검은 털 뭉치가 이상적인 대안으로 등장했다. 이것은 히틀러가 명령을 내릴 때 필요로 했던 강력한 카리스마를 최대로 돋보이게 하는 장식품이었다.[46]

히틀러보다 상징과 선전의 위력을 더 잘 인식한 사람은 없었다. 히틀러는 자신이 취하는 전형적인 동작을 통해 항상 냉정하고 강력한 모습을 보여줄 필요가 있었다. 입술 위의 털 뭉치는 비록 양은 많지 않아도 무심코 드러날지도 모를 그의 연약함을 감추는 데 도움이 되었다. 1931년 그에게 접근이 허용된 최초의 외국 사진사인 제임스 애브는 이 점을 예리하게 간파하였다. 애브는 큰 기대를 걸고 들어갔던 촬영장에서 좌절감을 안고 나왔다. 히틀러 성격의 내면을 전혀 포착하지 못했기 때문이었다. 그의 카메라는 콧수염이라는 가면을 뚫고 들어가지 못했다. 애브는 이에 앞서 찰리 채플린의 사진을 찍은 적이 있었다. 이 영화배우가 부랑아 의상을 벗고 가짜 수염을 떼자 인간 찰리 채플린이 카메라 앞에 나타났다고 애브는 회상했다. "하지만 히틀러에게는 콧수염을 떼달라고 요청할 수가 없었습니다. 히틀러, 히틀러주의(독일 국가 사회주의), 그리고 나치주의 전체가 그 콧수염과 동일시되었습니다. 만자卍字 휘장, 갈색 셔츠단[1)처럼…. 그 콧수염은 유권자와 지지자들을 현혹했고, 기자와 사진가들을 혼란스럽게 했습니다."[47] 애브는 히틀러가 다른 사람들 앞에서는 웃기도 했지만 카메라 앞에서는 절대 웃지 않는다는 것을 알아챘다. "한두 번인가 그가 내 쪽을 바라보며 웃은 적이 있었죠. 하지만 카메라

---

1) 민족 사회주의 독일 노동자당의 준군사 조직으로 일명 나치 돌격대라고 한다.

가 있는 것을 보는 즉시 그 미소는 어김없이 얼어붙었습니다." 히틀러는 평생 자신이 만든 강철 가면에 갇힌 채 살았다.

히틀러의 콧수염은 남들에게 속마음을 들키지 않도록 해주는 방어적 이점 이외에도 그에게 뜻밖의 좋은 효과를 가져다주었다. 히틀러가 채플린의 부랑아 캐릭터와 닮았기 때문에 서구 사람들과 미국인들은 이 "총통"을 마치 광대 같은 인물로 평가절하했던 것이다. 히틀러를 전문적으로 연구한 학자인 휴 트레버-로퍼는 이 점을 일찌감치 간파했고, 수필가론 로젠바움은 이 사실을 부풀려 해석했다. 채플린이 〈위대한 독재자〉라는 영화에서 "총통"을 흉내 내어 이런 잘못된 인식을 더욱 확산했다고 비난했다.[48] 트레버-로퍼와 로젠바움의 생각이 옳다는 증거는 많다. 예컨대 1931년 《보스턴 글로브》 편집자들은 믿기지 않지만 사실이라며, "아돌프 히틀러의 영향을 받아 작은 콧수염을 기르는 사람은 실제로 히틀러처럼 난폭하고 비정한 파시스트 지도자가 될 수도 있다. 다른 악명 높은 독일의 콧수염쟁이들이 아직도 우리 기억에 생생한 이때에는 더욱이 그러하다."라고 썼다.[49] 1939년 전쟁이 터진 후에도 이 독일 독재자를 비난하기보다는 폄하하려는 경향이 있었고, 한 언론인이 이에 자극받아 영국의 《타임스》에 장황한 편지를 보내 BBC가 방영하는 공식적인 프로그램들이 히틀러를 "나폴레옹보다 훨씬 큰 인류의 위협"이라는 것을 밝히는 대신 그의 우스꽝스러운 콧수염을 조롱하는 데 초점을 맞추고 있다고 항의했다.[50]

스탈린과 히틀러는 전 세계에 비슷한 이미지의 얼굴을 선보였다. 그것이 자신들이 보여주고 싶었던 모습이기도 했지만, 한편으로는 자신들의 정체를 드러내지 않기 위해서이기도 했다. 그들은 턱수염을 기른 과거의 인물도, 깨끗하게 면도한 현재의 인물도 되고 싶어 하지 않았다. 그들은 근대(그 시대)의 전사가 되고자 했으며, 냉혹한 흉악함에 근대적 효율성을 더하여 역사상 유례를 찾기 힘든 파괴 행위를 수행해 나갔다.

토머스 듀이, 표를 얻기 위해 싸우다

1940년대에 등장한 유명한 콧수염들은 일반적으로 말해 다른 사람들에게 자신감을 불어넣어 주지 못했다. 히틀러는 악마였고, 채플린은 바보였으며, 클라크 게이블은 악동이었다. 1944년 콧수염을 길렀던 뉴욕 주지사 토머스 듀이가 전당대회에서 프랭클린 루스벨트에 도전할 공화당 대통령 후보로 지명되었을 때, 또 그의 적수가 해리 트루먼으로 바뀐 1948년에도 많은 미국의 유권자들은 그의 범상치 않은 스타일에 의구심을 품지 않을 수 없었다. 클라크 게이블이 천하태평의 레트 버틀러 역을 연기하고 히틀러가 유럽에서 전쟁을 시작했던 1939년, 토머스 E. 듀이는 뉴욕의 젊은 변호사요, 정계의 떠오르는 스타였다. 그를 지지하는 한 언론인은 "깨끗하게 면도한 얼굴이 판치는 이 시대에… [듀이의 콧수염에는] 서사적인 측면이 약간 부족하다. 이것은 너무 풍성하고, 너무 까맣고, 너무 강렬하고, 꼬부라져 있어서 미술가의 눈을 즐겁게 해줄 만은 하다."고 토로했다.[51] 그 의견에 따르면 듀이는 "많은 후보 중 클라크 게이블에 가장 근접한 후보"였으며, 다른 어떤 공화당 사람보다 개성 있고 성적 매력이 컸다. 하지만 이 언론인도, 듀이 자신마저도 정치인이 매력적인 악동의 용모를 유지하려면 얼마나 큰 대가를 치러야 하는지 알지 못했다.

11.5 토머스 듀이가 선거운동할 때 사용한 캠페인 버튼(둥근 배지). 1948년.

　듀이가 1944년 선거운동을 시작하자마자 사방에서 수군거리는 소리
가 들리기 시작했다. 여성 작가들이 가장 비판적이었다. 칼럼니스트인
도로시 킬갤런은 듀이를 지지했지만, 콧수염은 별로 내키지 않는다는 것
을 인정했다.[52] 그러나 다른 사람들은 이보다 덜 관대했다. 정치 칼럼니
스트인 헬렌 에서리는 그해 7월 시카고에서 열린 공화당 전당대회에 참
석한 이후, 자신은 듀이의 지성과 용기에 감명을 받았다고 선언했다. 하
지만 이 후보가 당장 이발관으로 갔으면 좋겠다고 덧붙였다. 에서리는
한 칼럼에서 "나는 수십 명의 여성이 이 뉴욕 출신 정치인에게 쏟아낸
한결같은 비판의 소리를 들었다."라고 썼다. "수염은 그의 얼굴에서 진
지함과 힘을 앗아간다. 게다가 수염은 여성 표를 얻는 데에도 도움이 되

지 않을 것이다… 사람들 눈에는 콧수염만 보인다. 사람들은 콧수염만 기억한다. 수염만 없으면 듀이 주지사는 지금보다 두 배쯤은 더, 자신이 추구하는 그 백악관 일에 적합한 사람으로 보일 것이다."[53] 에디스 에프런은 1944년 8월 《뉴욕타임스》 일요일판에 기고한 글에서 듀이가 "대통령에 당선될지도 모르지만, 당선되더라도 그것은 자신의 '남성적 특질'에도 불구하고 당선되는 것이지, 그것 때문에 당선되는 것이 아니다"라고 말했다.[54] 에프런의 생각에, 남자가 어떤 이유에서 수염을 기르는지 그 동기와는 무관하게 콧수염은 심각하리만치 부정적인 효과를 주는 것 같았다. 그녀는 이렇게 썼다. "콧수염은 오늘날 많은 역할을 한다. 채플린은 애처로웠고, 히틀러는 정신병자 같았으며, 게이블은 당당했고, 루레르[1]는 익살스러웠다. 콧수염은 사람을 당혹스럽게 하고, 매혹하며, 즐겁게 만들기도 한다. 그리고 사람을 내쫓기도 한다." 이 신문은 코르넬리아 폰 헤서트라는 유명 모델이 보낸 편지를 실었다. 그녀는 콧수염은 바람직스럽지 않은 남성적 특질이라는 에프런의 주장을 옹호했다. "이 입가의 장식물을 뽐내는 것은 집에서 폭군처럼 행세하려는 남성 우위적 욕망을 드러내는 행동일 뿐이다. 아무리 예쁘게 왁스를 먹여 다듬든, 늘어뜨리든, 싱글 컷으로 만들든, 본질은 그가 '남자다운 남자'이며 자신의 집에서 가장 영향력이 큰 사람임을 보여주려 한다는 것이다."[55] 영국과 미국의 남자들은 일반적으로 깔끔하게 면도를 했는데, 그것은 여자들이 발언권 행사를 제대로 했기 때문이라고 그녀는 추론했다.

콧수염이 자기주장이 센 남자들의 특징이라는 여자들 의견에는 많은 남성 평론가도 동의했지만 그들은 여전히 콧수염을 긍정적인 자질로 여

---

1) 미국의 희극 배우

겼다. 이 주제에 관하여 두 편의 기사를 기고한 한 칼럼니스트는 "콧수염이 내 콧수염처럼 듬성듬성 자란 것이든, 듀이 씨의 콧수염처럼 강하고 정력이 넘치는 것이든 상관없다. 나는 콧수염을 기르는 신사들의 명예를 보호해야 한다는 소명 의식을 느낀다"고 선언했다.[56] 수염을 둘러싼 이런 말다툼은 큰 영향을 주지 못했다. 1944년에 전쟁 중에 치른 선거에서 유권자들은 자신들이 잘 알고 신뢰하는 후보, 면도한 후보를 선택했다. 그들은 이렇게 프랭클린 루스벨트에게 역사상 유례없는 4선의 임기를 선사했다.

듀이는 두 번째로 대통령 후보 지명을 따낸 1948년에만 해도 당시 그보다 인기가 없었던 해리 트루먼을 꺾을 가능성이 훨씬 컸었다. 하지만 이번에도 이 공화당 도전자의 작은 콧수염은 큰 문제로 부각되었다. 1913년 윌리엄 하워드 태프트가 퇴임한 이래 듀이가 수염을 기른 첫 대통령이 될 것이라는 전망이 연일 언론에 실렸다. 또 그가 과연 남성 패션에 있어서 새롭게 유행을 선도할 것인지를 예측해보려는 언론인들도 있었다. 그리고 이번에도 듀이를 옹호하는 사람들의 논평이 줄을 이었다. 그중 한 사람은 "듀이는 일부 영화배우들처럼… 가짜 수염을 달고 있는 것이 아니다. 듀이의 콧수염은 그의 신체 일부분일 뿐이다"라고 강조하기도 했다.[57] 한 앨라배마의 기업인이 듀이에게 남부 유권자들의 표를 얻기 위해, 면도하라고 공개적으로 호소했을 때[58] 한 남성 칼럼니스트는 듀이에게 꿋꿋이 버티라고 격려하면서, 자신(그 칼럼니스트)도 콧수염을 기르고 있지만 몇 해 전에 남부 여자에게서 결혼 승낙을 얻어내는 데 아무 문제가 없었다고 덧붙였다.[59]

언론에 가벼운 농담이 실렸다는 것은 이 문제와 관련하여 셀 수 없이 많은 사적인 대화가 오갔고 이보다 훨씬 많은 사적인 감정이 잠복해 있었다는 것을 시사한다. 그보다 4년 전, 헬렌 에서리는 수십 명의 여성에게서 듀이의 털로 장식한 입술에 대한 구설수를 들었다고 했다. 정치인의 수염에 대한 나름의 견해를 가진 이들이 어찌 이들뿐이었겠는가? 에밀리 스펜서 디어도 그중 하나였다. 그녀는 오하이오주에 사는 한 가정의 아내이자 어머니로서 확고한 친 공화당 집안 출신이었다. 1948년 그녀는 콧수염을 기른 사람에게 표를 줄 수 없다는 이유로 자신은 듀이가 아니라 현직 대통령인 트루먼에게 투표할 것이라고 집안 식구들에게 알렸다.[60] 양식 있는 여성이었던 에밀리는 남성성을 나타내는 시각적 법칙을 신뢰했다. 즉 깨끗하게 면도한 남자는 사교적이고 믿을 수 있는 반면 수염을 기른 남자는 과도할 정도로 독자적이어서 신뢰할 수 없다는 견해에 찬성한 것이다.

1948년 선거가 끝나고 개표한 결과, 듀이가 아슬아슬한 표차로 패배했다. 캘리포니아, 인디아나, 그리고 에밀리 디어가 사는 오하이오주에서 특히 접전이 벌어졌다. 듀이는 총 860만 표 중에서 3만 8218표의 차이로 졌다. 이것은 총투표수의 0.4%밖에 안 되는 수치였다. 그가 이 근소하게 놓친 투표수 중 반 이상만 가져갔다면 대통령이 되었을 것이다.[61] 그가 콧수염 때문에 대통령 자리를 날렸다는 것을 입증하는 결정적인 자료는 없다. 하지만 그런 추정에 설득력을 실어주는 일화들은 많이 있다. 듀이 자신도 그런 가능성을 무시하지 못했다. 듀이는 1950년 뉴욕 주지사 선거에 출마했는데, 그때도 여성 유권자들에게 콧수염에 대한 자기 입장을 설명해야 했다. 그가 텔레비전으로 중계되는 토론회에 등장했을 때 첫 번째 받은 질문은 콧수염을 기르는 이유가 뭐냐는 것이었다. 듀이는 젊었을 때 면도하다가 입술에 자꾸 상처가 나서 면도를 그만두었는데, 그 후 아내가 좋아해서 계속 콧수염을 기르게 되었다고 대답했다.[62] 훗날 이 뉴욕 주지사는 자신을 방문한 보이스카우트 단원들에게 아쉬운 듯이 말했다. "제군들, 명심하게. 누구라도 미국 대통령이 될 수 있다는 것을. 단, 콧수염만 안 기른다면…."[63] 이것은 일종의 쓰디쓴 농담이었다. 듀이는 낙선의 쓰라린 경험을 통해 "클라크 게이블 같은 후보"로 변신한 것은 효과가 없었다는 사실을 깨달았다. 그 후 주요 대통령 후보 중 감히 수염의 흔적조차 내세우는 사람이 없었다.

20세기 초에 남자들은 사회 규범에 순응하라는 강력한 권장을 받았다. 군대든 회사든 스포츠팀이든 남성 집단에서 신뢰할 수 있는 구성원이 되는 것은 중요했다. 면도한 얼굴은 깨끗하고 정돈된 유니폼 일부였다. 면도는 또 어떤 환경에서는 영웅의 상징이기도 했다. 아라비아의 로렌스가 자기 조국을 위해 홀로 싸운 것이 좋은 예이다. 물론 남자들에게는 적어도 공상의 세계에서나마 자기 한계를 테스트하고픈 욕망이 있었다. 클라크 게이블 같은 할리우드의 스타들은 사회적 속박으로부터 대담하게 탈출을 시도하는 악동의 마음을 표현했다. 히틀러와 스탈린은 극도로 사악한 차원의 악당이었다. 그들의 콧수염은 군사적 전통이라는 관점에서 보면 보수적 스타일을 따랐을 뿐이었지만, 면도하지 않은 남자들은 위험하다는 선입관을 서구인들의 마음속에 심어주었다. 토머스 듀이도 이런 불신의 역풍을 극복하지 못했다. 수염을 통해 자신을 더 자유롭게 표현하는 게 가능해지기 위해선 새로운 정치적, 사회적 저항정신의 등장만이 유일한 희망이었다.

12

좌파의 수염

20세기 초에 깨끗하게 면도한 얼굴과 사회적 순응을 동일시하는 경향이 워낙 강했기 때문에, 시사평론가들이 얼굴의 털을 저항의 상징으로 본 것은 불가피했다. 제2차 세계대전이 끝난 직후 비트족[1] 사이에서 무성한 턱수염을 곁들인 반항적 독립 정신이 피어오르기 시작했다. 1960년대 말 이 인습파괴 집단에 수천 명의 젊은이가 추가로 합류했고, 베이비붐 세대가 과격화한 것과 때를 같이 하여 수염도 커지기 시작했다. 1970년대에 들어서는 급진주의와 수염에 반대하는 움직임이 힘을 얻으면서 우리 시대에 복잡한 유산을 남겼다.

존 레넌, 침대에서 나오지 않다

머리와 턱수염의 관점에서, 1969년 여름은 20세기에서 가장 긴 여름이었다. 닐 암스트롱과 부즈 올드린은 짧게 깎은 머리로 달에 도착했으나 그룹 비틀스는 그 어느 때보다 긴 머리와 수염을 기른 채 런던의 애

---

1) 1950년대 미국에서 현대 물질문명을 비판하고, 전통적인 행동이나 복장을 배격하며, 보헤미안(집시)적인 자유를 표방한 젊은이들

비로드_{Abbey Road}¹⁾ 횡단보도를 건너는 유명한 장면을 연출했다. 그해 여름 비틀스 멤버 4명 모두 턱수염을 길렀지만, 폴 매카트니는 사진사가 8월에 '애비로드' 앨범의 타이틀 사진을 찍기 전에 수염을 깎았다. 며칠 뒤, 대서양 건너편에서 우드스톡 페스티벌이라는 록 음악과 마약의 천국 같은 축제가 뉴욕에 있는 한 농장에서 열렸다. 이곳에서 제리 가르시아, 지미 헨드릭스, 컨트리 조 맥도널드, 데이비드 크로스비, 그레이엄 내쉬 같이 장발에 턱수염이나 콧수염을 기른 록 가수들이 미국 젊은이들이 운집한 가운데 공연을 펼쳤다. 상당수의 관객도 나름대로 반항의 의미로 솜뭉치 같은 수염을 과시하고 다녔다.

청바지에 턱수염을 기르고 손에는 염주를 들고 다니는 이 젊은이들 중에는 일명 "금속 테 안경을 쓴 예수", 존 레넌을 우상으로 우러러보는 이가 적지 않았다. 그해 여름, 〈애비로드〉 앨범과 우드스톡 페스티벌이 있기 전, 레넌은 자신의 긴 머리를 기이하고도 매우 효과적으로 활용하였다. 그는 새 아내 오노 요코와 함께 두 차례에 걸쳐 '베드인_{Bed-ins}' 시위를 벌였다. 그들은 이런 시위를 공연예술을 겸한 신혼여행으로 여겼고, 한 번은 3월에 암스테르담에서, 또 한 번은 5월에 몬트리올에서 펼쳤다. 이 신혼부부는 자신들의 연애 행각에 쏠린 광란의 열기를 자신들이 벌이는 반전 운동을 홍보하는 데 이용하고 싶어 했다. 이 시위에서 장발에 풍성한 턱수염을 기른 레넌은 파자마를 입은 채 고수머리를 한 오노와 함께 나란히 호텔 방 침대에 비스듬히 누워 줄이어 방문하는 언론인, 지지자, 텔레비전 제작진 등과 격의 없이 대화를 나누었다. 장시간에 걸쳐 이 세계의 문제점과 평화, 비폭력의 당위성에 대해 진지하게 이야기

---

1) 비틀스의 녹음 스튜디오가 있는 런던의 거리

하는 신혼부부의 일거수일투족이 카메라와 인터뷰를 통해 기록되었다.

존과 오노의 머리 뒤편 유리창에는 "침대의 평화", "털의 평화"라는 손글씨로 쓴 슬로건이 붙어 있었다. 그들이 만든 짧은 비디오가 이런 주제를 설명해주었다. 레넌은 카메라 앞에 잠옷 바람으로 나와 기타를 몇 소절 친 다음 요코와 구호를 주고받는다. "침대에 계속 있어라, 머리를 길러라. 침대의 평화, 머리의 평화. 머리의 평화, 침대의 평화." 그러고 나서 기타를 치면서 레넌은 이렇게 설명한다. "이것은 폭력의 대안입니다. 침대에 있으면서 머리를 기르는 거죠. 만약 당신이 로테르담에 사는 히긴스 부인이고, 여러분이 지역 신문에 '나는 평화를 위해 침대에서 있으면서 평화를 위해 머리를 기를 겁니다'라고 선언하면 사람들이 관심을 가질 거예요." 몬트리올에서 열린 베드인 시위는 결국 신곡 녹음으로 이어졌다. 이 노래에는 기도문 느낌이 나는 인상적인 코러스가 들어갔다. "우리가 말하려는 것은 '평화'에게 기회를 줘보자는 것뿐." 레넌이 비폭력운동의 영웅으로 받들었던 모한다스 간디와는 달리, 레넌과 오노는 감옥살이와 단식투쟁 같은 고행은 피했고 대신 커피와 안락을 택했다. 이 안락한 시위는 좌파와 우파의 비판자들을 모두 어리둥절하게 만들었으나 완벽할 정도로 시대에 들어맞았다.

그 전해에는 유난히 폭력이 난무했다. 베트남에서는 북쪽의 공산군이 구정 대공세[1]를 전개함에 따라 베트남 전쟁이 절정으로 치닫고 있었다. 그런가 하면 소련 탱크들은 헝가리 프라하에서 일어난 민중 봉기를 무참히 짓밟았고, 파리와 런던, 시카고 거리에서는 학생들이 경찰과 충돌했다. 또 마틴 킹 주니어와 로버트 케네디가 암살자의 총격에 쓰러졌다.

1) 뗏Tet 대공세. 1968년 베트남 새해인 뗏 휴일을 기하여 북베트남군이 미·동맹국 군대에 맞서 벌인 대규모 군사 작전

12.1 존 레넌과 오노 요코의 첫 '베드인' 시위. 1969년 3월, 암스테르담.

비틀스는 레넌의 주도하에 〈혁명〉이라는 노래로 이런 공포에 대응했다. 이 노래에서 비틀스는 이렇게 외쳤다. "우리는 모두 세상을 바꾸고 싶어 한다. 하지만 당신이 파괴에 대해 이야기하면 우리가 등을 돌린다는 것을 당신은 왜 모르는가?" 비틀스는 봉기에 반대했고 대다수 젊은 청취자들을 대변하며 긍정적인 사고방식을 표현했다. "다 잘될 거예요. 아시잖아요." 레넌의 베드인 시위는 이런 세계관의 자연스러운 연장선에 있었던 행사였다. 침대에 누워 머리를 기른다는 것은 분명히 저항이다. 하지만 이것은 독단적이고 분노에 찬 저항이 아니라 소극적이고 즐거운 저항이었다.

레넌 부부는 다른 사람들에게도 이보다 덜 노골적인 메시지를 보내고 싶었다. 그들의 소극성은 고생과 금욕이라는 중산층의 가치관으로 보면 조롱하는 것처럼 들릴 수도 있다. "침대의 평화, 머리의 평화"라는 신조는 매디슨가의 광고업체들이 곧잘 만드는 기억하기 쉬운 광고를 흉내 낸 것이었다. 레넌은 극렬한 언론 집착이 빚어낸 희생자이기도 했지만 동시에 포로로서 이미지가 전달하는 마케팅의 심리적 위력을 다른 대부분 좌파 사람들보다 잘 인식하고 있었다. 그와 오노는 어떤 이념이나 신조보다 슬로건과 상징적 표현이 사람들을 움직이는 더 큰 힘이 있다고 믿었다. 베드인 시위를 할 때 레넌은 공개적으로 지성주의에 대한 거부감을 나타냈으며, 상업광고의 얄팍한 특성을 주저 없이 수용하는 듯한 태도를 보였다. 우리는 "교묘한 속임수와 세일즈 기술"의 시대에 살고 있다고, 그는 기자들에게 단언했다. 그리고 "비누회사가 비누를 팔 듯 평화를 팔아야 한다. 결국 주부와 아이들을 포함하여 모든 사람은 장난감이나 텔레비전에 대해 생각하는 것처럼 평화에 대해 생각하게 될 것이다."고 덧붙였다.

그러나 세일즈 기술에 대한 이런 장황한 설명에도 불구하고 레넌은 자기 자신을 대중에게 정신적 메시지를 전해주는 사람, 처형당한 예지적 인물이라 여겼고, 아무렇지도 않게 자신을 그리스도에 비유했다. 1966년 그는 한 기자에게 아무 생각 없이 다음과 같이 선언하여 비틀스 홍보 역사상 최악의 대참사를 자초했다. "기독교는 없어질 겁니다. 사라지거나 쪼그라들 거예요… 요즘 [비틀스는] 예수 그리스도보다 더 인기가 많아요. 누가 먼저 없어질지 모르겠어요. 로큰롤이 먼저 갈지, 기독교가 먼저 갈지."[1] 보수적인 미국인들은 당연히 기분이 상했고 비틀스는 그 후 북미 순회공연을 다니는 동안 엄청난 항의에 시달려야 했다. 1969년 또다시 레넌은 두 차례 베드인 시위 사이에 녹음했던 〈존과 오노의 발라드〉라는 노래에서 자신을 고난받는 예수에 비유했다. 이 노래의 장난기

섞인 가사는 그가 프랑스와 지브롤터에서 요코와 소박한 결혼을 준비하면서 겪었던 고생과 암스테르담에서 벌인 신혼여행 겸 시위를 묘사하는 내용이다. 당시 그 어느 때보다 예수의 전통적 이미지를 따르고자 한 레넌은 자신에 대해 다음과 같이 노래했다.

> 그리스도여, 이것이 쉽지 않다는 걸
> 당신도 알잖아요
> 이것이 얼마나 힘들지도 알잖아요
> 세상이 돌아가는 방식이
> 사람들이 나를 십자가에 매달아 죽일 거예요

레넌과 오노가 그 괴팍한 저항 기질 때문에 칭찬 못지않게 많은 비난을 받기도 했지만 상황은 별로 나쁘지 않게 돌아갔다. 비틀스 동료들도 이 점을 의아해하기 시작했다. 금속 테 안경, 장발, 턱수염, 그리고 "털의 평화"라는 기도문 등으로 많은 논란을 불러일으켰음에도 불구하고 레넌은 반문명 운동의 기치, 젊은 이상주의와 히피 반항운동의 아이콘으로 자리 잡았다.

존과 오노의 쇼가 TV 카메라와 라디오 마이크를 통해 대중에게 전해지고 있을 때 뉴욕과 런던의 관객들은 제럼 래그니와 제임스 라도의 히트 뮤지컬인 〈헤어Hair〉[1]를 보기 위해 극장으로 몰려들었다. 〈헤어〉는 1967년 샌프란시스코에서 열린 유명한 '사랑의 여름'[2] 운동에 감화를 받은 작품으로 사랑, 해방, 그리고 방종을 서정적으로 그렸다. 〈헤어〉를

---

1) 1960년대 히피들의 반항적 삶을 다룬 작품으로 역사상 최초의 록뮤지컬
2) 1967년 여름 샌프란시스코에서 일어났던 히피 공동체 운동

보았고, 레넌 부부의 시위도 목격했던 수천 명의 사람 중에 두 행사에 털
과 침대라는 공통적인 테마가 깔려 있다는 사실을 놓친 사람은 거의 없
을 것이다. 브로드웨이 뮤지컬 〈헤어〉에 나오는 유명한 노래 마지막 부
분은 존 레넌 가사의 연장이라 해도 좋을 정도이다.

예수같이 기른 나의 머리여
할렐루야 나는 너무 좋아하네
할렐루야 성모 마리아는 아들을 사랑하셨네
왜 우리 어머니는 나를 사랑하지 않는가?

머리, 머리, 머리, 머리, 머리, 머리, 머리
풀어헤쳐라, 보여줘라
하나님이 그걸 길러주시는 한
나의 머리여

레넌과 오노가 시위를 하기 전, 〈헤어〉의 작곡가들은 사회적·성적 억
압에 대한 반란을 일으키는 데 침대가 이상적인 장소라는 아이디어를
떠올렸다. "당신이 침대에 누울 수 있어요." 코러스는 이렇게 노래했다.
"당신은 침대에서 죽을 수 있어요. 당신은 침대에서 기도할 수 있어요.
당신은 침대에서 살 수 있어요. 당신은 침대에서 웃을 수 있어요. 당신은
침대에서 남을 사랑할 수도 있고 남의 가슴을 찢어지게 할 수도 있어
요… 당신은 침대에서 질 수도 있고 이길 수도 있어요. 하지만 절대로,
절대로, 절대로, 절대로, 절대로, 절대로, 절대로, 절대로 당신은

침대에서 죄를 짓지 못해요!" 침대는 게으름, 성적 쾌락, 수염의 자유가 있는 곳이고, 진정한 해방의 공간이었다.

레넌과 히피들이 애용했던 털과 반란의 언어는 1950년대 말에 비트족과 반항적인 대학생들을 중심으로 계속 퍼져나갔다. 1958년 《시카고 트리뷴》 사회면 편집자가 턱수염이 증가하는 현상을 조사하기로 했다. 그리고 "구레나룻이 완전히 사라지지 않도록 보존한 소수의 사람 중에 학자, 성직자, 부랑인, 음악가, 개척자들이 있었다. 그러나 점점 더 많은 젊은이가 여기에 합류했다"는 사실을 발견했다.[2] 대서양의 양쪽 끝, 즉 미국과 유럽에서 턱수염을 기른 젊은이들을 가장 많이 볼 수 있는 장소는 대학 캠퍼스였다.[3] 어떤 기자는 뉴욕에 있는 컬럼비아 대학교에서 턱수염을 기른 학생들을 대상으로 인터뷰를 하는 과정에서 자신이 "턱수염으로 매디슨가 사람들(광고업자들을 의미)에 대한 반감을 표출하고 있는지도 모른다"고 시인한 한 학생을 찾아냈다. 인류학을 전공하는 그 학생은 새로 턱수염을 기르기 시작한 젊은이들의 자기만족을 다음과 같이 요약했다. "없을 때보다 있을 때 더 잘생긴 것 같아요. 하지만 아마도… 이게 무슨 반항의 표시인지도 모르죠. 자꾸 캐묻지는 마세요. 지금 이렇게 따스한 봄볕을 맞으며 앉아 있으면 아주 기분이 좋거든요."[4]

턱수염을 기른 남자들은 특별히 어떤 것에 항의하고 있는 것은 아니었는지 몰라도, 그들은 여전히 직장의 고용주나 각계각층에서 사회 질서의 수호자를 자처하는 사람들의 심기를 거슬렀다. 뉴욕에서 대기업에 다니는 에릭 휴즈는 1958년 자신이 휴가를 마친 뒤 잘 손질된 턱수염을 기른 채 직장에 출근했을 때의 광경을 이렇게 묘사했다. 부사장은 격노하여, 회사는 턱수염을 기른 직원을 도저히 남 앞에 내놓을 수 없으며,

고객들도 그 회사의 서비스를 이용하지 않으려 할 것이라고 주장했다. 결국 휴즈는 자신은 "밋밋하고, 턱수염 없는 얼굴, 기계처럼 고분고분한 자세, 티 하나 없이 말끔한 검은색 또는 회색 양복, 끔찍한 넥타이를 강요하는 그 간부의 경직하고 편협한 직원관"에 순응할 수 없다고 선언하며 사직했다.[5] 이러한 논쟁과 갈등은 당시 발생 빈도가 늘고 있었다. 1962년 영국 웨일스 스완지에 있는 한 보험회사에서 수습사원으로 일하던 젊은이가 수염을 기르자 부장이 쌀쌀맞게 충고했다. "보험업계에서 턱수염 기른 얼굴로 다니는 것은 예의가 아니네." 그는 이 문제를 회사 고위층에 제기했으나 그들도 그의 손을 들어주지 않았다. 웨일스의 털보는 뉴욕의 회사원과 마찬가지로 해고되기 전에 제 발로 회사를 나왔다.[6]

대서양 양편의 사장들을 편협하다고 평가해야 할지는 몰라도, 고객들이 수염을 탐탁지 않게 여긴다는 그들의 생각은 옳았다. 1957년 배급기사 전문 잡지인 《디스 위크》지는 전 미국인을 대상으로 한 설문 조사에서 응답자에게 턱수염이나 콧수염이 매력 있다고 생각하는지 물었다. 결과는 확실했다. 남자의 81%와 여자의 85%가 턱수염에 대해 '아니오'라고 답했고, 남자의 73%와 여자의 80%는 콧수염도 반대했다.[7] 면도한 얼굴은 밋밋하고 특징 없어 보일지 몰라도, 대중이 보고 싶어 하는 얼굴은 그것이다. 1960년 런던에서 발행되는 《타임스》에 질레트사는 런던 《보그》지의 편집자인 시리올 휴-존스의 짧은 수필이 담긴 전면 광고를 실었다. 그녀는 이 글에서 면도한 남자들을 찬양했으며, "턱수염을 기른 남자 중에는 위험한 인물이 많다. 잘못을 저지르고도 모르는 체한다. 그리고 턱 주변에 범죄의 증거를 드러내지도 않으면서 밤새도록 바깥에서 잘 노는 경향이 있다"고 주장하면서, 턱수염이 풍기는 반反 신뢰성을 익살스럽게 경고했다. 반면에 "깨끗하게 면도한 남자들은 자기 분수를 안다"고 그는 썼다.[8] 휴-존스의 글은 악의 없는 재치로 가득 찼지만, 이 글에서 턱수염에 대한 전형적인 두려움을 이에 대조되는 개념, 즉 "정직한" 민낯에 대한 찬사와 교묘하게 함께 엮었다.

1960년대에도 변덕스러운 수염의 유행을 가벼운 마음으로 대하는 것이 가능했다. 하지만 수염이 자유분방한 집단이나 캠퍼스의 울타리를 벗어나 퍼져나갈 기미를 보이면 예의범절 수호자들은 불안한 태도로 반응했다. 60년대 중반 남자의 수염은 이미 많은 논란을 일으키는 민감한 이슈로 떠올랐다. 마치 시대의 모든 열망과 근심이 더벅머리, 콧수염, 단발머리, 그리고 턱수염에 다 나타나 있는 것 같았다.

1963년 캘리포니아주 패서디나에 있는 존 모어 고등학교에서 갈등이 터졌다. 수염에 대한 사회적 공포를 잘 보여주는 사례였다. 이 학교에 상급자들과 충돌이 잦았던 폴 피놋이라는 사회과 교사가 근무하고 있었다. 그는 1950년대에 다른 고등학교에 있을 때 턱수염을 길러 반응을 실험해본 이력이 있었으나 존 모어 고등학교에 취업할 때에는 면도한 얼굴을 유지하겠다고 약속했었다. 그가 마음을 바꿔 반다이크 수염[1])을 기르자, 교장은 그를 교실 수업에서 배제하였고 그에게 문제 학생들의 개인 교습이라는 직무를 부여했다. 이 학교의 이름이 유명한 박물학자의 이름을 따서 지어졌고, 턱수염을 무성하게 기른 그의 얼굴을 새긴 대리석 흉상이 학교 정문을 장식하고 있다는 점은 아랑곳하지 않았다. 교장은 학생의 대다수를 차지하는 흑인과 히스패닉계 학생들이 이 교사의 반항적

---

1) 짧고 끝이 뾰족한 턱수염

인 태도를 모방하려는 유혹을 느낄지 모른다고 우려했다. 피놋은 교육청에 소송을 제기하여, 학교의 조치는 개인적 표현의 자유에 대한 헌법적 권리를 침해하는 것이라고 주장했다.

법정에서 교장은 "피놋의 턱수염이 은연중에 콧수염을 기르도록 흑인 학생들을 부추길지도 모르기" 때문에 학교의 훈육을 더 어렵게 만들었다고 증언했다.[9] 은연중에 진실이 모습을 드러낸 보기 드문 순간이었다. 진짜 문제는 흑인 학생들이 독립이나 한 듯이 착각하여 당국의 권위에 저항할 위험 때문이었다. 일부 주민들이 이 발언에 담긴 인종차별적 의미에 대해 반대 의사를 표시하자 교육위원회는 교장을 지지하는 공개 성명을 발표했다.[10] 법원은 나중에 학교 측에 승소 판결을 내려, 학칙으로 교사와 학생들에게 면도를 요구하는 학교의 권리를 추인하였다.

그 후에 벌어진 일을 살펴보면 이 사건을 계기로 로스앤젤레스, 그리고 서구의 문화 수준이 한 걸음 나아갔다는 것을 알 수 있다. 피놋은 항소했고, 1967년 캘리포니아 고등법원은 기존 판결을 번복하고 수염을 기를 개인의 권리를 만장일치로 확인해주었다. 3인 합의체인 재판부는 턱수염을 금지한 교장의 조치가 합리적이라는 사실만큼은 인정했다. 하지만 그런 규제로 얻을 수 있는 사회적 가치가 개인 자유 침해보다 중하다는 사실, 또 학생들의 턱수염을 금지하기 위해 교육위원회가 취할 수 있는 다른 수단이 없었다는 사실을 입증하지 못했다고 판단했다. "남자에게 턱수염은 개성의 표시이다."[11] 재판부는 판결문에서 이렇게 썼다. "한편으로 턱수염은 남성성, 권위, 그리고 지혜의 상징으로 해석되었다. 또 다른 한편으로는 비순응성과 반항의 상징으로 해석되었다. 하지만 상징들은 적절한 상황에서라면 헌법적 보호를 받을 가치가 있다." 따라서 사법부는 턱수염이 저항의 의미를 암시한다는 점을 인정했으나 그런 저항도 보호받는 정치적 표현으로 허용되어야 한다고 판결한 것이다. 이즈음 다른 법정에서도 비슷한 판결들이 이루어졌다. 캘리포니아의 더글러스 항공사에서 일하는 한 직원은 직장에서 턱수염을 기를 권리를 쟁취했고, 1969년에 한 노동 중재관은 뉴욕시의 버스 운전사들에게 '얼굴의 자유'를 허용했다.[12] 그러나 문제는 여전히 남아 있었다. 사회가 용납할 수 있는 '털의 저항'은 어디까지가 한계일까?

이 질문의 대답은 당시 대중은 서서히 인내심의 한계에 다다르고 있었다는 것이다. 피놋은 1967년 봄에 열린 항소심에서 승소했지만 만약 재판관들이 곧 일어날 사태를 예측했다면 아마 판결을 내리기 전에 재고했을 것이다. 얼마 후 드디어 댐이 터졌다. 샌프란시스코에서 열린 "사랑의 여름"은 마약, 음악, 수염, 그리고 반항정신이 혼합된 난장판 축제였다. 영국에서는 세계에서 가장 유명한 록밴드인 비틀스가 약물에 취해서 만든 실험적인 음반, 〈페퍼 상사의 론리 하츠 클럽 밴드〉의 표지에 처음으로 긴 구레나룻과 콧수염을 기른 얼굴로 등장하였다. 그해 후반, 싱글 곡으로 발매된 〈헬로, 굿바이〉의 커버 표지에 기타리스트 조지 해리슨이 검고 무성한 턱수염을 기른 얼굴로 나타났다. 비틀스는 수염 문제에서는 개혁을 선도한 사람들은 아니었으나, 그들은 시대의 강력한 롤모델이었다. 존, 폴, 조지, 그리고 링고가 1965년 '맙탑mop top'[1]스타일의 머리를 선보이자, 전 세계의 젊은이들은 그 스타일을 흉내 내기 시작했다. 이런 유행 패턴은 1967년 다시 반복되었고 처음에는 콧수염이 유행하다가 나중에는 턱수염으로 번졌다.

---

1) 앞머리로 이마를 덮어 마치 대걸레를 뒤집어쓴 것처럼 보이는 헤어스타일. 일명 탈바가지 머리

1968년 《뉴스위크》지는 "오늘날 수염의 힘은 미국 사회를 움직이는 원동력으로써 블랙파워[1]에 버금간다."라고 선언했다.[13] 이즈음 장발과 긴 턱수염은 나팔 청바지, 염색한 셔츠와 함께 새로운 자유주의적 낭만주의의 상징이 되었다. 이것은 1830년대와 1840년대에 유럽을 휩쓴 낭만주의와는 달랐다. 또 한 번 신세대는 세계에 '버릇없는' 얼굴을 보여줌으로써 현재의 사회 질서에 대한 반감을 표시했다. 19세기 낭만주의자들에게 털은 전후 유럽 사회에서 민주주의 이념이 답보상태에 머무르고 있던 것에 대한 불만의 표시였다. 1960년대에도 마찬가지로 털은 전후 서구 사회에서 개인의 자유가 억제되는 현상에 대한 좌절감의 표시였다. 예컨대 1968년 초 디트로이트에서 한 지역신문 편집자는 자기의 무성한 콧수염을 "혁명적 낭만주의자의 필수장비"로 여긴다고 말했다.[14] 반전운동가인 제리 루빈은 "혁명은 얼굴에서 시작된다."고 선언했다.[15] 루빈은 1968년 시카고의 민주당 전당대회장 바깥에서 열린 폭동에 가담한 죄로 투옥된 후 강제로 머리와 수염이 깎이는 수모를 겪었다. "아메리카Amerika(여기에서 그는 러시아식으로 자기 조국의 이름을 불렀다)는 우리에게 왜 턱수염을 기르고, 팔다리의 털을 안 깎고, 머리를 기르냐고 묻는다. 우리도 아메리카에 묻고 싶다. '왜 당신은 머리를 깎고 얼굴과 몸에서 그 아름다운 털을 벗겨내는 비정상적인 짓을 하려느냐?'고. 우리의 머리와 수염은 아메리카가 우리 얼굴에 반영되는 미국의 추한 자화상을 못 보게 막아준다. 따라서 우리의 털은 아메리카의 악행과 폭력에 대한 살아 있는 항의 수단이다. 우리의 머리와 털은 피켓 구호이고 화염병이다. 우리의 머리와 털은 말이나 행동보다 적에게 더 큰 타격을

---

1) 흑인의 인권 및 정치력 신장을 꾀하는 운동

주고 그들을 더 많이 괴롭힐 것이다."[16]

루빈은 감옥에서 입으로만 떠들었지만, 역시 장발과 커다란 턱수염을 길렀던 록스타 데이비드 크로스비는 다음과 같은 히트송을 직접 만들어 불렀다.

하마터면 머리를 깎을 뻔했지
바로 엊그제 일이었어
약간 길긴 했어
눈을 가린다고 할 수 있었지

하지만 나는 깎지 않았는데, 왜 그랬는지 궁금해?
나만의 개성을 보여주고 싶었을 뿐이야
당연히 그래야만 할 것 같아…

역시 장발과 턱수염을 기른 밴드 동료인 그래함 내쉬가 나중에 설명했듯이, 머리와 수염을 길게 기른 남자들은 "자신이 훌륭한 음악, 합리적인 삶을 추구하며, 아마도 정부를 증오하고 있다"는 사실을 보여주고 있는지도 모른다.[17] 정치에 별로 관심이 없는 사람도 가위와 면도칼을 멀리함으로써 시대정신에 공감을 표시할 수 있었다. 실제로 머리와 털을 기르는 것은 사회에 저항하는 행동주의의 훌륭한 대체물이었다. 이것은 비교적 실행하기 쉬우면서도 강력한 저항의 메시지를 전달하는 데 성공할 확률이 높은 표현 방식이었다.

털을 둘러싼 투쟁은 수천 군데 장소에서 수천 가지 방식으로 이루어졌다. 1967년 독일 함부르크 대학교 학생회가 한 여론조사에 따르면 이 고장 주민들은 장발과 턱수염을 탐탁지 않게 여겼고, 납세자가 힘들게 번 돈을 낭비하면서 사회적 가치를 훼손하고 있다며 학생들을 비난했다.[18] 고용주들도 계속 이런 경향을 반대했다. 1968년 뉴욕시 행정관리협회가 회원사들을 대상으로 한 설문조사에 따르면, 총 회원사 중 95%는 장발을 사규로 금지하고 74%는 턱수염을 허용치 않으며, 54%는 긴 구레나룻을 금지하고 27%는 콧수염을 허용하지 않았다.[19] 광고 선전도 훌륭한 전략적 수단이었다. 뉴잉글랜드에서는 "아름다운 아메리카여, 머리를 깎으라"라고 권유하는 광고판이 등장했다. 이것에 감동한《크리스천 사이언스 모니터》[1]는 전국의 이발사들에게 이런 노력을 더욱 확대하여 "자르고, 다듬고, 깨끗한 털의 아름다움"을 널리 홍보하라고 촉구했다.[20] 공산혁명 이후의 쿠바와 턱수염을 기른 이 나라의 통치자도 이런 행동에 동참했다. 1968년 피델 카스트로가 이끄는 쿠바 정부는 아바나 대학에서 턱수염, 콧수염, 장발을 금지하고 군사 교육을 할 것이라고 발표했다.[21]

흔히 턱수염이 주는 인상은 즉각적이고도 개인적이다. 여행 작가인 리처드 애치슨은 1970년 미국을 횡단하는 모험에 앞서 짙은 턱수염을 길렀는데, 여행에 나선 지 얼마 되지 않아 적개심 세계에 갇힌 신세가 되었다. "나는 잠베지강Zambesi[2]에서 노도 없이 배를 타고 논 적이 있었습니다. 고장 난 헬리콥터를 타고 그레이트배리어리프Great Barrier Reef[3]의 상공을 선회한 적도 있었고요. 또 티후아나Tijuana[4]에서는 눈이 째진 포

1) 미국 보스턴을 기반으로 하는 보수적인 국제 언론 기관
2) 남아프리카공화국의 강
3) 오스트레일리아 북동부 퀸즐랜드주의 해안을 따라 형성된 대규모 산호초
4) 멕시코 북서부, 멕시코와 미국 국경에 접하는 도시

주한테서 협박을 받았고요… 하지만 그 어떤 오지에서도 내가 1970년 여름, 장발에 턱수염을 기르고 내 나라를 여행했을 때만큼 무서웠던 적이 한 번도 없었어요."[22] 남부와 서부의 식당, 바, 모텔에 가면 많은 현지인이 순전히 반항적 용모를 택했다는 이유로 두려움과 호전적인 태도로 이 이방인을 대했다.

존 레넌이 1970년 머리와 턱수염을 깎기로 하자 큰 뉴스거리가 되었다. 그는 덴마크의 휴양지에 머물고 있을 때 덜 튀는 용모를 갖추기로 하고 머리와 수염을 다듬었다. 그는 자신은 변화를 좋아하며 이 변화가 "익명의 사람으로 돌아다닐 수 있는 자유를 주기" 바란다고 친구에게 말했다.[23] 이듬해에는 그의 얼굴에서 턱수염이 영원히 사라졌다. 그는 분명히 머리와 수염으로 인한 과도한 노출, 언론의 지나친 관심, 그것의 상징적 의미에 부담을 느끼고 있었다. 레넌은 후퇴했지만 다른 많은 사람이 그 자리를 메꿨다.

파울 브라이트너, 투덜거리다

1974년 뮌헨 올림픽 스타디움에서 네덜란드와 서독이 맞붙은 월드컵 결승전은 몇 가지 측면에서 이례적이었다. 독일팀이 공을 건드려 보기도 전에 네덜란드팀이 페널티킥을 성공시켜 월드컵 역사상 가장 빨리 득점이 이루어졌다. 이 대회의 특징 중 하나는 월드컵 역사상 가장 많은 털보 선수들이 참가했다는 점이었다. 요즘의 스타 축구선수들은 장발보다는 대머리로 나오는 경향이 더 두드러지지만 1970년대 초에 활약한 선수들은 긴 구레나룻, 콧수염을 길렀고 장발을 갈기처럼 늘어뜨렸다. 독일

12.2 파울 브라이트너.

팀의 스타 플레이어였던 파울 브라이트너는 이런 털보 집단에서도 더욱 돋보이는 존재였다. 후광처럼 동그란 그의 턱수염과 고수머리는 그의 트레이드마크가 되었고, 그에게 "곱슬머리"와 "미스터 턱수염"이라는 별명을 안겨주었다. 아무리 높은 좌석에 앉은 팬들도 자신의 '특대형' 자부심에 걸맞은 요란한 헤어스타일로 그라운드를 누비는 이 인습 타파주의 축구선수를 금방 알아볼 수 있었다.

전 세계의 많은 축구팬들은 네덜란드팀이 너무 빨리 앞으로 치고 나가는 모습에 놀랐지만 이 오렌지색 유니폼 팀(네덜란드)이 이기고 있다는 사실에는 별로 놀라지 않았다. 기술 좋고 파워 넘치는 네덜란드팀은 상대 팀들을 실력으로 압도하며 결승까지 올라왔지만, 상대적으로 평범했던 서독팀은 힘겹게 올라왔기 때문이었다. 서독팀의 첫 실점은 빠른 감이 있었지만 패배의 시작은 아니었다. 서독팀은 곧 동점을 만들었다. 서독 선수가 상대 팀 페널티 구역에서 태클을 당했고 브라이트너가 페널티킥을 차기 위해 앞으로 나왔다. 그는 조금도 망설이거나 고민하지 않고 부드럽게 공을 퍼 올리듯 차서 골네트 하단 구석에 넣었다. 나중에 그는 누가 페널티킥을 찰 것인가에 대한 사전약속은 없었으며 공교롭게도 자기가 가장 가까운 위치에 있어서 앞으로 나섰다고 말했다.[24] 서독팀이 다시 점수를 올려 역전승을 거두었고 이 게임은 축구 역사에서 한 자리를 차지했다.[25]

브라이트너는 월드컵에서 조국의 우승에 일조하기 전부터 이미 바이에른 뮌헨팀에서 뛰어난 수비수로 활약했다. 또 뛰어난 플레이로 유명했던 것과 똑같이 거침없는 정치적 발언과 기이한 외모로도 유명했다. 그의 방에는 공산주의 지도자 마오쩌둥과 체 게바라의 초상화가 걸려 있었으며, 노동자와 운동선수들에 대한 자본의 착취를 반대하는 거침없는 독설들을 인터뷰를 통해 쏟아낸 바 있었다. 브라이트너는 겨우 스무 살 때 30만 마르크(2013년 시세로는 미화 9만 2000달러), 스물다섯 살 때는 50만 마르크 이상(약 80만 달러)을 벌어들였음에도 불구하고 자신을 노동자 계급의 희생자로 묘사했다.[26] 그는 저항 기질이 강했다. 프로축구를 현대판 "서커스"라 보았다. 구단이 선수들을 사고팔고, 선수들은 야유하는 관중을 즐겁게 해주기 위해 끝없이 뛰어야 하는 프로축구 세계를 비난했다. 그는 자유의 이름으로 팀 경영진과 싸웠고, 결국 월드컵에서 우승하고 1년이 안 되어 뮌헨에서 스페인의 레알 마드리드팀으로 이적하는 데 성공했다. 나중에 이 젊은 스타 선수는 자신은 이제 독일 사람이 아닌 것 같다고 퉁명스럽게 말했다.[27] 그 후 다른 갈등이 더해져 그는 국가대표에서 빠지게 되었고 서독팀은 1978년 월드컵 대회를 브라이트 너 없이 치렀다. 운동장 안이든 바깥이든 브라이트너는 자주 드라마를 만들었다.

그를 좋아하는 사람이든 비방하는 사람이든, 브라이트너의 반항적인 헤어스타일은 그의 인습 타파주의적인 개성에 잘 어울린다고 보았다. 전통과 권위에 대한 그의 반항심은 아프로afro 헤어스타일[1]과 턱수염이라는 형태로 가시화되었고, 이것은 다시 털과 불복종의 문화적 상관관계를 더욱 강화했다. 1981년 복권된 브라이트너가 이듬해 열릴 월드컵 대회에 나갈 독일 대표팀 복귀를 준비하고 있을 때 요아힘 워크텔은 《턱수염의 책》에서 이렇게 역설했다. "무성한 턱수염은 4년 동안 말 많은 말썽꾸러기이자 환상적 패스의 달인인 이 찬스메이커를 상징하는 이미지 중 일부였다… 가끔 그는 잘 훈련받은 바이킹 전사처럼 보이는데, 파울 브라이트너여, 당신은 지금 본 모습을 되찾았는가? 턱수염이 없으면 브라이트너는 어떻게 변할까? 풍성한 턱수염은 이런 성격의 일부이다. 그것은 반항심, 세상만사가 다 잘못됐다는 마음을 나타낸다."[28]

브라이트너가 바이킹 정신을 연상시켰을지는 모르겠다. 하지만 더욱 분명한 것은 그가 마르크스에서 체 게바라에 이르는, 턱수염을 길렀던 혁명가들의 면모를 보여줬다는 것은 확실하다. 그의 방은 이 혁명가들의 무서운 모습으로 장식되어 있었다. 전사로서 게바라가 누리던 명성은 기존 질서에 대한 도전의 대명사처럼 오랫동안 유지되어 왔다. 1967년(그가 죽은 해이다)에서 현재까지, 쿠바 혁명과 관련한 가장 유명한 사진인

---

1) 1970년대에 유행했던, 흑인들의 둥근 곱슬머리 모양

12.3 체 게바라, 쿠바, 2004년.

체 게바라의 초상사진은 세계 어디서나 볼 수 있는 좌파의 아이콘이다. 양식화된(하나의 스타일로 굳어진) 이미지, 즉 어딘가를 응시하는 듯한 체의 눈, 흘러내린 머리카락, 검고 듬성듬성한 턱수염, 별이 그려져 있는 베레모 등이 돋보이는 이미지는 사진 역사상 가장 많이 복제된 이미지로 알려져 있다.[29] 1968년 무렵 파리, 베를린, 프라하, 버클리 외 세계 여러 곳에서 학생들은 이 사진 주변에 몰려들었고 게바라 스타일의 턱수염은 수천 개의 젊은 턱에 우후죽순처럼 생겨났다. 간혹 게바라 스타일의 베레모를 써서 게바라 패션을 완성한 학생들도 눈에 띄었다.[30] 체와 쿠바의 동료 공산주의자들은 처음에는 정글에 있는 자신들의 본거지에서 턱수염을 길렀는데, **로스 바르브다스**los barbudas, 즉 턱수염 전쟁이라 불리는 게릴라 전투를 통해 널리 알려지게 되었다. 1959년 혁명전쟁에서 승리한 뒤, 피델 카스트로, 체를 비롯한 혁명 지도자들은 부르주아 자본주의에 대한 세계적이고 지속적인 투쟁의 상징으로서 수염을 계속 길렀다. 카스트로는 승리에 도취해 있는 추종자들에게 "당신들의 턱수염은 당신들 것이 아니요. 그것은 혁명의 것이요"라고 일깨워주었다.[31] 그러나 이런 말은 젊은 세대에게는 먹히지 않았다. 체의 이미지와 함께 장발이 서구에서 젊은이들이 기존 권위에 대항하는 도전의 상징이 되었을 때 쿠바의 혁명 원로들은 쿠바의 젊은이들도 그들의 반체제주의 사상에 물들까 봐 두려워했다. 카스트로 정부는 1968년에 쿠바 대학생들에게 군사 훈련과 군대식 훈육을 강제하는 칙령을 발포했는데, 여기에는 턱수염과 장발을 금지하는 규칙도 포함되어 있었다.[32] 혁명은 어느새 '현재 상황'이 되었고 학생들은 그것에 복종해야 했다.

파울 브라이트너의 게바라 모방은 20세기 사회가 '얼굴의 털'에 느꼈던 사랑과 두려움, 즉 자유의 매력과 무정부 상태의 유령이 고스란히 반영되어 있었다. 1970년대가 다가오면서 물병座座 시대[1]에 대한 유토피아적 꿈은 사라졌다. 하지만 급진주의의 몰락이 매끈한 얼굴과 크루커트[2]로의 복귀를 의미하지는 않았다. 반대로 장발이 구레나룻, 잔 수염과 더불어 주류 헤어스타일로 발전하였다. 그것은 십 년에 걸친 대격변이 남긴 일종의 물리적 잔재 같은 것이었다. 일반 대중의 경우, 20세기에서

---

1) 점성술에서 자유·평화·우애의 시대로 믿어졌다.
2) 아주 짧게 깎은 남자 머리 모양

수염의 전성기를 꼽자면 1960년대가 아니라 록 페스티벌과 반전운동의 한계에서 벗어난 1970년대였다. 이때 운동선수, 연기자, 교사, 과학자, 정부 관리, 심지어 가끔 기업인마저도 사회적 인내심의 한계를 시험하는 데 동참했다. 브라이트너도 이런 경향의 일부였다.

이런 경향을 알 수 있는 사건 중 하나가 프로야구팀 오클랜드 애슬레틱스의 변신이었다. 1971년 《뉴욕타임스》는 상당수의 농구선수와 미식축구선수들이 콧수염과 작은 턱수염을 기르고 있으나 아이스하키와 야구선수들은 깨끗하게 매끈하게 면도한 얼굴로 운동한다고 보도했다. 메이저리그 사무국은 "야구판에서는 그렇게 수염 기른 선수가 나올 것 같지 않다"고 말했다.[33] 그 사무국 직원은 잘 몰랐지만 그는 이미 타석에 들어서 있었다. 레지 잭슨은 파울 브라이트너처럼 당시 떠오르는 스타 선수였고 자존심이 매우 강했다. 잭슨이 1972년 봄, 오클랜드 애슬레틱스팀 훈련 캠프에 콧수염을 기른 얼굴로 나타나자 독선적인 구단주 찰리 핀리는 이 젊은 강타자에게 면도하라고 지시했다. 잭슨이 버티자 핀리는 심리를 역이용하는 전술을 쓰기로 했다. 다른 선수 몇 명을 꾀어 콧수염을 기르게 하면 잭슨 특유의 개성이 없어지므로 그가 수염을 포기하리라고 생각했던 것이다.[34] 핀리는 구단주로서는 성공했으나 심리적 속임수를 구사하는 데는 재능이 없었던 것 같다. 결국 팀은 잭슨의 수염을 없애기는커녕 수염이 기승을 부렸던 1890년대 남성 집단으로 되돌아갔다.

그런데 바로 이때 핀리의 세일즈맨 본능이 끼어들었고 그는 이 상황을 최대한 이용할 방법을 찾아냈다. 그는 아버지의 날을 기념하기 위하여 "콧수염의 날"이라는 행사를 열 것이며, 이날 콧수염을 기른 사람은 모두 경기장에 무료로 입장할 수 있다고 발표했다. 그는 콧수염을 기른 선수에게 현금 보너스를 주겠다고 제의했다. 구단의 방침을 마지못해 따른 선수들도 있고 매우 열성적으로 따른 선수들도 있었다. 잭슨은 자기 수염을 염소수염으로 업그레이드했으나 정작 관심을 독차지한 것은 구원투수 롤리 핑거스의 오토바이 핸들처럼 생긴 콧수염이었다. 이것으로 롤리는 야구사에서 가장 눈에 띄는 얼굴이 되었다. 단순한 심리 작전으로 시작된 일이 마케팅 행사로 발전했다가 다시 훨씬 더 큰 사건으로 발전한 사례이다. 자유분방하고 배짱 있는 애슬레틱스팀은 결국 다른 팀들에서는 찾아볼 수 없는 새로운 정체성과 결속감을 갖게 되었다.

이것은 왕조의 시작이기도 했다. 애슬레틱스는 그해는 물론, 그 후 2년 연속 월드시리즈에서 우승했다. 야구 평론가들은 그들의 부상浮上을 자유로운 개인주의 정신이 집단적 복종을 대체하는 시대적 흐름으로 해석하고 싶은 유혹을 떨쳐버리기 어려웠다. 이런 견해는 한 기자가 "콧수염과 턱수염을 기른 나쁜 사람들"과 융통성 없지만 "좋은 사람들, 즉 말끔하게 면도한 신시내티 레즈팀"[35]이 붙은 시합, 혹은 다른 칼럼니스트가 표현한 대로 "오토바이 폭주족과 보이스카우트단의 대결"이 열렸던 1972년의 월드시리즈 경우 정확하게 들어맞았다. 신시내티팀의 산뜻하고 격식 차린 용모는 팀의 경기 스타일과 어울렸고, 우승을 차지하는 데에도 유리했다. 모든 예상을 뒤엎고 애슬레틱스팀이 상대 팀 홈구장에서 열린 경기에서 우승에 필요한 4승 중 2승을 먼저 올렸다. 한 기자는 이렇게 열변을 토했다. "'즐거운 90년대[1)'에서 온 듯한 촌놈들이 깨끗하게 면도한 아메리칸 보이의 이미지에 결정적인 한 방을 날렸다."[36]

---

1) 미국 사회에 짙은 영향을 끼쳤던 영국의 빅토리아 문화가 서서히 막을 내리고 현대적이면서 독자적인 미국 문화가 시작했던 1890년대를 말한다.

애슬레틱스팀의 최종 승리, 그리고 2년간 더 이어진 우승 행진은 수염이 새로운 명성을 얻는 계기가 되었다. '얼굴의 털'이 '스포츠의 성공'을 의미한다는 등식이 성립되었기 때문이다. 이렇게 스포츠계의 영웅은 더욱 대담한 수염 스타일이 전 유럽과 미국에 퍼지는 데 매우 큰 역할을 하였다. 파울 브라이트너와 오클랜드 애슬레틱스팀 외에 서독 축구팀의 또 한 명의 스타인 게르트 뮐러, 올림픽 수영선수인 마크 스피츠, 미식축구 쿼터백인 조 나마스, 위대한 농구선수 윌트 체임벌린 등이 이목을 끄는 콧수염이나 턱수염으로 신문과 잡지를 장식했다. 이런 인물들이 높은 유명세를 쌓는 데에는 성공한 운동선수로서의 명성은 물론, '저항적 기질을 가진 개인주의자'로서의 명성도 약간 보탬이 되었을 것이다. 물론 이런 정체성에는 긍정적인 의미와 더불어 부정적인 의미도 내포되어 있다.

하지만 이 유행은 오래 지속하지 않았다. 1980년대까지 장발과 구레나룻, 턱수염은 면도한 이상형 얼굴을 찬양하는 강력한 사회적 흐름에 의해 모두 물러나게 되었다. 이번에도 역시 브라이트너가 이런 경향의 표본이 되었다. 1982년 브라이트너는 15만 마르크를 받는 대가로 약간의 콧수염만 남긴 채 그 유명한 턱수염을 완전히 밀고 애프터셰이브 로션 광고에 출연함으로써 그의 트레이드마크로 여겨졌던 반항심에 반항했다. 이 곱슬머리 공산주의자 뒤에 깨끗하게 면도한 자본주의자가 숨어 있었던 것을 누가 알았겠는가? 그를 구슬려서 이 광고를 찍게 한 피트랄론Pitralon사는 이런 반전이 센세이션을 일으킬 것이며, 독일에서 가장 유명한 턱수염을 다스릴 수 있다면 그것은 면도의 승리이자 수익 면에서도 귀중한 승리일 것임을 알았다. 광고 카피는 이렇게 시작된다. "그의 삶에는 큰 타이틀이 꽤 많았다. 하지만 애프터셰이브 로션은 오직 하나, 피트랄론!" 광고는 계속 이어진다. "그는 이제 무성한 턱수염을 기르지 않기 때문에 세다 油유가 함유된 피트랄론 로션으로 직접 얼굴 손질을 한다. 그는 이것을 아버지한테 배웠다. '아버지는 어떻게 해야 기분이 좋은지 아셨죠' 브라이트너는 이렇게 말한 뒤 잘 손질된 턱을 쓰다듬는다."[37]

이 명백한 배신행위에 실망한 사람들에게 브라이트너는 전혀 미안해하는 기색 없이 턱수염은 턱수염일 뿐이라고 말했다. 대중 스타인 그에게 광고는 일의 일부였다. 그는 또 자기 명성이 피트랄론의 시장점유율을 크게 올려준 것에 자부심을 느꼈다.[38] 브라이트너는 이상주의자는 전혀 아니었고, 오히려 실용주의자에 가까웠다. 물론 턱수염은 턱수염일 뿐이라는 말도 이런 의미에서 했을 것이다. 정치적 순수성보다 행동의 자유가 그에겐 더 중요했다. 돈이 들어오면 반항적 이미지의 턱수염을 희생시킬 수 있었다. 이 축구선수가 반항적 이미지를 풍기던 '얼굴의 털'을 포기한 이유는 1980년대식 사고방식과 일맥상통했다. 어떤 측면에서 보면 얼굴 털이 퇴조한 현상에는 돈 문제가 결부되어 있었다. 특히 직장 유지의 필요성 때문이었다. 사기업 고용주들과 여러 사회 기관들은 앞다퉈 새로운 원칙을 채택했다. 한 언론인이 "면도주의shavism"[39]라고 이름 붙인 원칙이었다. 이것은 수염을 금지하는 법을 포함하여 다양한 수단으로 수염을 통한 반항심을 사전봉쇄하려는 원칙이다.

대부분의 경우 수염에 관한 싸움은 비공식적이고 쉬쉬하는 분위기에서 이루어졌다. 하지만 간혹 공개적이고 명시적으로 벌어지는 싸움도 있었다. 세계에서 가장 소송이 많이 일어나는 나라인 미국에서 특히 그랬다. 미국 법정에서 개성을 내세운 주장은 종종 단호한 반격에 부딪히곤 했는데, 그 반격은 물론 면도 위주의 사회 질서를 강화하려는 움직임이었다. 1980년대에 일어난 수염의 퇴조는 단순한 패션의 변화가 아니라 의도적으로 진행된 수염 탄압 운동의 결과라고 할 수 있다.

수염을 제거하려는 기업 차원의 압력이 가장 잘 드러난 사례는 전형적인 미국 회사인 맥도날드와 월트 디즈니였다. 이 두 회사는 건전성과 효율적 서비스에 기반을 두고 성공한 기업이다. 1960년대와 1970년대를 반항적 기운이 휩쓴 가운데도 이 두 회사는 모두 1950년대식 분위기에 머물러 있었다. 맥도날드는 종업원들에게 "'전형적인 미국' 소년의 용모를 갖춰 고객들에게 좋은 인상을 주어야 한다"고 강조했다.[40] 그들이 고용한 십 대들은 1964년까지는 모두 남자아이들이었는데, 매일 목욕과 면도를 하라는 지시를 받았고 규칙에 의해 검은 바지를 입고, 광이 나는 구두를 신고, 말쑥한 머리에 친절한 미소를 지어야 했다. 디즈니 테마파크 직원들('주인들hosts'이라고 불렀다)에게는 이른바 "디즈니 룩"을 갖추는 데 필요한 자세한 지침서가 배부되었다. 이 책자에 따르면 남자 직원은 의무적으로 면도를 해야 하고 귀를 덮지 않는 "산뜻하고 자연스러운 머리 모양"을 유지해야 했다. 이 지침서에는 턱수염과 콧수염을 기를 수 없으며, "탈취제 사용은 필수"라는 이상한 표현이 삽입되어 있다. 마치 탈취제가 수염의 대체물이라도 되는 것 같은 분위기를 풍긴다.[41] 20세기 미국 기업들이 추구했던 건강한 남성성의 이상형을 이보다 더 명확하게 표현한 설명서는 없었다. 수염을 기른다는 것은 단정치 못함, 불규칙, 불신을 연상시키는 용납할 수 없는 행위였다.

맥도날드와 디즈니사가 시행한 엄격한 수염 금지 조치는 미국에서 털의 진보를 막으려는, 강력하고도 점점 늘어나고 있던 수많은 반발 중에서 가장 유명했던 사례일 뿐이다. 직원들의 얼굴 관리를 규제하려는 사기업 오너들의 법적 권리에 이의를 제기한 경우는 거의 없었다. 설사 이의가 제기되더라도 일반적으로 기업주들의 권리가 인정되었다. 노조의 보호를 받는 미국 사기업 직원 중 꽤 많은 사람이 중재 기관의 힘을 빌려 수염 관련 규칙에 이의를 제기할 수 있었지만, 이런 때에도 중재관은 개인의 권익보다는 회사 측의 이익을 우선시하는 경향을 보여주었다. 1967년에서 1979년까지 미국에서 이루어진 노동 중재 사례를 학문적으로 분석한 결과에 따르면, 관련된 거의 모든 규칙이 회사의 대중적 이미지를 보존하려는 의도로 만들어졌으며 '얼굴 털'의 문제에 관한 중재관들의 의견도 일치하지 않는 것으로 밝혀졌다.[42] 직원들이 자신의 용모가 회사의 사업적 이익을 침해하지 않는다는 것들 입증할 수 있을 때만 이런 규제를 뒤엎을 확률이 높았다. 따라서 공익 기업체나 도시 교통기관처럼 비경쟁 업종에 종사하는 회사의 직원들은 공감을 얻을 가능성이 더 컸다. 1976년 샌프란시스코의 공익업체 직원들이 관련된 중재에서 의견이 갈린 것은 직장 내 턱수염에 관한 기준이 불명확했던 현실을 가장 잘 보여준 사례였다. 이 사례에서 중재관들은 "구레나룻, 콧수염, 염소수염 등은 말끔하게 관리할 수 있기 때문에 그것을 금지한 회사의 금지 조치는 합당하지 않다, 그러나 무성한 턱수염을 금지한 규칙은 합당하다, 왜냐하면 턱수염이 가진 자연적인 화려함 때문에 국지적인 수염보다 말끔하게 관리하고 손질하기가 훨씬 어렵기 때문이다."라는 판정을 내렸다. 턱수염을 기른 남자는 회사가 두려워하는 '대중의 분노'를 불러일으킬 가능성이 매우 크다는 판단이었다.[43] 이것은 수염을 차별하는 행위라고 말할 수도 있겠지만, 회사의 이미지에 대한 우려가 개인 자유를 보호해야 하는 필요성보다 더 중요시되었다는 점은 분명하다.

미국의 공무원들은 자신들의 권리를 찾기 위해 꾸준히 법원의 문을 두드렸지만 결과는 희망적이지 않았다. 1980년대 초까지 공공기관과 사기업 오너들의 수염 규제권은 관행적으로, 또 법적으로 완전히 정착되었다. "자유로운 땅"에 사는 남자들은 제 몸에 털을 키울 권리를 얻지 못했으며, 그것은 지금도 마찬가지다.

1960년대 말과 1970년대 초에 몇몇 공무원 집단이 턱수염이나 콧수염을 기를 권리를 쟁취하기 위한 법적 조치를 시작할 것이라고 위협했다. 여기에는 뉴욕시의 버스 운전사, 캘리포니아 반누이스의 우체국 직원, 시카고의 소방관과 스쿨버스 운전자, 롱아일랜드의 철도 노동자, 뉴욕 서퍽 카운티 경찰관들이 포함되었다. 이 중 일부의 경우 소송 초기 단계에서 노동자의 권리를 지지하는 판결이 나오기도 했다. 예컨대 캘리포니아 우체국 직원들은 실제로 소송이 제기되기 전에 수염 금지 규칙을 철회시키는 데 성공했고, 뉴욕의 버스 운전사들은 중재 과정에서 승리를 거두었다. 그런데 세월이 흐르면서, 그리고 이런 소송들이 상급심으로 올라가면서 노동자들은 뼈아픈 패배를 겪기 시작했다. 이 중 핵심적인 소송은 뉴욕시 외곽 서퍽 카운티 경찰관들이 제기한 소송이었다. 이곳의 경찰서장은 1972년 옷깃 아래의 털, 얼굴 위 짧은 구레나룻, 작은 콧수염을 제외한 모든 수염을 금지하는 엄격한 규정을 도입했다. 경찰 노동조합은 미국 시민자유연맹의 도움을 받아 표현의 자유를 보장하는 수정 헌법 제1조와 개인적 자유의 보장을 규정한 수정 헌법 14조를 인용하여 소송을 제기했다. 서퍽 카운티는 수염에 관한 규정 덕분에 소속 경찰관들이 일반인들과 구별될 수 있었으며 경찰대의 단결심도 높아졌다는 주장으로 이에 대응하였다.

뉴욕 연방지방법원은 경찰관들의 주장에 대해 '이유 없다'고 판결했다. 하지만 제2지구 담당 연방항소법원은 기존의 판결을 뒤집고 경찰관들에게 자신의 용모를 선택할 권리가 있다는 사실을 인정했다. 재판부는 경찰관의 개인적인 자유로 인해 공공의 이익이 침해된다는 설득력 있는 증거를 카운티 당국이 제시하지 못했다고 판결했다. 그 후 서퍽 카운티는 1976년에 미연방 대법원에 상고했고 대법원은 이 사건에 **켈리 대 존슨**이라는 이름을 붙였다.

다수 의견을 낸 6명의 법관을 대신하여 판결문을 쓴 윌리엄 렌퀴스트 대법관은 경찰 노조의 주장을 기각했다. 어떤 헤어스타일이든 자기가 원하는 것을 선택할 절대적인 권리가 있다는 주장을 부정하면서 "이런 규정과… 개인과 재산의 안전을 도모하는 행위 사이에 합리적인 연관성이 있음"을 입증하는 것은 원고의 책임이라고 판시했다.[44] 이것은 항소법원이 제시한 기준보다 훨씬 어려운 기준이었다. 항소법원은 카운티 당국이 "진정한 공적 필요성"을 제시해야 하며 그렇지 못하면 개인의 권리를 존중해야 한다고 판결했었다.[45] 렌퀴스트를 비롯하여 다수 의견을 낸 재판관들은 이런 더욱 엄격한 기준을 염두에 두고, "일반 대중이 경찰관들을 쉽게 알아보게" 하려는 서퍽 카운티의 바람과 경찰 조직의 단결심 고취에 따라 얻어질 당국의 이익이 모두 몸단장 관련 규정을 확립하려는 합리적 동기로 볼 수 있다고 결론지었다.[46] 두 명의 법관, 써굿 마셜과 윌리엄 브레넌은 이 견해에 철저히 반대했다. 그들은 하급심의 법리를 고수하며 장발이나 턱수염이 집단의 사기를 해친다는 주장도, 그리고 그것이

법의 집행자인 경찰관을 대중이 쉽게 알아볼 수 없게 만든다는 주장도 모두 받아들이지 않았다.

누구나 예상할 수 있듯이 전국의 경찰관들은 자신들에게 불리하게 내려진 이 판결에 반대했다. 뉴욕시 경찰노조 위원장은 "이 판결은 경찰관들을 2등 시민으로 만들었다. 그들의 기본적인 선택권을 빼앗았기 때문이다"라고 불평했다.[47] 렌퀴스트 법관 자신도 무성한 구레나룻과 유행을 좇은 헤어스타일을 하고 있어 서퍽 카운티의 몸단장 기준에 미달한다는 점을 많은 사람이 지적했다. 이러한 지적에 렌퀴스트 법관은 자신은 다행스럽게도 "서퍽 카운티 경찰서에서 일하고 싶었던 적이 한 번도 없었다"고 퉁명스럽게 대답했다. 엄밀히 말하면 이 판결은 일개 경찰서장이 만든 규칙에만 적용될 것이지만, 훗날 훨씬 큰 영향을 끼칠 수도 있다는 점은 분명했다. 《로스앤젤레스 타임스》 기자는 이 대법원판결의 영향이 너무 광범위하여 1100만 명에 달하는 이 나라 전체 공무원의 몸단장과 복장 규정이 모두 영향을 받을 것이라고 말했다.[48]

이 결정에 따른 당연한 결과로 경찰서장, 소방대장, 학교 교장, 그리고 기타 행정기관의 관리들은 이제 면도칼을 충분히 사용하지 않는 직원들을 더욱 과감하게 단속할 수 있게 되었다. 예컨대 1977년 뉴저지주 잉글우드의 고지식한 경찰서장은 휘하 81명의 경찰관 중 25명에게 더 깔끔한 면도를 지시했다. "밖에 나갔다가 얼굴이 얼어붙었어요." 한 경찰관은 추운 1월에 예전의 '얼굴 커버' 없이 순찰을 나갔다 들어와 투덜거렸다.[49] 켈리 대 존슨 사건의 판결이 내려진 후 수십 년 동안 연방법원은 판결들을 재확인했고 적용 범위도 확대했다. 1978년 텍사스와 1982년 루이지애나에서 제기된 소송을 통해 법원은 학생은 물론 교직원들에게도 턱수염을 금지할 수 있는 학구學區들의 권한을 확인해주었다. 루이지 애나에서 벌어진 이른바 **도미코 대 래피즈 패리쉬 교육위원회** 사건은 교사 와 버스 운전사들이 제기한 소송에서 비롯되었다. 그들은 자신들의 시민 권이 침해당했다고 생각했다. 연방 순회법원은 켈리 사건에 포함되었던 기준을 적용하여 교육위원회에 승소 판결을 내렸다. 법원은 "고등학교 환경에서 위생 교육, 절제심 주입, 권위의 확립, 획일성의 강제 등이 교 육위원회에 매우 중요한 목표라는 점은 부인할 수 없으며, 헤어스타일에 대한 규정은 그것을 달성할 수 있는 합리적 수단 중 하나"라고 판결했 다.[50] 그 외의 다른 분야에서 일하는 공직자의 권리를 제한한 판결들도 있었는데, 이중 아칸소주에서 열린 두 건의 소송이 유명하다. 하나는 주 립공원에서 일하는 동식물 학자(1983년), 또 하나는 응급구조대원(1992년) 이 연루되었다.[51]

켈리 판결은 1992년에 매사추세츠주가 주 소속 경찰서들을 하나의 경 찰청으로 통폐합했을 때 또 한 번 큰 시험을 통과했다. 신임 경찰청장은 취임 후 제1호 일반 명령을 통해 모든 수염을 금지했다. 콧수염을 강제 로 깎아야 했던 250명 남짓한 경찰관 중 6명이 소송을 제기했다. 그들 은 앞서 소송을 겪었던 서퍽 카운티 경찰관들처럼 주 정부가 "개인 정체 성 유지에 필수적인 요소를 희생하라고 강요함으로써" 자신들의 헌법적 권리를 침해했다고 주장했다.[52] 불행하게도 기존의 판례는 이들에게 절 대적으로 불리했다. 지방법원 판사는 대법원이 각 주립기관에 적용하기 위해 설정한 최소한의 기준만 보더라도, 수염 기르기를 금지한 조치는 합리성 검증 테스트를 쉽게 통과할 만한 조치라고 판결했다. 개인의 선 택권을 인정하지 않는 많은 판례가 쌓이면서 이후 수염에 대한 대법원의 판단은 고착화하였다. 이 모든 법정 분쟁 중에서 유일한 예외는 한 주립대학교 강사들이 승소한 소송이었다. 요즘에도 턱수염을 기른 교수들이 자주 눈에 띄는 이유는 그들이 법적으로 그 권리를 보장받은 소수의 공무원 집단이라는 점도 있는 것 같다.

20세기 말에 수염의 퇴조 현상이 일어난 것과 때를 같이하여 남성성과 관련한 남성 자신감은 새로운 위기를 맞았다. 미국에서 이런 경향이 반영된 유명한 사례로 이른바 '신화시남성운동mythopoetic men's move-ment'[1]을 꼽을 수 있다. 이 운동은 시인 로버트 블라이가 영감을 주었고 융 학파 심리학자들과 제임스 힐먼, 로버트 모어, 마이클 미드 같은 심리상담사들이 지원했다. 블라이가 1990년에 출간한 《무쇠 한스 이야기: 남자의 책Iron John》은 이 운동의 성명서 같은 역할을 했으며, 오랫동안 베스트셀러로 사랑받았다. 《무쇠 한스 이야기》는 수염 난 '야만인'을 묘사한 그림 형제의 우화에 대한 긴 명상록인데, 블라이는 이 야만인을 남성 정신의 메타포(비유적 상징)로 썼다. 그는 남자들이 힘, 환희, 정신적 회복력 같은 "제우스 같은 긍정적 에너지"를 발산하려면 성장 과정에서 자기 내부에 있는 '야만인'과 친숙해져야 한다고 말했다. 털 많은 남자는 무섭다. "기업들이 털 없고 매끈한, 위생 처리된 남자를 만들기 위해 그렇게 열심히 노력하는 요즘엔 더 그렇다."[53] 남성성과 털의 이와 같은 연관성이 블라이가 쓴 책의 주제이다. 블라이는 '야만인'을 남성의 긍정적인 측면으로 묘사했다. "그의 몸 전체에 덮여 있는 털은 사슴이나 매머드의 털처럼 자연스럽다. 그는 창피하다고 털을 밀지 않았다. 여자들이 굴욕당한 느낌 때문에 화를 내지 않도록 하기 위해서 본능을 억누르지

1) 남성다운 사고와 정서가 담긴 깊은 신화적 뿌리를 재발견하려는 운동

도 않았다."[54]

대체로 털에 대한 찬양은 은유적 표현으로 이루어져 있다. '야만인' 주말 휴양소가 있었는데, 그곳은 남자들에게 북을 치고 즉흥 댄스를 즐기며, 토끼 고깃국을 먹고, 이야기하고 울 것을 권장한다. 하지만 진짜 털을 기르는 문제에 대해서는 별로 말이 없었고 권장하지도 않았다. 이 운동의 지도자 중 로버트 모어는 멋진 턱수염을 길렀으나 리드, 힐먼, 브라이 같은 이들은 계속 면도한 얼굴을 유지했다. 그들은 남성성의 실제적 표현물이 아니라 정신적 표현물로서 "내면의 턱수염"을 논했던 중세의 수도사들을 연상케 했다. 블라이가 말했듯이 운동의 목표는 "'야만인'처럼 되는 것이 아니라 내면의 '야만인'을 접하는 것이었다."[55]

블라이가 주도한 이 운동은 다소 좌익 성향을 보이긴 했으나 전반적으로는 비정치적이었으며, 말은 그렇게 요란하게 해도 털을 개성 표현 수단으로 보는 경향이 강했다. 그래도 20세기 말, 특히 유럽 좌파 인사들이 기르던 수염에는 여전히 '생명력'이 넘치고 있었다.

프랭크 돕슨, 딱 잘라 거절하다

2000년 런던 시장 선거에 노동당 후보로 출마한 프랭크 돕슨에게 당의 참모들이 면도를 권유했지만 그는 거절했다. 돕슨은 당시 지지도에서 크게 뒤지고 있었고, 유권자들의 호감도를 향상시키기 위한 전략으로 참모들은 새로운 용모를 제안했다. 돕슨은 기자들에게 이렇게 말했다. "나는 그들에게 그만하라고 말했어요. 솔직히 말해, 내가 무슨 이미지 사업을 하는 게 아니지 않소. 여러분 눈에 보이는 게 바로 내 모습입니다. 내 모습이 마음에 들지 않으면 나를 찍지 마세요. 하지만 내가 하려는 말을 들어보셔야 합니다."[56]

돕슨의 반항적인 태도에는 20세기 말 정계의 현실이 일부 반영되어 있었다. 유럽에서도 턱수염을 포기하라는 압력은 점점 증가하고 있었지만 그럼에도 불구하고 유럽 사람들은 미국 사람들보다 이른바 **면도주의**"에 덜 복종적이었다. 많은 유명인사, 특히 좌파 인사들이 집단 순응에 대한 거부의 상징으로서 턱수염을 고수했다. 이런 현상은 1981년 프랑수아 미테랑이 이끄는 사회당의 승리로 권력의 중심부인 의회 건물에서 소규모 턱수염 부흥 운동의 길이 열린 프랑스에서 더욱 뚜렷했다. 샤를 에르뉘 국방부 장관, 장 오루 노동부 장관을 포함한 지도급 인사들과 새 집권여당의 30명이 넘는 의원들(전체 사회당 의원 중 약 12%에 해당한다)이 턱수염을 기르고 있었다.[57] 총선이 실시되었을 때《르 몽드》기자는 몇몇 지도급 인사의 옷깃을 덮는 턱수염은 1960년대에 자유분방한 교수와 지식인 사이에서 인기를 얻었으며, 그 후 "금속으로 만든 가전제품(전기면도기)의 보급"에도 불구하고 존속해왔다는 사실을 지적했다.[58] 이 언론인은 "교수 공화국"의 등장에 어리둥절해했다.

그러나 이 조크의 진짜 의미는 정치인의 턱수염은 프랑스에서도 많은 찬탄을 끌어내지 못한다는 것이었다. 턱수염에 반대하는 압력은 강했고, 20세기의 마지막 수십 년 동안 점점 더 강해졌다. 1979년 영국 총선에서 보수당의 승리는 향후 18년 동안 영국 정부에서 얼굴의 털을 사라지게 만든 마법의 가위 같은 사건이었다. 보수당 지도자인 마가렛 대처는 수염을 단호하게 배격했다. 보수당의 통치는 토니 블레어의 지도 아래 시작된 "신新노동당"이 부상한 1997년에 종식되었다. 신노동당은 대처

12.4 프랭크 돕슨 하원의원, 보건부 장관.

집권 시 이루어졌던 일부 친親기업적 개혁 조치를 존속하고 사회복지를 비롯한 일부 정책은 부드럽게 좌클릭할 것이라고 약속했다. 영국 좌파 정치인들이 1990년대 말에 자신들이 집권 준비가 되어 있다는 것을 대중에게 보여준 방법 중 하나는 턱수염을 포기함으로써 신뢰감을 주는 우파 정치인과 좀 더 닮아지는 것이었다. 1997년 총선을 앞두고《가디언》은 "'새로운 노동당, 새로운 면도'의 분위기가 떠오르는 스타들 사이에서 유행하는 것 같다"고 지적했다.[59] 예전에 콧수염을 길렀던 인물로 노동당 선거사무장으로 일했고 새 정부에서 각료로 내정되어 있던 피터 만델슨은 수염이 유권자들에게 인기가 없다는 사실이 밝혀진 설문 조사 결과에 주목했고, 통상교통부 장관으로 내정된 스티븐 바이어스, 국방부

장관 후보로 부상한 지오프리 훈을 비롯한 동료들에게 매끈한 턱을 보여주며 자기를 본받으라고 설득했다. 또 한 명의 노동당 지도자인 알리스테어 달링은 무성한 흑발 턱수염을 당당하게 자랑하고 다니더니, 선거에서 승리하고 재무부 비서실장으로 지명된 후 바로 없애버렸다. '3인조 패거리'로 어울려 다니던 데이비드 블렁킷, 로빈 쿡, 프랭크 돕슨은 지조를 지켜 본래의 얼굴 모습을 유지했다.

돕슨은 어느 모로 보나 "옛 노동당원"이었다. 2000년 처음 치러진, 런던 광역시장 선거에 나갈 노동당 후보로 블레어가 일 순위로 선택한 사람은 아니었다. 또한 선거에서 런던 유권자들의 선택을 받은 인물도 아니었다. 런던 시민들이 가장 좋아한 사람은 매우 대범한 정치인(수염을 기르지 않았다)으로 일명 "빨간 켄"이라고 불리던 켄 리빙스턴이었다. 런던 시민들은 아주 별난 사람들을 좋아하는데, (그 후 그들은 리빙스턴을 쫓아내고 훨씬 더 괴짜인 보리스 존슨을 뽑았다) 돕슨은 선거판에서 전혀 분위기를 띄우지 못했다. 시민들은 또 돕슨이 수염을 기르고 있지만 토니 블레어 총리의 꼭두각시에 불과하다고 보았다. 돕슨이 면도하라는 권유를 일축했다는, 고의적 누출이 의심되는 일화가 있었는데, 이것은 돕슨이 유권자들에게 자신이 블레어의 꼭두각시가 **아니라는** 것을 증명하기 위해 시도한 필사적인 최후의 계략이었을지도 모른다.[60] 그렇더라도 이 작전은 먹히지 않았다. 돕슨은 선거에서 참패했다.

털을 둘러싼 유럽의 전쟁은 파리 인근에 조성된 유로-디즈니 테마파크 개막이 임박했던 1991년에 급박하게 돌아가기 시작했다. 유로-디즈니는 미국 문화를 유럽의 심장 안에 통째로 이식하는 실험이었다. 여기에는 유럽의 엘리트 지식인층이 가장 싫어하는 것들, 예컨대 문화의 상업화, 노골적인 소비지상주의 같은 이념으로 가득 차 있었다. 테마파크로 조성된 1만 2000개의 일자리에 지원한 사람들은 아연실색했다. 놀이기구 운전원들과 티켓 검표원을 포함한 모든 "디즈니 영화의 배역처럼 분장한 직원들"은 방문객들 앞에서 의무적으로 항상 웃어야 한다는 규정 때문이었다. 디즈니의 엄격한 술 금지 정책에도 의구심이 퍼져 있었다. 여기에 디즈니의 빈틈없이 꼼꼼한 복장 규정이 추가되었다. 이 규정은 "유로 디즈니랜드 룩"이라는 팸플릿에 상세히 설명되어 있었다. 이 책자에 수록된 다른 많은 규정 가운데 유독 눈에 띄는 대목은 남자는 짧은 머리를 해야 하고 수염은 철저하게 금지한다는 규정이다.

　미국 기업의 사업 방식을 예전부터 깊이 불신하던 프랑스 사람들은 여성의 화장과 남성의 머리에 대한 이 같은 규정을 개인의 자유와 노동의 존엄성에 대한 공격으로 받아들였다. 미국인들은 프랑스의 문화적 가치관에 대해 그토록 무감각할 수 있을까? 디즈니사의 간부들은 프랑스 국민들에게 자신들은 프랑스와 미국의 기업 문화 차이를 잘 알고 있다고 장담하면서도 디즈니라는 브랜드의 바탕은 고객들에게 미국 스타일을 경험할 기회를 제공하는 것이라고 우겼다. 미국인 인사 책임자는 단정한 용모를 강조하는 미국식 복장 규정이 없으면 "우리는 사람들이 기대하는 디즈니만의 서비스를 제공하지 못할 것"이라고 설명했다.[61] 그럼에도 노동조합들은 수긍할 수 없었고 공식적으로 소송을 제기했다. 현지 지방법원에서 진행된 재판에서 디즈니사 측이 패소했다. 그리고 1995년 진행된 최종심에서 파리 법원은 그 복장 규정에 직접적인 책임이 있는 전직 임원에게 소액의 벌금을 물렸다. 이 과정에서 문제의 복장 규정은 철회되었지만 이후에도 한 노조는 디즈니가 계속 미국식 기준을 간

접적으로 강요하고 있다며 불평했다.[62]

월트 디즈니사는 더욱 세련된 접근법을 써야 대중을 덜 자극하면서도 대체로 비슷한 효과를 올릴 수 있을 것이라는 점을 깨달았다. 또 한편으로 디즈니사는 비록 많은 양보를 했지만 모든 것을 잃은 것은 아니라는 사실도 알게 되었다. 두발의 다양성을 더 많이 허용한 것은 노사의 평화를 얻은 대가치고는 비싸지 않았다. 마찬가지로 술 금지 정책의 포기 역시 게이트에 몰려드는 관객을 얻어낸 대가치고는 저렴했다. 그렇긴 해도 디즈니사가 본고장인 미국 내 테마파크에서 복장 규정을 완화하고, 직원들이 "전체적으로 말끔하고 윤이 나고 전문가다운 인상을 유지하는 한" 튀지 않을 정도의 턱수염을 허용하는 데에는 18년이 더 걸렸다.[63] 이런 변화는 턱수염에 대한 확실한 허락이라고 보기는 힘들지만 20세기 말이 가까워지면서 다른 무엇보다 사람들의 태도에 진정한 변화가 일고 있음을 시사했다. 가장 수염을 혐오하는 나라의 가장 수염을 혐오하는 회사가 비록 조금이라도 고개를 숙일 수 있었다면, 이른바 "면도주의"가 마침내 퇴조하고 있으며 따라서 새로운 세기가 시작되면 좌파 인사들의 수염과 그것에 대한 반발 모두 세력이 크게 약화할 것이라고 감히 말할 수 있을 것이다.

13

포스트모던 시대의 남자들

'얼굴의 털'은 20세기보다 21세기에 훨씬 큰 사회적 존재감을 나타냈지만 새로운 턱수염 부흥 운동이 시작되었다고 할 수 있는 정도는 아니었다. 면도한 얼굴은 사교적인 남성성에 대한 규범으로 존속해왔다. 오늘날에도 턱수염을 기른 남자는 여전히 사회적 반감과 불신이라는 가혹한 공격에 시달려야 한다. 공공단체와 사기업들이 남자들에게 몸단장 규범을 계속 강제하기 때문에 남자들은 제 얼굴에 털을 기르는 기본적인 권리를 누리지 못한다. 따라서 남자가 턱수염으로 내세울 수 있는 가장 큰 주장은 자신이 자율적인 인간이며, 자기가 원하는 대로 행동할 수 있다는 것 정도다. 미술가, 음악가, 교수들은 흔히 이런 이유로 턱수염을 기르고 싶어 한다.

물론 여기에는 예외가 있다. 전통적 종교 집단의 구성원에게 얼굴의 털은 집단 내에서 개인이 누리는 자유가 아니라 주류 사회의 압력에 구애받지 않는 집단 자율성의 표시인 경우가 많다. 반면 어떤 남자들은 개인의 자유권을 행사하는 것보다 더 구체적인 목표를 갖고 있다. 문화적 관점에서 보면 오늘날 턱수염을 기르는 데에는 개인의 자율성 추구 이외에도 4가지 기본적인 동기가 있다. 성 역할 파괴, 사회적 반항, 종교적 정체성 추구, 마지막으로 어떤 특별한 탐구를 목적으로 하는 경우이다. 이런 목적들은 다양한 조합으로 서로 겹치는 게 보통이다. 예컨대 성 역할을 재정의(파괴)하려는 동기라든지 어떤 소수파 종교와의 일체감을 드러내 보이려는 동기는 사회적 반항과도 맞닿아 있다.

새 천 년 시대에 드러난 턱수염의 다양성과 용도를 통해 우리는 남자들이 유동적이고 다원적인 이 세계에서 수염을 어떻게 생각하며, 그들이 남성성을 새롭게 이해하기 위해 털을 어떻게 이용하고 있는지를 알 수 있다. 예컨대 최근에 새로이 형성된 남성 정체성 중에 이른바 "메트로섹슈얼metrosexual족"이 있다. 이것은 성 역할 파괴형으로 이 유형에 속하는 사람들은 공들여 멋을 내며 그 용모를 이용하여 자기를 표현한다.

베컴, 규칙을 악용하다

2008년 6월의 화창한 어느 날, 샌프란시스코에서 일어난 일이다. 스타 축구선수이자 유명인사인 데이비드 베컴이 메이시 백화점 정문에 걸린 자신의 거대한 사진에 씌워진 베일을 벗기고 있었다. 그 사진은 무려 23m에 달했다. 까칠하게 수염이 자란 얼굴로 허공을 응시하는 그의 관능적인 시선이 보였고, 이어서 털 하나 없는 근육질의 몸, 꽉 조이는 아르마니Armani 팬티 위로 돌출한 중요 부위가 차례차례 드러나자 수천 명의 팬과 백화점 고객들이 환호하고 괴성을 질렀다. 베컴 자신도 감명을 받았던 것 같다. 그는 자신의 블로그에서 "나는 백화점 외부 광고판에 붙일 초대형 포스터에도 놀랐지만 그것을 보려고 백화점에 운집한 사람들 숫자에 더 많이 놀랐다"고 털어놓았다.[1] 이 제막 행사는 베컴의

13.1 아르마니 속옷 광고에 등장한 데이비드 베컴의 모습. 샌프란시스코, 2008년.

스타파워를 여실히 보여준 또 하나의 사례이자, '남성성의 자기 홍보'라는 베컴 특유의 브랜드가 과감하게 표현된 사건이기도 했다.

베컴 같은 남자 운동선수들은 다른 사람을 즐겁게 해주려고 자기 몸을 공개적으로 전시하는 것을 언제나 마다하지 않았다. 하지만 사람들은 일반적으로 운동장 밖이 아니라 안에서 선수가 보여주는 모습 때문에 그 선수를 좋아한다. 베컴은 달랐다. 그는 사람들이 자기 몸과 외모를 좋아해 주기를 바랐다. 그래서 그는 남자의 외모를 놓고 장단점을 논의하는 기회를 적극적으로 환영했다. 이런 행동방식은 예전에는 여자의 전유물로 여겨졌다. 베컴의 하체에서 의심스러울 만큼 불쑥 튀어나온 부분을 (진짜일까?) 놓고 선정적 언론을 중심으로 많은 논란이 일었는데, 이것은 예전에 여자의 피부와 가슴에 대해 의견이 분분했던 논란들과 놀랍도록 닮아 있었다. 당연히 바지 속에 패딩(속)을 넣었거나 사진을 포토샵 처리했겠지? 저 매끈하고 털 하나 없는 다리는 뭐지? 어떤 남자가 짧은 팬티 안에 들어있는 '물건'을 깨끗하게 정리한답시고 그렇게 고통스럽고 오래 걸리는 왁싱 작업을 마다하지 않을까? 정답은 '그렇게 할 수 있다'이다. 마음을 열고 자기 안에 숨어있는 여성성의 요소를 받아들이는 남자라면 말이다. 이것은 베컴 자신이 한 말이다. 아르마니가 후원하는 홍보 행사를 시작하면서 그는 이렇게 선언했다. "나는 항상 아르마니에서 만든 속옷만 입습니다. 나는 [로스앤젤레스] 갤럭시팀에 입단한 뒤 모든 게임에서 이것을 입고 뛰었습니다. 편안하기 때문이죠. 남성용 속옷이지만 여성 속옷하고 비슷한 점이 있어요."[2] 튀어나왔지만 속은 (여자들이 왁싱한 것처럼) 매끈하다는 뜻인 것 같다. 이것이야말로 균형 잡힌 남성미의 21세기적 전형이다.

섹스 심벌을 꿈꾸는 베컴의 열망과 패션, 쇼핑, 몸 가꾸기에 대한 그의 노골적인 열정은 정형화된 기존 남성의 모습과는 판이하다. 가발, 실크 스타킹, 레이스 달린 옷깃이 퇴조한 이후, 300년이 넘도록 남성의 규범은 사치스러운 치장을 여성적 나약함과 규율 부재로 인한 현상으로 여기며 배격했다. 그런 사치품은 남자를 약하게 만든다. 또 강인한 정신, 자립심, 근면같이 남자들이 실천가, 혹은 가정의 부양자라는 본연의 임무를 수행하는 데 필요한 자질들을 훼손할 위험이 있다.[3] 그러나 베컴은 이 모든 자질을 아랑곳하지 않는 것 같았다. 옷을 잘 입어서, 혹은 옷을 잘 벗어서, 그가 말하는 "여성미"를 풍길 수 있다면 그것을 마다하지 않았다. 다시 말해, 그는 점수를 올릴 수만 있다면 기꺼이 자신의 트레이드마크 격인 명품 무회전 프리킥을 포기하고 휘어지는 킥을 날렸다. 그는 또 남성성과 남자의 몸에 관해 논란을 일으킬 여지가 많은, 새로운 방향으로 대화를 이끌었다.

유행 사냥꾼이나 사회평론가들은 베컴 같은 남자들을 가리키기에 적합한 새로운 단어를 찾는 데 애를 먹었다. 《샌프란시스코 크로니클》지에 기고하는 대중문화비평가 피터 하틀로브는 베컴이 샌프란시스코를 방문했을 때 그를 인터뷰한 뒤, 산뜻한 옷차림과 멋쟁이 수염 스타일 측면에서 "맨타스틱man-tastic"[1)]한 사람이라는 수식어를 그에게 붙였다. 몇 해 전 영국 문화비평가인 마크 심슨도 신조어를 하나 만들었는데 결과적으로는 이것이 더 오래갔다. 2002년 온라인 잡지인 《살롱》에 실려 많은 독자가 읽은 한 기사에서 심슨은 베컴을 이성애자도 게이도 아닌, "메트로섹슈얼" 유형이라고 "분류했다."[4] 당시 베컴이 홍보전戰에서 기

---

1) 모든 면에서 훌륭한 남자를 의미하는 신조어

록한 '해트트릭[1]'을 설명하는 과정에서 나온 말이다. 해트트릭이라 함은 베컴이 잉글랜드 국가대표 축구팀의 주장을 맡고 있으면서 스포츠와 관계없는 3개의 영국 유명 잡지의 표지에 동시에 등장했던 것을 비틀어 표현한 것이다. 여성 월간지인 《마리끌레르》, 영국판 《GQ》, 그리고 게이 대상 잡지인 《얼라이언스》였다.[5] 심슨의 관찰에 따르면 메트로섹슈얼 남자의 특징은 남의 시선을 즐긴다는 점이다. 이것은 남자들이 여자들을 쳐다보는, 즉 물건 취급하는 일반적인 성 역학 이론을 뒤집는 것이다. 심슨에게 이런 역전 현상은 좋은 조짐으로 보이지 않았다. 사회가 허영심, 소비주의, 그리고 객체화로 인해 퇴조의 길로 접어들면서 여성성과 동성애적 행태 중에서도 가장 부정적인 측면들이 건전한 남성성 속으로 침투했다는 걸 의미하기 때문이다.

심슨을 비롯한 평론가들은 남에게 잘 보이려는 메트로섹슈얼적인 열망은 점점 커지는 여성의 힘에 의해 촉진된 측면이 있다는 점에 동의한다. 독립심이 강한 여자의 마음을 끌려면 남자들은 일부 사회학자들이 표현한 것처럼 몸단장, 외모, 그리고 여자 감성을 공략하는 방법에 관련하여 "새로운 속임수를 익혀야 한다."[6] 성별 행태에 나타난 이 같은 변화의 원인, 그리고 결과는 많은 남녀를 혼란스럽게 했다. 심슨은 메트로섹슈얼리티를 일종의 남성성 굴복으로 봤다.[7] 이런 현상에 실망감을 강하게 표출한 평론가들도 있는데, 예컨대 모건 스펄록이 2012년에 제작한 다큐멘터리 영화 〈맨섬〉은 남성의 허영심에 대하여 비판적이고 냉소적인 평가를 내렸다. 한 여성이 익명으로 화면에 나와 "아무리 당신이 열심히 노력해도 정말이지 좋아 보이지가 않네요." 또 어떤 남자는 이렇게

---

1) 한 선수가 한 경기에서 3점을 넣은 것

선언한다. "당신 눈에야 좋겠지만… 난 정말 밥맛이요."

한편 동정적인 평론가들은 현재 남성성에 대한 규범이 남녀 평등주의적인 방향, 그리고 동성애를 좀 더 용인하는 방향으로 가고 있다는 점에 동의했다. 그러면서 이런 변화, 그리고 그 안에서 베컴이 수행한 역할을 긍정적인 시각으로 보았다. 이런 비평가들은 베컴을 자기도취적이고 방종에 빠진 인물로 낙인찍지 않았다. 대신 그의 개성이 주목받게 된 환경적 측면, 즉 극단적인 남성 중심 문화가 지배하는 엘리트 스포츠의 여러 측면을 분석하는 데 초점을 맞추었다. 예를 들어 베컴은 "패거리들", 즉 동료 선수들과 술집에서 술판을 벌이는 대신 아내, 아이들과 쇼핑을 즐기거나 쉬는 것을 더 좋아했다. 언뜻 보기에 그는 라커룸과 술집의 여성 혐오적인, 그리고 동성애 혐오적인 분위기를 의도적으로 피했으며, 그보다는 여자와 게이 모두에게 훌륭한 섹스 심벌로 여겨지는 자신의 역할에 완전히 만족해한 것 같았다. 그의 "여성적인 측면" 즉 매끈한 알몸, 애절한 눈빛, 심지어 가끔 화장과 매니큐어를 마다하지 않는 태도 등은 규범적 남성성에 대한 의도적인 모욕이다. 베컴의 자서전을 집필한 엘리스 캐시모어는 이 축구 스타가 "성적 취향에 대한 불편한 마음이 사라지고 전통적인 남녀의 구별이 없는" 삶의 모델을 제시했다고 역설했다.[8] 프랑스 발랑시엔 대학의 교수이자 문화 이론가인 데이비드 코드는 한술 더 떠, "메트로섹슈얼리티의 핵심에는 권력을 오로지 정력의 상징으로 간주하거나 혹은 당연히 남성이 보유하는 것으로 간주하지 않고, 양성兩性이 공평하게 분점할 수 있다는 개념이 자리 잡고 있다"고 주장했다.[9] 이런 의미에서 베컴의 이미지가 주창한 새로운 도시 남성상은 현대적 페미니즘에 대한 '진취적인 부응'이라고 말할 수 있다. 또 더 먼 미래를 내다보면서, 메트로섹슈얼리티의 개정판을 상상한 학자들도 있었다. 마리안 잘츠먼, 아이러 마타티아, 앤 오릴리 같은 사회학자들은 이른바 "위버섹슈얼übersexual"[1]의 시대가 올 것으로 예측했다. [10] 위버섹슈얼은 조지 클루니처럼 이성애 남자이면서 메트로섹슈얼의 모든 감수성을 지니되 자기 부정이나 자아도취증은 없는 유형의 성 정체성을 의미한다.

그렇다면 메트로섹슈얼리티는 후퇴인가 진보인가? 이에 대한 답을 얻기 위해서는 남성성 재규정 작업과 관련한 다른 사례에서처럼, 남성의 수염이 어떤 사회적 의미를 담고 있는지, 그리고 그가 수염을 기르게 된 동기는 무엇인지를 깊이 들여다봐야 할 것이다. 심슨 자신은 얼굴과 몸에서 털을 깎는 행위를 남성성의 포기이자 소극성의 표시라면서 부정적으로 평가했다. 하지만 만약 베컴을 메트로섹슈얼리티를 상징하는 핵심적인 인물로 받아들인다면, 턱수염은 그가 새로운 남성 이미지를 창출하는 데도 여전히 중요한 역할을 했다는 점도 인정해야 한다. 샌프란시스코에서 베컴 광고판의 베일이 벗겨졌을 때 언론인인 피터 하틀로브는 다소 길어 보이는 잔 수염에 주목하면서 "짧고 단순하게 수염을 길렀다"고 보도했다. "그 염소수염의 양쪽 끝에서 턱 쪽으로 나 있는 자그마한 크기의 민낯만 제외하고는, 잔 수염이 얼굴 전체를 덮고 있었다."[11] 베컴은 남성 섹스 심벌로서 자기표현의 수단, 즉 자기 몸의 모든 부분에 엄청나게 신경을 썼다. 수년 동안 그의 스타일을 조사한 결과 턱수염의 길이와 모양은 끊임없이 바뀌긴 했지만 얼굴에서 수염을 유지하는 것을 나머지 모든 부분에서 털을 제거하는 것만큼 중요하게 여겼다는 것이 밝혀졌다.

---

1) 거칠어 보이면서도 부드러운 남성형

메트로섹슈얼족은 턱수염을 싫어하지 않는다. 마이클 플로커를 비롯한 메트로섹슈얼 스타일의 전문가들은 체모를 정성껏 제거하라고 권유하는 한편, 턱수염 기르기를 장려했다. "턱수염, 염소수염, 소울패치[1], 콧수염이 있으면 얼굴을 치장하는 데 아주 많은 선택지를 갖게 되는 셈이다. 하지만 수염을 항상 적절하게 다듬어야 하고 끝을 깔끔하게 정리해야 한다. 격식을 안 차리는 까칠한 용모를 원하더라도, 턱선 아래쪽의 면도는 얼굴을 깨끗하고 강인하게 보이게 만드는 세련된 방법이다."라고 플로커는 말했다.[12] 베컴, 그리고 메트로섹슈얼의 경계선에 서 있는 브래드 피트와 조지 클루니 같은 멋쟁이들이 보여주듯이, 턱수염은 이 새 천년 시대의 초기를 빛내고 있는 멋쟁이 남자들의 얼굴에서 작은 르네상스를 일으키고 있다.

유럽과 미국의 주요 도시에서 턱수염이 부활한 데에는 몇 가지 이유가 있다. 베컴 같은 이성애자들은 도시 게이들에게서 어느 정도 힌트를 얻었는데, 이들 중 상당수는 최근 수십 년 동안 동성애와 여자 같은 성질을 동일시하는 사회적 편견에 맞서 의도적으로 턱수염이라는 수단을 택했다.[13] 그들의 "여성을 연상시키는 면모"를 접해본 남자들은 수염을 보고 그들에게 남성적 측면이 있음을 확인할 수 있었다. 메트로섹슈얼 남성이 심하지 않을 정도의 턱수염을 기르는 또 다른 이유는 성적으로 더 매력적으로 보이고 싶어서다. 1장에서 소개했지만, 여성이 선호하는 스타일에 대한 많은 연구가 이런 생각을 뒷받침한다. 젊은 여성들은 짧거나 까칠까칠한 정도로 수염을 기른 남자들을 선호하는 경향이 크다. 뭐랄까, 너무 많지도 않고 그렇다고 너무 적지도 않게… 베컴이 구사한 방식이

---

1) 아랫입술과 턱 사이의 수염

바로 이것이었다. 베컴 같은 패션의 명사들이 심리 연구에 동원된 여성 응답자들에게 영향을 준 것인지, 혹은 그 반대의 경우인지는 모르지만, 이 점에 관한 한 남녀 사이에 의견의 일치 같은 게 있는 것 같다.

이것이 전부가 아니다. 메트로섹슈얼족의 턱수염을 손질하는 방법은 매우 다양하다. 그들은 이것을 마치 의상처럼 취급한다. 이런 수염을 기르는 남자들은 옷을 입을 때처럼 달 또는 년 단위로 여러 가지 효과를 시험하면서 모양을 만들어보고 실험할 수 있다. 수염에 관한 한 딱히 메트로섹슈얼 스타일이란 것이 없는 이유이다. 메트로섹슈얼의 지도指導원리는 변화와 변형이다. 19세기 말 남성들은 이와는 반대로 변치 않는 남성적 자질의 상징으로서 턱수염을 선호했었다. 자연스러운 풍성함은 턱수염이 지닌 속성 중 가장 유용하고 인기 있는 특질이었다. 하지만 현대의 멋쟁이 남자들은 관심사가 다르다. 이들은 본인도 좋아해야 하지만 그것 못지않게 남에게 깊은 인상을 주고 싶어 한다. 남들의 관심을 회피하는 게 아니라 더 많이 끌어들이려 한다. 현대 남성은 남성적 특권을 과시하는 것보다 개인의 차별화된 모습을 보이는 걸 중요시하며 그러기 위해 털을 이용한다. 이런 관점에서 보면, 메트로섹슈얼 턱수염에는 역설적인 측면이 있다. 잘 관리한 턱수염이 남성미를 풍긴다는 것은 명백한 사실이지만, 그것은 또 자신과 남에게 멋있고 좋아 보이는 용모에 대한 그들의 관심이 얼마나 큰지를 잘 보여준다. 이 역설은 "여성적" 또는 "남성적"이라는 낙인을 비판 없이 남발한 행태에서 비롯된 면이 있긴 하다. 요컨대 성적 과시가 꼭 여성적이어야 할 필요는 없으며, 이것이 베컴 같은 이들이 진짜 주장하려고 했던 것이기도 하다. 정성스럽게 관리한 턱수염은 양성 간의 간극을 대신 채워준다.

도시의 남자들은 수염을 갖고 온갖 실험을 하면서도, 체모는 끈질기게 구박했다. 마크 심슨은 이 현상을 그들의 여성적 취향 탓으로 돌렸다. 하지만 마크 심슨은 틀렸다. 유진 샌도우 이후 체모의 제거는 순전히 근육 때문에 이루어졌다. 마이클 플로커는 《메트로섹슈얼 스타일 가이드》라는 책에서 이런 원칙을 명확히 하면서 독자들에게 가슴, 배, 그리고 겨드랑이털을 제거하여 "몸의 윤곽을 더욱 돋보이게 하라"고 촉구했다. 그는 가정용 헬스 기구 광고들을 보면, 항상 "사용 전" 모습은 뚱뚱하고 털 많은 모습으로 묘사하고, "사용 후" 모습은 근육질 몸매에 '기적처럼' 털 하나 없는 모습으로 묘사되어 있다는 점을 지적했다.[14] 스펄록이 제작한 영화 〈맨섬〉을 보면 중동계 미국 프로 레슬러인 숀 데이버리가 TV 시청자들 기대에 부응하기 위해 온몸의 털을 힘들게 깎는 장면이 나온다. 그는 털 하나 없는 자신의 새 몸통에 감탄하면서 이렇게 설명한다. "이러고 나면 실제보다 내 몸매가 좋아졌다는 착각에 빠지곤 해요."[15] 체모를 제거하는 행위는 순전히 몸매를 돋보이기 위한 것이다. 고대 그리스의 관점에서 보면 '젊음의 활력'을 뽐내려는 것이다. 메트로섹슈얼족의 체모 제거 행위는 기본적으로 여성적인 행동도 아니고 새로운 경향도 아니다. 반대로 고대의 이상을 대중문화의 혈류 속에 주입하는 행위로 봐야 한다.

따라서 수염을 기르는 동시에 체모를 제거하는 행위는 육체적 남성미를 돋보이기 위한 나름대로 합리적인 접근법이다. 여기에는 턱수염이 도움이 되지만 근육도 중요하다. 메트로섹슈얼족은 여기에 베컴의 유명한 '불룩한 물건'이 입증한 또 다른 형태의 남성적 과시물을 추가한다. 남성의 육체에서 이 '물건' 부분이 큰 관심을 끌었기 때문에 그 주변 체모도 제거 대상이 되었다. 이른바 "보이질리언Boyzillians"[1], 즉 "엉덩이, 음낭, 궁둥이 사이 골의 제모법은 새 천 년 시대에 들어와 점점 인기가 높아지고 있다. 2012년 《뉴욕타임스》는 뉴욕에서 점점 인기가 높아지고 있는 남성 보이질리언 제모법을 소개하면서 이렇게 보도하였다. "게이도 있고 이성애자도 있고, 매우 보수적인 남자, 아주 진보적인 남자, 모두 다 옵니다. 모든 나이대의 사람이 옵니다. 우리가 생각했던 것보다 훨씬 큰 비즈니스에요."[16] 이 지역에서 유명한 제모 업소 사장이 말했다. 체모 관리용으로 특별히 제작된 전기면도기의 판매도 급증했다. 독일에서 실시된 설문 조사에서, 독일 젊은이 중 5분의 1 정도가 음모를 더럽고 비위생적이라며 주기적으로 깎고 있다고 응답했다.[17] 《GQ》 영국판의 편집장은 "오늘날 패션계에서는 깨끗한 용모가 뜨고 있고 사람들은 그것을 무의식적으로 받아들이고 있죠."라고 설명한다.[18] 한 미용실의 매니저는 더욱 생생하게 설명한다. 성기 주변의 체모를 제거하면 "당연히 성기가 더욱 두드러져 보입니다. 아래에 있는, 뭡니까, 그 물건을 가리는 장애물이 없어지기 때문이죠."[19] 털과 근육이 경쟁하는 판국에 털과 성기의 경쟁이 합류한 것이다. 털 제거 행위는 '그 물건'을 흐릿하게 가리는 것을 제거하기 위함이다. 비록 그 "물건"이 베컴의 거대한 포스터처럼 명품 속옷으로 덮여 있다고 해도 어쩔 수 없다.

육체미 과시를 위한 이런 3대 전선, 즉 얼굴, 근육, 성기를 집중하여 공략하는 현실에는 자신감을 강화하고 남들의 인정을 받으려는 남자들의 절박한 욕구가 반영되어 있다. 19세기 초의 이른바 "위대한 금욕"이 드디어 때를 만났는지도 모른다. 200년 전 유럽과 미국의 남자들은 같

---

1) 왁스를 이용한 여성의 음모 제거법인 브라질리언왁싱과 Boy가 합성된 신조어

은 남성들 사이의 경쟁을 완화하고 남녀 간의 차이점을 공고히 하기 위해 화려한 옷차림을 포기하고 몸을 단장하는 노력을 최소화했다. 단, 턱수염은 예외였다. 남자들은 남자들의 관심을 끌려고 정성스럽게 치장하고 서로 경쟁하는 여자들의 관찰자요 심사위원으로 군림했다. 이제 이런 차별적 지위는 다소 완화되었고, 여자들은 관찰자라는 자신들의 새로운 역할을 환영하게 되었다. 1995년 BBC가 드라마로 제작하여 인기를 끌었던 제인 오스틴의 〈오만과 편견〉에서 가장 유명해진 장면을 예로 들 수 있다. 여기서 극 중 주인공 남자는 철저하게 현대적 분위기를 자아내는 노출 연기를 선보인다. 현대 여성들은 주인공 다아시Darcy가 연못에 뛰어들었다가 나온 뒤 젖은 셔츠 차림으로 엘리자베스(여자 주인공)를 만나는 장면에서 전율을 느꼈다. 오스틴의 시대에는 이런 정도의 점잖은 장면마저도 생각할 수 없었을 것이다. 하지만 이 장면 덕분에 배우 콜린 퍼스는 일약 세계적인 섹스 심벌로 떠올랐다.

메트로섹슈얼 타입이라는 낙인이 찍혔든 아니든, 현대 도시 남성들은 성적으로 자유롭고 소비자가 주도하는 현대 패션의 속성을 받아들이게 되었다. 그들은 적당한 턱수염이 근육질 몸매만큼 매력적일 수 있다는 사실을 발견하면서 '얼굴의 털'에 새로운 정당성을 부여했다. 같은 논리로 그들은 턱수염을 둔감하고 가부장적인 인간이 아니라 감수성이 풍부하고 세련된 사람의 상징으로 새롭게 정의했다. 그러면서 규범적인 남성성을 재정립하는 과정에서 예전에는 여성적인 것으로 간주하던 영역까지 남성성의 범위를 확장하였다.

이런 움직임은 쉽지도 않았고, 보편적으로 받아들여지지도 않았다. 반대로 최근에 와서는 이런 세련된 개선을 향한 움직임이 다소 후퇴하고 있는 듯하다. 이른바 '힙스터족hipster'[1])과 럼버섹슈얼족Lumbersexual은 턱수염이 포함된 남성성을 추구하는 데 있어 다른 접근법을 제시하였다. "럼버섹슈얼"은 2014년 줄무늬 셔츠, 크고 무거운 장화, 무성한 턱수염을 선호하는 도시 남성들을 묘사하기 위해 만들어진 신조어이다.[20] 이 말은 "메트로섹슈얼"이란 단어를 가지고 일종의 말장난을 한 것인데, 이들이 도시에 거주하는 이성애자로서 설득력 있는 남성성의 자기표현법을 찾으려고 의식적으로 노력한다는 점에서 메트로섹슈얼의 특징과 유사하다는 것을 시사한다. 메트로섹슈얼족은 스포티하고 깔끔한 반면에 럼버섹슈얼족은 야외생활에 적합한 옷차림을 좋아하고 몸이 건장하다. 둘 다 자기 용모에 신경을 많이 쓰지만 럼버섹슈얼족과 턱수염을 기른 힙스터족은 소비 지향적 자기애와 무관하고, 남을 의식하지 않는 사람으로 보이고 싶어 한다. 장화를 신고 턱수염을 무성하게 기른 남자는 자연주의적인 남성성을 숭배하는 19세기 논리를 좇는다. 따라서 여자들을 즐겁게 해주기보다는 자기 풍모에서 여성의 속성을 없애는 데 훨씬 더 큰 관심이 있다. 스스로 럼버섹슈얼족임을 드러낸 한 남자는 인터뷰에서 그들의 용모가 세심하게 계산된 의도를 반영한 것임을 인정하였다. 럼버섹슈얼족의 용모는 힙스터족과 "게이 베어Bear족"의 스타일을 바탕으로 하고 있으며, 성 역할의 지형이 급변하고 있는 현실 속에서 남성성과 여성성의 경계를 더욱 선명하게 구별하려는 의도가 반영된 것이라고 했다.[21]

게이 남성들 역시 럼버섹슈얼족과 마찬가지로 비슷한 절박함을 느꼈다. 남자로서의 선명성을 강조해야만 하는 절박감이었다. 그들은 동성애

---

1) 유행 등 대중의 큰 흐름을 따르지 않고 자신들만의 고유한 패션과 음악 문화를 좇는 부류

와 여자의 속성을 연관 짓는 문화적 편견을 깨기 위한 투쟁의 일환으로 자신들이 진정한 남자라는 주장에 힘을 싣고자 했다.[22] 그중에서 특히 두 집단, 즉 "베어족"과 "레더맨leathermen족"[1])에게 턱수염은 옷, 취미, 성적 관행과 더불어 남성성 과시 욕구를 보여주는 데 필수적인 액세서리가 되었다. 이 두 집단은 1969년 뉴욕시에서 일어난 스톤월 항쟁[2]) 이후 형성되었다. 동성애자들이 정치적 음지에서 나와 세상 밖으로 행진했고 자신들을 사회적으로 인정하고 용인해줄 것을 주장했다. 베어족은 플란넬[3]) 셔츠, 총, 픽업트럭 같은 남성적이고 노동자 계급을 나타내는 명확한 특징들을 지닌 남자들이다. 그들이 펴내는 정기간행물과 휴양지들은 체구가 크고 털이 많은 사람을 대상으로 만들어지고 꾸며진다. 흔히 사회가 얕잡아보는 이런 자질들을 그들은 뿌듯해한다. 같은 논리로 그들은 동성 간의 이끌림을 이런 자질과 융합하여 두 편견에 모두 효과적으로 대응했다.

레더맨족의 행사 중 가장 중요한 것은 1979년부터 시카고에서 열리고 있는 국제 미스터 레더 대회이다. 최근에는 2000명 정도가 참석해왔다. 한 언론인이 설명에 따르면, 이 대회에 오는 사람들은 "화이트칼라 노동자들이며, 가죽옷을 입고, 동성을 좋아하는 남자들"이다.[23] 그들은 또 턱수염을 무척이나 좋아한다. 이 도시에 있는 그랜트 공원에서 열리는 연례 행진은 수염을 과시하는 행사로 유명하다. 이 게이의 하위문화 그룹은 수염과 가죽으로 상징되는 폭력(거친 성생활)이나 위험과의 연관성을 거침없이 드러내는가 하면, 오토바이 폭주족의 기풍을 자아내기

1) 게이 커뮤니티 내에서 가죽옷을 입는 것으로 동질성을 유지하는 하위 집단 중 하나
2) 동성애자들이 애용하던 뉴욕의 술집 '스톤월'에 경찰이 들이닥치고 양측의 충돌에서 비롯되어 그 후 성 소수자의 인권운동이 활발히 벌어지게 된 계기가 된 사건
3) 면이나 양모를 섞어 만든 가벼운 천

도 한다. 메트로섹슈얼족처럼 베어족과 레더맨족은 성적 매력을 부각시킨 남자 몸을 드러내 놓고 과시하여, 남자를 단순히 성을 갈망하는 존재가 아니라 성적 욕망의 대상으로서도 자리매김하였다. 이들 문화에서 남성적 예의와 자제력이라는 전통적 요새는 무너졌다. 남녀에게 어느 정도까지가 자유인지는 여전히 논란의 대상이지만.

성별의 경계선을 무너뜨리기 위해 수염을 훨씬 과격하게 사용한 사례도 있다. 오스트리아의 크로스드레서cross-dresser[1]인 토마스 노이비르트는 획기적인 스타일로 사람들의 시선을 사로잡았다. 2014년 유로비전 송 콘테스트에서 '드래그 페르소나'[2], 즉 콘치타 부르스트의 모습으로 무대에 올라 우승을 차지했다. 반짝이 구슬이 달린 드레스, 귀고리, 긴 머리, 연장된 속눈썹 외에 콘치타의 가장 뚜렷한 특징은 짙고 검은 턱수염이었다. 남성성과 여성성이 뒤섞인 분장은 그(혹은 그녀)가 부른 〈피닉스처럼 일어나라〉라는 노래에 담긴 개인적 변신이라는 테마와 놀랄 정도로 잘 어울렸다. 콘치타는 보수적인 동유럽 나라들의 표까지 얻어 대회에서 낙승을 거두었다. 유럽에서 적어도 이곳만큼은 콘치타가 보여준 개인적 해방, 특히 성 규범으로부터의 해방의 표현 방식을 받아들일 준비가 되어 있는 것 같았다. 그는 오스트리아에 돌아온 뒤 이렇게 말했다. "이것은 나 개인의 승리만이 아닙니다. 차별이 없어도 잘 돌아가고 관용과 존중에 바탕을 둔 미래를 믿는 사람들이 모두 이 승리의 주인입니다."[24]

기존의 사회적 및 성별 질서에 대한 메트로섹슈얼족, 게이, 복장 도착자들의 도전을 제일 두려워한 집단은 보수주의자들이다. 아이러니하게

1) 이성의 복장을 즐기는 사람들
2) 여장했을 때의 자아

도 보수주의적 남자들의 분노는 본인들도 반反 순응의 상징인 턱수염을 실험적으로 기르는 정도까지 치솟았다. 개신교가 지배하는 미국이 수염에 가장 적대적인 환경이라 할 수 있는데, 이런 미국에서도 새로운 남성성을 반영한 얼굴이 등장하여 남자의 정의를 자신들 뜻대로 바꾸려는 메트로섹슈얼족과 게이들에 도전장을 내밀었다. 릭 워렌 목사와 TV 스타인 필 로버트슨은 모두 남부 출신의 침례교도이며, 보수 기독교 교단 내에서 턱수염을 통해 저항 기질을 드러내고 있는 두 명의 대표적인 인물이다. 두 사람의 생각은 조금 다른 부분이 있지만 대체로 일치한다.

릭 워렌, 콘테스트를 주최하다

2013년 봄, 염소수염을 기른 침례교 목사 릭 워렌은 캘리포니아주 새들백Saddleback 교회에 다니는 2만 3000명의 신도 중 남자들에게 수염을 길러 사진을 제출하라고 권유하였다. 이 중에서 선발된 사람은 콘테스트 결승전에 진출시켜 주겠다는 것이다. 미국에서 가장 영향력 있는 목사로 꼽히는 워렌은 "가장 웅장하고, 가장 한심한" 턱수염을 기른 사람에게 그해 7월에 100달러짜리 선물권을 손수 증정하겠노라 예고했었다.[25] 이른바 "비어드업 새들백" 대잔치의 하이라이트는 "오리 사령관" 필 로버트슨의 깜짝 방문이었다. 그는 리얼리티쇼 히트작인 〈덕 다이너스티〉에서 짙은 턱수염을 기른 채 가부장적인 주인공으로 나오는 배우이자, 보수적이고 복음주의적 신앙생활을 지지하는 유명인사이다. 그날 예배가 끝난 뒤, 교회 신도들에게 턱수염 상은 물론, 케이준[1] 음식, 자이

---

1) 미국으로 강제 이주된 캐나다 태생 프랑스 사람들이 만들어 먹기 시작한 음식

13.2 릭 워렌 목사.

데코 음악[1], 가재 요리 시범, 그리고 〈덕 다이너스티〉 선물 증정식 등이 마련된 푸짐한 파티가 베풀어졌다.

남부 침례교의 전통에는 남성의 털에 대한 장구한 저항의 역사가 포함되어 있는데, 워렌과 로버트슨, 모두 이런 전통과 뗄 수 없는 인물들이다. 얄궂게도 이 보수주의자들이 반문화적인 얼굴 스타일을 열심히 실험하고 있는 것이다. 이런 반전을 가장 간단히 설명하자면 '긴 머리와 턱수염이 더는 진보적 또는 반항적 태도의 상징으로 간주되지 않으며, 〈덕 다이너스티〉의 남자 주인공들이 기르는 풍성한 턱수염처럼, 이 새들백 턱수염 경연대회는 성명 따위를 발표하는 것보다 사람들의 이목을 더

---

1) 원래 루이지애나의 미국 흑인들이 연주한 춤곡

많이 끈다' 정도가 될 것이다. 하지만 이 대답은 일부만 맞다. 턱수염, 특히 방대한 턱수염은 대담하고도 저항적인 분위기를 풍기는데, 이것은 턱수염이 진보적인 남자들은 물론이고 보수적인 남자들의 마음을 끄는 중요한 이유이기도 하다. 한 세대 전 보수적인 전도사들은 예배 시간에 록음악을 도입하기 시작했다. 이제 드디어 수염이 등장할 때가 온 것이다. 보수적인 반항아가 된다는 것이 가능한가? 안 될 이유는 뭔가? 이것이 바로 오늘날 많은 젊은 남성들이 간절히 되고자 하는 인간상일진대….

워렌과 로버트슨이 그렇게 큰 영향력을 얻은 것은 역동적인 정신, 어쩌면 반대되는 정신을 턱수염과 함께 포용했기 때문이었다. 1970년대 초, 당시 십 대 소년이었던 워렌의 아버지는 침례교 목사였다. 워렌 역시 목사가 되기를 열망했으나 그가 되고자 한 것은 현대적인 목사였다. 1970년 고등학교에서 기독교 클럽 활동을 하던 당시 워렌은 이른바 "예수 운동"에 감명을 받았다. 이것은 1960년대의 로큰롤 문화를 보수적인 종교적 감성에 접목한 선교 활동이었다.[26] 워렌은 모든 면에서, 장발에 철 테 안경, 현대 포크록 음악에 맞춰 혼을 담아 기타를 두드리는 존 레넌의 '기독교 신자 판'이라 할 만했다. 그러나 그의 반半 히피 스타일이 모든 사람 마음에 들었던 것은 아니었다. 그는 고등학생 신분으로 평신도 설교 자격증을 취득하기 위해 관할 교회 심사위원회에 출두했다. 이것은 남부 침례교 목사라는 직업 세계에 진출하기 위한 첫 번째 관문이었다. 심사위원들은 그의 선교 활동과 교리적 신앙심에 관해 물었고 그의 답변은 만족스러웠다. 그런데 담임목사가 그의 용모에 이의를 제기했다. 그에게는 이 멀쑥한 청년이 침례교 목사보다는 반전운동가처럼 보였던 것 같았다. 워렌은 장발에 어떤 정치적 의미가 있는 것은 아니고 단지 또래들과 더 잘 어울리기 위한 '젊음의 스타일'일 뿐이라고 변명했다.[27] 위원회는 그의 주장을 받아들여 자격증을 부여했다. 워렌은 나중에도 유행에 따라 캘리포니아식 용모를 계속 보여주었다. 그는 1980년대와 1990년대에, 로스앤젤레스 외곽에 세운 교회를 미국에서 가장 큰 거대교회[1] 중 하나로 키우는 과정에서 턱수염의 크기를 줄였으나 대신에 콧수염을 길렀고 나중에는 염소수염이라는 장식품을 추가하였다. 2000년대에는 그가 옷장에 가득 채워 놓고 즐겨 입던 하와이안 셔츠[2]가 하나님의 '태평스러운 아들' 같은 그의 이미지를 더욱 돋보이게 했다.

이 모든 것은 그와 그의 교회가 전통의 경계를 허물고, 한물간 관습에 얽매이지 않을 것임을 넌지시 알리는 절묘한 홍보 방식이었다. 워렌의 접근법은 역사와 단절되고, 공동의 뿌리를 잃고 서로 고립된 채 살아가는 남부 캘리포니아의 하위 집단 사람들에게 잘 먹혔다. 워렌은 현대적 생활환경과 잘 어울리는 보수적인 신앙 활동을 제시했다. 그의 선택은 단지 스타일의 문제가 아니었고 그런 전략은 그만의 것도 아니었다. 사회학자인 존 D. 보이는 "21세기 초에 턱수염을 기른 전도사라는 새로운 집단이 등장했으며, 이들은 엄격한 교리와 과거의 규범을 희망의 '대화'로 바꾸려 한다"고 예리하게 지적했다.[28] 보이는 이어 "염소수염을 기르고 사람들에게 개종을 부추기는 이들은 오히려 더 진정한 '하나님의 아들' 같다. 단정하게 차려입고 지나치게 정치적이고, 친 공화당 성향으로 무장한 자기 조상들보다도…."라고 말했다. 예상대로 워렌은 가정 문제와 성도덕에 대한 우파의 집착에 거부감을 보였고 빈곤이나 지구온난화 같은 포괄적인 사회 문제들에 더 많은 관심을 기울였다. 신임 대통령으

1) TV 등을 통해 예배 실황을 중계하는 교회
2) 무늬가 화려하고 헐렁한 반소매 면 셔츠

로 선출된 버락 오바마가 2008년에 열린 취임식의 시작기도 를 그에게 부탁하겠다고 생각한 것도 바로 이런 그의 비非 인습적인 태도 때문이었다.

위렌과 오리 사령관 필 로버트슨은 완전히 똑같은 부류의 사람이라고 할 수 없다. 하지 그 둘은 '얼굴 털'에 대한 애정 외에도 비슷한 점이 많다. 세부적인 방식은 다르지만 둘 다 현대의 세속 문화에 저항하고 있다. 소탈한 생활 지혜의 대가 격인 로버트슨은 젊었을 때부터 존경심을 보장받을 수 있는 전통적인 길을 포기했다. 하지만 그가 정도正道에서 이탈하는 과정은 위렌보다 훨씬 극적이었다. 로버트슨은 1960년대 말에 2년 동안 루이지애나 공과대학의 미식축구팀에서 쿼터백으로 뛰었다. 그는 나중에 명예의 전당에 오른 테리 브래드쇼를 벤치로 밀어낼 만큼 실력이 뛰어났다. 각진 턱에 머리를 짧게 자른 로버트슨은 전형적인 미국 중부 남자의 모습이었다. 하지만 그는 미식축구를 그만둔다. 운동이 그의 관심사인 오리 사냥에 방해가 되었기 때문이었다. 그는 사회적으로 인정받고 부가 보장되는 스포츠 스타의 삶을 포기하고 대신 야외에서 멋대로 사는 남성성의 길을 택했다. 말하자면 로버트슨은 광야에서 방황했다. 결혼하여 아이들을 둔 그는 폭음과 알코올 의존증이라는 자기 패배적 생활 패턴에서 빠져나오지 못했다. 한동안 가정을 팽개칠 정도로 상황이 심각했다.[29] 바닥까지 내려간 그는 마침내 예수를 발견했고, 맨정신의 세상과 가정으로 돌아올 수 있었다. 하지만 그 후에도 로버트슨은 완전히 길들기를 거부했다. 사냥을 즐기는 라이프스타일과 야외활동 애호가다운 턱수염만큼은 포기하지 못한 것이다. 그것은 남성적 독립성과 반항적 태도를 나타내는 상징물이기도 했지만, 나중에 그는 그것으로 마케팅의 기적을 만들었다.

로버트슨이 사업에서 성공한 것은 기본적으로 그가 수집한 독특한 오리 사냥용 피리 덕분이었다. 하지만 그의 진짜 천재성은 사냥이라는 라이프스타일을 대중에게 팔았다는 점이다. 그는 옷, 장비, 비디오, 그리고 턱수염을 기른 사냥꾼이라는 독특한 자신의 이미지를 패키지 상품으로 묶어 팔았다. 이제 다 성장한 로버트슨의 아들들이 사업을 운영하기 시작했을 때, 그들은 처음에는 아버지의 외모를 본받으려 하지 않았다. 사업가는 말쑥한 용모가 중요하다고 생각했기 때문이었다.[30] 그러나 2005년 무렵, 그들은 턱수염이 그들을 부각시키고 그들 회사로 사람들의 관심을 끌어들인다는 사실을 깨달았다. 아들인 윌리의 말에 따르면, 긴 턱수염은 "사람이 생각해낼 수 있는 최고의 마케팅 무기이며, 게다가 돈도 안 들어간다."[31] 그렇더라도 그들은 여전히 쇼핑 프로나 오리 사냥 시즌에만 턱수염을 길렀던 것 같다.[32] 그러나 이 프로가 한번 대히트를 치자 그들에게는 보호해야 할 이미지가 생겼다. 그들은 '가부장적 권위를 주고 갈기처럼 생긴 수염'을 가꾸는 데 전력하지 않을 수 없었고, 이에 아내들은 실망했다.[33] 여자들이 이런 변화를 참은 것은 〈덕 다이너스티〉에서는 남자들이 스타이고, 여자들은 조연이기 때문이다.

야생적 삶의 향수를 자극하는 〈덕 다이너스티〉의 성격은 1850년대에 있었던 턱수염 부흥 운동을 똑 닮았다. 이때에도 등산과 맹수 사냥이 진정한 남성성을 고민하는 많은 도시 남자의 관심을 끌었다. 필 로버트슨과 그의 아들들은 현대 사회에서 비슷한 충동을 느꼈다. 따라서 남성의 자신감과 관련한 문제를 직·간접적으로 해결해나가는 한편, 전통적인 성 역할을 더욱 강화하고자 했다.[34] 윌리 로버트슨은 최근 대린 패트릭이 쓴 《남성성에 대한 친구의 충고》(2014년)라는 보수적인 (제목은 보수적이 아니지만) 책에 서문을 써주었다. 그는 이 글에서 이렇게 선언했다. "내가 자란 집안은 성숙한 수염을 길렀을 뿐 아니라, 사는 법을 알고 아내와 아이들을 사랑하는 법을 아는 남자들의 집안이었다… 우리는 사내아이들이 아니라 진짜 남자들이 더 필요했다. 강하고 경건하고 성숙한 남자들이."[35] 그가 사내아이와 남자들을 이렇게 구분한 정확한 의도는 명확하지 않다. 특히 "사내아이들"을 탐탁지 않게 본 구절 뒤에 다음과 같은 호소문을 덧붙였기 때문이었다. "오, 그런데 얘들아, 그 턱수염을 그냥 끝까지 자라게 놔두지!!" 그의 말에 일관성이 없을지는 몰라도 오리 사냥꾼들이 평범한 남자들에게 전하려는 메시지는 명확하다. 궁지에 몰린 남성성, 즉 턱수염을 사수하라! 반항적 자부심으로 턱수염을 기르라!

미국 전도사들 사이에서 일기 시작한 턱수염 옹호론은 종교적 메시지라기보다는 사회적 메시지로 봐야 할 것이다. 워렌과 로버트슨은 분명히 성경이나 신학적인 이유에서 '얼굴의 털'을 권장하지 않았다. 그럴 수가 없었다. 대다수의 보수적인 기독교인들은 여전히 짧은 머리와 면도한 얼굴을 도덕적 청렴과 종교적 강직성을 나타내는 전통적인 지표로 여겼기 때문이다. 이런 태도를 가장 열심히 권장하는 사람들은 모르몬교도들이다. 이 교단은 일반적으로 '얼굴의 털'을 불복종의 표시로 해석한다. 모르몬교가 후원하는 대표적 대학인 브리검 영 대학교는 학생들의 턱수염을 엄격하게 금지하고 있다. 최근의 연구에 의하면, 강력한 압박에도 불구하고 독실한 모르몬교도 중 소수가 콧수염과 턱수염을 기르고 있는 것이 밝혀졌다. 이 남자들은 개혁가도 아니고 반란자들도 아니다. 하지만 이들을 그렇게 만든 개인적 또는 심리적 이유가 무엇이든지 간에, '얼굴의 털'을 기르겠다는 결정 때문에 이들은 비非순응주의자의 굴레를 떠

맡을 수밖에 없다.[36] 모르몬교도의 사례에서 턱수염을 기르는 행위는 애초의 의도와는 상관없이 반항적 행위로 비칠 수 있다는 것을 잘 보여 준다.

대부분의 보수적인 기독교인은 여전히 '얼굴의 털'을 전통에 어긋나는 것으로 여기지만 유럽과 미국의 일부 보수적 종교 집단에게는 그것이 정반대의 의미, 즉 종교적 복종심과 집단 정체성의 상징이다. 아미시파 교인, 정통파 유대교도, 무슬림 근본주의자들은 턱수염을 통해 자신들의 신앙심과 민족 정체성을 확인하고 홍보한다. 이들 집단에서는 신앙심과 남성의 명예가 불가분의 관계로 엮여 있으며, 이들에게 턱수염은 매우 강력한 상징이다. 동시에 이들을 해치려는 사람들에게는 훌륭한 표적이 된다.

멀렛의 부하들, 복수하다

시골 농가에서 자고 있던 마흔다섯 살 마이론 밀러와 그의 아내 알린은 어느 날 대문을 두드리는 시끄러운 소리에 깨어났다. 남자 6명이 문 밖에서 기다리고 있었다. 마이론이 누가 왔는지 보려고 문을 조금 연 순간 한 남자가 문틈으로 그의 턱수염을 움켜쥐더니 그를 밖으로 끌어냈다. 마이론도 상대방의 턱수염을 잡아당기려 했으나 어디선가 갑자기 다른 남자들이 나타나 그를 땅바닥에 쓰러뜨렸다. 침입자 중 하나가 가위를 휘두르더니 가슴까지 내려오는 밀러의 턱수염을 5㎝ 정도만 남겨 놓고 모조리 잘라버렸다. 알린은 아이들에게 빨리 긴급전화를 걸라고 소리쳤다. 침입자들은 망연자실 수치심에 빠진 희생자를 남겨둔 채, 그의 수

염을 자를 때처럼 신속하게 어둠 속으로 사라졌다.[37]

이 이상한 범죄 이야기는 고대 역사책의 한 페이지에서 인용한 것처럼 들릴지 모르겠다. 하지만 이것은 2011년 10월 4일 오하이오주에서 실제로 일어났던 사건이다. 밀러는 아미시파의 주교였고, 당시 버그홀츠 Bergholz라는 정착지에서 따로 살던 아미시교의 한 분파와 분쟁을 벌이고 있었다. 이 분파는 샘 멀렛이라는 성마르고 별난 주교가 이끌고 있었다. 밀러의 턱수염을 망가뜨린 사건은 사실 멀렛의 복수극이었는데, 수염 자르기는 아미시 공동체에서는 금기시되는 행동이었다. 멀렛 자신은 가담하지 않은 상태에서 "버그홀츠의 이발사들"은 두 달 동안에 걸쳐 다섯 번이나 교인의 집에 침입하여 남자 여덟 명의 턱수염과 여자 한 명의 머리카락을 잘랐다. 피해자들은 모두 이 분파의 신도들을 배신하고, 나아가 그리스도 신앙을 모욕했다는 죄를 뒤집어썼다. 이 폭행 사건으로 초기에 피해를 본 신도들은 정식으로 고발하지 않았으나, 밀러 주교와 그 후에 당한 사람들은 고발하기로 결심했다. 그러지 않으면 멀렛 측 만행이 멈출 것 같지 않았기 때문이다. 반反아미시적 행동이 반反아미시적 반응을 자초한 셈이었다.

그 후 세간에 화제가 된 역사적인 재판이 열렸다. 국제적인 이목이 쏠린 이 재판에서 2009년에 제정된 셰퍼드 버드 법Shepard-Byrd Act[1]이 역사상 처음으로 적용된 판결이 나왔다. 이 법은 인종, 피부색, 종교, 성적 취향, 국적을 근거로 사람에게 신체적 위해를 가하면 연방 범죄로 처벌하도록 규정하고 있다. 이 재판은 한 전원공동체 안에서 일어난 폭력 사건이라는 흥미로운 구경거리를 전 세계에 제공하였고, 아울러 전통적인

---

1) 증오범죄 예방법

신앙 집단에서 턱수염이 차지하고 있는 의미를 생생하게 보여주었다. 연방 검사들은 폭행범들을 증오 범죄 사건으로 기소했다. 턱수염이 단순한 턱수염이 아니라고 판단했기 때문이다. 남자 아미시 교도의 턱수염을 깎은 행위는 일종의 종교적 증오이고, 따라서 일시적인 외모 손상보다 훨씬 심각한 범죄라고 그들은 주장했다.

여러 가지 면에서 샘 멀렛 집단은 사교 집단이었고, 멀렛은 사이비 교주였다. 멀렛은 과묵한 60대 남자로 공포감을 주는 조직 생활을 통해 추종자들을 노예처럼 부렸다. 그는 신도들에게 자신은 하나님과 대화를 나누는 선지자이며, 자신을 반대하는 사람은 누구든 죄인이라고 말했다. 그는 추종자들에게 전통적인 일요일 예배는 불필요하니 포기하라고 명령했고, 신의 계시라며 자신이 만든 포고문을 제시했다. 그는 또 속죄의 개념을 한 단계 심화했다. 개인적으로, 또 집단적으로 추종자들의 신앙생활에 결함이 있다며 격렬히 비난했고, 이상한 형태의 속죄 의식을 실행하라고 명령했다. 속죄 의식에는 배 젓는 노로 구타를 한다든지 염소 우리나 닭장 속에 장기간 가두는 등의 기행이 포함되어 있다. 한편 속죄 의식을 치르는 남자들의 아내는 "성 상담"을 받으러 멀렛의 거처, 그리고 그의 침대에 들어가라는 지시를 받았다. 멀렛은 상담 시간에 여자에게 남편을 더 즐겁게 해줄 방법을 가르쳐주었다.

턱수염 깎기와 머리 깎기는 버그홀츠에서 죄지은 자들에게 수치심을 주거나 속죄하는 의식의 일환으로 도입되었다. 아미시 교도들은 17세기 선조 때부터 주변의 부패한 세계로부터 격리된 삶을 살아왔으며, 소박한 턱수염과 보닛 차림을 선호하고, 그 어떤 인위적이거나 방종적인 행위도 교리로 금지했다. 정성껏 몸치장하는 행위도 금지했다. 턱수염이나 여성

13.3 아미시 남자.

의 긴 머리를 자르는 행위가 그들에게 얼마나 중대한 의미였는지는 구약에 언급된 고대의 관습, 즉 머리나 수염을 뽑거나 자르는 행위를 애도나 불경의 표시로 여겼던 고대의 관습에 비추어 볼 때 충분히 이해할 수 있다. 버그홀츠의 죄인들은 자신들이 마음에서 사악한 생각을 일소하고 새로운 정신을 재생하기를 갈망한다는 표시로 머리와 수염을 자발적으로 손질해야 했다. 따라서 멀렛과 그의 추종자들은 공동체에서 나갔거나 자신들을 흉보는 "위선자들"에게는 그런 수치스러운 고행을 안겨주어도 좋다는 의식이 있었다.[38]

법정에서 멀렛의 변호인단은 머리를 깎는 행위는 연방법에 규정되어 있는 신체적 위해에 해당하지 않는다고 주장했다. 따라서 법원은 사건의 원인이 된 위해의 성격부터 규명할 필요가 있었다. 증거와 증언에 의하면 희생자들은 수염과 머리카락을 잃음으로써 깊은 절망과 고통을 겪었다. 그 공격을 통해 가해자들이 의도했던 결과를 얻었음이 분명했다. 한 피해자는 법정에서 비통한 심정을 털어놓았다. "저는 절망했습니다. 머리와 턱수염 없이 거리를 돌아다니는 것은 아미시 교도의 생활 방식이 아니니까요."[39] 그는 조금이라도 머리와 수염이 빨리 자라지 않을까 하는 생각에 여러 가지 비타민을 복용했다고 털어놓았다. 또 다른 희생자는 법정에서 이렇게 증언했다. "저 사람들이 수염을 깎지 말고 나를 때려죽였더라면 더 좋았을 겁니다."[40] 위해는 분명히 존재했다. 성격상 육체적이라기보다는 정신적, 그리고 심리적 위해에 가깝긴 했지만. 클리블랜드 연방법정의 배심원단은 나흘간 숙고한 끝에 멀렛과 그의 추종자 15명에게 검찰이 기소한 대로 유죄 평결을 내렸다. 몇 달 후, 멀렛에게는 징역 15년, 나머지 사람들에게는 1년에서 7년의 징역형이 선고되었다.[41] 그런데 2014년 가을, 항소심이 가해자들의 행위가 종교적 증오심이 아니라 사적인 갈등에 기인했다는 판단을 하면서 피고인들에 적용했던 증오 범죄 처벌법에 따른 기존의 유죄 판결이 번복되었다.[42] 현재로서는 이 사건의 재심이 청구될지 모르며, 그러면 턱수염의 종교적 의미도 재고될 것이다.

버그홀츠의 '이발사 사건'은 턱수염이 종교적 공동체의 정체성에서 차지하고 있는 확고한 역할을 극명하게 보여주고 있다. 아미시 집단은 스스로 고립 생활을 하며 옛 전통을 고수하고, 자신들의 신앙심을 머리와 수염으로 표시한다. 유대교와 이슬람교 근본주의자들은 비슷한 성서를 추종하고 있으며, 또 소박한 구식 옷을 입고 다듬지 않은 턱수염을 기른다. 아미시 교도들이 전기가 들어오지 않는 농가에 틀어박혀 사는 반면, 유대인들과 무슬림들은 하시디파 유대인들처럼 도심 속에 집단 거주지를 건설했다. 소설가 체임 포토크의 생생한 표현에 의하면 이들은 "검은 모자를 쓰고, 길고 검은 코트를 입고, 검은 턱수염과 귀밑수염을 기른 채 브루클린 거리를 유령처럼 걸어 다녔다."[43] 모든 종교의 분리주의자들은 반反 현대적 형태의 종교적 정체성을 확립하기 위해 아주 먼 과거와 손을 잡는다. 수염의 전통이라는 문제에 관한 한 유대인들은 자신들이 역사상 가장 오래된 문서에 기초하고 있다고 주장할 만도 하다.

2장에서 언급했듯이, 고대 히브리 사람들은 역사상 최초의 턱수염 보존법을 후세에 남겼다. 아이러니하게도 이 고대의 가르침은 그것이 기록된 이후 다른 어느 시대보다 현대에 들어와서 더 큰 중요성을 띠었다. 레위기에 나오는 "제사장은 턱수염을 깎아 내지 말라"는 율법은 특별할 것도 없고 논란의 여지도 없는 가르침이었다. 고대와 중세 대부분의 유대 사회에서 수염은 흔하며 그 율법을 군이 거역하고 싶은 사람이 거의 없었기 때문이었다. 구약 이후 랍비(유대교의 율법 학자)들의 글을 집대성한 《탈무드》는 일반적으로 이 견해를 하나님이 주신 장식물인 턱수염이 남자를 여자와 구별하기 위한 것이라고 해석하며, 따라서 없애서는 안 된다고 주장한다.[44] 또 이것은 법적으로, 또는 종교적으로 중요한 차원의 문제가 아니었으며, 랍비들의 글은 또 성서 속의 금지 명령을 가위, 이발기, 기타 절단 도구를 제외하고 오로지 면도칼의 사용에만 해당하는 것으로 해석함으로써 그것의 충격을 완화해 주기도 하였다.

그러나 이런 느긋한 태도를 따르지 않은 중요한 예외가 하나 있다. '신비주의파'라는 유대교 사상의 한 분파가 그렇다. 이들의 사상은 13세기에 스페인에서 나온 《조하르Zolar》라는 경전에 뿌리를 두고 있다. 《조하르》에 따르면 하나님은 신성한 존재, 인간, 그리고 세속적인 물질 간에 복잡하게 관계를 맺고 있는 우주 만물의 질서에서 턱수염에 높은 지위를 부여했다. 턱수염이야말로 하나님이 가장 높은 차원의 창조 능력을 발휘하여 만든 것이라고 주장한다. 지금도 이 신비주의 사상에 영향을 받은 랍비들은 남성 제자들에게 한 올도 소홀히 하지 말고 턱수염을 보존하라고 가르친다. 하나님의 은총이 전달되는 통로가 하나라도 없어지면 안 되기 때문이다.[45]

유대의 전통이 '얼굴의 털'에 우호적인 것은 확실하지만 서유럽과 아메리카 대륙에 사는 대부분의 유대인은 지난 3세기 동안 면도를 권하는 사회적 규범과 취향에 적응해왔다. 전통을 매우 중시하는 유대인들과 18세기와 19세기 초의 정통파 유대교도들 역시 기독교도 이웃들처럼 매끈하게 면도한 얼굴을 선택했다.[46] 19세기 초 독일에서 활동한 영향력 있는 랍비로서, 근대 정통 유대교의 창시자 중 하나인 샘슨 라파엘 허쉬도 턱수염 부흥 운동을 계기로 유대인과 비유대인 모두가 가부장적 턱수염을 기르기 시작한 19세기 중반까지는 면도했었다.[47]

독실한 유대인과 세속화된 유대인 모두에게 19세기 말은 중요한 분기점이었다. 턱수염이 비유대인 세계에서 또다시 퇴조하고 있을 때, 초超정통파 유대인과 이들보다는 세속적인 시온주의[1]를 신봉하는 유대인들은 서로 반대 방향으로 가는 바람에 순응주의자들과 분리주의자들의 간극은 더욱 뚜렷해지고 더욱 많이 벌어졌다. 헝가리 출신 랍비로서, 영향력 있는 초창기 유대 근본주의자인 모시스 소퍼, 그리고 그보다 더욱 공

1) 유대인들의 국가 건설을 위한 민족주의 운동

격적인 초정통파 후계자들은 유대 법전과 경전에 나오는 종교적 금지령의 중요성은 모두 동등하다는 점을 강조함으로써 전통의 부식을 방지하는 방어벽을 세웠다.[48] 이런 견해에서 파생된 두 개의 주요 결과는 첫째, 털에 대한 성서의 지시를 상대화하거나 축소하는 것에 대한 거부감이고, 둘째는 이런 규정에 대한 복종을 유대적 생활양식에 대한 헌신의 표시로 해석하는 경향이었다.[49]

세속화한 유대인들은 또 19세기 말 유럽 사회에 대한 환상에서 벗어나기 시작했다. 19세기 유럽의 여러 도시에 사는, 전문직에 종사하는 식자층 유대인들은 일반적으로 자신들이 소속된 보다 큰 사회에 동화하려고 애썼으나 세월이 갈수록 자신들을 가로막는 사회적 장벽이 견고해진다는 사실을 깨달았다. 오스트리아 빈에 사는 은행가의 아들이자 언론인인 테오도어 헤르츨도 이와 똑같은 경험을 했다. 헤르츨은 젊었을 때부터 세련된 멋쟁이였으며 독일 문학과 음악에 친밀감을 표시한 반면, 단정치 못하고 다듬지도 않는 턱수염처럼 낡고 흉한 유대 풍속은 무시했다. 젊었을 때 그는 구레나룻을 길렀고 오스트리아 황제처럼 턱수염은 깎았다.[50] 그런데 1890년대에 유럽에서 반유대주의적 분위기가 고조되자, 헤르츨은 유대인들의 현지 동화 정책에 대해 생각을 바꾸고, 유대인들에게 민족주의 운동과 독자적인 국가가 필요하다는 결론을 내렸다. 1896년 그는 자신의 사상을 《유대 국가》라는 책을 통해 세상에 알렸다. 이 책은 근대 시오니즘 운동을 촉발했으며 궁극적으로 근대 이스라엘 탄생에 일조했다.

유대 운동이든 다른 운동이든, 모든 민족주의 운동은 군중을 모으기 위해 상징, 아이콘, 그리고 이미지가 필요하다. 헤르츨은 자신이 직접 운동의 상징은 물론, 지도자가 되어야 한다는 점을 깨달았고, 자신의 용모에 대해 심사숙고했다. 그의 구레나룻은 멋있었지만 여러 유럽 박물관의 고대 아시리아 및 바빌로니아 기념물에서 볼 수 있는 풍성하고 각진 턱수염을 기르기 위해 부득이 그것을 포기했다. 시온주의를 지지하는 예술가들과 홍보 전문가들은 헤르츨의 인물상을 과장되게 창조하여 시온주의 사상을 대중화하기 위해 널리 배포되었다.[51] 세속적인 유대인들은 고대 유대 문명의 계승자라는 정체성을 재차 주창함으로 자신들의 비非유럽적 정체성을 강화하는 한편, 중동 지역 옛 영토에 대한 소유권도 주장하는 두 가지 효과를 노렸다.

20세기와 21세기에 이르러 세속적인 유대인들과 정통파 유대인들은 유대 정체성의 표시로서 턱수염을 채택해야 할 이유를 발견했다. 이런 관행은 정통파 유대인 공동체들과 그들이 속한 세속적이고 비유대적인 국가 사이에서 또다시 분쟁을 일으켰다. 예를 들어, 2012년 뉴욕 경찰학교에 다니던 하시디파(대단히 엄격한 유대교의 한 형태) 학생이 턱수염을 1㎜ 이내로 다듬어야 한다는 학칙을 어겨 퇴교당했다. 이 경찰 후보생은 항변했다. "전 무엇이 문제인지 모르겠어요."[52] 물론 문제는 그의 수염이 아니라, 국가의 법과 종교의 법 가운데 무엇이 강한가였다.

긴 턱수염처럼 뭔가를 구별하는 표시들은 서구 사회의 진보적인 가치관과 반대되는 가치관을 더욱 뚜렷하게 부각한다. 턱수염을 기르지 않은 뉴욕시의 랍비 메이어 솔로베이치크가 주장했듯이, 유대인들의 턱수염은 노화 현상과 죽음의 불가피성을 부인하려는 현대적 경향에 대한 질책으로 해석된다. 반면에 정통 유대 교도들의 긴 턱수염은 종교적 정체성이 그 무엇보다 중요한 가치임을 역설한다. 전통주의자들은 세속적인 사회의 가치관에 (진보적이든 아니든 상관없다) 따라 재단되기를 거부한다는 뜻을 훨씬 큰 목소리로 대변한다.[53]

무슬림 세계에서도 이와 비슷한 패턴의 사회적 움직임을 발견할 수 있다. 전 세계에 퍼져 있는 대다수의 무슬림 역시 털에 대하여 실용주의적으로 접근한다. 반면, 단호한 보수주의자들은 전통적 가르침을 반드시 준수해야 한다고 고집하고 있다.[54] 이런 근본주의자들에게 턱수염은 남성의 권위를 약화시키는 반갑지 않은 성향을 가진 서구의 나쁜 문화와 세력을 막는 몇몇 방어물 중 하나이다. 아미시 교도나 정통 유대 교도와 마찬가지로 보수적인 무슬림들은 얼굴의 털을 정체성, 헌신적인 신앙심, 그리고 적절한 사회질서를 나타내는 표시로 지정한 고대와 근대의 종교적 규율을 따르고자 한다.

"매일 나는 면도하면서 신에게 용서를 빌곤 했습니다." 이것은 2012년 소속된 조직이 정한 규정과 경건한 무슬림으로서의 종교적 의무 사이에서 고민하던 이집트 경찰관, 아메드 함디가 한 말이다.[55] 무슬림 세계에서 수염은 근대주의자들과 전통주의자 사이에서 벌어지는 문화 전쟁의 최전선이 되었다. 2011년 '아랍의 봄'[1] 무렵의 일이었다. 이집트 지도자 호스니 무바라크가 권좌에서 축출된 이후, 함디는 과감하게도 면도하지 않은 얼굴로 직장에 나타났다. 그는 즉시 휴직 처리되었고 급료도 깎였다. 2012년 여름 무슬림 형제단[2]의 지도자 모하메드 모르시가 이집트에서 최초로 민주적으로 선출되었고, 최초의 턱수염을 기른 대통령이 되었다. 그러나 전통주의자들의 승리는 세속적 엘리트층이 받아들이기

---

1) 2010년 튀니지에서 시작되어 여러 중동 국가 및 북아프리카로 확산된 반反정부 민주화 운동의 통칭
2) 1929년에 조직되어 제2차 대전 후 이집트에서 세력을 확장한 단체로, 이슬람교적 사회개혁을 지향한다.

에 너무 가혹한 사태였다. 2013년 모르시와 그를 지지하는 턱수염파는 무력에 의해 권력에서 축출되었고, 함디 같은 남자들은 다시 면도칼을 쓰고 신에게 용서를 구해야 하는 일상으로 돌아가지 않을 수 없었다.

이런 일진일퇴의 공방은 최근 중동 전역, 중국, 중앙아시아에서 반복되고 있다. 세속적인 정부들은 면도를 강제하는 법령을 통해 국가에 대한 복종과 충성심을 확립하려 하는 반면, 그들 국가 내의 급진적인 단체들은 연령대를 막론하고 모든 남자에게 불경스러운 면도칼을 멀리하라고 압박을 가하고 있기 때문이다.[56] 최근 이라크 정부는 군대와 경찰에 근무하는 모든 남자는 면도를 해야 한다는 규정을 도입하여 입대병들 사이에서 불만이 생겼다.[57] 또 다른 극단주의 단체로서 이라크와 시리아에서 활동하는 호전적인 ISIslam State는 추종자들에게 이슬람 대의에 헌신하는 마음가짐을 증명하기 위해, 턱수염을 최소한 두 주먹 정도의 길이로 유지하라고 지시했다. 이것은 다른 이슬람 단체들의 규정보다 더 긴 것이다.[58]

민간인들도 종종 이런 이념 투쟁에 휩싸였다. 탈레반[1]이 금욕주의 이념 아래 아프가니스탄을 지배하고 있을 때 담배, 텔레비전, 술, 음악 등이 전면 금지되었다. 여자들은 공공장소에서는 의무적으로 머리부터 발끝까지 몸을 가려야 했으며 남자들 역시 법에 따라 머리는 짧게, 그러나 턱수염은 적어도 10㎝ 이상 길러야 했다. 종교 경찰이 이발관들을 돌며 이 법이 잘 지켜지고 있는지 점검했으며, 주민들은 머리 모양을 미국 사람처럼 보이게 하지 말라는 경고를 받았다. 2001년 탈레반이 패주한 뒤 이 나라 이발사들은 호황을 누렸다. '압제의 부적'을 잘라버리기 위해 남

---

1) 1994년 아프가니스탄 남부에서 결성된 급진주의적 무장 이슬람 단체

자들이 줄을 섰기 때문이었다. 한 손님을 이렇게 설명했다. "난 턱수염 자체에 대해서는 불만이 없습니다. 문제는 남이 나한테 수염 기르라고 명령한다는 거예요. 그게 바로 내가 턱수염을 미워하는 이유입니다."[59]

수염 기르기는 수니파와 시아파 보수주의자에게 모두 점점 중요해졌다. 19세기 말 이후 정통 유대교의 경우와 똑같은 이유였다. 현대 세계에서 전통 풍속과 정체성을 보존하기 위한 것이다. 이란에서는 1978년에 세속적인 샤Shah[1] 정권이 전복됨과 동시에 턱수염이 부활했다. 대사건이 불러온 두드러진 외형적 변화였다. 그러나 턱수염에 대한 군중의 종교적 열망은 그 전에 이미 시작되었다. 예컨대 모로코의 학자 무함마드 알-잠자미는 1967년 〈턱수염을 자른 남자는 저주를 받을 것이다. 또한 수염 없는 얼굴은 그의 기도문이 가치가 없는 명백한 증거다.〉라는 팸플릿을 발간하였다.[60] 인도 학자 무함마드 자카리야 칸들라위도 1970년대 인도에서 면도하는 무슬림 젊은이들을 보고 화가 나,《무슬림의 턱수염과 그것의 중요성》이라는 소책자를 만들었다. 이 소책자는 나중에 영어와 프랑스어로 번역되어 서구 무슬림의 신앙생활에 도움을 주었다. 이 책의 영어판을 내놓았던 남아프리카의 출판사는 칸들라위의 책이 "반反이슬람적인 환경에서 이슬람의 상징들을 지켜나가는 데 도움이 될 것"이라고 주장했다.[61] 보다 최근에는 많은 학파의 저자들이 비슷한 주장을 담은 책을 많이 출판했고 이 책들의 영어판은 인터넷에서 쉽게 구할 수 있다.[62]

칸들라위, 알-잠자미, 그 밖의 무슬림 근본주의자들은 《하디스Hadith》에서 턱수염을 언급한 풍부한 사례를 바탕으로 자신들의 이론을 구축했

---

1) 옛 이란의 왕

다. 하디스는 마호메트[1]의 말씀과 행동을 집대성한 책이다.[63] 하디스의 일부 구절은 단순히 마호메트가 남자들에게 콧수염은 다듬고 턱수염을 기르도록 명령했다고 전하고 있다. 그런가 하면 이 선지자의 턱수염을, 그리고 그가 턱수염을 손질하는 모습을 묘사한 구절도 있다. 어떤 이들은 마호메트가 경건한 남자들에게 콧수염을 다듬고 턱수염을 기르게 한 것은 남자와 여자를 구별하고, 신앙심이 돈독한 사람과 이교도, 유대인, 기독교인들을 구별하기 위해서라고 증언한다. 또 어떤 사람들은 마호메트가 이런 교리를 지키지 않는 자는 알라신과 이슬람 신앙을 거역하는 죄를 짓는 것이라고 경고했다고 주장한다. 칸들라위는 다른 사람의 턱수염을 깎아주는 이발사들도 이런 죄를 짓는 것이라고 주장했다.

어떤 보수적인 저자들은 더욱 실용적인 주장을 제시하며 이런 고대 문헌의 권위 있는 말씀을 뒷받침했다. 특히 칸들라위는 마호메트가 이런 '얼굴 단장' 관련 교리를 통해 무슬림의 신의를 보존하는 데 도움이 되는 일체감을 조성하려 했다고 생각했다. 모든 종교와 국가는 유니폼, 깃발, 기타 상징물을 창안하며, 그런 것을 상실한 집단은 금방 다른 나라에 흡수될 것이라고 주장했다. 따라서 이슬람교의 보존은 '얼굴 털' 같은 독특한 전통을 유지하는 데 달려 있다.[64]

정통 유대교의 경우처럼, 헌신적 신앙심과 상징물을 보존하려는 노력은 세속적인 정부 당국과 마찰을 빚을 수 있다. 유명한 사례가 2004년 프랑스의 모든 공립학교에서 종교적 색채를 띤 표시물과 행위를 금지한 입법이다. 여기에는 잠정적으로 턱수염도 포함되어 있었다. 그런가 하면 2015년 1월, 미국 대법원은 만장일치로 아칸소에서 수감되어 있던 무

---

1) 이슬람교를 창시한 아라비아의 예언자

슬림 재소자에게 신앙심의 표시로 1.3㎝의 턱수염을 기를 권리가 있다는 판결을 내렸다.[65] 미국에서 반反 턱수염 판례를 뒤집기 위해서는 개인의 권리나 노동권을 주장하는 것보다 종교의 자유를 주장하면 가능성이 더 커진다. 미군 당국은 다른 종교 집단에게는 비슷한 양보를 거부하면서, 일부 시크교도 병사들에게는 턱수염과 터번[1]의 착용을 허용하기로 이미 약속했다.[66] 앞으로 수년간 이와 유사한 도전이 뒤따를 전망이다.

보스턴 레드삭스, 다시 믿기 시작하다

현대 사회에서 '얼굴 털'은 일시적인 단결심을 구축하기 위해서 자주 등장하기도 한다. 이런 경우 수염은 어떤 목표나 과제를 완료하는 데 걸리는 기간에만 지속한다. 이른바 '턱수염 기르기 운동'인데, 2013년도 미 프로야구 챔피언인 보스턴 레드삭스팀이 좋은 예이다.

그 선수들이 왜 그랬는지 정확히 아는 사람은 없지만, 보스턴의 야구 팬들은 그들이 그렇게 한 것을 기뻐했다. 시즌이 시작되자 대부분의 선수가 턱수염을 기르기 시작했다. 깔끔하게 손질한 턱수염이 아니라, 어떤 형태로 자라든 그냥 내버려 두는 야생 그대로의 수염을 기른 것이다. 우연인지는 몰라도 새 시즌에 들어와 보스턴팀의 경기 내용이 완전히 바뀌었다. 2012년 사상 최악의 시즌을 보낸 레드삭스는 강력한 우승 후보로 떠올라 다른 팀들을 비교적 쉽게 물리치면서 챔피언 결정전에 올랐다. 이 과정에서 팬들도 대세에 따라 턱수염과 온갖 종류의 구레나룻이 그려진 티셔츠를 입었다. 한 언론인은 이런 광적인 열기를 잘 보여주

---

1) 이슬람교도나 시크교도 남자들이 머리에 둘러 감는 수건

는 짧은 에피소드를 들려주었다. 거리에서 운전하다가 신호에 걸려 섰는데 옆 차 안에 있는 남자와 여자, 아이들이 "모두 야구모자를 쓰고 있고, 얼굴에는 이상하고 희끗희끗하고 흉측한 것이 묻어 있었다."[67]

사람들은 선수들이 턱수염으로 형제애를 맺기 시작한 것은 3월에 열리는 스프링캠프 때부터였다고 이구동성으로 말한다. 이때 많은 선수가 장난삼아 면도를 중지하기로 했다. 다른 선수들도 팀 동료로서 유대감을 쌓는 좋은 방법이라고 생각하여 이 움직임에 동참했다.[68] 시즌이 시작되고 몇 주 후, 유명한 보스턴 마라톤 대회가 열리던 도중 테러범들이 직접 만든 폭탄을 이용한 테러 사건이 터져 3명이 죽고 수백 명이 다쳤다. 야구선수들을 포함하여 모든 보스턴 시민이 "보스턴은 강하다Boston Strong"라는 슬로건 아래 뭉쳤다. 이 비극이 턱수염에 대한 영감을 준 것은 아니지만 선수들의 감정을 한층 격화시켰고 시즌이 끝날 때까지 이어진 것은 분명했다. 팀 유니폼에 붙어 있는 "B strong"이라는 특별 마크가 그것을 상징하고 있다. 레드삭스의 성공은 그 어느 때보다 의미심장했다.

보스턴 야구팀의 놀랄 만한 모습과 성공은 필연적으로 이 "단합용 턱수염"에 대한 의문을 불러일으켰다. 그것의 목적은 무엇이었으며, 그것이 어떻게 그런 효과를 발휘했을까? 가장 보편적인 답은 턱수염 때문에 뚜렷한 얼굴 모습을 선수들이 공유하게 되어 탄탄한 유대감을 형성할 수 있었다는 것이다. 팀 동료들은 또 훌륭한 플레이를 펼친 뒤 상대방의 턱수염을 잡아당기는 새로운 유형의 세리머니를 개발하기도 했다. "야구선수의 턱수염" 위력에 대한 또 다른 설명은 이것이 희생과 강인함을 나타낸다는 것인데, 스타 선수인 데이비드 오르티스는 이것을 "모든 것을 걸고 끝장을 보는 방식", 혹은 "반항적인 구석"이라고 불렀다.[69] 한 심리학자는 이것이 머리털에 전사의 힘이 있다는, 이른바 "삼손 효과"를 나타내는 것 같다고 추측했다. 이 두 가지 역학 관계의 바탕에는 진지한 목적의식이 깔려 있는데, 한 평론가는 이것을 "일종의 의식 절차"라고 표현했다.[70] 이것은 동료 간의 유대감, 힘, 그리고 목적의식이 결합한 의식이었다. 한 지역 칼럼니스트는 이렇게 결론을 내렸다. "턱수염은 이 팀에 도움이 되는 모든 것, 즉 단결과 거친 이미지를 나타낸다."[71] 여기에는 좋은 측면이 하나 더 있다. 이 팀 팬들에게 양털, 실 또는 마커 팬 등을 사용하여 응원에 동참함으로써 팀, 그리고 그 도시와 동질감을 느낄 수 있는 새로운 수단이 하나 더 생긴 것이다.

공동의 희생과 특별한 노력을 끌어내는 것은 '턱수염 기르기 운동'의 특징이다. 선수의 아내들도 특별한 노력에 동참해야만 했다. 단정한 남편을 되찾으려면 시즌이 끝날 때까지 참고 기다려야 했기 때문이다. 레드삭스 선수들은 챔피언이 된 다음 시즌에는 대체로 예전 모습으로 돌아갔다. 독특한 수염을 완전히 밀지는 않았지만 적당히 다듬었다.[72]

'턱수염 기르기 운동'의 성공 요인인 진지함은 또 다른 유명한 사례, 즉 "모벰버Movember"에서도 쉽게 찾아볼 수 있다. 이것은 남성의 건강 문제에 대한 경각심을 높이기 위해 11월 한 달 동안 남자들에게 구레나룻을 기르도록 권장하는 국제적인 운동이다. 엄밀히 말하면 이것은 '콧수염 기르기 운동'이다. 모벰버 재단 규칙에 의하면 턱수염은 허용되지 않기 때문이다. 하지만 개념은 똑같다. 규칙에 따르면 참가자는 11월의 첫날 말끔하게 면도해야 한다. 다른 말로 하면, 이것은 플레이오프에 진출한 야구선수들처럼 공통 과제에 맞닥뜨린 한 집단이 하나로 통합되었음을 상징하는 의사 표현이다. 이 단체의 공식 기록에 의하면, 2003년 몇몇 오스트레일리아 남자들이 콧수염을 기르자는 아이디어를 제안했고 나중에 단체 측에서 그것을 전립선암의 퇴치라는 특별한 목적에 연계시켰다.[73] 이 운동은 눈부신 성공을 거두었다. 단체 측은 모벰버 운동이 시작되고 10년 동안 총 22개국에서 4백만 명이 넘는 사람들이 참가를 신청하여 총 5억 5900만 달러의 기부금이 쌓였다고 자랑한다.

칼-하인츠 힐레, 신기록을 세우다

당연히 '턱수염 추구 운동'은 잠정적이고 단기적인 행사였다. 그러나 종교적인 이유나 성 구별의 목적 때문이 아니라 장기적인 계획에 따라 턱수염과 콧수염을 기르는 사람들도 많이 있다. 그들 대부분은 사회적 규범에 순응하지 않는 사람들로서 수염을 그저 해방감을 주는 존재 정도로 여긴다. 그들이 수염을 기르는 가장 큰 동기는 자율성을 표시하고자 하는 욕구이다. 턱수염을 기르는 남자들은 소수 집단임이 분명한데, 그럼에도 불구하고 자주 턱수염 클럽이나 턱수염 대회 같은 데를 무리지어 다니며 서로 응원하고 칭찬해준다. '얼굴 털'의 보루로 통하는 독일의 긴 역사를 감안하면(쉔란트 목사, 게오르크 키르히마이어 교수, 앨버트 공, 프리드리히 루트비히 얀, 빌헬름 황제, 파울 브라이트너를 생각해보라), 현대 세계 턱수염 및 콧수염 선수권대회가 1986년 결성된 독일 클럽에 기원을 두고 있다는 것은 전혀 이상한 일이 아니다. 또 지난 30년 동안 가장 많은 상을 받은 선수가 칼-하인츠 힐레(그림 13.4)라는 독일 베를린 사람이라는 것도 예상치 못했던 사실이 아니다. 힐레 씨는 2003

13.4 2003 세계 턱수염 및 콧수염 경연대회 우승자인 칼-하인츠 힐레.

년 카슨시에서 열린 대회에서 "부분 황제 수염" 부문에서 우승하고 종합 순위에서 2위를 차지한 뒤, 반짝이는 턱시도와 실크 모자를 쓰고 나와 상황에 어울리지 않게 자신은 "진흙 속 돼지처럼 행복하다"고 말했다.[74] 그는 2013년 독일 라인펠덴-에히터딩엔에서 열린 대회에서 같은 부문 에서 우승함으로써 이 부문 연속 6회 우승이라는 위업을 달성했고, 〈기 네스북〉에도 올랐다.[75]

턱수염 클럽과 경연대회는 비교적 최근에 일어난 현상이며, 스타일 면 에서는 여러모로 향수를 자아내지만 기본적으로는 상당히 현대적인 행 사이다. 어떤 면에서 보면 이것은 남성 친목 단체들과 노동조합같이 전 통적으로 남성들의 본거지로 여겨졌던 단체들의 몰락에 대한 반작용이 라 할 수 있다. 또 다른 측면에서 보면, 이것은 양성평등이 정착해 가고 있는 시대에 남성의 위엄을 찬양하는 기회이기도 하다. 레드삭스의 턱수염 기르기 운동에서와같이 이 클럽에서 수염은 개인적, 집단적 자부심의 원천이다. 턱수염을 기른 남자들이 가장 자랑스러워하는 남자의 자질은 개성과 독립성이다. 예컨대 2003년 세계 턱수염·콧수염 대회에 참가한 개리 제임스 칠턴은 턱수염 기른 남자를 "열린 마음의 소유자로, 다른 사람에 대해 비판적이 않고 자유로운 영혼"인 반면, 매끄럽게 면도하는 남자들은 "남이 시키는 대로 하는 사람"이라고 표현했다.[76] 이 대회에서는 가끔 진정한 자아표현이라는 문제를 놓고 토론이 열리기도 한다. 한 참석자는 이렇게 썼다. "당신이 매일 면도를 하는 한 그 얼굴은 당신의 얼굴이 아니다."[77] 사회학자로서 사우스캐롤라이나주 찰스턴에 있는 '홀리 시티 턱수염·콧수염 협회' 회장을 오랫동안 역임하고 있는 폴 루프도 '해방된 진정한 영혼'이라는 주제에 공감하며, "어떤 파티장에 가든 턱수염과 콧수염을 기른 남자들이 가장 재미있다"고 단언했다.[78]

특히 중산층 전문직 종사자들에게 사교 클럽은 무조건 가입해야 하는 조직이 아니라 공동의 성향과 이익을 중심으로 형성되어야 하는 단체이다. 클럽과 경연대회는 남자들이 배우자와 함께 남들과 어울리면서 지역 사회 일에 관여하는 기회이다. '턱수염 기르기 운동'이 무언가를 단기간에 달성할 목표를 가진다면 턱수염 클럽은 장기간에 걸쳐 점진적인 변화를 모색하는 단체라 할 수 있다. 수염은 사람들을 공동의 목표 아래 한데 뭉치게 하는 활동의 전제가 되고, 또 공동체의 상징이 된다. 그렇다고 그것이 항상 순조롭게 효과를 발휘하는 것은 아니다. 국제적인 경연대회가 시작된 이래 장소, 부문 결정, 심사 등을 둘러싸고 격렬한 분쟁, 분열과 질시가 끊이지 않았다. 그러다 2014년 미국 턱수염 대표팀의 견인차 역할을 하던 필 올슨이 세계 턱수염·콧수염 협회의 승인 없이 오레곤주 포틀랜드에서 독자적인 세계 선수권대회를 조직했을 때 결정적인 균열이 생겼다. 포스트모던 세계에서 '얼굴 털'의 사교적 용도를 가장 확실하게 보여준 사례는 턱수염 클럽이지만, 특별히 '얼굴의 털'을 내세우지 않으면서 남성의 자율성과 사교 생활을 도모한다는 장점을 내세우는 남성 단체도 많이 있다. 여기에는 앞에서 이미 언급한 베어족과 레더맨족 같은 게이의 하위문화, 그리고 이 레더맨족이 흉내 내는 오토바이 폭주족 클럽들이 포함된다. 이런 맥락에서 보면, 수염은 다른 상징 및 관행과 함께 어우러져 기능을 발휘한다. 오토바이 폭주족들은 수염과 가죽의 강력한 유대 관계를 맺어주었다. 이 두 상징물 모두 사람들이 위협을 느낄 정도로 거칠고 단호한 이미지를 나타낸다. 사우스다코다주 스터지스시에서 열리는 연례 스터지스 모터사이클 랠리에는 메달을 주렁주렁 매달고 수염을 기른 남자들이 많이 참가하는데, 이들은 대체로 '해방'이라는 남자의 '상상 속의 삶'을 딱 일주일 동안만이라도 실천하고자 하는 전문직 종사자들이다.

많은 남자가 이런 판타지를 원한다. 이 스터지스 랠리는 1938년에 열린 한 오토바이 경주대회에 기원을 두고 있는데, 할리우드가 말론 브랜도 주연의 〈위험한 질주〉(1954년), 나중에 피터 폰다 주연의 〈이지 라이더〉(1969년) 같은 영화를 통해 자유분방하고 반항적인 폭주족의 이미지를 스크린을 통해 보여준 이후 하나의 문화 현상으로 자리 잡았다. 스터지스 랠리같이 오토바이 폭주족이 참가하는 행사는 1970년대 이후 북미는 물론 유럽에서도 비약적으로 늘어났다. 최근에는 해마다 거의 50만의 참가자들이 대머리 혹은 턱수염을 기른 채, 오토바이를 타고 탁 트인 도로를 질주함으로써 지루한 일상의 속박에서 벗어나려는 강렬한 욕망을 표출하고 있다고 스터지스 대회 주최 측은 자랑한다. 이들 중 상당수는 유럽을 비롯한 다른 지역에서 온 사람들이다.

우리 시대에, 면도를 장려하는 사회 규범의 매끈매끈한 표면 위에는 여러 방향으로 균열이 나 있다. 게이든, 이성애자이든, 진보적이든, 보수적이든, 종교적으로 독실하든, 세속적이든, 도시에 살든 시골에 살든, 남자들은 언제나 턱수염과 콧수염을 길러야 할 이유를 찾아냈다. 어떤 식으로든 남자들은 '얼굴의 털'에서 일종의 남성 해방의 의미를 찾아낸 것이다. 면도가 권장되는 세상에서 수염은 개인적인 자율성을 나타내는 자기표현 수단이었으나, 단지 그것만은 아니었다. 데이비드 베컴 같은 소비 지향적인 도시 남자들의 경우, 정성 들여 가꾼 턱수염은 아마도 남성과 여성 특질 사이의 간극을 메우는 데 일조했을 것이다. 반면 게이와 이성애자들의 경우, 털이 복슬복슬하게 나 있는 얼굴은 두 자질 사이의 틈을 더욱 두드러지게 했다. 전통적인 성 및 가정 규범의 소멸을 우려하는 보수적인 남자들은 수염을 통하여 반항심을 시험적으로 표출하고 있다. 아미시 교인, 정통 유대 교인, 근본주의 무슬림처럼 극도로 보수적인 종교 집단의 경우, 긴 턱수염을 규율한 고대 율법을 받들어 남성적 특권의 상실을 부추기는 세속적 근대성에 반대하는 사회적 공동체를 유지하고 있다. 종교와 관계없는 집단에게도 '얼굴의 털'은 팀, 클럽, 단체 등에서 장기적 또는 단기적으로 남자들이 서로 유대 관계를 맺는 좋은 수단이다. 최근 몇 년 동안 턱수염 기르기 운동은 아주 인기가 높았다. 이 운동이 일거양득의 기회를 제공했기 때문이다. 남자들이 사회적 구속에서 벗어나 끈끈한 형제애를 느낄 수 있는 집단에 동참하여 과감하고 특별한 일을 할 수 있는 기회를 의미한다. 그 남자들에게는 부드럽고 평범한 본연의 삶 속으로 되돌아갈 기회가 여전히 남아 있다.

결론

   이 책을 쓴 의도 중 하나는 단순히 역사 속에 등장하는 비범한 남자들과 여자들의 감탄스러운 삶을 조망하고자 하는 것이었다. 당연히 이 책에는 매우 다양하고 개성이 넘치는 사람들을 다루고 있다. 나의 또 하나의 욕심은 우리 지식의 어두운 부분에 빛을 비추어 '얼굴의 털'과 그것의 역사에 얽힌 일반적인 오해들을 없애는 것이었다. 우리가 배제해야 할 가장 중요하고 잘못된 인식은 얼굴 털의 변화가 의미 없는 패션 주기의 산물이라는 생각이다. 턱수염에 얽힌 민간 설화는 남성 스타일의 변화에 대한 엉터리 설명으로 가득 차 있고, 그것들로 인해 우리의 생각은 흥미로운 진실에서 훨씬 더 멀어지게 되었다. 알렉산더 대왕은 적들이 턱수염이 잡아당기지 못하게 하려고 부하들에게 면도하라고 명령한 것이 아니었다. 그는 부하들이 자신을 비범하고 영웅적인 존재로 여기기를 바란 것이었다. 하드리아누스 황제는 피부 문제를 숨기려고 턱수염을 기른 게 아니다. 그는 남성성과 제국의 권위를 철학적 관점에서 재정의하고자 했다. 프랑스의 프랑수아 1세도 얼굴에 눈뭉치를 맞아 생긴 상처 때문에 수염을 기른 것이 아니었다. 그가 수염을 기른 것은 인간 본성을 중시하는 르네상스 시대의 긍지를 표현하기 위함이었다. 19세기에는 크림전쟁과 미국 남북전쟁이 있었지만 턱수염이 인기를 끌지는 못했으며, 20세기에 질레트 안전면도기가 나왔지만 그 때문에 수염이 사라진 것도 아니었다. 이런 대전환들은 산업사회에 들어오면서 달라진 정치적·경제적 전략, 그리고 가정환경에 맞춰 적절하고 매력적인 남성성을 내세우려는 전략들이 바뀌고 있었음을 나타내는 징표이다. 오늘날 면도의 개념이 서구를 지배하고 있는 현상을 설명하려면 우리는 우선 알렉산더 대왕을 분석해야 하고, 그다음에는 중세의 교회, 마지막으로 17세기 유럽 왕실의 속사정을 살펴봐야 한다. 이 모든 환경이 수염 없는 상태를 우월성의 표시로써 남자들에게 권장했다.

역사에 나타나는 남성 얼굴의 다양성은 일정한 기간, 혹은 긴 세월에 걸쳐 남성성의 개념이 얼마나 변덕스럽게 변화했고 또 다양한지를 여실히 보여준다. 이런 관찰 결과는 남성과 여성의 정체성이 자연스럽게 생긴 것이 아니라 인위적으로 만들어진 것이며, 따라서 역사의 흐름에 따라 끊임없이 변할 수밖에 없다는 사실을 확인해준다. 이렇게 지속해서 변화하는 모습을 추적하고 설명하는 것은 물론 어려운 작업이다. '얼굴의 털'을 연구하는 것도 그런 작업의 일환이다.

넓은 관점에서 생각하면, 턱수염의 역사는 남성성의 연대기적 기록을 제공해주는데, 그것은 한마디로 '얼굴 털'을 대하는 사람들의 태도에 생긴 큰 변화의 기록이다. 고대 이래 서구 역사에서 면도는 늘 '기본적인 행동 양식'이었으며, 그 사이에 네 차례의 턱수염 부흥 운동이 간헐적으로 일어났을 뿐이다. "운동"이라는 말은 적절한 표현인 것 같다. 역사적으로 턱수염을 선호하는 방향의 변화에는 예외 없이 신중한 생각과 의식적인 노력이 필요했지만, 면도로 복귀하는 후속의 움직임은 별 소동

없이 진행되었기 때문이다. 일부 시대, 특히 중세에는 한 시대 속에 서로 다른 이상적인 남성상을 상징하는 대조적인 수염 스타일이 공존하기도 했다. 그러나 이런 상황은 예외적이다.

서구 역사를 통해 끈질기게 생명력을 유지하고 있는 기본 사상이 하나 있다. 그것은 수염과 자연이 연결되어 있다는 사상, 그리고 역으로 수염의 제거는 자연의 초월 또는 정복과 연결돼 있다는 사상이다. 2세기, 16세기, 그리고 19세기에 일어난 턱수염 부흥 운동(또 그 과정에서 간헐적으로 일어난 소규모의 좋은 시절들도 포함하여)의 수호자들은 모두 육체에 근거를 둔 남자다운 인간상을 명확하게 언급했다. 그들은 궁극적으로 권위, 긍지, 지배력이 자신에게 있다는 남성들의 주장을 뒷받침해 주는 것은 남성의 육체, 그리고 그 안에 깃들어 있는 정신력과 도덕적인 힘이라고 생각했다.

이와는 대조적으로 턱수염을 미는 행위는 항상 육체를 초월하는 행위와 연관되었다. 이 대안적 사상은 진정한 남성성이 개인의 육신 너머에 존재하는 힘과 이상에 기초한다는 주장을 사실로 받아들인다. 그러한 힘과 이상은 역사 속에서 신, 공동체, 국가 혹은 기업으로 변천해왔다. 문명의 태동기부터, 면도했던 주요 집단은 성직자들이었다. 성직자들은 면도해야 한다는 논리, 즉 더 높은 차원의 존재에 다가가기 위해 죄와 육체적 부패를 도려내야 한다는 논리는 초창기 서구 문명의 여러 관습에 명확하게 나타나 있으며, 중세에 기독교 교단을 비롯하여 많은 비非서구 지역의 종교적 전통에서 끊임없이 재생산되었다. 그러나 남성성의 초월이라는 개념이 성직자들의 세계에만 국한된 것은 아니었다. 알렉산더 대왕은 스스로 면도함으로써 자신은 육체에, 나아가 인간으로서의 한계에 구속되지 않으며, 자신의 힘은 신의 영역에서 나온다는 것을 선언한 셈이다. 영웅이 될 수 없는 보통 사람들에게 면도는 남성이라는 공동 운명체에 회원으로 가입했다는 인증서 같은 것이었다. 예컨대 18세기의 한 신사는 자신이 사회적으로 쓸모 있는 존재라는 것을 증명하기 위해 면도라는 고상한 취미를 받아들인 반면, 어떤 20세기 남자는 사람들의 신뢰와 일자리를 얻기 위해 면도칼을 이용했다.

알렉산더 대왕 이후 면도가 득세한 것은 사람들의 문화적 선호가 육체의 개성보다는 사회적으로 인정받을 수 있는 남성성 쪽으로 기울었다는 증거이다. 이것은 턱수염을 기른 남자들은 사회성이 부족하다든지, 면도한 남자들은 개성 있는 사람이 못 된다는 뜻이 아니다. 이것은 단지 세월이 흐르면서 면도가 그 사람이 속해 있는 사회적 기반에 적합한 남성적 정체성을 형성하는 데 유용한 것으로 밝혀졌다는 뜻이다. T. E. 로렌스(아라비아의 로렌스)가 이런 효과를 놀라울 만큼 잘 보여주는 예이다. 아랍식 삶에 깊이 빠진 로렌스는 마른 면도칼로 얼굴에서 수염을 벗겨냄으로써 자신의 정체성과 힘의 원천, 즉 영국인의 특성을 상징적으로 유지할 수 있었다.

군인들이 애용하는 콧수염은 이런 기본적인 테마에서 벗어난 흥미로운 변종 스타일이다. 18세기에서 20세기까지 살아남은 콧수염의 끈질긴 생명력은 그들의 콧수염이 가진 상징의 힘이 실로 엄청나다는 것을 시사한다. 이것은 면도의 스펙트럼에서 이상적인 중간 자리를 차지한다. 상관의 명령에 복종해야 하지만 (턱과 뺨의 면도가 여기에 해당한다), 한편으로 자신의 육체와 도덕적 용기도 포기할 수 없는 (수염으로 덮인 윗입술이 여기에 해당한다) 병사들의 입장을 잘 대변한다. 현대 민간인 사회에서도 이와 같은 타협적 성질 때문에 콧수염이 턱수염보다 사회적으로 더 쉽게 용인되었다.

턱수염의 역사는 무엇보다 얼굴 털의 사회적 위력에 대한 경각심을 우리에게 던져줌으로써 현시대를 통찰하는 데 도움이 된다. 과거의 경우도 마찬가지지만, 우리는 지금 시대의 상황을 남자들의 얼굴을 통해 알 수 있다. 분명한 것은 수염의 모양이 다양해지고 실험적 유형이 점점 늘어나고 있다는 것이다. 이는 사회가 남자들에게 기대하는 것은 무엇이고, 남자들 자신은 무엇을 원하는지에 대한 재검토가 진행되고 있음을 시사한다. 이런 소통은 대부분 비언어적인 수단으로, 심지어 잠재의식 속에서 이루어지지만 지금 시대에는 개인적 자율성, 사회적 규제, 종교적 정체성, 성 역할, 성적 매력 등 매우 다양한 이슈들이 제기되고 있다. 우리는 흥미로운 시대에 살고 있다.

이 책은 털의 미묘하고 복잡한 언어에 대한 완벽한 평가서가 되기를 바라지 않는다. 앞으로 할 말, 할 일이 훨씬 더 많기 때문이다. 털에 관한 고대의 규범이 해독되고 있으므로 앞으로 더 많은 학문적 발견이 이루어질 것이다.

감사의 말

지난 몇 년 동안 나와 이 프로젝트를 응원해준 모든 분께 감사의 뜻을 표한다. 이 책은 에이전트인 말라가 볼디와 출판기획가인 더그 미셸의 전문적인 지도와 열정 덕분에 세상에 나올 수 있었다. 조얼 스코어 편집장을 비롯하여, 애쉴리 피어스, 카일 와그너, 아이삭 토빈, 조안 데이비스, 아울러 시카고 대학 출판부의 모든 유능한 편집진에게 감사를 드린다. 캐롤 헤린저, 릭 인코버터, 배리 밀리건, 태미 프록터, 로라 보라첵 같은 동료 학자들이 내게 소중한 지혜와 격려를 해주지 않았다면 이 책은 완성되지 못했을 것이다. 원고를 전부 혹은 부분적으로 읽어보고 비평을 해준 분들, 알룬 위테이, 크리스토퍼 포스, 마이클 리먼, 에이미 리빙스턴, 클로디아 서터, 션 트레이너, 그리고 아내 제니퍼 올드스톤-모어에게도 깊이 감사드린다. 여러 언어의 글을 번역하는 문제와 관련하여 도움을 준 유능한 언어학자들에게도 감사의 말씀을 드려야 한다. 그분들은 제이 홀랜드, 앨리슨 커크, 케이티 데릭, 대니얼 코얼러, 마리아 히키, 셰이던 래메이, 데이비드 배리, 안젤리카 가실리나, 그리고 대니얼 매쿠글리아이다. 학생 신분으로 나를 도와준 연구 조교들, 에반 웨일러와 마리아 히케이에게도 큰 고마움을 표시하고 싶다. 이 책의 집필에 도움과 격려를 해준 라이트 주립대학교 역사학부의 동료들, 특히 내게 출판계의 사정을 알려준 폴 록하트에게 감사한다. 이 책에 쓸 사진을 제공해준 클라우디아 서터, 노엘 타세인, 진 딜먼, 케이스 패리쉬에게도 감사드린다. 리언 위어렝거는 내가 많은 해외의 관계자와 협상을 타결 짓는 데 도움을 주었다. 나에게 통찰력을 주고, 턱수염 관련 전통 이야기를 찾을 때마다 알려주었던 친구들과 가족들에게도 고마움을 표시한다. 린 릭스비, 도널드 디어, 짐 세커드, 레이놀드 네시바, 글렌 쇼트, 그 외에도 많지만 지면의 제약 때문에 다 소개하지 못한다. 부모님이신 스탠리와 엘리자베스 모어, 그리고 이 프로젝트에 지적, 도덕적, 금전적으로 지원을 아끼지 않았던 장인·장모님, 마이클 올드스톤과 엘리자베스 올드스톤에게 사랑과 무한한 감사의 마음을 전한다. 마지막으로 최고의 아내 제니퍼와 오래 고생한 딸들, 캐롤라인, 에일린, 머릴리에게도 사랑이 담긴 감사의 마음을 전한다. 하고 싶은 말은 많지만, 당신들 모두에게 내 사랑을 다 표현하기에는 참 부족하다.

주석

머리말

1. Sean Trainor, "The Racially Fraught History of the American Beard," *Atlantic*, 20 January 2014, http:// www .theatlantic .com /national /archive /2014 /01 /the-racially-fraught-history-of-the-american-beard /283180/.

2. Judith Butler, *Gender Trouble* (New York: Routledge, 1990), 16–25.

1장

1. "Effects of Sexual Activity on Beard Growth in Man," *Nature* 226 (30 May 1970): 869–70.

2. Sterling Chaykin, "Beard Growth: A Window for Observing Circadian and Infradian Rhythms of Men," *Chronobiologia* 13 (1986): 163–65.

3. Charles Darwin, *Descent of Man*, 2nd ed. (London: John Murray, 1890), 597–604, babel.hathitrust.org.

4. Ibid., 603. Darwin emphasizes this point more strongly in the second edition than in the first.

5. Nancy Ectoff, *Survival of the Prettiest: The Science of Beauty* (New York: Doubleday, 1999), 24.

6. Amotz Zahavi, "Mate Selection: A Selection for a Handicap," *Journal of Theoretical Biology* 53 (1975): 205–14. See also Amotz Zahavi and Avishag Zahavi, *The Handicap Principle: A Missing Piece of Darwin's Puzzle* (Oxford: Oxford University Press, 1997), 25–40.

7. Ivar Folstad and Andrew John Karter, "Parasites, Bright Males, and the Im muno competence Handicap," *American Naturalist* 139 (1992): 616. See also Randy Thornhill and Steven W. Gangestad, "Human Facial Beauty: Averageness, Symmetry, and Parasite Resistance," *Human Nature* 4 (1993): 249–50.

8. Daniel G. Freedman, "The Survival Value of the Beard," *Psychology Today*, October 1969, 36–38.

9. Samuel Roll and J. S. Verinis, "Stereotypes of Scalp and Facial Hair as Measured by the Seman-

tic Differential," *Psychological Reports* 28 (1971): 975–80.

10. Charles T. Kenny and Dixie Fletcher, "Effects of Beardedness on Person Perception," *Perceptual and Motor Skills* 37 (1973): 413–14. See also Robert J. Pellegrini, "Impressions of the Male Personality as a Function of Beardedness," *Psychology* 10 (1973): 29–33.

11. Saul Feinman and George W. Gill, "Females' Response to Males' Beardedness," *Perceptual and Motor Skills* 44 (1977): 533–34.

12. S. Mark Pancer and James R. Meindl, "Length of Hair and Beardedness as Determinants of Personality Impressions," *Perceptual and Motor Skills* 46 (1978): 1328–30.

13. Elaine Hatfield and Susan Sprecher, *Mirror, Mirror: The Importance of Looks in Everyday Life* (Albany: State University of New York Press, 1986), 227–28.

14. J. Ann Reed and Elizabeth M. Blunk, "The Influence of Facial Hair on Impression Formation," *Social Behavior and Personality* 18 (1990): 169–76.

15. Micheal L. Shannon and C. Patrick Stark, "The Influence of Physical Appearance on Personnel Selection," *Social Behavior and Personality* 31 (2003): 613–24.

16. Frank Muscarella and Michael R. Cunningham, "The Evolutionary Significance and Social Perception of Male Pattern Baldness and Facial Hair," *Ethology and Sociobiology* 17 (1996): 109–13.

17. R. Dale Guthrie, *Body Hot Spots: The Anatomy of Human Social Organs and Behavior* (New York: Van Nostrand Reinhold, 1976), 5.

18. Freedman, "Survival Value."

19. See especially Pellegrini, "Impressions of the Male Personality," and Douglas R. Wood, "Self-Perceived Masculinity between Bearded and Nonbearded Males," *Perceptual and Motor Skills* 62 (1986): 769–70. German researcher Christina Wietig was surprised that even well-educated men in her survey believed that fuller beards indicated greater virility. Wietig, "Der Bart: Zur Kulturgeschichte des Bartes von der Antike bis zur Gegenwart" (dissertation, Universität Hamburg, 2005), 112–13, http://www.chemie.uni-hamburg.de/bibliothek/2005/DissertationWietig.pdf.

20. Muscarella and Cunningham, "Evolutionary Significance," 109–13.

21. Barnaby J. Dixson and Paul L. Vasey, "Beards Augment Perceptions of Men's Age, Social Status, and Aggressiveness, but Not Attractiveness," *Behavioral Ecology* 23 (May 2012): 481–90.

22. Michael R. Cunningham, Anita P. Barbee, and Carolyn L. Pike, "What Do Women Want?

Facialmetric Assessment of Multiple Motives in the Perception of Male Facial Physical Attractiveness," *Journal of Personality and Social Psychology* 59 (1990): 61–72.

23. Ectoff, *Survival of the Prettiest*, 158–60.

24. Christina Wietig, *Der Bart*, 112–13. The English research is reported in Nick Neave and Kerry Shields, "The Effects of Facial Hair Manipulation on Female Perceptions of Attractiveness, Masculinity, and Dominance in Male Faces," *Personality and Individual Differences* 45 (2008): 373–77.

25. Barnaby J. Dixson and Paul C. Brooks, "The Role of Facial Hair in Women's Perceptions of Men's Attractiveness, Health, Masculinity and Parenting Abilities," *Evolution and Human Behavior* 34 (May 2013): 236–241.

26. Christian Bromberger, "Hair: From the West to the Middle East through the Mediterranean," *Journal of American Folklore* 121 (2008): 380.

2장

1. The significance of beards is not simple or certain. See Claudia E. Suter, "The Royal Body and Masculinity in Early Mesopotamia," in *Menschenbiler und Korperkonzepte im Alten Israel, in Agypten und im Alten Orient*, ed. Angelika Berlejung, Ian Dietrich, and Joachim Friedrich Quack (Tubingen: Mohr Siebeck, 2012), 442–45.

2. Many scholars now identify this carving as Shulgi. See Claudia E. Suter, "Ur III Kings in Images: A Reappraisal," in *Your Praise Is Sweet: A Memorial Volume for Jeremy Black by Students, Colleagues and Friends*, ed. Heather D. Baker et al. (London: British Institute for the Study of Iraq, 2010), 335–36.

3. Samuel Noah Kramer, *History Begins at Sumer*, 3rd ed. (Philadelphia: University of Pennsylvania Press, 1981), 277–88. See also Marc Van De Mieroop, *A History of the Ancient Near East*, 2nd ed. (Malden, MA: Blackwell, 2007), 76. See also H. W. F. Saggs, *Babylonians* (Norman: University of Oklahoma Press/British Museum Press, 1995), 85–89.

4. Kramer, *History Begins*, 287. For another translation, see Mario Liverani, *The Ancient Near East: History, Society and Economy*, trans. Soraia Tabatabai (London: Routledge, 2014), 167–68. The story is set in Shulgi's seventh year on the throne, according to the official name given for that year in another text "in which the king travelled from the city of Ur to the city of Nippur (and back)." See Nicole Brisch, "Changing Images of Kingship in Sumerian Litera-

ture," in *The Oxford Handbook of Cuneiform Culture*, ed. Karen Radnor and Eleanor Robson (Oxford: Oxford University Press, 2011), 709.

5. For a description of purification priests in Babylon, see Gwendolyn Leick, *The Babylonians: An Introduction* (London: Routledge, 2003), 137. Physicians were known to shave. See Jean Bottéro, *Everyday Life in Ancient Mesopotamia*, trans. Antonia Nevill (Baltimore: Johns Hopkins University Press, 2001 [1992]), 163. See also Dominique Collon, *Ancient Near Eastern Art* (Berkeley: University of California Press, 1995), 508.

6. Georges Contenau, *Everyday Life in Babylon and Assyria* (New York: Norton, 1966 [1877]), 281.

7. Collon, *Ancient Near Eastern Art*, 514.

8. Numbers 8:5–7. See also Saul M. Olyan, "What Do Shaving Rites Accomplish and What Do They Signal in Biblical Ritual Contexts?" *Journal of Biblical Literature* 117 (1998): 614. Olyan emphasizes the importance of marking a transformation from one state or role to another.

9. Ann Macy Roth, "The Social Aspects of Death," in Sue D'Auria, Peter Lacovara, and Catharine H. Roehrig, Mummies and Magi: *The Funerary Arts of Ancient Egypt* (Boston: Museum of Fine Arts, 1988), 56.

10. Edna R. Russmann, "Fragment of Funerary Relief," in D'Auria, Lacovara, and Roehrig, *Mummies and Magi*, 192.

11. Jeremiah 41:5.

12. Liverani, *Ancient Near East*, 79–80. See also De Mieroop, *History of the Ancient Near East*, 43–45.

13. Wolfram von Soden, *The Ancient Orient*, trans. Donald G. Schley (Grand Rapids, MI: William B. Eerdmans, 1994), 63–64.

14. Liverani, *Ancient Near East*, 137. See also Thorkild Jacobsen, *Toward the Image of Tammuz* (Cambridge, MA: Harvard University Press, 1970), 155. See also Saggs, *Babylonians*, 70.

15. Henri Frankfort, *The Art and Architecture of the Ancient Orient*, 4th ed. (New Haven, CT: Yale University Press, 1970), 84.

16. Liverani, *Ancient Near East*, 137.

17. Caroline Waerzeggers, "The Pious King: Royal Patronage of the Temples," in Radnor and Robson, *Oxford Handbook of Cuneiform Culture*, 739.

18. Samuel Noah Kramer, "Kingship in Sumer and Akkad: The Ideal King," in *Le palais et la royaute (Archeologie et Civilisation)*, ed. Paul Garelli (Paris: Librairie Orientaliste Paul Geuthner, 1974), 171.

19. O. R. Gurney, *The Hittites* (London: Penguin 1952), 152.

20. Quoted in Joyce Tyldesley, *Hatchepsut* (London: Viking, 1996), 143.

21. James Henry Breasted, *Ancient Records of Egypt, vol. 2, The Eighteenth Dynasty* (Champaign: University of Illinois Press, 2001 [1906]), 112.

22. W. C. Hayes, quoted in Tyldesley, *Hatchepsut*, 3. See also Peter F. Dorman, "Hatshepsut: Wicked Stepmother or Joan of Arc?" *Oriental Institute News and Notes*, no. 168 (Winter 2001), 1.

23. Quoted in Tyldesley, *Hatchepsut*, 157.

24. Saphinaz-Amal Naguib, "Hair in Ancient Egypt," *Acta Orientalia* 51 (1990): 11.

25. Bob Brier and Hoyt Hobbs, *Daily Life of the Ancient Egyptians* (Westport, CT: Greenwood Press, 1999), 135.

26. The transformation of Hatshepsut is examined in Dorman, "Hatshepsut," 5–6.

27. I Chronicles 19. See also II Samuel 10.

28. Isaiah 50:5–6 (NRSV).

29. Contenau, *Everyday Life*, 65. See also A. T. Olmstead, *History of Assyria* (Chicago: University of Chicago Press, 1960 [1923]), 120.

30. Marie-Thérése Barrelet, following Ruth Opificius, refers to this style as "roi héroïsé" in her article "La 'figure du roi' dans l'iconographie et dans les textes depuis Ur-Nanse jusqu'a la fin de la primiere dynastie de Babylone," in Garelli, *Le palais et la royaute*, 104.

31. Theodor H. Gaster, *Myth, Legend, and Custom in the Old Testament* (New York: Harper, 1969), 437.

32. Robert D. Biggs, "The Babylonian Sexual Potency Texts," in *Sex and Gender in the Ancient Near East*, ed. S. Parpola and R. M. Whiting (Helsinki: Neo-Assyrian Text Corpus Project, 2002), 71–78. See also Bottéro, *Everday Life in Ancient Mesopotamia*, 99.

33. Judges 13:3–5.

34. Judges 16:16–18.

35. Judges 16:28–30.

36. J. E. Curtis and J. E. Reade, eds., *Art in Empire: Treasures from Assyria in the British Museum* (New York: Metropolitan Museum of Art, 1995), 43.

37. Ibid., 44. See also Irene J. Winter, "Art in Empire: The Royal Image and the Visual Dimensions of Assyrian Ideology," *Assyria* 1995, 371.

38. Winter, "Art in Empire," 372–73.

39. Steven W. Cole and Peter Machinist, eds. *Letters from Priests to the Kings Esarhaddon and Assurbanipal* (Helsinki: Helsinki University Press, 1998), 36.

40. Susan Niditch, *My Brother Esau Is a Hairy Man: Hair and Identity in Ancient Israel* (Oxford: Oxford University Press, 2008), 49–50, 59.

41. For a thorough discussion of these hair codes, see Niditch, *My Brother Esau*, 106–11.

42. Leviticus 21:5–6 (NRSV).

43. Leviticus 19:27.

44. Deuteronomy 14:1–2 (NRSV).

45. Numbers 8:7.

3장

1. John Maxwell O'Brien, *Alexander the Great: The Invisible Enemy* (London: Routledge, 1992), 94.

2. Arrian, Anabasis *Alexandri*, trans. E. Iliff Robson (Cambridge, MA: Harvard University Press, 1967), 1:251.

3. Plutarch, *Moralia*, trans. Frank Cole Babbitt (Cambridge, MA: Harvard University Press, 1931), 3:57.

4. Plutarch, *Plutarch's Lives*, vol. 7, trans. Bernadotte Perrin (Cambridge, MA: Harvard University Press, 1967), 231.

5. Aristophanes, *Women at the Thesmophoria*, trans. Eugene O'Neill Jr., in *The Complete Greek Drama*, vol. 2 (New York: Random House, 1938), lines 231–32.

6. Theopompus, fragment 225a, in *Homosexuality in Greece and Rome: A Source book of Basic Documents*, ed. Thomas K Hubbard (Berkeley: University of California Press, 2003), 74.

7. Homer, *Iliad*, I. 500.

8. Helen King, *Hippocrates' Woman: Reading the Female Body in Ancient Greece* (London: Routledge, 1998), 9–10.

9. Hippocrates, *Nature of the Child, trans. I. M Lonie, in Hippocratic Writings*, ed. G. E. R. Lloyd (London: Penguin 1983 [1950]), 332.

10. Aristotle, *Generation of Animals* (V.iii), trans. A. L. Peck (Cambridge, MA: Harvard University Press, 1963), 523–25.

11. Andrew F. Stewart, *Faces of Power: Alexander's Image and Hellenistic Politics* (Berkeley: Uni-

versity of California Press, 1993), 75. Paul Cartledge discusses the many uses of Lyssipus's work in *Alexander the Great: The Hunt for a New Past* (London: Macmillan, 2004), 235.

12. Katherine Callen King, *Achilles: Paradigms of the War Hero from Homer to the Middle Ages* (Berkeley: University of California Press, 1987), 3.

13. Homer, *Iliad*, 24:337–39, trans. Stephen Mitchell (New York: Free Press, 2011), 402.

14. K. J. Dover, *Greek Homosexuality* (London: Duckworth, 1978), 86–87.

15. Plato, *Charmides*, in *Plato in Twelve Volumes*, vol. 8, trans. W. R. M. Lamb (Cambridge, MA: Harvard University Press, 1955), 154b.

16. Many scholars have noted that in later classical literature interest in Heracles as an indefatigable slayer of monsters and beasts declines, while interest in him as a man of virtue worthy of emulation and eternal life with the gods increases. This trend toward a more "spiritualized" Heracles is mirrored in art. See Rainer Vollkommer, *Herakles in the Art of Classical Greece* (Oxford: Oxford University Committee for Archeology, 1988), 79–81. See also T. B. L Webster, *Potter and Patron in Classical Athens* (London: Methuen & Co., 1972), 261–63.

17. Every *kouros* statue followed the same stylized design, meant to allow the commemorated deceased man, in Robin Osborne's words, "to place himself as a model of humanity before the gods." See Osborne, "Men without Clothes: Heroic Nakedness and Greek Art," in *Gender and the Body in the Ancient Mediterranean*, ed. Maria Wyke (Oxford: Blackwell, 1998), 86. Some have argued that nudity in art was meant to imitate the nudity of athletes, but the reverse is more likely the case. See Andrew Stewart, *Greek Sculpture: An Exploration* (New Haven, CT: Yale University Press, 1990), 106. Another context for nudity was initiation rituals. Many Cretan and Greek rites of passage involved young men shedding their clothes of childhood and revealing their true nature as men strong enough to fight and act as full citizens. See Gloria Ferrari, *Figures of Speech: Men and Maidens in Ancient Greece* (Chicago: University of Chicago Press, 2002), 117–25.

18. Quoted in Stewart, *Faces of Power*, 341.

19. Varro, *De Re Rustica*, trans. W. D. Hooper (Cambridge, MA: Harvard University Press, 1937), 419.

20. Pliny the Elder, *Naturalis Historia* 59:1–4. Roman historian Aulus Gellius confirms that shaving became common in Scipio's day. See Aulus Gellius, *Attic Nights* (Cambridge, MA: Loeb Classical Library, 1946), 1:253.

21. A. E. Astin, *Scipio Aemilianus* (Oxford: Clarendon Press, 1967), 15.

22. Quoted in Astin, *Scipio Aemilianus*, 30.

23. Suetonius, *The Lives of the Caesars*, trans. Alexander Thomson (London: George Bell and Sons, 1890), 30–31.

24. See Thorsten Opper, *Hadrian: Empire and Conflict* (London: British Museum Press, 2008), 69.

25. Anthony Birley concludes that Hadrian grew his beard after staying with Epictetus. Birley, *Hadrian: The Restless Emperor* (London: Routledge, 1997), 61.

26. Paul Zanker, *The Mask of Socrates: The Image of the Intellectual in Antiquity*, trans. Alan Shapiro (Berkeley: University of California Press, 1995), 108–13. See also Harry Sidebottom, "Philostratus and the Symbolic Roles of the Sophist and Philosopher," in *Philostratus*, ed. Ewen Bowie and Jas Elsner (Cambridge: Cambridge University Press, 2009), 81–83, 95.

27. Quotes are taken from *Musonius Rufus*, trans. Cynthia King (CreateSpace.com, 2011), 79–81.

28. Dio Chrysostom, *Dio Chrysostom*, trans. H. Lamar Crosby (Cambridge, MA: Harvard University Press, 1951), 3:331.

29. Epictetus, *Discourses as Reported by Arrian*, vol. 2, trans. W. A. Oldfather (Cambridge, MA: Harvard University Press, 1959), 15.

30. Galen, *On the Usefulness of the Parts of the Body*, trans. Margaret Tallmadge May (Ithaca, NY: Cornell University Press, 1968), 530–31.

31. Aurelius is quoted in G. W. Bowersock, *Julian the Apostate* (London: Duckworth, 1978), 102. Bowersock declares that Julian was "a man of ostentatious simplicity" (14).

32. Quotes from Julian are taken from *The Works of the Emperor Julian*, vol. 2, trans. Wilmer Cave Wright (London: William Heinemann, 1913), 423–25.

4장

1. Robin Margaret Jensen, *Face to Face: Portraits of the Divine in Early Christianity* (Minneapolis: Fortress Press, 2005), 23–26. See also John Lowden, *Early Christian and Byzantine Art* (London: Phaidon, 1997): 57.

2. Jaroslav Pelikan, *Jesus through the Centuries* (New Haven, CT: Yale University Press, 1985), 86.

3. Robin Margaret Jensen, *Understanding Early Christian Art* (London: Routledge, 2000), 38–40.

4. Thomas F. Mathews, *The Clash of Gods: A Reinterpretation of Early Christian Art*, rev. ed. (Princeton, NJ: Princeton University Press, 1993), 126–28.

5. Ibid., 127.

6. Jensen, *Face to Face*, 161.

7. Deborah Mauskopf Deliyannis, *Ravenna in Late Antiquity* (Cambridge: Cambridge University Press, 2010), 156–58. See also Robin Margaret Jensen, "The Two Faces of Jesus," *Bible Review* 18 (October 2002): 50, 59. See also Jensen, *Face to Face*, 159–63.

8. Kurt Weitzmann, ed., *Age of Spirituality: Late Antique and Early Christian Art, Third to Seventh Century* (New York: Metropolitan Museum of Art, 1979), 606–8.

9. Ibid., 515.

10. Jensen, *Understanding Early Christian Art*, 106–7.

11. Clement of Alexandria, *Christ the Educator (Paedagogos)*, trans. Simon P. Wood (New York: Fathers of the Church, 1954), 214–15.

12. Tertullian, *The Apparel of Women*, trans. Edwin A. Quain, in *Tertullian: Disciplinary, Moral and Ascetical Works*, ed. Rudolph Arbesmann, Emily Joseph Daly, and Edwin A. Quain (New York: Fathers of the Church, 1959), 139.

13. Peter Brown, *The Body and Society: Men, Women, and Sexual Renunciation in Early Christianity* (New York: Columbia University Press, 1988), 169, 174.

14. Ibid., 382.

15. Augustine, *City of God against the Pagans* (Cambridge, MA: Harvard University Press, 1972), 7:289–301. Augustine discusses the body and bodily resurrection in book 22, chaps. 19–20.

16. Augustine, *St. Augustine on the Psalms*, trans. Scholastica Hebgin and Felicitas Corrigan (London: Longmans, Green and Co. 1961), 2:156, 161.

17. Augustine, *Expositions on the Book of Psalms*, in *Nicene and Post-Nicene Fathers of the Christian Church*, ed. Philip Schaff (Grand Rapids, MI: Eerdmans, 1974), 8:623. See also Cassiodorus, *Cassiodorus: Explanation of the Psalms*, trans. and ed. P. G. Walsh (New York: Paulist Press, 1990–1991), 3:334. Concerning Psalm 133 (132 in the old Latin enumeration), Cassiodorus (ca. 485–580) follows Augustine closely: "We do well to interpret *beard* as the apostles, for a beard is the mark of the most forceful manliness, remaining immovable below its head. In overcoming many sufferings by divine kindness, the apostles proved themselves to be most steadfast men through Gods' grace."

18. Augustine, *City of God*, 7:335 (book 22, chap. 24).

5장

1. D. D. R. Owens, "Beards in the *Chanson de Roland*," *Forum for Modern Language Studies* 24 (1988): 175–79. See also Susan L. Rosenstreich, "Reappearing Objects in *La Chanson de Roland*," *French Review* 79 (2005): 358–69.

2. *Song of Roland* [61], trans. C. H. Sisson (Manchester: Carcanet Press, 1983), 37.

3. Ibid., 135.

4. This is what Paul Edward Dutton has determined in his study of hair in the Carolingian era. See Dutton, *Charlemagne's Mustache and Other Cultural Clusters of a Dark Age* (London: Palgrave, 2004), 21–26.

5. Herbert Kessler, *Old St. Peter's and Church Decoration in Medieval Italy* (Spoleto: Centro italiano di studi sull'alto Medioevo, 2002), 7.

6. Matthias Becher, *Charlemagne*, trans. David S. Bachrach (New Haven, CT: Yale University Press, 2003), 7.

7. I Corinthians 11:14 (NRSV): "Does not nature itself teach you that if a man wears long hair, it is degrading to him."

8. Louis Trichet, *La tonsure: Vie et mort d'une pratique ecclesiastique* (Paris: Les Éditions du Cerf, 1990), 45.

9. Gregory the Great, *Morals on the Book of Job* (Oxford: John Henry Parker, 1844), 1:123-24. A generation earlier, another Christian writer, Cassiodorus, had expressed a similar idea in reference to the razor of wicked men in Psalm 51, concluding that a razor "can shave off any external attributes like hair, but in so doing it makes the inner part of the soul more beautiful, since it strives to deprive it of worldly things." Cassiodorus, *Cassiodorus: Explanation of the Psalms*, trans. and ed. P. G. Walsh (New York: Paulist Press, 1990), 2:3.

10. Quoted in Bernard Lewis, *The Muslim Discovery of Europe* (New York: W. W. Norton, 1982), 280.

11. See Tia M. Kolbaba, *The Byzantine Lists: Errors of the Latins* (Urbana: University of Illinois Press, 2000), 56–57, 195.

12. Ratramnus Corbeiensis, *Contra Graecorum Opposita Romanum Ecclesiam Infamantium Libri Quatuor*, book 4, Apud Acherium, in *Library of Latin Texts Online* (Turnhout: Brepols, 2005) (trans. Katie Derrig, 2008).

13. Gregory VII, *The Correspondence of Pope Gregory VII*, trans. Ephriam Emerton (New York: Columbia University Press, 1932), 164–65.

14. Quoted in Giles Constable, "Introduction to Apologia de Barbis," in *Apologiae Duae: Gozechini Epistola ad Walcherum; Burchardi, Ut Videtur, Abbatis Bellevallis: Apologia de Barbis*, vol. 57 in *Corpus Christianorum: Continuatio Mediaevalis* (Turnhout: Brepols, 1985), 103–4.

15. *Collectio Canonum in V Libris*, in *Corpus Christinorum, Coninuatio Mediaevalis*, vol. 6, ed. M. Fornasari (Turnholt: Brepols, 1970), 412. See discussion in Trichet, *La tonsure*, 100. See also Constable, "Introduction," 106–7.

16. A study of Spanish manuscripts reveals the continuing popularity of beards for laymen in the eleventh and twelfth centuries, particularly among the royalty and nobility. See Philippe Wolff, "Carolus Glaber," *Annales du Midi: Revue archeologique, historique et philologique de the France merodionale* 102 (1990): 375–82. The Roman theologian (later canonized) Peter Damien (d. 1072) worried that the absence of facial hair was too often the only thing that distinguished a priest from a laymen, because so many priests had become immersed in worldly affairs. See Peter Damien, *Peter Damien: Letters 91–120*, trans. Owen J. Blum (Washington, DC: Catholic University Press, 1989), 55.

17. H. Platelle, "Le probleme du scandale: Les nouvelles modes masculines aux XIe et XIIe siecles," *Revue Belge de Philologie et d'Histoire* 53 (1975): 1073–76.

18. Othlonus S. Emmerammi Ratisponensis, *Narratio Olthoni de Miraculo, quod Nuper Accidit Cuidam Laico in Library of Latin Texts Online* (Turnhout: Brepols, 2005) (trans. Katie Derrig, 2008).

19. Alan of Lille, *The Plaint of Nature*, trans. James J. Sheridan (Toronto: Pontifical Institute of Medieval Studies, 1980), 187.

20. Giles Constable provides a thorough analysis of the background and themes of Burchard's *Apologia*. See Constable, "Introduction," 47–150.

21. Burchardi, *Apologia de Barbis, in Apologiae Duae*, 179 (trans. Katie Derrig, 2008).

22. Hildegard of Bingen, *On Natural Philosophy and Medicine: Selections from "Cause et cure,"* trans. Margaret Berger (Cambridge: D. S. Brewer, 1999), 69.

23. Ibid., 51.

24. Burchardi, *Apologia de Barbis*, 187.

25. Bruno Astensis, *Expositio in Pentateuchum: Incipit Expoistio in Leviticum*, chap. 19 in *Library of Latin Texts Online* (Turnhout: Brepols, 2005) (trans. Katie Derrig, 2008). See also Constable, "Introduction," 70.

26. Burchardi, *Apologia de Barbis*, 162.

27. Ibid., 166.

28. Orderic Vitalis, *Ecclesiastical History of England and Normandy*, vol. 3, trans. Thomas Forester (London: Henry G. Bohn, 1854), 72.

29. Quoted in Lewis, *Muslim Discovery*, 280–81.

30. Serlo's sermon is described by the medieval monk and historian Oderic Vitalis. See Orderic Vitalis, *The Ecclesiastical History of Orderic Vitalis*, vol. 6, ed. and trans. Marjorie Chibnall (Oxford: Clarendon Press, 1978), 63–67.

31. Pauline Stafford, "The Meanings of Hair in the Anglo-Norman World," in *Saints, Scholars and Politicians: Gender as a Tool in Medieval Studies*, ed. Mathilde van Dijk and Renée Nip (Turnhout: Brepols, 2005), 153–71. Stafford emphasizes the clerical defense of masculine standards of the previous generation and analyzes the role of facial hair in distinguishing Normans from Saxons. See also Platelle, "Le probleme du scandale," 1071–96.

32. William of Malmesbury, *Gesta Regum Anglorum*, ed. and trans. R. A. B. Mynors, R. M. Thomson, and M. Winterbottom (Oxford: Clarendon Press, 1998) 1:451.

33. William of Malmesbury, *Gesta*, 1:451, 455–59. Pauline Stafford is certainly right to note William's attempt to link Norman virility with priestly virtue. Though she believes this was an attempt to valorize the shaved priesthood, the reverse is equally possible; that is, that he ascribed moral virtue to the shaved Normans army. See Stafford, "Meanings of Hair," 167.

34. Alison Weir, *Eleanor of Aquitaine* (London: Jonathan Cape, 1999), 43. See also Augustin Fangé, *Memoires pour servir a l'histoire de la barbe de l'homme* (Liege: Jean-Francois Broncart, 1774), 98–99. The clean-shaved style of kings after Louis VII is evident in manuscript images. See Colette Beaune, *Les manuscrits des rois de France au moyen age* (Bibliotheque de l'Image, 1989).

35. Fred S. Kleiner, *Gardner's Art through the Ages: The Western Perspective* (Boston: Cengage Learning, 2010), 1:341.

36. For a description of Louis's crisis of conscience, and Bernard's influence, see Yves Sassier, *Louis VII* (Paris: Fayard, 1991), 109–31. See also Francois Gervaise, *Histoire de Suger, Abbe de S. Denis* (Paris: Francois Berois, 1721), 95.

37. Illustrations in medieval manuscripts typically showed Westerners without beards, in contrast to Byzantines and Muslims of the Middle East. See Jaroslav Folda, *Crusader Manuscript Illumination at Saint-Jean d'Acre, 1275–1291* (Princeton, NJ: Princeton University Press, 1976).

38. Robert Bartlett, "Symbolic Meanings of Hair in the Middle Ages," *Transactions of the Royal Historical Society*, 6th series, vol. 4 (1994): 46–47.

39. Giles Constable, *Crusaders and Crusading the Twelfth Century* (Farnham: Ashgate, 2008), 333.

40. Thomas Asbridge, *The Crusades* (New York: Echo Press, 2010), 414.

41. Malcolm Barber and Keith Bate, eds., *The Templars: Selected Sources* (Manchester: Manchester University Press, 2002), 42. See also J. M. Upton-Ward, ed., *The Rule of the Templars: The French Text of the Rule of the Order of the Knights Templar* (Woodbridge: Boydell Press, 1992), 25.

42. Helen Nicholson, *The Knights Templar: A New History* (Stroud: Sutton, 2001), 124–27.

43. Caire Richter Sherman, *Imaging Aristotle: Verbal and Visual Representation in Fourteenth-Century France* (Berkeley: University of California Press, 1995), 184–98.

44. *Pero Tafur: Travels and Adventures (1435–1439)*, trans. and ed. Malcolm Letts (New York: Harper & Brothers, 1926), 175.

6장

1. R. J. Knecht, *Renaissance Warrior and Patron: The Reign of Francis I* (Cambridge: Cambridge University Press, 1994).

2. Elliot Horowitz, "The New World and the Changing Face of Europe," *Sixteenth Century Journal* 28 (Winter 1997): 1196.

3. Francis Hackett, *Henry the Eighth* (New York: Liveright Publishing, 1945), 112; Horowitz, "New World," 1197.

4. Knecht, *Renaissance Warrior*, 105.

5. Horowitz, "New World," 1198.

6. Knecht, *Renaissance Warrior*, 105.

7. Glenn Richardson, *Renaissance Monarchy: The Reigns of Henry VIII, Francis I and Charles V* (London: Arnold, 2002), 173. See also Knecht, *Renaissance Warrior*, 125.

8. Jean-Marie Le Gall locates the origin of the beard renaissance at the papal court in Rome in the 1510s, as evidenced by Raphael's artwork in particular, in *Un ideal masculin: Barbes et moustaches, XVe–XVIIIe siecles* (Paris: Payot, 2011), 33–34.

9. Mark J. Zucker, "Raphael and the Beard of Pope Julius," *Art Bulletin* 59 (1977): 526.

10. Ibid., 530.

11. John Julius Norwich, *The Popes: A History* (London: Chatto & Windus, 2011), 294.

12. Pierio Valeriano, *The Ill Fortune of Learned Men*, trans. Julia Haig Gaisser, in *Pierio Valeriano on the Ill Fortune of Learned Men: A Renaissance Humanist and His World*, ed. Julia Haig Gaisser (Ann Arbor: University of Michigan Press, 1999), 93–95.

13. Gaisser, *Pierio Valeriano on the Ill Fortune of Learned Men*, 38. See also Zucker, "Raphael," 532.

14. Zucker, "Raphael," 532.

15. Pierio Valeriano, *A Treatise Written by Iohan Valerian a Great Clerke of Italie, Which Is Intitled in Latin "Pro Sacerdotum barbis"* (London: Tho. Bertheleti, 1533), 8–9.

16. Pierio Valeriano (Pierii Valerianii), *Pro Sacerdotum Barbis* (Rome: Calvi, 1531), 18–19 (trans. J. Holland, 2012).

17. Ibid., 19.

18. Mark Albert Johnston, *Beard Fetish in Early Modern England: Sex Gender, and Registers of Value* (Farnham: Ashgate, 2011), 34.

19. Le Gall, *Ideal masculine*, 57.

20. *Memoire pour Mer Andre Imberdis et Charles Pacros* (Paris: Pillet, 1844), 18–19. See also Léon Henry, *La barbe et la liberte* (Niort: Ve H. Echillet, 1879), 74–76.

21. Gentian Hervet, *Orationes* (Veneunt Aureliae apud Franciscum Gueiardum Bibliopolam, 1536), 55 (trans. J. Holland, 2012).

22. Ibid., 61.

23. Le Gall, *Ideal masculine*, 132–40.

24. Ibid., 47–48.

25. Diarmaid MacCulloch, *The Reformation* (New York: Viking, 2003), 627–28.

26. Quoted in Steven E. Ozment, *Reformation in the Cities: The Appeal of Protestantism to Six-teenth-Century Germany and Switzerland* (New Haven, CT: Yale University Press, 1975).

27. Quoted in Horowitz, "New World," 1186.

28. Sergio Rivera-Ayala, "Barbas, fierros y masculinidad dentro de la mirada columbiana," *Bulletin of Hispanic Studies* 87 (2010): 609.

29. Horowitz, "New World," 1186.

30. Merry Wiesner-Hanks, *The Marvelous Hairy Girls* (New Haven, CT: Yale University Press, 2009), 35.

31. Frederick William Fairholt, ed., *Satirical Songs and Poems on Costume: From the Thirteenth to the Nineteenth Century* (London: Percy Society, 1849), 121–24. Also quoted in Johnston,

Beard Fetish, 257–58. Scholars have dated this poem to 1597; see Johnston, *Beard Fetish*, 167.

32. William Shakespeare, *As You Like It* II.7. 149–56.

33. Robert Greene, *A Quip for an Upstart Courtier: Or a Quaint Dispute between Velvet-Breeches and Cloth-Breeches*, ed. Charles Hindley (London: Reeves and Turner, 1871 [1592]), 38. See also Le Gall, *Ideal masculine*, 45–46.

34. Johannes Barbatium, *Barbae Maiestas hoc est De Barbis* (Frankfurt: Michaelis Fabri, 1614), 7. Ovid, book 13 of the Metamorphoses, trans. Frank Justus Miller (London: William Heinemann, 1958), 2:289.

35. William Shakespeare, *Much Ado about Nothing* I.1. 245–46. Shakespeare quotes are from *The Riverside Shakespeare*, ed. G. Blakemore Evans (Boston: Houghton Mifflin, 1974).

36. Ibid., II.1. 29–39.

37. Ibid., III.2. 48–49.

38. Ibid., V.1. 192.

39. William Shakespeare, *King Lear* II.4. 193, p.1272.

40. Ibid., III.7. 34–41, p. 1280.

41. Ibid., IV.6. 96–99, p. 1286.

42. Shakespeare, *As You Like It* II.7. 139–40, p.381.

43. Ibid., II.7. 149–56, p. 382.

44. Will Fisher suggests that the theatrical use of false beards in this era reflected a general recognition that even real beards were prosthetic: a costume of masculine performance. Fisher, *Materializing Gender in Early Modern English Literature and Culture* (Cambridge: Cambridge University Press, 2006), 85-93.

45. William Shakespeare, *A Midsummer Night's Dream* I.2. 90–96, p.226.

46. Paul F. Grendler, *The Universities of the Italian Renaissance* (Baltimore: Johns Hopkins University Press, 2002), 154–56.

47. Marcus Antonius Ulmus, *Physiologia Barbae Humanae: De Fine Barbae Humanae* (Bononiae: Apud Ioannem Baptistam Bellagambam, 1603), 82 (trans. J. Holland, 2012).

48. Ibid., 257.

49. Ibid., 199.

50. Ibid., 256.

51. Ibid., 197.

52. Ibid., 198.

53. John Baptista Van Helmont, *Oriatrike, or Physick Refined*, trans. J. C. (London: Lodowick Loyd, 1662), 666.

54. Ibid., 667. See also J. Crofts, "Beards and Angels," *London Mercury* 14 (1926): 134–36.

55. Faegheh Shirazi, "Men's Facial Hair in Islam: A Matter of Interpretation," in *Hair: Styling, Culture and Fashion*, ed. Geraldine Biddle-Perry and Sarah Cheang (Oxford: Berg, 2008), 116.

56. Adam is beardless in Michelangelo's Sistine Chapel ceiling (1512) and in Raphael's *Adam and Eve* ceiling fresco of the *Stanza della Segnatura* (1519). The same is true of Lucas Van Leyden's *Expulsion from Paradise* (1510), Tintoretto's *Temptation of Adam* (ca. 1550), Veronese's *Expulsion from Paradise* (ca. 1580), and several other paintings and engravings from the fifteenth and sixteenth centuries.

57. Quoted in Fisher, *Materializing Gender*, 115. See also Will Fisher, "The Renaissance Beard: Masculinity in Early Modern England," *Renaissance Quarterly* 54 (2001): 171.

58. Mark Albert Johnston also discusses this painting but argues that it clearly demonstrates Magdalena's subordination to her husband, because his beard "looms" over hers. See Johnston, *Beard Fetish*, 201–4.

59. The case of the Gonzales sisters is thoughtfully explored in Wiesner-Hanks, *Marvelous Hairy Girls*. For a discussion of Vanbeck (Userlein), see Johnston, *Beard Fetish*, 204–12. See also Chistopher Hals Gylseth and Lars O. Toverud, *Julia Pastrana: The Tragic Story of the Victorian Ape Woman*, trans. Donald Tumasonis (Stroud: History Press, 2005), 51–53.

60. The story of St. Galla is related in St. Gregory the Great, *Dialogues*, trans. Odo John Zimmerman (New York: Fathers of the Church, 1959), 205–7. For discussion of other legends, see Jane Tibbetts Schulenburg, *Forgetful of Their Sex: Female Sanctity and Society, ca. 500–1100* (Chicago: University of Chicago Press, 1998), 152–53. See also Vern L. Bullough, "Transvestism in the Middle Ages," in *Sexual Practices and the Medieval Church*, ed. Vern L. Bullough and James Brundage (Buffalo: Prometheus Books, 1982), 50; also Wiesner-Hanks, *Marvelous Hairy Girls*, 38–41.

61. Wiesner-Hanks, *Marvelous Hairy Girls*, 3–11.

62. Valeriano, *Treatise*, 10.

63. John Bulwer, *Anthropometamorphosis: Man Transform'd: Or the Artificiall Changling Historically Presented* (London: W. Hunt, 1653), 215.

64. Barbatium, *Barbae Maiestas*, 6.

7장

1. I am siding with the fourth of Alun Withey's suggested explanations for the triumph of shaving, namely that beards were rejected because they "came to symbolise an opposing model of roughness and rugged masculinity." See Withey, "Shaving and Masculinity in Eighteenth-Century Britain," *Journal for Eighteenth-Century Studies* 36 (2013): 231.

2. Louis de Rouvroy, duc de Saint-Simon, *Memoirs of the Duke of Saint-Simon*, vol. 3, trans. Bayle St. John (London: Swan Sonnenschein & Co., 1891), 21.

3. John Woodforde, *The Strange History of False Hair* (London: Routledge & Kegan Paul, 1971), 15.

4. Samuel Pepys, *The Diary of Samuel Pepys*, ed. Henry B. Wheatley, vol. 3, part 2, (New York: Croscup and Sterling, 1893), 302 (entry for 30 October 1663), Hatitrust Digital Library.

5. Ibid., 306 (entry for 4 November 1663).

6. Ibid., vol. 6 (1895), part 2, 233 (entry for 31 March 1667).

7. For a discussion of the social significance of wigs, see Michael Kwass, "Big Hair: A Wig History of Consumption in Eighteenth-Century France," *American Historical Review* 111 (June 2006): 643.

8. Quoted in Maria Jedding-Gesterling, "Baroque (ca. 1620–1715)," in *Hairstyles: A Cultural History of Fashions in Hair from Antiquity to the Present Day*, ed. Maria Jedding-Gesterling, trans. Peter Alexander and Sarah Williams (Hamburg: Hans Schwarzkopf, 1988), 105.

9. Bulwer devotes a chapter to beards in his book surveying human customs around the world. See John Bulwer, *Anthropometamorphosis: Man Transform'd: Or the Artificiall Changling Historically Presented* (London: W. Hunt, 1653), 193–216.

10. Poet John Hall, who supported Parliament, referred to royalist clerics as "distinguished by their Beards and Cassocks." Quoted in Nicholas McDowell, *Poetry and Allegiance in the English Civil Wars: Marvell and the Cause of Wit* (Oxford: Oxford University Press, 2008), 162.

11. Georg Caspar Kirchmaier, *De Majestate Juribusque Barbae* (Wittenberg: Christiani Schrödteri, 1698), 2.

12. Boni Sperati [Samuel Theodor Schönland], *Barba Defensa, sive Dissertatiuncula de Barba* (Leipzig and Dresden: Christophor Hekelium, 1690), 30 (trans. J. Holland).

13. Ibid., 31.

14. Ibid., 47.

15. Johann Freidrich Wilhelm Pagenstecher, *De Barba Prognosticum Historicopolitico-juridicum* (Burgo-Steinfurt: Arnoldinis, 1708), 6–7.

16. Quoted in Donald B. Kraybill, Karen M. Johnson-Weiner, and Steven M. Nolt, *The Amish* (Baltimore: Johns Hopkins University Press, 2013), 34.

17. Richard S. Wortman, *Scenarios of Power: Myth and Ceremony in Russian Monarchy* (Princeton, NJ: Princeton University Press, 1995), 1:44.

18. Lindsey Hughes, "'A Beard Is an Unnecessary Burden': Peter I's Laws on Shaving and Their Roots in Early Russia," in *Russian Society and Culture and the Long Eighteenth Century*, ed. Roger Bartlett and Lindsey Hughes (Münster: Lit Verlag, 2004), 22. See also Paul Bushkovitch, *Peter the Great: The Struggle for Power, 1671–1725* (Cambridge: Cambridge University Press, 2001), 204.

19. Quoted in Hughes, "Beard," 22.

20. Bushkovitch, *Peter the Great*, 207.

21. Hughes, "Beard," 24.

22. John Perry, *The State of Russia under the Present Czar* (London: Benjamin Tooke, 1716), 196.

23. R. Atorin, *Problema bradobritiia v pravoslavnoi traditsii* (The Problem of Beard-Shaving in the Orthodox Tradition) (Moscow: Arkheodoksiia, 2009), chap. 4 (trans. Anjelika Gasilina, 2012).

24. Hughes, "Beard," 28.

25. Ibid., 26.

26. Atorin, *Problema*, chap. 4.

27. Jean-Jacques Rousseau, *The Confessions of Jean-Jacques Rousseau*, ed. A. S. B. Glover (New York: Heritage Press, 1955). Rousseau's original phrase is "J'étois ce jour-la dans le meme equipage négligé qui m'étoit ordinaire; grande barbe et perruque assez mal peignée." See *Les Confessions*, vol. 2 in *Oeuvres de J. J. Rousseau* (Paris: E. A. Lequien, 1872), 155–56. Another English translation renders "grande barbe" as "a beard of a few days' growth," which is a reasonable interpolation. See Rousseau, *Confessions*, vol. 2, ed. P. N. Furbank (New York: Alfred A. Knopf, 1992), 28–29.

28. Withey, "Shaving and Masculinity," 225–43.

29. In addition to those discussed, a notable contribution to beard literature is the posthumous

publication of German physician Christian Franz Paullini's *Tractatus de Barba*, within Wilhelm Friedrich von Pistorius, *Amoenitates historico-ivridicæ* (Frankfurt and Leipzig: A. J. Felssecker, 1731). Another notable work is Francis Oudin, "Recherches Sur La Barbe" *Mercure De France*, March–April 1765.

30. Giuseppe Valeriano Vannetti, *Barbalogia: Ovvero ragionamento intorno alla Barba* (Roveredo: Francescantonio Marchesani, 1759), 6–7 (trans. Daniele Macuglia, 2010).

31. Ibid., 111–12.

32. Augustin Fangé, *Memoires pour servir a l'histoire de la barbe de l'homme* (Liege: Jean-François Broncart, 1774), 52.

33. Ibid., 52–62.

34. Jacques A. Dulaure, *Pogonogogia, or a Philosophical and Historical Essay* (Exeter: R. Thorn, 1786), iv.

35. Marcellin Boudet, *Les Conventionnels d'Auvergne: Dulaure* (Paris: Auguste Aubry, 1874), 40–41.

36. Dulaure, *Pogonogogia*, 9.

37. Ibid., v–vi.

38. Ibid., 11.

39. Ibid., 141.

40. Jean-Joseph Pithou, *The Triumph of the Parisians* (n.p., 1789), quoted in Antoine de Baecque, *The Body Politic: Corporeal Metaphor in Revolutionary France, 1770–1800*, trans. Charlotte Mandell (Stanford, CA: Stanford University Press, 1997), 139.

8장

1. Daniel A. McMillan, "Energy, Willpower, and Harmony: On the Problematic Relationship between State and Civil Society in Nineteenth-Century Germany," in *Paradoxes of Civil Society: New Perspectives on Modern German and British History*, ed. Frank Trentman (New York: Berghahn Books, 2003) 181. See also Heikki Lempa, *Beyond the Gymnasium: Educating the Middle-Class Bodies in Classical Germany* (Lanham: Lexington Books, 2007), 78–85.

2. Hans Ballin, "Biographical Sketch of Friedrich Ludwig Jahn," *Mind and Body* 1 (October 1894): 3. See also Lempa, *Beyond the Gymnasium*, 87.

3. Frederick Hertz, *The German Public Mind in the Nineteenth Century*, trans. Eric Northcott (Totowa, NJ: Rowman and Littlefield, 1975), 37; Asa Briggs, *The Nineteenth Century* (New

York: Bonanza Books, 1985), 157.

4. Friedrich Ludwig Jahn, *Deutsches Volksthum, in Friedrich Ludwig Jahn Werke*, vol. 1, ed. Carl Euler (Hof: G. A. Grau, 1884), 293 (trans. David T. Barry, 2014).

5. Horst Ueberhorst, *Friedrich Ludwig Jahn and His Time*, trans. Timothy Nevill (Munich: Moos, 1982 [1978]), 51–58.

6. Ibid., 63.

7. J. C. Flügel, *The Psychology of Clothes* (London: Hogarth Press, 1930), 74–76. See also Philippe Perrot, *Fashioning the Bourgeoisie: A History of Clothing in the Nineteenth Century*, trans. Richard Beinvenu (Princeton, NJ: Princeton University Press, 1994), 30–32. See also Christopher E. Forth, *Masculinity in the Modern West: Gender, Civilization and the Body* (Houndmills: Palgrave Macmillan, 2008), 48–55.

8. Victor Hugo, *Les miserables*, trans. Julie Rose (New York: Modern Library, 2009), 574.

9. Victor Hugo to Theophile Gautier, 1845, in *The Letters of Victor Hugo*, vol. 3, ed. Paul Meurice (Boston: Houghton, Mifflin, 1898), 36. Hugo does not say that he wrote the article praising beards, but his phrasing strongly implies it.

10. Ibid., 37.

11. Theophile Gautier, *Histoire du romanticisme*, 2nd ed. (Paris: Carpentier, 1874), 101.

12. Hugo, *Les miserables*, 905.

13. A. J. S., *Histoire des moustaches et de la barbe* (Paris: Hernan, 1836), 12. See also Maxime du Camp, *Recollections of a Literary Life* (London: Remington and Co., 1893), 1:35–36.

14. Clara Endicott Sears, *Bronson Alcott's Fruitlands* (Boston: Houghton Mifflin, 1915), 54. See also Stewart Holbrook, "The Beard of Joseph Palmer," *American Scholar* 13 (Autumn 1944): 453–54.

15. Sears, *Bronson Alcott's Fruitlands*, 67.

16. [William Lloyd Garrison], "Reform Extraordinary," *Genius of Universal Emancipation* 4 (2 October 1829): 30.

17. "Beard, Whiskers and Moustaches, Etc.," *Southern Literary Journal and Magazine of Arts* 4 (December 1838): 411.

18. Quoted in Joachim Wachtel, *Das Buch vom Bart* (Munich: Wilhelm Heyne Verlag, 1981), 63 (trans. Daniel Koehler, 2006).

19. Mark Girouard, *The Return to Camelot: Chivalry and the English Gentleman* (New Haven, CT: Yale University Press, 1981), 90–93.

20. Ibid., 112.

21. Quoted in Stanley Weintraub, *Uncrowned King: The Life of Prince Albert* (New York: Free Press, 1997), 78.

22. Quoted in Weintraub, *Uncrowned King*, 88.

23. Robert Spencer Liddell, *The Memoirs of the Tenth Royal Hussars* (London: Longmans and Green, 1891), 75.

24. Aubril, *Essai sur la barbe et sur l'art de se raser* (Paris: E. Dentu, 1860), 44–45.

25. Liddell, *Memoirs*, 75.

26. Nevil Macready, *Annals of an Active Life* (London: Hutchinson & Co., 1924), 1:258.

27. Jean-Baptiste-Antoine-Marcelin Marbot, *The Memoirs of General Baron de Marbot*, trans. Arthur John Butler (London: Longmans, Green & Co., 1892), 1:42–43.

28. "Military Moustaches" (letter to the editor), *Times*, 23 May 1828, 3. See also Henry Sutherland Edwards, *Personal Recollections* (London: Cassell and Co., 1900), 3.

29. Girouard, *Return to Camelot*, 112.

30. Quoted in Girouard, *Return to Camelot*, 115.

31. A. J. S., *Histoire*, 9. See also "Histoire de la Barbe en France," *Magasin Pittoresque* 1 (1833): 158.

32. Quoted in Scott Hughes Myerly, *British Military Spectacle from the Napoleonic Wars through the Crimea* (Cambridge, MA: Harvard University Press, 1996), 149.

33. Fernando Diaz-Plaja, *La vida espanola en el siglo XIX* (Madrid: Prensa Espanola, 1969), 155.

34. Charles Mackay, *Memoirs of Extraordinary Popular Delusions* (London: Richard Bentley, 1841), 353.

35. Terrell Carver, *Friedrich Engels: His Life and Thought* (New York: St. Martin's Press, 1990), 14–15.

36. Quoted in Iorwerth Prothero, *Radical Artisans in England and France, 1830–1870* (Cambridge: Cambridge University Press, 1997), 197.

37. "Ireland," *Times*, 5 October 1843, 5.

38. Paul A. Pickering, "Class without Words: Symbolic Communication in the Chartists Movement," *Past and Present* 112 (1986): 160.

39. Richard Mullen and James Munson, *The Penguin Companion to Trollope* (London: Penguin, 1996), 36.

40. Elizabeth Davis Bancroft, *Letters from England, 1846–49* (New York: Scribners, 1904), 177.

41. Richard S. Wortman, *Scenarios of Power: Myth and Ceremony in Russian Monarchy* (Prince-

ton, NJ: Princeton University Press, 1995), 1:401–2.

9장

1. Arthur Schopenhauer, *Essays and Aphorisms*, trans. R. J. Hollingdale (London: Penguin, 2004), 223.

2. Paul F. Boller Jr., *Presidential Anecdotes* (New York: Oxford University Press, 1981), 125.

3. Quoted in Doris Kearns Goodwin, *Team of Rivals* (New York: Simon & Schuster, 2005), 258.

4. Quoted in Abraham Lincoln, *Collected Works of Abraham Lincoln*, ed. Roy P. Basler (New Brunswick, NJ: Rutgers University Press, 1953), 4:130.

5. Ibid., 4:129.

6. "Editorial Correspondence," *Zion's Herald and Wesleyan Journal*, 1 June 1864, 86.

7. Donald B. Kraybill, *The Riddle of Amish Culture* (Baltimore: Johns Hopkins University Press, 2001), 63–65.

8. William H. Herndon and Jesse W. Weik, *Abraham Lincoln, the True Story of a Great Life* (New York: D. Appleton and Co., 1909), 2:197–98. See also "Abraham Lincoln's Beard," *New York Times*, 5 November 1876, 8.

9. Napoleon described these events in a letter quoted in Henry Walter De Puy, *History of Napoleon Bonaparte* (New York: Hurst & Co., 1882), 242–44. See also Pierre Hachet-Souplet, *Louis-Napoleon, prisonnier au Fort de Ham* (Paris: E. Dentu, 1893).

10. Hachet-Souplet, *Louis-Napoleon*, 215.

11. Guy de Maupassant, *Les dimanches d'un bourgeois*, in *The Life Work of Henri Rene Guy de Maupassant* (London: M. Walter Dunne, 1903), 15:2.

12. Henry James, *A Small Boy and Others* (New York: Charles Scribner's Sons, 1913), 317.

13. Edmund Yates, "Bygone Shows," *Fortnightly Review*, n.s. 39 (1886): 641.

14. Albert Smith, *The Story of Mont Blanc* (New York: G. P. Putnam & Co., 1853), 189.

15. Ibid., 190.

16. *The Musical World* 38 (14 January 1860): 28.

17. Walter Goodman, *The Keeleys on the Stage and at Home* (London: Richard Bentley & Son, 1895), 229; Peter H. Hansen, "Albert Smith, the Alpine Club, and the Invention of Mountaineering in Mid-Victorian Britain." *Journal of British Studies* 34 (July 1995): 300–301.

18. Walt Whitman, *Leaves of Grass* (Brooklyn, 1855), 26. All Whitman quotes are taken from

pages 26–30.

19. "Walt Whitman and His Poems," *United States Review*, September 1855, 205.

20. "A Few Words upon Beards," *Tait's Edinburgh Magazine* 19 (October 1852): 611–14.

21. [Henry Morley and William Henry Wills], "Why Shave?" *Household Words* 13 (August 1853): 560–63.

22. "The Beard and Moustache Movement," *Illustrated London News* 24 (4 February 1854): 95. See also "Beard and Moustache Movement," cartoon in *Punch* 25 (1853): 188.

23. FUM, "Letter to the Editor," *Home Journal*, 14 January 1854, 414.

24. Boucher de Perthes, *Hommes et choses: Alphabet des passions et des sensations* (Paris: Treuttel et Wurtz, 1851), 3:335. A contributor to a Cincinnati newspaper offered a typical formulation: a man's throat, neck, lips, cheeks, and nostrils "are all filled with many smaller or larger glands of secretion, in which some of the most important processes of the system are carried on," and to guard against a cold or inflammation in these glands, it was necessary to shield them from extremes of hot and cold, wet and dry. See "Wearing Nature's Neckcloth," *Christian Inquirer* [from the Cincinnati *Columbian*] 8 (31 December 1853): 1. Physicians reported clinical evidence of this theory. See Mercer Adam, "Is Shaving Injurious to the Health? A Plea for the Beard," *Edinburgh Medical Journal* 7 (1861): 568.

25. "The Uses of Hair," *Lancet* 76 (3 November 1860): 440. See also "Plea for Beard," *Medical and Surgical Reporter* 5 (1 December 1860): 234.

26. "The Effects of Arts, Trades and Professions, and Civic States and Habits of Living on Health and Longevity," *Edinburgh Review* 111 (January 1860): 5.

27. "Wearing the Beard," *American Phrenological Journal* 20 (August 1854): 37.

28. Auguste Debay, *Hygiene Medicale des Cheveaux et de la Barbe*, 3rd ed. (Paris: Chez l'Auteur, 1854), 200.

29. "Topics Astir," *Home Journal* 11(11 March 1854): 422.

30. Alexander Rowland, *The Human Hair, Popularly and Physiologically Considered* (London: Piper, Brothers & Co., 1853), 106.

31. Léon Henry, *La barbe et la liberte* (Niort: H. Echillet, 1879), 9.

32. Thomas S. Gowing, *The Philosophy of Beards* (Ipswich: J. Haddock, 1854), 17.

33. "The Beard," *Westminster Review*, n.s. 6 (1854): 67.

34. John Tosh analyzes the problem of domesticity for men in *A Man's Place: Masculinity and the*

Middle-Class Home in Victorian England (New Haven, CT: Yale University Press, 1999), 145–69. See also Tosh, *Manliness and Masculinities in Nineteenth-Century Britain* (Harlow: Pearson, 2005), 61–82.

35. "Concerning Beards," *Every Saturday*, 15 July 1871, 66

36. Morley and Wills, "Why Shave?" 562. Other examples include "Wearing Nature's Neckcloth," *Christian Inquirer* [from the Cincinnati *Columbian*] 8 (31 December 1853), 1.

37. Artium Magister, *An Apology for the Beard, Addressed to Men in General, to the Clergy in Particular* (London: Rivingtons, 1862), 70.

38. *Gleason's Pictorial Drawing-Room Companion*, 23 April 1853, 268.

39. "Human Hair," *Quarterly Review* (April 1853).

40. Sean Trainor, "Fair Bosom/Black Beard: Facial Hair, Gender Discrimination, and the Strange Career of Madame Clofullia, 'Bearded Lady,'" *Early American Studies* 12 (Fall 2014): 550.

41. Morris Robert Werner, *Barnum* (New York: Harcourt, Brace and Co., 1923), 205–7. See also Neil Harris, *Humbug: the Art of P. T. Barnum* (Chicago: University of Chicago Press, 1973), 67.

42. *Times*, 12 November 1889, 7.

43. Leslie Fiedler also makes this point in *Freaks: Myths and Images of the Secret Self* (New York: Simon & Schuster, 1978), 31.

44. Theorist Judith Halberstam argues that the uncertain boundaries of male and female help propel the cultural effort to confirm and harden gender binaries. See Halberstam, *Female Masculinity* (Durham, NC: Duke University Press, 1998), 27.

45. Plym S. Hayes, *Electricity and the Methods of Its Employment in Removing Superfluous Hair and Other Facial Blemishes* (Chicago: McIntosh Battery and Optical Co., 1894), 33–34.

46. *Times* (London), 7 January 1899, 6. See also Fiedler, *Freaks*, 15.

47. Karin Lesnik-Oberstein, ed., *The Last Taboo: Women and Body Hair* (Manchester: Manchester University Press, 2006), 1–17. Modern bearded lady Jennifer Miller has fought this taboo in feminist-themed sideshows and circus acts, asserting with her words and body that facial hair is normal for women and does not represent any sort of masculine distinction or privilege. See Rachel Adams, *Sideshow U.S.A.* (Chicago: University of Chicago Press, 2001), 219–28.

48. Quoted in Y. Michael Barilan, "The Doctor by Luke Fildes: An Icon in Context." *Journal of Medical Humanities* 28 (2007): 63.

49. Barry Milligan, "Luke Fildes's *The Doctor*, Narrative Painting, and the Selfless Professional

Ideal," *Victorian Literature and Culture* 44 (2016).

50. L. V. Fildes, *Luke Fildes, R.A.: A Victorian Painter* (London: Michael Joseph, 1968), 121. See also David Croal Thomson, *The Life and Work of Luke Fildes, R.A.* (London: J. S. Virtue, 1895), 30.

10장

1. Quoted in Robert Low, *W. G. Grace: An Intimate Biography* (London: Metro, 2004), 254–55.

2. Bruce Haley, *The Healthy Body and Victorian Culture* (Cambridge, MA: Harvard University Press, 1978), 126.

3. F. Napier Broome, quoted in Haley, *Healthy Body*, 136.

4. Quoted in Elliott J. Gorn and Warren Goldstein, *A Brief History of American Sports* (Urbana: University of Illinois Press, 1993), 81.

5. Thomas Wentworth Higginson, "Saints, and Their Bodies," *Atlantic Monthly* 1 (March 1858): 585–86.

6. William Penny Brookes, quoted in David C. Young, *The Modern Olympics: A Struggle for Revival* (Baltimore: Johns Hopkins University Press, 1996), 71.

7. Ibid.

8. Ibid., 31.

9. Christopher S. Thompson, *The Tour de France: A Cultural History* (Berkeley: University of California Press, 2006), 27.

10. Roland Naul, "History of Sport and Physical Education in Germany, 1800–1945," in *Sport and Physical Education in Germany*, ed. Roland Naul and Ken Hardman (London: Routledge, 2002), 17–20.

11. David L. Chapman, *Sandow the Magnificent* (Urbana: University of Illinois Press, 2006), 60.

12. Ibid., 73.

13. John F. Kasson, *Houdini, Tarzan and the Perfect Man* (New York: Hill and Wang, 2001), 53.

14. Ibid., 28.

15. Chapman, *Sandow*, 64.

16. Kasson, *Houdini*, 57.

17. Chapman, *Sandow*, 75.

18. George L. Mosse, in *The Image of Man* (New York: Oxford University Press, 1996), explored

the role that revived interest in classical Greek aesthetics played in shaping modern European ideals of physical and moral manliness.

19. Lamar Cecil, *Wilhelm II: Prince and Emperor, 1859–1900* (Chapel Hill: University of North Carolina Press, 1989), 163–64. See also Giles MacDonogh, *The Last Kaiser: The Life of Wilhelm II* (New York: St. Martin's Press, 2000), 162.

20. Isabel V. Hull, *The Entourage of Kaiser Wilhelm II, 1888–1918* (Cambridge: Cambridge University Press, 1982), 17–21; see also Thomas A. Kohut, *Wilhelm II and the Germans: A Study in Leadership* (New York: Oxford University Press, 1991), 162–67.

21. Quoted in John C. G. Röhl, *Wilhelm II: The Kaiser's Personal Monarchy, 1888–1900* (Cambridge: Cambridge University Press, 2004), 386.

22. Heinrich Mann, *The Loyal Subject* (Der Unterdan), ed. Helmut Peitsch (New York: Continuum International Publishing, 1998 [1919]), 42.

23. Ibid., 70.

11장

1. T. E. Lawrence, *Seven Pillars of Wisdom* (Garden City, NY: Doubleday, Doran & Co., 1935), 304.

2. Ibid., 547. Graham Dawson observed that Lawrence's shaving was a carefully contrived sign of Englishness that counteracted his Arab dress and helped him "establish the combination of 'mystery,' purity and authority that distinguished him from the Arabs." See Dawson, "The Blond Beduin," in *Manful Assertions: Masculinities in Britain since 1800*, ed. Michael Roper and John Tosh (London: Routledge, 1991), 135. Lawrence himself wrote, "We English, who lived years abroad among strangers, went always dressed in the pride of our remembered country." See Lawrence, *Seven Pillars*, 544.

3. *New York Times*, 20 July 1913, 4. "An Old Shaver: Thoughts on Razors and Beards," *Times* (London), 18 April 1959, 8. The Kaiser was fighting a similar battle among his own officers. See "Kaiser Decrees Mustaches: Displeased with Army Officers Who 'Americanize' Themselves," *New York Times*, 3 December 1913, 1. See also "Small Mustache Barred," *New York Times*, 13 February 1914, 4. The Canadian military likewise enforced the wearing of mustaches before the war. See "Must Wear Mustaches," *New York Times*, 21 November 1905, 1.

4. Nevil Macready, *Annals of an Active Life* (London: Hutchinson & Co., 1924), 1:257–59.

5. Edgar Rice Burroughs, *Tarzan of the Apes* (New York, Modern Library, 2003 [1912]), 104–5.

6. "Types of Chicago Beards," *Chicago Tribune*, 3 April 1904, 42.

7. "The Passing of Beards," *Harper's Weekly* 47 (1903): 102.

8. George Harvey, "Reflections Concerning Women," *Harper's Bazaar* 41 (December 1907): 1252–53.

9. "Shaving Guards Heath," *New York Times*, 5 December 1909, C3.

10. "Most British Physicians Stick to the Mustache," *New York Times*, 2 August 1926, 19. For a defense of beards, see "Shall We Stop Shaving?" *Literary Digest* 66 (11 September 1920): 125–28.

11. For discussions of how the corporate economy affected masculinity, see Peter Stearns, *Be a Man! Males in Modern Society* (New York: Holmes & Meier, 1979), 112–15. See also Michael Kimmel, *Manhood in America: A Cultural History*, 3rd ed. (New York: Oxford University Press, 2012), 61–86; also Christopher Forth, *Masculinity in the Modern West: Gender, Civilization and the Body* (Houndmills: Palgrave Macmillan, 2008), 154–55.

12. *New York Times*, 26 April 1907, 1.

13. "Orders Police to Shave," *Chicago Daily Tribune*, 10 July 1905, 5.

14. "Mustaches Irregular," *Los Angeles Times*, 12 December 1915, II, 1.

15. Alma Whitaker, "Hairy Wiles," *Los Angeles Times*, 10 April 1920, II, 4.

16. "Inquiring Reporter," *Chicago Tribune*, 9 May 1925, 25.

17. Already by the first decade of the twentieth century, European traditionalists had gained the habit of identifying undesirable cultural trends such as shaving as "Americanization." See "Parisians Fear Their City Is Americanized," *New York Times*, 12 February 1911, SM14. See also "'Toothbrush' Mustache: German Women Resent Its Usurpation of the 'Kaiserbart,'" *New York Times*, 20 October 1907, C7. See also "Kaiser Decrees Mustaches."

18. Associated Press, "Sport Face of American the Rage in Berlin," *Davenport Democrat and Leader*, 8 March 1923, 15.

19. "Inquiring Reporter," *Chicago Tribune*, 9 May 1925, 25.

20. Allan Harding, "Do You Know a Man under Forty Who Wears Whiskers?" *American Magazine* 96 (September 1923): 60.

21. Andre Fermigier, "Les mysteres de la barbe," *Le Monde*, 13 July 1978. See also "Beaver," *Living Age* 314 (9 September 1922): 674–75. See also Harding, "Do You Know?" 178.

22. *New Statesman* 19 (12 August 1922): 509–11.

23. Lord Altrincham [John Grigg], "Beards," *Guardian*, 2 August 1962, 16.

24. "Gable Grows Spiked Mustache as Rhett," *Oakland Tribune*, 29 January 1939, 4B.

25. Biery is quoted in Timothy Connelly, "'He is as he is—and always will be': Clark Gable and the Reassertion of Hegemonic Masculinity," in *The Trouble with Men: Masculinities in European and Hollywood Cinema*, ed. Phil Powrie, Ann Davies, and Bruce Babington (London: Wallflower Press, 2004), 39. Gable's masculine allure is analyzed in Joe Fisher, "Clark Gable's Balls: Real Men Never Lose Their Teeth," in *You Tarzan: Masculinity, Movies and Men*, ed. Pat Kirkham and Janet Thumim (New York: St. Martin's Press, 1993), 36–37.

26. "Items of Hollywood Moment," *New York Times*, 17 May 1936, X3.

27. "Mustache Can Either Make or Break the He-Man's Face," *Los Angeles Times*, 2 September 1934, A3.

28. "Romantic! Mustache Said to Add to Male 'Oomph,'" *Pittsburgh Post-Gazette*, 3 December 1939, 9.

29. Paul Harrison, "Bob Loses That Choir-Boy Look with Whiskers," Newspaper Enterprise Association, *Ogden Standard-Examiner*, 3 March 1940, 8B.

30. "Mustache... or Clean Shave for Errol?" *Ames Daily Tribune*, 31 July 1937, 8.

31. Henry Sutherland, "Film Romeo May Put On a Mustache," *Pittsburgh Press*, 2 July 1937, 20.

32. Associated Press, "Top Lip Fringe in Style, but Girl Stars Don't Approve," *Spokane Daily Chronicle*, 31 March 1937, 1.

33. Alexander Kahn, "Hollywood Film Shop," United Press, *Dunkirk* (NY) *Evening Observer*, 4 March 1940, 14.

34. Joyce Milton, *The Tramp: The Life of Charles Chaplin* (New York, 1996), 60.

35. Ibid., 61.

36. Anthony Read and David Fisher, *The Deadly Embrace: Hitler, Stalin, and the Nazi-Soviet Pact, 1939–1941* (New York: W. W. Norton, 1988), 225.

37. Quoted in Read and Fisher, *Deadly Embrace*, 228.

38. Winston Churchill, *The Gathering Storm* (Boston: Houghton Mifflin, 1948), 394.

39. Hendrick de Man, *The Psychology of Marxian Socialism*, trans. Eden and Cedar Paul (New Brunswick, NJ: Transaction, 1985 [1928]), 152.

40. Clare Sheridan, quoted in Robert Service, *Trotsky: A Biography* (London: Macmillan, 2009), 265.

41. Robert Service, *Lenin: A Biography* (London: Macmillan, 2000), 313, 393. Lenin's early balding and adoption of a beard helped him to look wiser and older than his years, contributing to

his enduring nickname, "Old Man." Service, *Lenin*, 105. See also Christopher Read, *Lenin: A Revolutionary Life* (Milton Park: Routledge, 2005), 27.

42. Leon Trotsky, *On Lenin: Notes towards a Biography*, trans. Tamara Deutscher (London: George G. Harrap & Co., 1971), 187.

43. Robert Service, *Stalin: A Biography* (London: Macmillan, 2004), 167. The contrast between Lenin's civilian look and Stalin's military posturing is dramatically apparent in propaganda posters. See Victoria E. Bonnell, *Iconography of Power: Soviet Political Posters under Lenin and Stalin* (Berkeley: University of California Press, 1997).

44. "'Toothbrush' Mustache: German Women Resent Its Usurpation of the 'Kaiserbart,'" *New York Times*, 20 October 1907, C7. The newspaper was reporting on letters written by women to the *Berliner Tageblatt*.

45. "Small Mustache Barred," *New York Times*, 13 February 1914, 4.

46. Rich Cohen has raised the intriguing possibility that Hitler was inspired by German infantry lieutenant Hans Koeppen's heroic performance in the first round-the-world automobile race from New York to Paris. Yet Koeppen's adornment is rather wider and more traditional than the look Hitler finally adopted. See Cohen, "Becoming Adolf," *Best American Essays 2008*, ed. Adam Gopnik (Boston: Houghton Mifflin, 2008), 16. Another explanation, proposed by Robert Waite and adopted by George Victor, was that Hitler was imitating the look of the warrior god Wotan in Franz von Stuck's painting *The Wild Chase*. See Waite, *The Psychopathic God* (New York: Basic Books, 1977), 77–78; Victor, *Hitler: The Pathology of Evil* (Washington, DC: Brassey's, 1998), 88–89.

47. James Abbe, "Trying to Make Hitler Smile," *Daily Boston Globe*, 31 July 1932, B3/6.

48. Ron Rosenbaum, *The Secret Parts of Fortune* (New York: Random House, 2000), 494–98.

49. "Editorial Points," *Daily Boston Globe*, 16 July 1931, 18

50. R. S. Forman, "The Dangers of Humour," *Times*, 25 October 1939, 6.

51. J. P. H., "This and That," *Hutchinson News*, 27 April 1939, 4.

52. Dorothy Kilgallen, "Dorothy Kilgallen," *Lowell Sun*, 25 October 1944, 17.

53. Helen Essary, "Inside Washington," *Vedette-Messenger* (Valparaiso, IN), 17 July 1944, 4.

54. Edith Efron, "Saga of the Mustache," *New York Times Sunday Magazine*, 20 August 1944, 21–22.

55. "Cornelia B. Von Hessert, "Shorn Samsons," *New York Times Sunday Magazine*, 24 September 1944, 23.

56. ELM, "After All," *Hutchinson News-Herald*, 7 October 1944, 4.

57. ELM, "After All," *Hutchinson News-Herald*, 29 July 1948, 4.

58. Associated Press, "Dewey Weighs Mustache against Southern Votes" *New York Times*, 29 July 1948, 13.

59. Frederick C. Othman, "Some Advice to a Candidate on Retaining His Mustache," *Chester Times*, 2 August 1948.

60. Donald Deer, letter to Christopher Oldstone-Moore, 22 April 2010.

61. Calculated from figures published in Dave Leip's *Atlas of U.S. Presidential Elections*, uselectionatlas.org/RESULTS/state.php?year=1948&fips=6&f=0&off=0&elect=0.

62. "Dewey on Television," *New York Times*, 1 October 1950, 1.

63. Richard Norton Smith, *Thomas E. Dewey and His Times* (New York: Simon & Schuster, 1982), 559.

12장

1. Quoted in Philip Norman, *John Lennon: The Life* (New York: HarperCollins, 2008), 446.

2. Eleanor Page, "Does a Beard Add to Manly Charm?" *Chicago Daily Tribune*, 20 July 1958, E1.

3. At the universities of West Germany in the early 1960s, youthful independence took a similar form, including pipe smoking, beards, and long scarves, see Eckard Holler, "The Burg Waldeck Festivals, 1964–1969," in *Protest Song in East and West Germany since the 1960s*, ed. David Robb (Rochester, NY: Camden House, 2007), 97.

4. Joseph Deitch, "Chins Sprout on Campus," *Christian Science Monitor*, 10 May 1958, 3.

5. Eric W. Hughes Jr., "Bearding the Corporation" (letter to the editor), *Nation* 186 (3 May 1958): 380, 393.

6. "Chose to Keep His Beard and Lose His Job," *Guardian*, 28 August 1962, 3.

7. "Beards—What Do *You* Think," *Los Angeles Times*, 28 July 1957, L1, 20.

8. Siriol Hugh-Jones, "Shining Morning Faces," *Times*, 28 September 1960, iv.

9. "Beard Handsomer Now, Fellow Teachers Say," *Los Angeles Times*, 20 December 1963, 32.

10. "School Board Backs Educators," *Los Angeles Times*, 30 January 1964, H1.

11. *Finot v. Pasadena City Bd. of Education* (California Court of Appeals, Second Dist., Div. Three, 250 Cal.App.2d 189 [1967]).

12. "Modern Beards Gain Esteem," *Los Angeles Times*, 30 April 1967, L5. See also Damon Stetson,

"Bearded Bus Drivers Travel in Good Company," *New York Times*, 17 November 1969, 49.

13. William Zinsser, "Some Bristly Thoughts on Victory through Hair Power," *Life*, 19 January 1968, 10.

14. "The Mustache Is Back," *Newsweek*, 22 January 1968, 81.

15. Jerry Rubin, *We Are Everywhere* (New York: Harper and Row, 1971), 42.

16. Ibid., 41.

17. Quoted in Terry H. Anderson, *The Movement and the Sixties* (New York: Oxford University Press, 1995), 261.

18. Nick Thomas, *Protest Movements in 1960s West Germany* (Oxford: Berg, 2003), 116.

19. "Management Views Office Fashion," *New York Times*, 14 July 1968, F17.

20. "The Hirsute Pursuit," *Christian Science Monitor*, 3 May 1968, 20.

21. "Castro Regime Insists Students Shave Beards," *New York Times*, 4 April 1968, 17.

22. Richard Atcheson, *The Bearded Lady: Going on the Commune Trip and Beyond* (New York: John Day Company, 1971), 12–13.

23. Associated Press, "Lennon's Haircut," *Washington Post*, 22 January 1970, C16.

24. "Paul Brietner on Golden Goal," https://www.youtube.com/watch?v=mlw7jMbdWes.

25. Scott Murray, "On Second Thoughts: The 1974 World Cup Final," *Guardian*, 19 September 2008, www.theguardian.com/sport/blog/2008/sep/19/germanyfootballteam.holland.

26. "Es Ist Idiotisch," *Der Spiegel*, no. 43 (18 October 1976), 208, http://www.spiegel.de/spiegel/print/d-41125199.html. For a report of his affinity for leftist thought, see Henry Kamm, "Soccer Star a Hero to the German New Left," *New York Times*, 20 July 1972, 15.

27. Peter Brügge, "Ich waere auch nach Griechenland gegangen" *Der Spiegel*, no. 35 (26 August 1974), 92–93, http://www.spiegel.de/spiegel/print/d-41651442.html.

28. Joachim Wachtel, *Das Buch vom Bart* (Munich: Wilhelm Heyne Verlag, 1981), 208 (trans. Shaydon Ramey, 2013.)

29. Hannah Charlton, "Introduction," in *Che Guevara: Revolutionary and Icon*, ed. Trisha Ziff (New York: Abrams Image, 2006), 7; Michael Casey, *Che's Afterlife* (New York: Vintage, 2009), 28–29.

30. Casey, *Che's Afterlife*, 125–33.

31. Fidel Castro quoted in David Kunzle, *Che Guevera: Icon, Myth and Message* (UCLA Fowler Museum of Cultural History, 1997), 49.

32. *New York Times*, 4 April 1968, 17. See also Kunzle, *Che Guevera*, 49–50.

33. Richard W. Wertheim, "More Hair Now More Acceptable, but There Is a Cutoff Point," *New York Times*, 23 February 1971, 32.

34. Bruce Markusen, *Baseball's Last Dynasty* (Indianapolis: Masters Press, 1998), 84–85.

35. Ibid., 171.

36. Arthur Daley, "Long and Short It" *New York Times*, 17 October 1972, 49.

37. Andreas Ballenberger, *Alles, was man nicht wissen muss: Das Lexikon der erstaunlichen Tatsachen* (Norderstedt: Books on Demand, 2009), 139 (trans. Maria Hickey, 2013). See image of the advertisement at www.flickr.com/photos/retroads/2242113892/lightbox/.

38. "Den Bart hochzujubeln passt nich zu mir," *Berliner Morgenpost*, 9 February 2011, http://www.morgenpost.de/newsticker/dpant/infolinent/sport_nt/fussballnt/article1751699/Den-Bart-hochzujubeln-passt-nicht-zu-mir.html.

39. Mickey Kaus, "Washington Diarist: Facially Correct," *New Republic*, 4 March 1991, 42.

40. J. Anthony Lukas, "As American as a McDonald's Hamburger on the Fourth of July," *New York Times Magazine*, 4 July 1971, 25.

41. Quoted in Janet Wasko, *Understanding Disney: The Manufacture of Fantasy* (Cambridge: Polity Press, 2001), 94.

42. Michael Marmo, "Employee's Pursuit of the Hirsute: The Arbitration of Hair and Beard Cases," *Labor Law Journal*, July 1979, 416–26.

43. Pacific Gas and Electric/International Brotherhood of Electrical Workers Review Committee Arbitration Case #34, September 17, 1976, http://www.ibew1245.com/PGE-docs/RC-01405.pdf[9-3-13].

44. James M. Maloney, "Suits for the Hirsute: Defending against America's Undeclared War on Beards in the Workplace," *Fordham Law Review* 63 (May 1995): 1209.

45. Linda Matthews, "Justices Uphold Police Ban on Long Hair, Beards," *Los Angeles Times* 6 April 1976, B13.

46. Pranay Gupte, "Hair Codes for Police Upheld by Supreme Court," *New York Times*, 6 April 1976, 1, 25.

47. Ibid.

48. Matthews, "Justices Uphold Police Ban," B1.

49. Robert Hanley, "Freshly Shorn Officers Fight Crew-Cut Chief's Beard Ban," *New York Times*,

11 January 1977, 31.

50. Quoted in Maloney, "Suits for the Hirsute," 1214.

51. *Lowman v. Davies* (US Court of Appeals, Eigth Circuit, 704 F.2d 1044 [1983]); *Hottinger v. Pope County, Ark.* (US Court of Appeals, Eigth Circuit, 971 F.2d 127 [1992]).

52. *Weaver v. Henderson* (US Court of Appeals, First Circuit, 984 F. 2d 11 [1993]).

53. Robert Bly, *Iron John* (Reading, MA: Addison Wesley, 1990), 6.

54. Ibid., 223–24.

55. Ibid., 227.

56. Barry McIntyre, "Dobson Beards Image Makers," *Guardian*, 13 March 2000, 8.

57. Jeanneney Jean Noel, "Barbes de 1853 et barbes de 1981," *Le Monde*, 17 July 1987.

58. Yves Agnes, "La Barbe!" *Le Monde*, 31 August 1981.

59. David Hencke, "Hair Today—and Gone Tomorrow?" *Guardian*, 5 February 1997, 5. See also Ed Lowther, "A History of Beards in the Workplace," *BBC News Magazine* 14 August 2013, www.bbc.co.uk/news/magazine-23693316.

60. Andrew Rawnsley, *Servants of the People: The Inside Story of New Labour* (London: Hamish Hamilton, 2000), 366.

61. "A Disney Dress Code Chafes in the Land of Haute Couture," *New York Times*, 25 December 1991, 1.

62. *Irish Times*, 20 January 1995, supplement 1.

63. Jason Garcia, "After Nearly 60 years, Disney to Let Theme-Park Workers Grow Beards," *Orlando Sentinel*, 23 January 2012, http://articles.orlandosentinel.com/2012-01-23/travel/os-disney-beards-201201231theme-park-disney-spokeswoman-andrea-finger-walt-disney-world.

13장

1. "'Amazed': David Beckham Emporio Armani Underwear Billboard," *Popcrunch*, 26 June 2008, http://www.popcrunch.com/amazed-david-beckham-emporio-armani-underwear-billboard/.

2. "David Beckham Brings His Hotness to Town," *Popsugar*, 19 June 2008, http://www.popsugar.com/David-Beckham-Unveils-His-New-Armani-Ad-Macy-San-Francisco-1722146.

3. Christopher Forth skillfully discusses this key historical development in modern society in

Masculinity in the Modern West: Gender, Civilization and the Body (Houndmills: Palgrave Macmillan, 2008), 1–18, 201–2.

4. Mark Simpson, "Meet the Metrosexual," *Salon*, 22 July 2002. http://www.salon.com/2002/07/22/metrosexual/.

5. David Coad, *The Metrosexual: Gender, Sexuality, and Sport* (Albany: SUNY Press, 2008), 184.

6. Marian Salzman, Ira Matathia, and Ann O'Reilly, *The Future of Men* (New York: Palgrave Macmillan, 2005), 60, 79.

7. Michael S. Rose complains that the metrosexual is "nothing more than a feminized man—effete, insecure, and socially emasculated—seeking to reempower himself in a world in which the sexes are artificially converging." Quoted in Coad, *Metrosexual*, 32.

8. Ellis Cashmore, *Beckham*, 2nd ed. (Cambridge: Polity Press, 2004), 155.

9. Coad, *Metrosexual*, 197.

10. Salzman, Matathia, and O'Reilly, *Future of Men*, 76–77.

11. Peter Hartlaub, "A Brief Encounter with David Beckham," *SFGate*, 22 June 2008. http://www.sfgate.com/living/article/A-brief-encounter-with- David-Beckham-3279965.php.

12. Michael Flocker, *The Metrosexual Guide to Style* (Boston: Da Capo, 2003), 108.

13. Peter Hennen, *Faeries, Bears, and Leathermen: Men in Community Queering the Masculine* (Chicago: University of Chicago Press, 2008), 9–13. See also Allan Peterkin, *One Thousand Beards: A Cultural History of Facial Hair* (Vancouver: Arsenal Pulp, 2001), 128–39.

14. Flocker, *Metrosexual Guide to Style*, 111–12.

15. Morgan Spurlock, *Mansome* (quote at 44:45).

16. Rachel Felder, "A He-Wax for Him," *New York Times*, 10 April 2012, http://www.nytimes.com/2012/04/12/fashion/men-turn-to-bikini-waxing.html?_r=4&ref=style&.

17. Manfred Dworschak, "'Back, Crack and Sack': Pubic Shaving Trend Baffles Experts," *Spiegel Online International*, 13 July 2009, http://www.spiegel.de/international/zeitgeist/back-crack-and-sack-pubic-shaving-trend-baffles-experts-a-636711.html.

18. Quoted in Helen Pidd, "Men Seeking Beckham Effect Go Wild for Boyzilians," *Guardian*, 25 January 2008, http://www.theguardian.com/uk/2008/jan/26/fashion.lifeandhealth.

19. Ibid.

20. Tom Puzak, "The Rise of the Lumbersexual," *GearJunkie*, 30 October 2014, http://gearjunkie.com/the-rise-of-the-lumbersexual. See also Puzak's "Lumber sexuality: An Explanation,"

GearJunkie, 28 November 2014, http://gearjunkie.com/lumbersexuality-article.

21. Denver Nicks, a self-described lumbersexual, declared, "If my beard is a trend-inspired attempt to reclaim a semblance of masculinity in a world gone mad, then so be it. It beats scrotum jokes." See Nicks, "Confessions of a Lumbersexual," *Time*, 25 November 2014, http://time.com/3603216/confessions-of-a-lumbersexual. Logan Rhoades insists that "Lumbersexual men have a calculated look with the desire to be (and be seen) as rugged and the heteronormative version of 'manly.'" See Rhoades, "Introducing the Hot New Trend among Men: 'Lumbersexual,'" *BuzzFeed*, 13 November 2014, http://www.buzzfeed.com/mrloganrhoades/introducing-the-hot-new-trend-among-men-lumbersexual#.vlVG8Rw3z. Luke O'Neill argues that this "performative sort of manliness" is actually the continuation of the well-established hipster style. See O'Neill, "Lumbersexual Is Not a Thing," *Bullett*, 14 November 2014, http://bullettmedia.com/article/lumbersexual-thing.

22. Hennen, *Faeries*, 9–13. Hennen's work explores the modes and motives of the bears' and leathermen's hypermasculinity and finds evidence for and against the notion that these groups are challenging normative masculinity. Sean Cole also discusses the value of beards and body hair in the masculinizing strategies of gay men since the 1970s. See Cole, "Hair and Male (Homo) Sexuality," in *Hair: Styling, Culture and Fashion*, ed. Geraldine Biddle-Perry and Sarah Cheang (Oxford: Berg, 2008), 81–95.

23. Tyler Gillespie, "My Weekend at Mr. Leather," *Chicago Reader*, 28 May 2013, http://www.chicagoreader.com/Bleader/archives/2013/05/28/my-weekend-at-international-mr-leather.

24. Quoted in Caroline Davies, "Conchita Wurst Pledges to Promote Tolerance after Jubilant Welcome Home," *Guardian*, 11 May 2014, http://www.theguardian.com/tv-and-radio/2014/may/11/conchita-wurst-pledges-to-promote-tolerance.

25. Rick Warren blog, 2013. http://saddleback.com/visit/about/pastors/blog/rick-warren/2013/05/25/news-views-5-25-13. See also Lauren Leigh Noske, "Duck Dynasty' Stars to Speak at Saddleback Church," *Gospel Herald*, 16 July 2013, http://www.gospelherald.com/article/church/48423/duck-dynasty-stars-to-speak-at-saddleback-church-rick-warren-to-return-next-week.htm.

26. Paul Boyer, "The Evangelical Resurgence in 1970s American Protestantism," in *Rightward Bound: Making America Conservative in the 1970s*, ed. Bruce J. Schulman and Julian E. Zelizer (Cambridge, MA: Harvard University Press, 2008), 41–43. See also Jeffery L. Sheler,

Prophet of Purpose: The Life of Rick Warren (New York: Doubleday, 2009), 57–59.

27. Sheler, *Prophet of Purpose*, 64.

28. John D. Boy, "Icons of the New Evangelism: Why All the Little Beards?" *Killing the Buddha*, 6 September 2009. http://killingthebuddha.com/mag/dogma/icons-of-the-new-evangelical-ism/.

29. Drew Magary, "What the Duck," *GQ*, January 2014, http://www.gq.com/entertainment/television/201401/duck-dynasty-phil-robertson?currentPage=1.

30. Vi-an Nguyen, "Duck Dynasty's Willie Robertson on Beard Maintenance, Life on Reality TV, and Fame" *Parade*, 20 March 2013, http://parade.condenast.com/31704/viannguyen/20-duck-dynasty-willie-robertson-beard-maintenance-reality-tv-dealing-with-fame/.

31. "The Secret behind the Beards," *Outdoor Life Online*, 24 October 2007, http://www.outdoorlife.com/blogs/strut-zone/2007/10/secret-behind-beards.

32. Ibid.

33. "Why Do the Duck Dynasty Guys Have Beards?" *Fear the Beards* (2013), http://www.fear-the-beards.com/why-do-duck-dynasty-guys-have-beards/. See also "Secret behind the Beards."

34. Phil Robertson has provoked controversy on several occasions for his outspokenly antigay sentiments and for his suggestion during a Georgia Christian retreat that men would be wise, when picking a wife, to chose a younger woman who carries a Bible, cooks meals, and is willing to pick your ducks. For this latter comment, see https://www.youtube.com/watch?v=F-DhCxER2fqM.

35. Willie Robertson, foreword to *The Dude's Guide to Manhood* (Nashville: Nelson Books, 2014), xi–xii.

36. Michael E. Nielsen and Daryl White, "Men's Grooming in the Latter-day Saints Church: A Qualitative Study of Norm Violation," *Mental Health, Religion and Culture* 11 (December 2008): 821–24.

37. Donald B. Kraybill, *Renegade Amish: Beard Cutting, Hate Crimes, and the Trial of the Bergholz Barbers* (Baltimore: Johns Hopkins University Press, 2014), 11–12. See also Thomas J. Sheeran, "Ohio Beard Victim Testifies against Fellow Amish," Associated Press, *Seattle Times*, 6 September 2012, http://seattletimes.com/html/nationworld/2019082140_apusamishat-tacks.html (accessed 28 January 2014). See also Erik Eckholm and Daniel Lovering, "Amish

Renegades Are Accused of Bizarre Attacks on Their Peers," *New York Times*, 17 October 2011, http://www.nytimes.com/2011/10/18/us/hair-cutting-attacks-stir-fear-in-amish-ohio.html?_r=0.

38. Kraybill, *Renegade Amish*, 67–78.

39. Quoted in James F. McCarthy, "Rival Amish Bishop Testifies He Feared 'Cult like' Activities of Sam Mullet's Clan," *Cleveland Plain Dealer*, 6 September 2012, http://www.cleveland.com/metro/index.ssf/2012/09/rival_amish_bishop_testifies_h_1.html accessed 28 January 2014).

40. Kraybill, *Renegade Amish*, 84.

41. Erik Eckholm, "Amish Sect Leader and Followers Guilty of Hate Crimes," *New York Times*, 21 September 2012, A14, 17. See also Trip Gabriel, "Amish Sect Leader Sentenced to 15 Years in Hair-Cutting Attacks," *New York Times*, 9 February 2013, A11.

42. John Caniglia, "Federal Court Overturns Amish Beard- Cutting Convictions, Citing Erroneous Jury Instructions," *Cleveland Plain Dealer*, 27 August 2014, http://www.cleveland.com/court-justice/index.ssf/2014/08/federal_appeals_court_overturn.html.

43. Chaim Potok, *The Chosen* (New York: Ballantine, 1967), 3.

44. "Beard and Shaving," q.v. *Encyclopedia Judaica*, 2nd ed., vol. 3, ed. Fred Skolnik (Detroit: Thompson Gale, 2007).

45. Elliott Horowitz "The Early Eighteenth Century Confronts the Beard: Kabbalah and Jewish Self-Fashioning," *Jewish History* 8 (1994): 97. For a contemporary expression of this idea, see "Mystical Significance of Hair," *Kabbalah Online*, http://www.kabbalaonline.org/kabbalah/article_cdo/aid/750313/jewish/Mystical-Significance-of-Hair-Part-1.htm.

46. Horowitz "Early Eighteenth Century," 95–115.

47. Shnayer Z. Leiman, "Rabbinic Openness to General Culture in the Early Modern Period in Western and Central Europe," in *Judaism's Encounter with Other Cultures: Rejection or Integration?* ed. Jacob J. Schacter (Lanham: Rowman and Littlefield, 1997), 197. See also "Hirsch, Samson Raphael," in *Encyclopedia of Judaism*, ed. Sara E. Karesh and Mitchell M. Hurvitz (New York: Facts on File, 2006), 213–14.

48. Michael K. Silber, "The Emergence of Ultra-Orthodoxy: The Invention of Tradition," in *The Uses of Tradition: Jewish Continuity in the Modern Era*, ed. Jack Wertheimer (New York: Jewish Theological Seminary of America, 1992), 48–49.

49. Ibid., 52–61.

50. Artur Kamczycki, "Orientalism: Herzl and His Beard," *Journal of Modern Jewish Studies* 12 (March 2013): 90–92.

51. Ibid., 98.

52. Associated Press, "Hasidic Jew Fired from NYPD over Beard Length," 10 June 2012 (Points of View Reference Center).

53. Meir Soloveichik, "Why Beards?" *Commentary*, February 2008, 43–44.

54. Sjoerd van Konigsveld, "Between Communalism and Secularism," in *Pluralism and Identity: Studies in Ritual Behavior*, ed. Jan Platvoet and Karel van der Toorn (Leiden: E. J. Brill, 1995), 327–45. See also "Sha'r," *Encyclopedia of Islam*, 2nd ed., ed. P. Bearman, T. Bianquis, C. E. Bosworth, E. van Donzel, and W. P. Heinrichs (Brill Online, 2014).

55. Steve Hendrix, "In the New Egypt, Beards Appear Where They Were Once Banned," *Washington Post*, 17 July 2012, http://www.washingtonpost.com/world/middle_east/in-the-new-egypt-beards-appear-where-they-were-once-banned/2012/07/17/gJQAWaEurW_story.html.

56. Faegheh Shirazi, "Men's Facial Hair in Islam: A Matter of Interpretation," in *Hair: Styling, Culture and Fashion*, ed. Geraldine Biddle-Perry and Sarah Cheang (Oxford: Berg, 2008), 118–20.

57. Raheem Salman, "Beard Ban Fuels Iraq Religious Debate," *Ottawa Citizen* (Reuters), 24 June 2012, 48.

58. Dominique Soguel, "To Trim or Not to Trim? For Syrian Men, Beards Matter under Militant Rule," *Christian Science Monitor*, 17 July 2014 (Academic Search Complete).

59. Dexter Filkins, "In a Fallen City, a Busy, Busy Barber" *New York Times*, 13 November 2001, B3.

60. See Konigsveld, "Between Communalism and Secularism," 340.

61. Muhammad Zakariya Kandhlawi, *The Beard of a Muslim and Its Importance* (Waterval Islamic Institute, n.d. [1976]), http://www.sajedeen.org/resources/youth-section/173-the-beard-of-a-muslim-and-its-importance. For a French translation, see Mohammad Zakariyyah, *L'importance de la barbe* (Saint-Pierre: Centre Islamique de la Réunion, 1984).

62. Notable examples are Syed Badi-ud-Din al-Rashidi, *The Status of Beard in Islam*, trans. and ed. M. Saleem Ahsan (Lahore: Dar-ul-Andlus, 2007); also Allamah Murtada al-Baghdadi, *The Islamic Perspective of the Beard*, translation of *Tahrim Halq Al-Lihyah* (Unlawfulness of the Shaving of the Beard) by Shaykh Mubashir Ali (Birmingham: Al-Mahdi Institute of Islamic Studies, 1999); reproduced at http://www.al-islam.org/articles/islamic-perspec-

tive-of-the-beard. Tallal Alie Turfe, an American Muslim businessman, offers his theological support for beards in *Children of Abraham: United We Prevail, Divided We Fall* (Indianapolis: iUniverse, 2013), 125–29.

63. Faegheh Shirazi reproduces a list of relevant Hadith in "Men's Facial Hair in Islam," 117.

64. Kandhlawi, *Beard of a Muslim*, chap. 2.

65. *Holt v. Hobbs* (574 US [2015]). See Adam Liptak, "Ban on Prison Beards Violates Muslim Rights, Supreme Court Says," *New York Times*, 20 January 2015, http://www.nytimes.com/2015/01/21/us/prison-beard-ban-gregory-holt-ruling.html?_r=0.

66. James Dao, "Taking On Rules So Other Sikhs Join the Army," *New York Times*, 8 July 2013, A9.

67. Wesley Morris, "Sportstorialist: Basebeards: Understanding Baseball's Facial Hair Explosion," *Grantland*, 8 October 2013, http://grantland.com/features/the-red-sox-baseball-beards.

68. Scott Cacciola, "Chin Music," *New York Times*, 9 September 2013, D1, D3. See also Peter Abraham, "Red Sox 'Beard Bonding' Symbolic of Attitude Adjustment," *Boston Globe*, 2 October 2013, http://www.bostonglobe.com/sports/2013/10/02/beards/BAQGj2IcEckzC-q5Z0Piy3N/story.html.

69. Cacciola, "Chin Music," D3.

70. Morris, "Sportstorialist: Basebeards."

71. Bill Burt, "For Tightknit Team, It's All about 'The Beard,'" *North of Boston Media Group: One for the Beards* [supplement], 5 November 2013, S2. The "Samson factor" is discussed by Stuart Vyse, "Five Reasons Why the Red Sox Grew Their Beards," *Psychology Today*, 26 October 2013, http://www.psychologytoday.com/blog/believing-in-magic/201310/five-reasons-why-the-red-sox-grew-their-beards.

72. Peter Kerasotis, "After World Series Win, Red Sox' Beards and Memories Are Short," *New York Times*, 20 March 2014, http://www.nytimes.com/2014/03/21/sports/baseball/fresh-start-and-faces-for-red-sox-after-a-championship-season.html.

73. http://us.movember.com/about/history.

74. "German Crowned World Beard Champion," BBC News online, 2 November 2003, http://news.bbc.co.uk/2/hi/americas/3233833.stm.

75. "Happy Movember! Moustache Champion Karl-Heinz Hille Makes It into Guinness World Records 2014 Book," *Guinness World Records*, 8 November 2013, http://www.guinness-worldrecords.com/news/2013/11/happy-movember!-moustache-champion-karl-heinz-hille-

makes-it-into-guinness-world-records"-2014-book-52755/.

76. Quoted in Vincent M. Mallozzi, "Sideburns to Fu Manchu, the Best and Brightest," *New York Times*, 28 December 2003, Sports, 9.

77. Bryan Nelson, "My Real Face," in *Beard*, ed. Matthew Rainwaters (San Francisco: Chronicle Books, 2011), 45.

78. Paul Roof, Beardcon (Ohio) panel: "The Social Significance of Facial Hair," 6 October 2012 (quote at 10:25), https://www.youtube.com/watch?v=dxhLpODj6jo.

사진 출처 및 판권

5.2: Courtesy of Noël Tassain

5.3: CC0 WikiMedia

5.4: Courtesy of Royal Library of Belgium, MS 11201-02

5.5: Courtesy of Royal Library of Belgium, MS 11201-02

6.1: (왼쪽) CC BY-SA 3.0 Wikipedia. (오른쪽) CC0 WikiMedia

6.2: (왼쪽) CC PD WikiMedia. (오른쪽) CC PD WikiMedia

6.3: CC PD WikiMedia

7.1: CC0

7.2: Courtesy of New York Public Library

7.3: CC0

8.1: Library of Congress, LC-USZ62-41274

8.2: CC0

8.3: CC0

8.4: Library of Congress, LC-DIG-pga-03230

8.5: CC0

9.1: Library of Congress, LC-USZ62-31600

9.2: CC BY H. Tournier, Paris_Wikipedia

9.3: Lithograph by R. J. Lane after F. Talf. CC BY 4.0 Wellcome Library, London. Wellcome Images

9.4: CC0

9.5: CC0 Daguerreotype by Thomas M. Easterly, 1853. Photographs and Prints Collections. Missouri History Museum. Easterly 321

9.6: Photo (c) Tate, Creative Commons CC-BY-NC-ND (3.0 Unported) WikiMedia

10.1: Photo by Herbert Rose Barraud

10.2: Library of Congress, LC-USZ62-101730

10.3: CC0

11.1: CC PD Imperial War Museum WikiMedia

11.2: CC SA Pixabay

11.3: CC0 WikiMedia, Author : P.D Jankens

11.4: Library of Congress, LC-USW33-019081-C

11.5: Courtesy of Gene Dillman

찾아보기

번역: 마도경

경희대학교 사학과를 졸업했다. 시사영어사, 예음, 한겨레출판사 등에서 편집장을 역임했으며, 현재 번역에이전시 엔터스코리아에서 출판 기획 및 전문번역가로 활동 중이다. 옮긴 책으로는 《톰 소여의 모험》, 《닥터 지바고》, 《체호프 단편선》, 《동물농장》, 《엉클 톰스 캐빈》, 《지킬 박사와 하이드》, 《시민정부론》, 《고백록》 등이 있다.

「이 도서의 국립중앙도서관 출판예정도서목록(CIP)은
서지정보유통지원시스템 홈페이지(http://seoji.nl.go.kr)와
국가자료공동목록시스템(http://www.nl.go.kr/kolisnet)에서 이용하실 수 있습니다.
(CIP제어번호: CIP2019020973)」